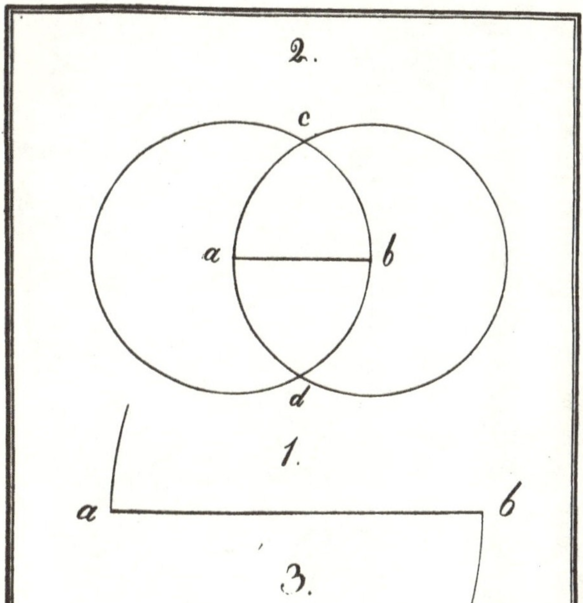
2.
c
a
b
d
1.
a
b
3.
c
a
b
d

Magazin

für die

psychische Heilkunde

herausgegeben

von den Professoren

Reil und Kayssler.

Ersten Bandes Erstes Heft.

Berlin 1805

in der Lange'schen Buchhandlung.

Inhalt.

Prolog.

I. Einleitung. Ueber Wissenschaft der Natur und Empirismus. Seite 3

II. Wissenschaftliche Würde, Kunst-Interesse und Umfang der psychischen Medicin. 27

III. Begriff der psychischen Medicin als Wissenschaft. 45

IV. Beweis der Realität dieses Begriffs. 78

V. Mein Besuch bey den Irren und Wahnsinnigen in der Charité zu Berlin. 115

VI. Historische Erscheinungen zur psychischen Medicin gehörig.

1. Rhapsodieen über die Anwendung der psychischen Curmethode auf Geisteszerrüttungen, Halle 1803. Seite 174

Epilog. 193

Prolog.

Ich habe wenig zu sagen. Der Zweck dessen, was wir geben, ist klar: wir wollen die Narrheit, nicht wie im Lustspiel zur Belustigung darstellen, sondern mit ernster Mühe abstellen. Das Interesse des Gegenstandes ist nicht für alle Menschen, denn es wird von Mitleid erzeugt und von Furcht genährt, aber doch für diejenigen, zu denen ich spreche; das Interesse der Darstellung soll, wie im Schauspiel, immer höher steigen, wenn Ihr nur Geduld habt, die Entwickelung abzuwarten — übrigens spielt das Stück lang oder kurz, wie es Euch belieben wird.

Die spielenden Personen sind zum Theil Euch sehr werthe bekannte Männer, aber seyd nicht ungehalten, wenn sie nicht sogleich auftreten, sie werden Euch desto mehr erfreuen, wenn sie zur rechten Zeit und auf der rechten Stelle erscheinen; denn das Stück ist, wie gesagt, ein Schauspiel, kein Trauerspiel, in welchem die Helden mit Chören zu erst auf die Bühne treten. Mir wurde eine in mancher Rücksicht mifsliche Rolle gegeben, oder vielmehr ich wählte sie mir selbst, weil ich nichts anderes zu geben wufste: ich soll Euch nemlich zu dem Ernst stimmen, welchen der Gegenstand erfordert. Meine Rolle kann aber bedeutend, und ich durch sie Euch werth werden, wenn Ihr es wollt; auch will ich es Euch, um mit Hoffnung und Muth zu spielen, gestehen, daſs ich darauf, daſs ich auf Eure Liebe zum Ernst rechnete, als ich sie übernahm.

I. Ein-

I.

Einleitung.

Ueber Wissenschaft der Natur und Empirismus.

Daſs die philosophische Allgemeinheit der Geist selbst in seiner Wesenheit, daſs er, als solcher, das Innere der Natur und ihr Wesen, die Natur das Aeuſsere des Geistes, seine Form sey, beide aber in der absoluten Erkenntniſs als das Eine Untheilbare sich geben, dies ist das höchste Resultat der Transcendental-Philosophie, zu dessen Erscheinung schon Kant in der Aufstellung der reinen Synthesis die Anlage machte, es ist die herrschende Vorstellungsart der Schellingschen Philosophie.

Wer die Entstehung dieser Vorstellungsart aus dem Gegensatz des philosophirenden Geistes mit dem Dogmatismus und Skepticismus und ihre weitere Ausbildung in der Zeit nicht beachtet, sondern durch einen Sprung in sie versetzt wird, der muſs einer Täuschung unterliegen, die für die Vernunft das ist, was die scheinbare Umwälzung der Sphären um die ruhende Erde für die Sinne.

Die Natur steht vor dem Geist als eine durch ihn zu lösende Aufgabe, die er sich stellt, in wie fern er sich zum wissenschaftlichen Denken erhebt; aber der Geist ist selbst die von der Natur gemachte Anlage, in so fern ihre eigene Aufgabe, und er findet sich als nothwendige Lösung derselben, nachdem er seine Aufgabe mit Freiheit gelöset hat. Wie verhält sich das Suchen der Natur zum Finden des Geistes, in wie fern sind sie Eines, da doch nur Eine Natur ist, und in wie fern entgegengesetzt?

Der Geist kann nur als Wissenschaft die Natur suchen, aber er findet sich als gegeben von der Natur, als Empirismus; der Geist sucht die Natur und findet sich selbst, aber er findet sich in der Natur; er eignet sich, als Wissenschaft, die Natur an, doch nur, um sich als Eigenthum der Natur, als ihr wahres Produkt zu finden. Die Wissenschaft ist folglich der allgemeine Geist, die allgemeine Form der Natur, bestimmt, sie in Erkenntniſs aufzunehmen, Empirismus ist die wirklich erkannte Natur, der besondere Leib des allgemeinen Geistes, der ihm seine Realität giebt.

Als Wissenschaft ist der Geist Subjekt-Objektivirung, das Einbilden des Denkens in die Natur, als Empirismus Objekt-Subjektivirung, das Hervorgehen des Denkens aus der Natur. Der bewuſste Mensch findet sich ursprünglich als hervorgegangen aus der Natur, doch erkennt er nicht die Objekt-Subjektivirung, durch welche ihn die Natur entstehen lieſs: er setzt sich mit der Natur in Beziehungen, und diese verdecken eben so die wahre Selbstbildung der Natur, wie sie die wahre Selbsterkenntniſs des Geistes hindern. In diesem Gebiete erzeugt sich falscher Empirismus - Sinnentäuschung und falsche Wissenschaft- Vernunfttäuschung: jener, indem der Mensch das gegebene Objekt, das heiſst, die gegebene Beziehung als das Erste setzt, und das beziehende Denken nur als Modification des Gegebenen ansieht; diese, indem er das beziehende Princip, oder das Denken im Gegensatz mit dem gegebenen Objekt als das Erste setzt, und die Natur, als ein durchaus Bezogenes nach den Gesetzen des beziehenden Denkens bestimmt.

Die Objekt-Subjektivirung der Natur, oder die Entstehung des menschlichen Geistes aus der Natur unmittelbar zu erkennen, ist unmöglich, weil die ganze Natur im Rücken des Geistes als ihres letzten und wahren Produkts liegt, so daſs der Mensch Thier, Pflanze, Stein u. s. f. werden müfste, um die sich zum Geist emporbildende Natur unmittelbar zu erkennen. Der einzige Weg zu ihrer Erkenntnifs ist die Selbsterkenntnifs des Geistes, und obgleich diese, als Subjekt-Objektivirung, die der Natur entgegengesetzte Richtung hat: so ist doch vielleicht eben dieser Gegensatz das Geheimnifs der wahren Erkenntnifs, und schon dadurch angedeutet, dafs die Natur selbst, als real, da sie doch nur als real den Geist producirt, dennoch dem producirten, als dem idealen; sich entgegensetzt. Auf jeden Fall aber bleibt uns kein anderer Weg übrig, wenn wir in der Beziehungswelt die Befriedigung, welche der Geist sucht, nicht finden, weil sie uns entweder auf unverständliche Worte oder auf Widersprüche hinausführt.

Um den Charakter der Wissenschaft und des Empirismus in seiner Wahrheit zu zeichnen, ist vor allem nöthig, den indifferenten Standpunkt des Geistes bestimmt zu fassen, in welchem sich Empirismus und Wissenschaft concentriren.

Dieser Standpunkt ist der reine Denkakt, in welchem sich der Geist aus der Natur ankündiget, und von welchem der Geist ausgeht, wenn er als Wissenschaft in die Natur sich einbildet, die reine Subjektivität, der Wendepunkt der Objekt-Subjektivirung und Subjekt-Objektivirung, weder das Eine noch das Andere, aber beide als das

Eine darstellend, an sich objektlos, leer und negativ, doch die wahre Empfänglichkeit für die wahre Objektivität, die Basis und die Sphäre des wahren Wissens.

Man hat dieses Wunder der Menschheit, das nur aus der Totalität der Natur begriffen wird, von jeher mit dem negativen Ausdruck Freiheit, sehr treffend bezeichnet, und wenn man nur nicht in diesen Begriff die Caussalität, als ein Positives einträgt, sondern ihn in seiner Negativität zu fassen im Stande ist: so giebt er dem Geist jene durchaus passive und doch zugleich allthätige, das ist, auf kein Princip und auf keinen Zweck, beschränkte Stimmung, welche die ausschliefsliche Bedingung zur wahren Erkenntnifs der Natur ist, am allerwenigsten aber wird der Geist in dieser Stimmung versucht werden, eine im Denken vorgefafste Caussalität in der Natur zu hypostasiren, und so ihre durchgreifende Klarheit und Fülle in eine todte Farbenstrafse der Wirkung, und eine lebendige Nachtstrafse der Ursache zu zerspalten.

Die Geschichte der Natur oder ihre Objekt-Subjektivirung, ist das Werden der Freiheit. Je mehr das Objektive, als die der Form entgegenstrebende Materie, von dem Subjektiven, oder der Form besiegt wird, desto mehr nähert sich die Natur der Freiheit, und sie wird frey da, wo die Form als blofse Form erscheint. Aber selbst in der Form wird das Freie wieder ein Nothwendiges, und so ist die Freiheit nur Befreiung von der Materie, das ist, ein Negatives, ein sich selbst vernichtender Akt, der nur im Gegensatz, den die ihn begründende Natur, als Nichtich, und das mit ihm beginnende Leben der Form, als Wissenschaft, bildet, eine scheinbare Haltung hat.

Der Charakter der Wissenschaft wird in folgenden Sätzen ausgesprochen.

1) Der freie Denkakt schneidet von der realen oder erscheinenden Natur ab, jedes Zurückgehen des Denkakts in sie ist gegen den Charakter der Freiheit, und kann den Geist zwar durch Beziehungen in einer Erfahrung hin- und festhalten, aber ihm keine wahre Erfahrung geben; und obgleich diese grofse Täuschung des Bewufstseyns ihre hohe praktische Bestimmung hat, so kann doch selbst diese nur dann erkannt werden, wenn die Täuschung als solche anerkannt, folglich die Natur in ihrer Wahrheit erkannt wird.

2) Der Denkakt in absoluter Freiheit von jedem Objekt und jeder Beziehung, verbunden mit der Ahndung des wahren Wissens, zu dem sich die Freiheit verhält, wie der Vorschlag in der Musik zur ganzen Harmonie, ist ein unbestimmtes sehnsuchtsvolles Schauen des Geistes, intellektuelle Anschauung; sie ist

als Idee der Nothwendigkeit die zweite Bedingung zur Wissenschaft.

3) Die Idee der Nothwendigkeit bestimmt die Richtung des Geistes auf die Natur, als das All Eins, und er findet sich selbst in dieser Richtung als den allgemeinen, das Ganze bestimmenden Geist, er findet sich als das ewige und nothwendige Naturgesetz, und wird in dieser Selbsterkenntniſs reine Wissenschaft, das allgemeine und nothwendige Zeichen der Natur.

4) Die reine Wissenschaft wird objektive Wissenschaft und Erkenntniſs durch die Anwendung; sie findet aber, als nothwendiges Zeichen der Natur, ihre Anwendung dadurch, daſs der Geist in dem erkannten Gesetz sich selbst als immanenten Grund und Ursache der Natur setzt, und sie aus sich nach dem Gesetz entstehen läſst.

5) Der wesentliche Charakter der construktiven Wissenschaft der Natur ist, daſs sie nie aus dem Ganzen fällt, folglich nirgends auf eine reale Trennung, auf einen realen Gegensatz der Natur kommt; denn sie geht von der Idee des Ganzen aus, construirt aus ihr und in sie zurück, sie nimmt alles Besondere in das Eine nach dem Gesetz der Totalität auf, und läſst in diesem Einen den mit Nothwendigkeit

erkennenden Geist, als die wahre Substanz, die letzte Ursache und den nothwendigen Zusammenhang der Natur sich selbst erkennen. Ferner, daſs sie den wahrhaft erkennenden Geist mit der Wahrheit und Wesenheit der Natur gleichsetzt; denn das erste Element des Gesetzes, welches die Möglichkeit einer Natur überhaupt ausspricht, ist der absolute Gegensatz, folglich auch absolute Gleichheit des Realen und Idealen.

Auch die auf die Natur angewandte Selbsterkenntniſs des Geistes, oder die objektive Wissenschaft der Natur, ist eine allgemeine Erkenntniſs, und zeigt uns nur das in der ganzen Natur waltende Eine Gesetz. Wir wollen aber auch die Natur im Besonderen erkennen, die allgemeine ideale Erkenntniſs soll sich in besondere reale, der allgemeine Begriff der Natur in besondere Anschauungen derselben verwandeln. Es leuchtet ein, daſs wir mit dieser Forderung die entgegengesetzte Seite der Erkenntniſs suchen, der erkennende Geist muſs folglich auch den entgegengesetzten Standpunkt, den Standpunkt des sinnlichen Anschauens nehmen. Die sinnliche Anschauung ist an sich eine thierische, das Werden des Geistes, nicht der gewordene bewuſste Geist, und wenn sie auch im Menschen immer das Erste zu bleiben scheint, so ist sie doch nur Anregung des Geistes und Weckung zu bestimmten Funktionen; aber der Mensch schauet keinen Gegenstand an, ohne daſs eine mehr oder weniger dunkle oder klare Beziehung desselben auf das Allgemeine des Geistes zugleich in der Anschauung liege, so daſs die sinnliche Anschauung in ihrer menschlichen Wirklichkeit als das freie Spiel des allgemeinen Geistes anzusehen ist.

Wer das Sinnliche als das an sich Erste und Fundament der Erkenntniſs ansieht, der verwickelt sich in einen doppelten Widerspruch. Er setzt das Sinnliche als das Erste und zugleich als das nicht Erste: er setzt es als das Erste nach seiner hypothetischen Annahme, oder im Meinen und Glauben, und er setzt es als das nicht Erste, indem er sich gedrungen fühlt, in dem Sinnlichen ein Substanzielles anzunehmen, auf dem das, was erscheint, ruhe. Dieses Substanzielle ist aber selbst der als Erstes verläugnete Geist, und so zeigt sich der zweite Widerspruch; denn das, was er als Geist dem Sinnlichen gegenüber stellt und zum Zweiten macht, wird in der Substanzialität der Dinge das Erste, dort bloſse geistige Modification, hier die Basis des Sinnlichen.

Wer das sinnlich Besondere für das alleinige Wahre und Objektive ansieht, es aber in zwey allgemeine Bestandtheile, in einen allgemeinen todten Stoff, und in allgemeine Formen, als nothwendige Beziehungen dieses Stoffes auf eine Intelligenz auflöset, dem bleibt vor allem diese Intelligenz als Räthsel stehen, das auf dem zweiten Wege des Praktischen nicht gelöset werden kann, wenn es nicht auf dem ersten Wege des Theoretischen gelöset wurde. In Beziehung auf das Uebrige muſs er sich für eines dieser beiden Resultate entscheiden. Entweder das sinnlich Besondere ist das an sich Wahre, und der allgemeine todte Stoff, so wie die allgemeinen, in abstrakten Formen sich aussprechenden Beziehungen desselben auf eine Intelligenz, sind bloſse Produkte der Abstraction, deren eigene Wahrheit problematisch bleibt, weil die Intelligenz, aus welcher sie entspringen, an sich unbekannt ist. In dieser Ansicht kann nur die augenblickliche Empfindung, und auch sie nur für den Augenblick für wahr gelten, das heiſst, nur das thierische ist wahr, der bewuſste, gewordene Geist wird in sein bewuſstloses Werden zurückgesetzt, und es ist kein Grund vorhanden, daſs man nicht noch weiter auf die Pflanze, die unorganische Natur, auf das Chaos, auf das Nichts zurückgehe, wenn einmal das Zurückgehen des Geistes seine wahre Richtung ist. Oder das sinnlich Besondere wird nicht für das an sich Wahre genommen, sondern seine beiden allgemeinen Bestandtheile, der allgemeine todte Stoff, das Ding an sich, und die allgemeinen Beziehungen desselben auf eine Intelligenz. Allein diese Doppelgestalt des an sich Wahren führt uns wieder in mancherley Widersprüche; denn entweder ich lege den allgemeinen todten Stoff dem sinnlich Besonderen zum Grunde, und sehe die allgemeinen Formen der Beziehung als die nothwendige Bedingung der sinnlich besonderen Erscheinung dieses Stoffes an: so stehe ich aber mit mir selbst im Widerspruch; denn der allgemeine todte Stoff stammt aus der Intelligenz ab, und ist nur in so fern wahr, und doch wird die Intelligenz selbst erst in den nothwendigen Formen der Beziehung wahr, in welchen der allgemeine todte Stoff zur Erscheinung des sinnlich Besonderen kommt, ich werde von dem todten Stoff auf die Intelligenz und von dieser auf jenen verwiesen, wenn ich das sinnlich Besondere als Erscheinung begreifen will, und weiſs nicht, ob ich es als Erscheinung des die Intelligenz verschlingenden Stoffes, oder als Erscheinung der den Stoff verschlingenden Intelligenz nehmen soll.

Oder ich lege den allgemeinen todten Stoff dem sinnlich Besonderen nicht zum Grunde, sondern nehme dieses Allgemeine als die Eine, die allgemeinen Formen der Beziehung als die zweite Bedingung der Erscheinung der Intelligenz. Hier leuchtet nun zuerst ein, daſs das, was wir Natur nennen, nicht Natur, sondern nur das Bild der Intelligenz, daſs es folglich nicht Erscheinung, in angenommener Bedeutung des Worts, sondern bloſser Schein sey. Die Natur ist nicht als Materie wahr, denn sie hat keinen Stoff, sie ist nicht als Form wahr, denn ihre scheinbare Form ist nur die Form der Beziehung der Intelligenz auf ihren eigenen Stoff. Aber auch dieser allgemeine Stoff und diese allgemeine Form der Intelligenz, stehen in ihr nicht im freundlichen Gegensatz, sondern schlieſsen sich gegenseitig aus. Den allgemeinen Formen der Beziehung kann nicht wieder ein Allgemeines entgegenstehen, denn es wäre dieses Allgemeine wieder eine Form, z. B. die der Substanzialität und Caussalität, und so fiele der Stoff in die Form der Beziehung zurück; der Stoff muſs also in diesem Gegensatz ein besonderer seyn, als solcher muſs er aber seine Begrenzung und Bestimmung haben, und so fällt er mit dem sinnlich Besonderen zusammen, das doch durch den allgemeinen Stoff und die allgemeinen Formen der Intelligenz erklärt werden, und, nach der Voraussetzung, das Bild der im allgemeinen Stoff und in den allgemeinen Formen sich entfaltenden Intelligenz seyn soll. Eben so wenig können die allgemeinen Formen der Beziehung im Gegensatz des allgemeinen Stoffes, wenn dieser einmal nothwendig ist, als solche bestehen; denn sie werden dadurch zu bestimmten Stoffbeziehungen und verlieren ihre Allgemeinheit, die Intelligenz selbst wird zur Materie der Natur gemacht, und das erscheinende sinnlich Besondere ist ihre besondere Form, das heifst, wir fallen in den gröbsten Materialismus.

Jeder, der die Critik der reinen Vernunft aus eigenen Forschungen kennt, weifs es, dafs ihr Verfasser zwischen den so eben gezeichneten Seiten ihres Geistes hin und her schwankte, dafs er sich aber im Ganzen für die zuletzt gezeichnete, die allerdings die tiefste und dazu geeignet ist, den Uebergang zur wahren Ansicht zu machen, entschied, ohne die Folge, die wir daraus ziehen mufsten, mit aufzunehmen. Im tiefsten Sinne der Critik, von welchem freilich seit Jakobi nur wenige sogenannte Critiker noch eine Ahndung haben, ist nemlich das Ding an sich nur als nothwendige Vorstellung oder als Vorstellung der Nothwendigkeit, als nothwendige Richtung der Intelligenz auf eine Natur überhaupt zu fassen, und so ist es die Intelligenz, die, nachdem sie sich durch diese vorausgehende unbewufste Vorstellung objektiviret hat, in dem sinnlich Besonderen, unter den allgemeinen Formen der Beziehung sich selbst erkennt. Die Critik ist demnach prädeterminirter absoluter Idealismus: diefs sagte und bewies schon Jakobi; aber man verstand den durch Spinozas Tiefe und Consequenz geweckten, ihm gleich gestimmten Geist nicht, so wie er selbst jetzt des isolirten Sichselbstverstehens müde geworden zu seyn scheint.

Es war Kants hoher praktischer Geist, der ihn zurückhielt, diese Consequenz durchzuführen und die Scheu, das in der ersten Idee der Critik, die ihn die letzte Tiefe des Theoretischen noch nicht sehen liefs, entworfene Praktische zu verlieren, welches ihm doch bald und in höherer und mehr wahren Gestalt wiedergegeben wurde, wenn er nur dem kühnen Geist der Spekulation vertrauet hätte.

Vorzügliche Denker dieser Schule waren bemüht, diese Consequenz durchzuführen, aber es gelang nur Fichte. Denn uns, die wir jetzt den Gang historisch verfolgen können, ist es leicht und klar einzusehen, dafs, wenn die letzte und consequenteste Ansicht der Critik nicht in dem gröbsten Materialismus untergehen soll, die Intelligenz sich nicht blofs in ihrer Entfaltung als Ding an sich und Form, sondern in ihrer ursprünglichen Einheit und Selbstheit erfassen müsse. Diefs that sie in Fichte's Individualität, und so traten Ding an sich und Form aus der Richtung auf die Natur, als das sinnlich Besondere, in die entgegengesetzte Richtung auf das intellektuell Allgemeine über, sie waren nicht mehr die Bedingung der, irgend etwas nur nicht sich selbst, erkennenden Intelligenz, sondern als Ich und Nichtich die Bedingung der Selbsterkenntnifs, im Fichte'schen Sinn der Selbstthätigkeit der Intelligenz.

Das sinnlich Besondere wurde damit zugleich in die Rückseite der Intelligenz genommen, und es war unmöglich, auf dem Wege des Ich und Nichtich darauf zurück zu kommen. Das höchste und letzte Resultat der absolut freien, nur sich selbst gesetzgebenden Thätigkeit der Intelligenz ist die Vorstellung, das heifst, die Objektivirung, nicht Objektivität der Intelligenz, denn es fehlt der abgeleiteten Vorstellung überall an Gehalt, sie ist nur die sich selbst producirende Form der Intelligenz; aber das sinnlich Besondere fällt auf allen Punkten aus und wird endlich in ein moralisch Besonderes, oder in eine Mehrheit der Intelligenzen verwandelt.

Wir sehen, dafs weder der dogmatische Realismus, noch der Criticismus, noch der rein aktive Idealismus die Erfahrung ohne Widerspruch, nicht den wahren Empirismus geben kann, und doch mufs jeder Empiriker von irgend einer philosophischen Ansicht ausgehen. Denn wenn er auch davon nichts wissen, und wie er meint, reiner Empiriker seyn will, so setzt er doch, ohne es zu wissen und zu wollen, die Ansicht des dogmatischen Realismus stillschweigend als wahr voraus, diese wird aber von jeder andern Seitenansicht und von der Vernunft unmittelbar in Anspruch genommen.

Der Realismus kann uns die wahre Erfahrung nicht geben, weil es ihm durchaus an reiner Wissenschaft mangelt. Der Criticismus wollte uns die Erfahrung selbst als die alleinige Wissenschaft geben, er hob die Welt aus ihren Angeln, um sie in die der Wissenschaft des Geistes zu fügen; dadurch wurde aber auch diese aus ihrer geschlossenen Totalität gerissen, und so verdarb die unglückliche Mischung beide, Erfahrung und Wissenschaft. Fichte's absolut aktiver Idealismus steht, in dieser Hinsicht, im auffallenden Gegensatz mit dem Realismus; dieser giebt nicht die wahre Erfahrung, weil er alle reine Wissenschaft aufhebt, jener hat nur reine Wissenschaft, und so hebt er alle wahre Erfahrung auf. Eine neue Mischung gab uns die Zeit nach Fichte in Schelling, dessen Geist mit dem des Criticismus eben so im Gegensatz steht, wie die Wissenschaftslehre mit dem Realismus. Kant verdarb Wissenschaft und Erfahrung, indem er sie in das Eine Ganze der Erfahrung zusammenschmelzte; Schelling verdirbt beide, indem er sie in das Eine Ganze der reinen Wissenschaft verschmilzt; der einfache, mit der wahren Richtung ohne Mühe sich gebende Geist der Wissenschaft schwindet hin in die Sprache der Willkühr, und kann sich nur in einer Anschanung halten, die zwar das gleiche Licht der Erfahrung und Wissenschaft ist, aber nirgends zur

wah-

wahren und festen Form sich bricht, sondern jede Gestalt, die es, vom wahren Geist der Wissenschaft bezwungen, bildet, wieder aufhebt, so daſs zuletzt nur wieder das Eine Licht als Identität zurückbleibt und keine feste Gestalt der Welt oder des Geistes zu Stande kommt. Es ist diese Identität der Plagegeist der Spekulation, der dem Menschen alles giebt und ihn nichts besitzen läſst, der das All in ihn, und ihn in das All versenkt, und so weder das All mit dem Menschen, noch diesen mit dem All seyn läſst. Man hebe diese Identität — das Wesen, das sich erst auf dem groſsen Wendepunkt der Offenbarung des All, der in den Menschen fällt, erzeugt — als erstes und ewiges Wesen, als Täuschung auf, und gebe der Spekulation die entgegengesetzte Richtung: so bleibt uns das Licht der Anschauung als Organ des Geistes, seine Hülle, aber er selbst findet seine Wahrheit in der Idee der Offenbarung, die ihm den ursprünglichen Gegensatz als das erste Wahre giebt, womit denn auch zugleich der nothwendige Gegensatz der Wissenschaft und Erfahrung gegeben, und die wahre Ordnung der Welt begründet ist.

Fichte fühlte wohl, was seiner Philosophie zur wahren Wissenschaft fehlte, er fühlte die Kluft, die sie von der wahren Erfahrung trennte, und das ungünstige Geschick der intellektuellen Anschauung, die sich von der Sprache der Willkühr nicht binden läſst, ohne in eitle Form zu Zerfallen. Er versprach vor mehrern Jahren eine Darstellung der Wissenschaft in mathematischen Zeichen; diesen Gedanken gab ihm der Genius der Menschheit ein, warum führte er ihn nicht aus, er, der das Schwerste gethan hatte, warum konnte er nicht das Leichteste thun, warum nicht das nothwendige Zeichen des allgemeinen Geistes, das sich schon seit Jahrhunderten geoffenbaret hat, aber für die Wissenschaft todt lag, mit dem Geist seiner Philosophie beleben? Hinderte ihn vielleicht die Allmacht seines Strebens, jener Passivität sich hinzugeben, welche die schlichte, einfache Richtung auf die Natur erfordert, konnte er den Zauber des Transcendentalen nicht lösen, diesen täuschenden Geist unserer Zeit nicht bannen, wollte er das Unmögliche, den Geist der Natur, den Geist der Mathematik, in den Dienst der Individualität zwingen?

Wie dem auch sey, es ist eines Fichte würdig, die unendliche Klarheit seiner Individualität zum einfachen Strahl des mathematischen Geistes zu erheben, und eines Schellings nicht unwürdig, die unendliche Fülle der seinigen unter das einfache Gesetz der Natur zu beugen; und wenn ihr Geist das nicht verträgt, so fordert es die bedrängte Philosophie im Namen der Menschheit, daſs dieses Gesetz als das Allwaltende ausgesprochen werde. Nur die aller Schulphilosophie entgegengesetzte und durch die Mathematik bezeichnete Richtung des Geistes auf die Natur, nur das in dieser Richtung sich gebende ewige Gesetz, läſst uns die wahre Wissenschaft, das heiſst, die reine Wissenschaft in ihrer wahren Form, in ihrem nothwendigen Zeichen, und zugleich den wahren Empirismus, beide im ursprünglichen und nothwendigen Gegensatz finden, und macht das vereinigte unendliche Streben zu ihrer totalen Einverleibung, das wahre Fortschreiten der Erkenntniſs, als Parallele der in entgegengesetzter Richtung fortschreitenden Natur möglich.

Die Richtung der Mathematik setzt die Natur als das Erste, aber bestimmt durch ein Gesetz, das sich nur im Geist offenbaret. Sie geht daher von Definitionen aus, in welchen sich der Geist als Natur constituiret.

Aus diesen Definitionen geht der Geist in der Construction als nothwendiges Gesetz der Natur hervor, der Philosoph faſst es, von seinem negativen (absolut freien) Standpunkt aus, als seinen und zugleich den allgemeinen Geist, er erhebt sich zum Bewuſstseyn dessen, was der Geist bewuſstlos und nothwendig thut, er übersetzt die nothwendige Construction in die Sprache der Willkühr, und bildet sich das Gesetz für die Subjektivität; doch das Objekt, die Realität des philosophischen Bewuſstseyns ist das im nothwendigen Zeichen sich darstellende Gesetz, an welchem sich der Philosoph bey jedem Schritt, den er in der Subjektivität oder Sprache der Willkühr thut, orientiret.

Die Uebersetzung des objektiven Gesetzes in das subjektive Bewuſstseyn nenne ich die Anwendung des Gesetzes; durch sie wird die im nothwendigen Zeichen sich construirende reine Wissenschaft, objektive Wissenschaft.

Mit dieser, wie Original und Copie sich entsprechenden Objektivität und Subjektivität ausgerüstet, faſst der Geist den Standpunkt des Besondern der Erscheinung, und wird Erfahrung, er setzt die Natur als Geist im Besondern, da er, auf dem Standpunkt der Wissenschaft, sich als allgemeine Natur setzte. Diese Construction gab ihm die allgemeine Idee, das nothwendige Gesetz der Natur, und so darf er nur jede Besonderheit zu dieser Allgemeinheit erheben, und er erhält die wahre empirische Erkenntniſs der Natur.

Der wahre Empirismus ist folglich die Construction der Natur als einer besondern, zu Einem

Ganzen, nach dem in der Wissenschaft mit Nothwendigkeit erkannten allgemeinen Gesetz der Natur; dieses Gesetz ist aber selbst der in seiner objektiven Allgemeinheit sich offenbarende menschliche Geist, und so ist die empirische Naturerkenntniſs als der wahre allgemeine Leib des Geistes anzusehen. Das Eine Ganze giebt die reale Natur noch einmal in idealer Form, und da es der Mensch als reales Wesen ist, in welchem sich die ideale Form der Natur giebt: so offenbaret sich in ihm als dem höchsten Produkt der Natur, die Identität des Realen und Idealen in der allgemeinen Natur, das ist, eine Doppelform im absoluten Gegensatz, die wahre Idee der Offenbarung, der Begriff einer Natur überhaupt.

Den Standpunkt des Besondern hat der Geist im sinnlichen Auffassen der Thatsachen der Natur, das Beobachtung wird, wenn der Geist in den Thatsachen das Allgemeine sucht. In diesem Allgemeinen sucht er sich selbst als allgemeinen Geist der Natur; aber er bleibt bloſses Spiel der Natur, wenn er das Allgemeine nicht an sich in der reinen Wissenschaft mit Nothwendigkeit erkennt, sondern auf dem Wege der Abstraction, die den Geist immer sich selbst fremd hält, zu erhalten meint, und die Beobachtung führt nie auf ein sicheres und festes Resultat, wird nie wahre Naturerkenntniſs, sie verliert sich in dem endlosen Reiche der Hypothesen, der Geist muſs sich blind an die Materie der Thatsachen ergeben, und büſst desto mehr vom eigenen Leben ein, je reicher eine solche Erfahrung ist.

Der durch Construction in reiner Wissenschaft als ewiges Gesetz der Natur sich selbst erkennende Geist, und die von dieser Selbsterkenntniſs beherrschte Beobachtung, sind die Elemente des Begriffs einer philosophischen oder wissenschaftlichen Naturgeschichte, der durch die vorgreifende Anmaſsung der Philosophie eben so, wie durch den vorgreifenden Widerwillen des Empirikers gegen reine Wissenschaft immer noch schwankend geblieben ist.

Eine solche Naturgeschichte ist wissenschaftlicher Empirismus, nicht empirische Wissenschaft. Der letzte Ausdruck ist eine *contradictio in adjecto;* denn wie kann, was nie ein Ganzes werden kann, Wissenschaft genannt werden? Es wird darunter nur die durch einen willkührlichen Zweck bestimmte logische Ordnung der Thatsachen der Natur verstanden, ein Titelalphabet des Lexikons der Natur, nach welchem die Wörter nicht nach Sinn und Zusammenhang, sondern nach den Anfangsbuchstaben geordnet werden. Das empirische Erkennen geht vom Mannichfaltigen der sinnlichen Wahrnehmung aus, die Einheit ist eine formale, bloſse Verknüpfung des Empfundenen nach äuſserer Aehnlichkeit und Verschiedenheit, wodurch in das Chaos der Empfindungen eine äuſsere Ordnung gebracht wird. Zwar nennen wir dieses Aufnehmen der Natur Erfahrung, doch erfahren wir damit nicht das Wahre, sondern nehmen nur die Natur schlechthin in unsre Erkenntniſs auf, weil sie nur unter dieser Bedingung in Wahrheit erkannt werden kann: so wie man um den Geist eines Schriftstellers zu ſassen, allerdings zuerst seine Sprache verstehen muſs; aber den Geist des Buches schlieſst uns nicht das Lexikon auf, und eben so wenig das bloſse Auffassen der Thatsachen, auch wenn sie durch bewaffnete Sinne und sinnreiche Experimente ins Unendliche vervielfältigt werden, die Wahrheit der Natur.

Aber die raisonnirende Vergleichung der Thatsachen und die Vor- und Rückschlüsse aus der Beobachtung können sie wohl geben?

Das vergleichende Raisonnement, so wie die Schlüsse der Analogie und Induction, beweisen allerdings das nothwendige Streben zur Wissenschaft; aber es fehlt mit dem Standpunkt der Wissenschaft, mit der Richtung auf die wesentliche Form auch die Nothwendigkeit, das Wahre wird nur theilweise errathen, und da das wahre Erkennen kein theilweises seyn kann, so ist es immer nur eine Ahndung des Wahren, eine Hypothese, auf welche man zuletzt hinaus kommt. Durch die totale, an sich wahre Erkenntniſs einer einzigen Thatsache sind alle, als in ihrer Wahrheit erkennbar gegeben, aber mit der theilweisen Erkenntniſs aller Thatsachen der Natur, wäre sie auch möglich, wäre noch nicht Eine als in ihrer Wahrhcit erkennbar gesetzt. Es kommt nicht zuerst auf das Mehr oder Weniger, sondern auf die Art der Forschung an, nicht darauf, wie weit man die empirische Richtung durch Beobachtung und Schlüsse verfolge, sondern daſs man die entgegengesetzte Richtung nehme, in welcher der erste Schritt das ganze Wahre giebt, welches wir in unendlich verschiedenen und doch mit innerer Nothwendigkeit sich gebenden Formen sich wiederholen sehen. Hier gilt es der Beobachtung, der Vergleichung und der Schlüsse, um das Besondere der Form unter die Allgemeinheit des an sich erkannnten Wahren zu bringen.

Diesen Begriff der Wissenschaft der Natur und des Empirismus wollte ich hier im Allgemeinen als Einleitung aufstellen, um meine Leser voraus mit dem Geist bekannt zu machen, in welchem ich den Gegenstand, dessen wissenschaftliche Aufstellung gegenwärtiges Magazin vorbereitend einleiten soll, bearbeiten werde. Die Wissenschaft hat sich auf diesem Felde noch nicht versucht, und es gehört in der That nicht gewöhnlicher Muth dazu, sich, mit Hoffnung einigen Erfolgs, auf ein Feld zu wagen, das dem ersten Blick nur Zwittergestalten und Mißgeburten von Realem und Idealem, von Freiheit und Nothwendigkeit zeigt. Auch würde ich ohne die Unterstützung meines würdigen Mitarbeiters, des H. Prof. Reil, dieses Muthes kaum mächtig geworden seyn, so wie auf Veranlassung seiner Unterhaltungen mit mir über diesen Gegenstand, die Idee einer wissenschaftlichen Bearbeitung desselben in mir entstanden ist.

Nach Anleitung des gegebenen Begriffs von Wissenschaft und Empirismus fallen alle Arbeiten dieses Magazins in zwey Sphären. In der ersten wird der Gegenstand wissenschaftlich aufgefaßt und in dieser Richtung gehalten, um vom Allgemeinen aus alles Besondere desselben zu bestimmen. In der zweiten wird der Standpunkt der Aussenwelt genommen, um die äußere Entstehung und Bildung des Gegenstandes in seiner Mannichfaltigkeit, zum Allgemeinen fortschreitend zu beobachten. Die wissenschaftlichen Arbeiten soll der Geist des Empirismus, die empirischen und historischen der Geist der Wissenschaft beleben; das gemeinschaftliche Ziel aber ist eine wissenschaftliche Naturgeschichte der idealen Kranheitsform des Menschen.

So viel über das Streben, den Gegenstand zur Wissenschaft zu erheben. Das Streben zur Kunst hat die entgegengesetzte Richtung, worüber am gelegenen Orte das Nöthige gesagt werden soll.

II.

Wissenschaftliche Würde, Kunst-Interesse und Umfang der psychischen Medicin.

Wenn wir den Menschen, einer Seits, nach seiner äufsern Gestalt wenig vom Thiere unterschieden, durch sein inneres Wesen die Erde beherrschen, anderer Seits, diese höhere Natur in ihm so verunstaltet sehen, dafs wir zweifelnd uns fragen, ob nicht das an den Instinkt gefesselte Thier vor ihm den Vorzug behaupte: so ist wohl das nächste Gewisse, was wir über diese Erscheinung zu denken haben, diefs, dafs der Mensch in zwey entgegengesetzten Welten stehe, die in ihm noch nicht zur Einen Harmonie gediehen sind. In der allgemeinsten Bezeichnung kennen wir die beiden Welten als die physische und moralische; dafs aber hiemit mehr ein Räthsel als eine wahre Grenze bezeichnet werde, das weifs jeder, der eine tiefere, physische oder moralische Untersuchung über den Menschen angestellt hat. Das Resultat ist immer wieder ein Gegensatz, der auf jedem niedern Standpunkt in einen Widerspruch ausläuft, so daſs man mit gleichem Rechte sagt, die moralische Natur des Menschen bezeuge nur die Nichtvollendung oder Zerrüttung der physischen, und — die physische Natur sey nur das Vorspiel der moralischen, — das physische Wesen sey die wahre Natur des Menschen, das Moralische in ihm nur ein störender Schein, und — die moralische Natur könne nur darum nicht in ihrer Reinheit und Wahrheit erscheinen, weil die Täuschung des Physischen noch nicht überwunden ist.

Zu diesen Extremen führt uns das nicht auf seinen höchsten Standpunkt gestellte philosophische Denken, das in seiner Allgemeinheit nur die Form ohne das Wesen, folglich in einem wirklichen Gegensatz, das Wesen selbst aber durch diesen Gegensatz im Widerspruch siehet. Doch steht dieses Denken nicht allein in der einen Rücksicht zu niedrig, sondern auch in der andern zu hoch; es steht zu niedrig für den, der den Einen Punkt erkennen will, in welchem sich die Form der Welt zu Einem Ganzen knüpfet, der für die Wissenschaft die Einheit der Form sucht, zu hoch für denjenigen, der die besondere Wesenheit der wirklichen Natur erkennen will, der für das Praktische und die Kunst die Einheit und Realität des Wesens sucht. Daſs beide entgegengesetzte Meinungen einen entgegengesetzten Schein als Resultat aussprechen, beweiset, daſs sie beide in dem Gebiete eines Scheins stehen, der auf dem höhern Standpunkt für die Form, auf dem niedern für das Wesen gelöset wird. Auf dem höhern Standpunkt wird bewiesen, daſs das Physische und Moralische nur Erscheinungen sind, nothwendig entgegengesetzte Formen, die in der Einen idealen Form, oder in der Idee sich gegenseitig durchdringen, und in Beziehung auf Realität und Wahrheit gleichen Werth und gleiches Gewicht haben. Jene Eine ideale Form, oder die Idee, ist aber ein so durchaus Einfaches, Gleiches, absolut Indifferentes, daſs alle besondere Realität und Wesenheit, folglich auch der Mensch, als physisches und moralisches Wesen in ihr untergeht — Beweis genug, daſs es nur die Eine Form der Wissenschaft ist, die allerdings keine Besonderheit, als solche, und keinen Menschen als solchen, sondern nur die Allgemeinheit und Nothwendigkeit an sich giebt. Es wird der Schein, aber mit ihm zugleich jede besondere Wesenheit des Physischen und Moralischen aufgehoben. Auf dem entgegengesetzten Standpunkt, der in Beziehung auf den mittleren Zwitter als der niedere anzusehen ist, wird der Schein dadurch getilgt, daſs der allgemeine Gegensatz des Physischen und Moralischen, der in seiner Allgemeinheit bloſse Form, und in seiner vorgefaſsten

Wesenheit Grund des Scheines ist, zur besondern wirklichen Wesenheit verknüpft dargestellt wird. Das Physische und Moralische wird, in reiner Form, als die entgegengesetzte Richtung der Einen Kraft gedacht, und wer den Beweis der Nothwendigkeit dieses Denkens sucht, kann ihn freilich nur auf dem höchsten Standpunkt der Wissenschaft finden, indem das Herrschende der im Ewigen wurzelnden Natur, die Eine Form, das Eine Gesetz ist, welches nur die Wissenschaft aussprechen kann.

Das absolute Gleichgewicht der entgegengesetzten Richtung ist aber nur Idee, die Urform, die gedachte Möglichkeit der Natur, die als solche in keiner Besonderheit, in keiner Wirklichkeit sich giebt. Die Natur ist wirklich, heiſst also, das absolute Gleichgewicht ist aufgehoben, und so muſs die eine Richtung in ihr Maximum, die entgegengesetzte zugleich in ihr Minimum treten, denn dieſs ist das gerade Gegentheil des absoluten Gleichgewichts, das keines weitern Grundes bedarf, während für jede bestimmte Differenz eine andere Differenz vorausgesetzt wird. Eben so unmittelbar folgt, daſs wenn einmal die Differenz überhaupt gegeben ist, die Natur eine wirkliche seyn, das Maximum der einen Richtung seinem Minimum, und das Minimum der andern seinem Maximum entgegengehen muſs. Dieſs ist die allgemeine Form des Lebens der wirklichen Natur. Drittens folgt, daſs auf dem Punkt, wo das Maximum sein Minimum, dieses sein Maximum erreicht, die Natur überhaupt in die entgegengesetzte Form sich wenden müsse, und daſs das besondere Wesen, welches in diesen Punkt fällt, als in zwey entgegengesetzten Welten stehend erscheinen muſs. Bis zu diesem Punkt ist die Natur die physische, jenseits desselben die moralische. Im Entgegenstreben des Maximum der einen und des Minimum der andern Richtung entsteht das Wirkliche, das Produkt, und jedes Produkt ist eine Verminderung des Maximum und Erhöhung des Minimum; doch kommt es hierbey nicht auf die im Raume sich vervielfältigenden, sondern in der Zeitreihe nothwendig fortschreitenden Produkte an. Das Maximum der physischen Natur ist die Materie als Quantität, das Minimum die Form als Qualität, die Form der Erscheinung die materielle oder reale. Der mittlere Grad, wo das Maximum dem Minimum, dieses dem Maximum im Uebergewicht entgegengeht, ist der merkwürdigste Abschnitt der physischen Natur, diesseits die in den besondern Produkten leblose, jenseits die in den besondern Produkten lebendige Natur. Jede bildet für sich eine eigene Sphäre, die wieder ihr Maximum und Minimum, oder die, den Durchmesser der Natur in jeder gröſsten und in jeder kleinsten Sphäre bezeichnenden, Punkte hat. Das Maximum der leblosen Natur ist das vollkommenste

Flüssige, ihr Minimum das vollkommenste Starre, oder das Festeste; das Minimum der lebendigen Natur die erste Regung des Flüssigen, ihr Maximum die Selbstthätigkeit des Starren. Es ist eine irrige Vorstellung der Natur, wenn man ihre in der Zeit fortschreitenden Produktenkreise nur sich gegenseitig berühren oder überschlingen läfst. Sie durchgreifen sich in ihren Centris, und so ist es der Wissenschaft möglich, in dem Einen Centrum, in der Einen Form der Natur alle ihre nothwendigen Formen gleichsam voraus, das ist, noch vor der wirklichen Erfahrung in allgemeiner Bezeichnung für das Denken, obgleich nicht für die Anschauung, zu geben. Diesem zufolge fängt nicht die lebendige Natur da an, wo die leblose aufhört, sondern sie hat ihren ersten Sitz im Mittelpunkt der leblosen Natur, wo das Flüssige und Feste im relativen Gleichgewicht stehen; das Feste fängt nicht da an, wo das Flüssige aufhört, sondern im Mittelpunkt des Flüssigen; so fällt auch die erste vegetative Regung des Flüssigen in den Mittelpunkt des Starren oder Festen, und die erste Selbstthätigkeit des Festen in den Mittelpunkt der Vegetation. Das Gestaltloseste und die vollkommenste Gestalt der leblosen Natur stehen als Extreme einander gegenüber, wo aber das Gestaltlose von seiner Natur am meisten abweicht, und doch zugleich die Gestaltung von ihrem Ziele am weitesten entfernt,

wo

wo folglich auf beiden Seiten die höchste Negativität da ist, da keimt die lebendige Natur. So stehen auch das vollkommenste Thier und die vollkommenste Pflanze als Extreme gegen einander, wo aber die Pflanze und das Thier in ihrer Zurückbildung in Eins fallen, folglich jene am wenigsten Pflanze, dieses am wenigsten Thier ist, da keimt das Bewufstseyn. Das Flüssige der leblosen Natur ist als die zum Leben reifende, das Starre als überreife Natur, die Vegetation als das zum Bewufstseyn strebende Leben der Natur, die Animalität als das Ueberschlagen des Bewufstseyns anzusehen. Der Pilz und Schwamm ist eine augenblickliche Explosion der gereiften Flüssigkeit, ein Zellengewebe, dem das Mark zu fehlen scheint, das Hirn ist die auf das Mark reducirte Pflanze, der das Thier die Hülle giebt, wodurch das Bewufstseyn mehr oder weniger beschränkt wird.

Suchen wir nun die Natur im Grofsen, in ihrem letzten Produkt, im Menschen, wieder als die Eine Ganze auf: so ist der Keim seines Lebens das gereifte Flüssige, das Starre die Anlage zum Tode, das Vegetative sein Leben, auf dem das Bewufstseyn ruhet, und das Animalische das Beschränkende dieses Lebens, das als Beschränkung desto stärker hervortritt, je mehr sich das Vegetative zum Bewufstseyn concentrirt. In dem aus diesen Elementen sich bildenden menschlichen Organismus schliefst sich die physische Sphäre der Natur und es eröffnet sich die moralische, die wir ferner die psychische nennen wollen, weil jener Ausdruck in diesem Gebiet zur Bezeichnung einer engern und höhern Sphäre gebraucht wird.

Die Entstehung des Bewuſstseyns ist, nach der schon vorausgeschickten Bemerkung, nicht an die Vollendung der Thierheit, sondern an jenen Punkt anzuschlieſsen, zu welchem die Vegetation und Animalität in sich selbst zurückgehen, um ein neues höheres Produkt entstehen zu lassen. Will man diese Zurückbildung der Animalität und Vegetation ihre Vollendung nennen, so ist dieſs allerdings die wahre Vorstellung der überall in sich selbst lebenden Natur, nur nicht eine gewöhnliche. Die Vegetation und Animalität sehen wir im Thiere innigst verbunden, ja, man kann sagen, verschmolzen, aber einen höhern Organismus kennen wir nicht; es ist also der Schluſs erlaubt, obgleich er durch Beobachtung nicht erweisbar zu seyn scheint, daſs der Organismus, der nothwendig ein zweifacher, vegetativer und thierischer ist, weil die Natur nur im Gegensatz ist und lebt, in seiner Zurückbildung auf das absolut Einfache, das ist, auf den Nullpunkt der Materie komme, so daſs seine Thätigkeit nothwendig in die entgegengesetzte Form sich wenden, und als Bewuſstseyn ercheinen muſs.

Das Bewuſstseyn gehorcht demselben Gegensatz, der die reale Natur beherrscht, denn es ist ja nur die zweite Hauptform der Erscheinung der Einen und selben Thätigkeit. Das Minimum der realen Natur hat sich zum Maximum erhoben, das Maximum ist das Minimum geworden. Auf jenem Schluſspunkt der Vegetation und Animalität ist die Materie auf ihr Minimum gekommen, zugleich aber hat die harmonische Form des Organismus die Totalität, ihr Maximum erreicht, und ist zur freien Erscheinung im Bewuſstseyn reif geworden. Der freien Form steht also das Minimum der Materie als Schwerpunkt des Bewuſstseyns gegenüber, und obgleich wir diesen selbst in das Bewuſstseyn, was nur durch einen höhern Standpunkt, von dem hier die Rede nicht seyn kann, möglich ist, als Ich aufnehmen: so ist doch das Ich, wenn wir es nicht mit jenem höhern Standpunkt identificiren, sondern als ein natürliches betrachten, das zwischen Geist und Materie schwebende Räthsel, mit dem man eben so richtig die Geschichte der Materie schlieſst, wie die Geschichte des Geistes anfängt, ein Negatives, das, wie man es nimmt, bald als Schwerpunkt, bald als Hebel des Bewuſstseyns erscheint, an sich aber am schicklichsten als Wendepunkt der Natur bezeichnet wird.

Da die Natur nicht als aus heterogenen Theilen zusammengesetzt gedacht werden kann, in welchem Falle keine Naturforschung möglich wäre, sondern als ein geschlossenes Ganze vorzustellen ist, das in jedem höhern Produkt alle niederen in höherer Form wiedergiebt: so muſs sich im menschlichen Organismus, als ihrem letzten Produkt, die ganze reale Natur mit ihrer nothwendigen Stufenleiter noch einmal im Kleinen und in der vollkommensten Form geben. Diese im Menschen reproducirte Stufenleiter der Natur ist der Grund der Sympathie seiner Organe und der verschiedenen Richtungen und Züge der Funktionen des Organismus. Diese ursprünglichen Verschiedenheiten dürften sich auch einst, wenn sie physiologisch vollständiger erkannt seyn werden, als sie es jetzt noch sind, als die ursprünglichen innern Anlagen zur Krankheit beweisen, die durch den Gegensatz der Qualität mit sich selbst, das heiſst, dadurch, daſs die in der Vegetation gebundene Qualität im Thiere frey wird, zum Leben geweckt und durch den Reitz der Aussenwelt in Wirklichkeit gesetzt werden.

Das Princip der Materie, als Minimum des Bewuſstseyns, ist der Vermittler zwischen Geist und Körper, wie wir beide zu trennen pflegen, jenen als freie Form, diesen als geformte Materie denkend. Das Minimum des Bewuſstseyns ist ursprünglich das Maximum der Körperwelt, und so ist es homogen mit dem ganzen menschlichen Organismus, alle seine Funktionen haken ihr Echo in ihm; es ist aber auch homogen mit dem Geist, denn nur im Gegensatz mit diesem Minimum kann sich die freie Form als Maximum offenbaren, es giebt also der freien Form, oder dem Geist das in idealer Form, was es von dem Organismus in realer empfängt. Daher die unendliche Mannigfaltigkeit der Empfindungen, die wir eben so wenig aus dem reinen Bewufstseyn, wie aus dem Nervenspiel unmittelbar erklären können.

Aber in dieser Mannigfaltigkeit müssen sich jene ursprünglichen Züge und Sympathieen des Organismus, als Natureinheiten auszeichnen: wir werden sie einst als die wahren Temperamente erkennen, sie werden als solche, eine empirische Psychologie möglich machen, und so sind sie auch als die ursprünglichen Anlagen zur psychischen Krankheit anzusehen, die durch den Gegensatz der Freiheit und Nothwendigkeit des Bewufstseyns zum Leben geweckt, und durch den Reitz der Aussenwelt der Cultur in Wirklichkeit gesetzt werden.

Es wäre nun noch das Wechselverhältnifs der physischen und psychischen Krankheitsanlagen zu erörtern. Diefs würde uns aber zu weit und in dickeres Dunkel führen; denn so lange wir die Anlagen selbst in ihrer Form noch nicht kennen, müssen wir auf dem beruhen, was die Beobachtung giebt, und so genügt es hier, ihre Stelle und Umgebungen angezeigt zu haben.

Die psychische Medicin hat diesem zufolge, als Wissenschaft, eine doppelte Sphäre. In die erste fallen die psychischen Krankheiten, als solche, und die Wissenschaft beschäftiget sich mit der Beantwortung folgender drey Fragen:

1) Wie ist psychische Krankheit an sich und überhaupt möglich, oder, welches ist der in der allgemeinen und nothwendigen Ordnung der Natur gegebene Grund psychischer Krankheiten?

2) Welche ist die nothwendige Form und Geschichte ihrer Ausbildung?

3) Durch welche Reitze der Culturverhältnisse werden psychische Krankheiten zur Wirklichkeit gebracht? Mit der letzten Frage schliefst sich die Wissenschaft an die Erfahrung und Beobachtung an.

In die zweite Sphäre fällt das Wechselverhältnifs des Physischen und Psychischen, und folgende Fragen bestimmen sie:

1) In wie fern und nach welchen Gesetzen hat der kranke Organismus Krankheit des Bewufstseyns zur Folge?

2) In wie fern und nach welchen Gesetzen erzeugt die blofse Idee Krankheiten im Organismus?

3) Welchen Einflufs hat die physische Aussenwelt (Licht, Luft, Clima u. s. f.) auf den Gesundheitsstand des Bewufstseyns?

Die Beantwortung dieser Fragen kann, in Ermangelung einer Total-Construction des Planeten, oder einer wissenschaftlichen Geognosie und einer wissenschaftlichen Physiologie, nur aus der Beobachtung geschöpft werden.

Die Kunst, die Gesundheit zu erhalten, bildet sich immer mehr der Medicin als ein Hauptzweig an und mit Recht; denn sie beschränkt nicht allein die Heilkunst, die sie ganz aufheben sollte, sondern vereinfacht auch ihr Geschäft dadurch, daſs sie dem Arzt, der so oft nur negativ verfahren kann, in der bestimmten Art, wie der Krankheit vorgebeugt wird, durch den Gegensatz den kürzesten Weg zeigt, wie die gestörte Gesundheit wieder hergestellt werden könne. Aber jene Kunst hat ihre eigenen, vielleicht gröſsern Schwierigkeiten, und führt uns in eine gröſsere Weite, als selbst die Heilkunst; denn der ans Lager gefesselte Kranke ist, in dieser seiner Abgeschiedenheit von der Welt, doch weit mehr der Kunst des Arztes gegeben, als sich die Welt dem Gesunden giebt, der seine Gesundheit zu erhalten strebt. Allgemeine Regeln lassen sich bald geben, so wie an Theorieen der Heilkunst kein Mangel ist, aber die Anwendung? Es geht, wie mit den Moralprincipien, sie sind leicht ausgesprochen, lassen sich auch wohl beweisen, aber sie finden nicht den Weg ins Leben. Man kehre einmal die Richtung des Strebens, dem Menschen zu helfen, um, man fasse den Menschen in seiner Individualität und construire ihm ein Leben, in welchem geistiges und körperliches Wohlseyn, Moral und Medicin in Eins zusammenfallen. Man sage nicht, die Individualität biete eine unendliche Mannigfaltigkeit dar, die in keinem allgemeinen Wortbilde gegeben werden kann, folglich nicht zum Fundament einer Lehre und eines Unterrichts sich eignet. Denn diese unendliche Mannigfaltigkeit liegt eben so tief im Menschen verborgen, wie seine formelle Einheit, und beide machen nur den Gegensatz eines allgemeinen Begriffs; so wie aber die ganze wirkliche Natur zwischen den Gegensätzen des Begriffs hindurchgeht: so steht auch hier eine Mannigfaltigkeit, die zugleich Einheit ist. Warum verstehen tausend Menschen ein Beispiel und ahmen es nach, tausend Menschen ein anderes? Und doch ist das Beispiel Individualität, und wird individuell aufgefaſst: der allgemeine Begriff hebt das Beispiel auf, und der individuelle Mensch versteht ihn überhaupt nicht, oder doch nicht anzuwenden, und wird nur durch ein Sollen und Wollen ohne Können geängstiget. Die Menschen werden von bestimmten Gemüthsarten beherrscht, in denen das Körperliche und Geistige nicht zu trennen ist, und in welche sich das beiderseitige Wohl und Wehe zuletzt schliefst; Moral und Medicin müssen in der Wirklichkeit in ihren Dienst treten, und so sollte die Kunst, die Gesundheit des Körpers zu erhalten, zuerst nicht getrennt werden von ihrer Zwillingsschwester, der geistigen Gesundheitspflege, es sollten zweitens beide von dem Einen Standpunkte der Gemüthsart ausgeführt werden: das gäbe Casuistik, Ascetik, Hygieine, eine angewendete Moral und Physik in Einem. Von der andern Seite sollte auch die medicinische und moralische Polizey mehr Rücksicht nehmen auf die verschiedenen Gemüthsarten des Staates, der Bezirke, Städte, Dörfer, Stände, und dafür sorgen, dafs ein jeder, der gesund bleiben will, nach den äufsern Verhältnissen es auch könne, soweit es überhaupt möglich ist. Die Cultur gab und giebt die meisten Körper- und Seelenkrankheiten, sie mufs sie nun durch ein künstliches Zurückstreben auch wieder aufzuheben suchen; aber Medicin und Polizey, wie sie jetzt noch sind, sind nur Fragmente der durch Kunst in sich zurückkehrenden Cultur.

Auf diesem Theater hat die psychische Heilkunst die Hauptrolle zu spielen, denn schon als Wissenschaft strahlt sie in jene Einheiten zusammen, in welchen Natur und Cultur sich knüpfen, in die ursprünglichen Gemüthsarten oder Temperamente, und so breitet sie sich, als Kunst, von diesem Standpunkt über die ganze praktische Moral, Medicin, Polizey und Erziehung aus. Dieſs ist ihr höchstes allgemeinstes Interesse, sie ist in dieser Beziehung die Gesundheitslehre des ganzen Menschen, und kann recht gut die jetzt leere Stelle der egoistischen Glückseligkeitslehre ausfüllen. Kennen wir erst die Individualitäten oder Temperamente unsers Planeten, und haben wir eine nach ihnen geordnete, anthropologische Geographie: dann wird auch von den natürlichen Gemüthsarten ganzer Nationen und einer Gesundheitslehre für die gesammte Menschheit die Rede seyn können.

Das zweite Interesse der psychischen Heilkunst ist der Arzt als psychisches Wesen. Hieher gehört die wissenschaftliche und moralische Selbstbildung des Arztes, unterschieden von der wissenschaftlichen und empirischen Bildung zur Kunst. Der Art vergesse nicht, daſs er nicht bloſs Arzt, sondern auch Mensch für Andere ist, daſs der Kranke nicht allein seiner Kunst, sondern auch seiner individuellen Menschheit vertrauen muſs, daſs er ihm nie als bloſses Thier und Maschine vorliege, daſs selbst der Wahnsinnige auf das Sinnigste und Menschlichste im höhern Sinne des Worts, behandelt werden muſs. Kein Beruf berechtiget mehr und fordert stärker auf, den Menschen als Menschen zu behandeln, als der des Arztes, und so läſst kein anderer Gottähnlicher handeln; was der Mensch aber kann, das soll er auch, und die Beschränkungen, die ein anderer leiden muſs, können den nicht entschuldigen, der über sie hinaus kann.

Die dritte Angelegenheit der psychischen Heilkunst ist die richtige Auffassung des Kranken, als psychischen Wesens. Jeder Mensch trägt in sich seine eigene Welt, die theils durch seine innere, eigenthümliche Natur, Temperament, theils durch zufällige äuſsere Verhältnisse bestimmt wird. So giebt auch jede Krankheit der innern Welt des Menschen eigenthümliche Bestimmungen, und kehrt nicht selten ihre Ordnung um. Da nun die Wissenschaft auch diese Besonderheiten nur allgemein aufstellen kann, so kann der handelnde Arzt des Kunsttalents, oder der Fähigkeit, das Besondere und Individuelle in seinen feinern Abstufungen, im Gefühl aufzufassen, nicht entbehren, und der Unterricht in diesem Theil der psychischen Heilkunst hat den Zweck, jenes Gefühl auf allgemeine Kunstformen zurückzuführen. Hier tritt die Poesie in den Dienst der psychischen Medicin, die ursprünglichen Individualitäten der Menschheit werden in ihrer Kunstform aufgesucht. Unter allen alten und neuen Dichtern dürfte, für diesen Zweck, Shakspeare die reichste Ausbeute geben.

Den vierten Theil der psychischen Heilkunst bildet die psychische Heilmittellehre, und zwar zunächst in der Anwendung auf psychisch Kranke. Psychische Heilmittel sind aber in dieser Anwendung nicht blofs auf unmittelbar psychische Einwirkung beschränkt, der psychische Zweck giebt auch den physisch-mechanischen z. B. Arbeit, und den physisch-organischen z. B. Magnetismus, den psychischen Charakter, und nur die chymischen Mittel sind aus dieser Sphäre ausgeschlossen. Der andere Zweig dieses Theils der psychischen Heilkunst ist die psychische Heilmittellehre in Beziehung auf physisch Kranke. Hieran schliefst sich die Euthanasie, oder die Kunst, den Tod zu erleichtern, ein würdiges heiliges Werk der Menschlichkeit, das den Arzt auch da noch als höheres Wesen charakterisirt, wo die helfende Kunst nicht mehr hinreicht.

Endlich hat die psychische Heilkunst noch Rücksicht zu nehmen auf öffentliche Anstalten für Irre und Wahnsinnige.

III.

Begriff der psychischen Medicin als Wissenschaft.

Die Medicin ist ein Wissen und ein Handeln, Wissenschaft und Kunst.

Das Wissen des Arztes ist zunächst ein empirisches, denn das Objekt wird ihm als ein zufälliges gegeben. Aber es ist ihm, wie alles Sinnliche, nur als Wirkung gegeben, und da er selbst als Ursache auf es wirken soll, so muſs er es auch in seiner innern Ursache erkennen; diese Erkenntniſs ist selbst das handelnde Princip in ihm, das, wenn es sich als Gefühl ankündiget, Genie genannt wird. Es ist Zweck der Wissenschaft, die subjektive That des Genies zur objektiven Erkenntniſs zu erheben.

Erkenntniſs der innern Ursache einer Erscheinung ist Erkenntniſs ihrer Nothwendigkeit, diese aber, da die Ursache nicht gegeben wird, kein empfangendes, sondern handelndes Erkennen; das Wissen des Arztes muſs folglich ein nothwendiges oder wissenschaftliches und es muſs ein handelndes oder construirendes seyn.

Beobachtung und Erfahrung haben mit der Wissenschaft den Zweck gemein, sie sind das Streben des Genies, sich und in sich die Natur zur Sprache zu bringen; aber sie nähern sich dem Ziel ins Unendliche, ohne es je erreichen zu können, während die Wissenschaft es unmittelbar darzustellen strebt. Dieses Streben zeigt sich unverkennbar in den Hypothesen, welchen kein Empiriker, der nicht bloſs Sammler, sondern Selbstbeobachter ist, entgeht. Das nothwendige Wissen findet ohne Beobachtung und Erfahrung keine Anwendung, es ist Geist ohne Leib; dem Zweiten fehlt ohne das Erste die wahre Einheit. Nimmt auch das, was die Philosophie, deren Geschäft es ist, das nothwendige Wissen zu offenbaren, als solches giebt, von der zufälligen Zeitform die hypothetische Form an, so soll man es doch nicht bloſs als Hypothese, sondern wenigstens als die Einheit der Hypothesen ansehen; auch steht es, richtig verstanden, nicht mit Erfahrung und Beobachtung, sondern nur mit den Hypothesen im Gegensatz und Kampf.

Das nothwendige Wissen ist, seiner Natur nach, ein allgemeines, es kann folglich nicht die Ursache dieser oder jener, sondern nur die Ursache der Krankheit überhaupt mit Nothwendigkeit erkannt werden. So kann auch keine wirkliche

Krankheit eine besondere innere Ursache haben, sondern es sind nur äufsere veranlassende Ursachen, welche das Eine Krankheitsprincip, oder die Eine kranke Form der Natur auf ein Centrum im Organismus fixiren.

Da die wirkliche Krankheit immer eine besondere ist, die allgemeine oder nothwendige Erkenntnifs aber jede Besonderheit tilgt: so wird durch die wissenschaftliche Erkenntnifs der Ursache der Krankheit an sich, alle und jede empirische Erkenntnifs derselben aufgehoben. Hat die veranlassende Ursache einmal die Krankheit zur Erscheinung gebracht, so besteht diese fort ohne jene, und der Arzt mufs die innere Ursache aufsuchen, um handeln zu können. Im Streben nach nothwendiger Erkenntnifs aber finde ich jede, es sey durch Schlüsse aus Beobachtung und Analogie vermeintlich entdeckte, oder unmittelbar hypothetisch aufgestellte besondere Ursache der besondern Krankheit als falsch, und dieses wissenschaftlich allgemeine Urtheil wird durch die fortschreitende Erfahrung bestätiget; denn von welcher Krankheit weifs man die innere Ursache mit allgemeiner Beistimmung der Schulen, und was bürgt uns dafür, dafs das, was wir von dieser Seite besser zu wissen meinen, als die Alten, wirklich besser sey, und dafs es nicht unsere Nachkommen schlechter finden werden? Diese Erfahrung hat, wie überall, so auch in der Medicin den Skepticismus erzeugt, der als Naturzwang zur Wissenschaft anzusehen ist.

Aber dessen ungeachtet besteht die Medicin als Kunst? — Die handelnde Welt kann allerdings nicht auf die Wissenschaft warten. Genie und Zufall greifen ihr vor, so wie sie selbst Keim der Wissenschaft sind; aber die Welt steht nicht still, es entstehen neue Verhältnisse, neue Bedürfnisse, neue Krankheiten, selbst die erscheinende Natur ändert sich, die Genies sind selten und Zufall ist Zufall: so werden Tausende hingerafft, ehe Genie oder Zufall Einem helfen. Und wie wird gewöhnlich denen geholfen, welchen geholfen zu werden scheint? Ist es nicht eine gar sehr begründete Meinung, dafs man sich hüten müsse, dem Arzt in die Hände zu fallen, weil nicht leicht wieder herauszukommen ist? Man höre doch auch den Arzt, der nicht auf verschuldeter oder unschuldiger Beschränktheit stolz ruhet, sondern in der Macht seines Genies nur seine Ohnmacht und in dem Reichthum seiner Kenntnisse nur das Bedürfnifs des Wesentlichen fühlt. Der geradeste Weg zu den Antipoden wäre freilich der durchgegrabene Diameter der Erde; aber ich mufs mich erst 90 Grade von meinem Standpunkt entfernen, um in andern 90 Graden zum entgegengesetzten zu gelangen. Diefs ist auch das Gesetz des Geistes, er mufs die sinnliche

liche Wahrnehmung in der Idee aufheben, um in entgegengesetzter Sphäre das wahre Ziel zu finden.

Man nehme an, was sich, wie ich hoffe, einst bis zur Evidenz wird erweisen lassen, die Eine Ursache der Krankheit sey, die im Thiere frey werdende Qualität der Natur, und die Eine kranke Form der Natur sey der Gegensatz und Widerstreit der animalisch freien und vegetativ gebundenen Qualität: so leuchtet ein, daſs die wahre Ursache der Krankheit nie eine besondere seyn, daſs folglich auch von keiner besondern oder wirklichen Krankheit die besondere Ursache gefunden werden könne. Denn kann die Freiheit erscheinen, und ist nicht jede ihrer Wirkungen wieder eine gebundene, die uns auf keiner Seite aus dem Widerspruch herausläſst, wenn wir auch die Ursache als eine gebundene suchen?

Wie leer und unfruchtbar auch diese Idee scheinen mag, weil sie, so lange sie noch gesucht wird, nur in ihrer negativen Gestalt, als das Verschwinden der Qualität erscheinen kann: so wird sie sich doch zum festen Grund der Medicin, als Wissenschaft und als Kunst, ausbilden, indem sie uns, zwar nicht die Freiheit der Qualität, aber wohl die Qualität als frey wird erkennen lassen.

Diese Idee allein kann uns auch den Realbegriff der psychischen Medicin geben, der, wie man sieht, in seiner Quelle von dem Begriff der realen

Medicin nicht zu trennen ist, aber als zweite Form des Einen Begriffs geltend gemacht werden muſs, nachdem einmal die reale Form durch den Zeitgang der Cultur als die alleinige geltend geworden ist.

Der menschliche Organismus ist einer Seits die in sich geschlossene reale Natur; es zeigt sich aber auf der andern Seite eine Erscheinung, die uns in jeder Untersuchung zu einem Princip auſser dem Organismus hindränget, obgleich wir es nicht finden können. Diese Erscheinung ist das Bewuſstseyn.

Je mehr sich unsere physiologische Kenntnisse des menschlichen Organismus erweitern, um so mehr werden wir von der Abhängigkeit der Funktionen des Bewuſstseyns von denen des Organismus überzeugt. Auf der andern Seite beweiset jede willkührliche Bewegung die Herrschaft des Bewuſstseyns über den Organismus, so daſs wir selbst im Thiere ein Princip vorauszusetzen genöthigt sind, dessen Verhältniſs zum Organismus wir nicht kennen. Kann das Bewuſstseyn den Organismus auf Einem Punkte, so kann es auch den ganzen Organismus bestimmen; das Eine folgt nothwendig aus dem Andern, wenn wir nur der Natur Consequenz zutrauen, wie wir müssen, wenn von Naturerkenntniſs die Rede seyn soll. Hinwiederum, wird das

Bewuſstseyn auch nur als thierischer Instinkt vom Organismus bestimmt: so hängt das vollendete Bewuſstseyn des Menschen nicht minder vom Organismus ab.

Hieraus folgt zunächst, daſs Organismus und Bewuſstseyn nicht real, durch Theilung, getrennt werden können, auch ist es unter den tausenden von Psychologen, und den wenigern von Physiologen, die sie voraussetzten, weil sie der erste sich darbietende Gedanke ist, wenn man durch die Hinterthüre des Sinnenscheins in die menschliche Natur eindringt, noch keinem gelungen, die Grenze des Geistigen und Körperlichen im Menschen nachzuweisen, und dieſs müſste doch nicht allein möglich seyn, sondern die Grenze müſste sich eben so bald und leicht von selbst darbieten, wie man mit der Trennung bald zu Stande kommt.

Sind Bewuſstseyn und Organismus nicht real getrennet, so müssen sie als in ihrem Princip, das ist, absolut entgegengesetzte Formen gedacht werden. Das Princip ist die Nothwendigkeit der Natur: es muſs im höchsten Produkt der Natur diese Doppelform hervortreten, weil sie das Ziel ihres Strebens ist, und so kann sie auch nur aus der nothwendigen Stufenleiter des Lebens der Natur, als ihr gediehenes Leben begriffen werden.

Den absoluten Gegensatz dieser Doppelform bezeichnet man vielleicht am faſslichsten, wenn man sagt, dafs in dem menschlichen Organismus das ganze Bewufstseyn prädeterminiret, oder die in der Wirklichkeit gegebene Möglichkeit sey, und dafs das Bewufstseyn als Wirklichkeit, den Organismus, mit ihm die ganze Natur als Möglichkeit, als Idee in sich trage. Dafs aber beide Standpunkte, der des Organismus und der des Bewufstseyns, nothwendig sind, und dafs im Menschen die Idee der Nothwendigkeit als allgemeiner Geist, zugleich das Centrum der ganzen Natur lebt: diefs beweiset, dafs das Bewufstseyn und der Organismus, jeder Möglichkeit und Wirklichkeit in Einem ist.

Der absolute Gegensatz, die wesentliche Gleichheit und Einheit des in der Form Entgegengesetzten, fällt nicht in die Erscheinung, gehört nicht der Natur als Objekt-Subjektivirung an, sondern ist die Idee der Wissenschaft, sie bezeichnet negativ das Aufhören der Erscheinung, und, in der freien Richtung auf das Nothwendige, den ersten positiven Schritt der Wissenschaft, oder der Subjekt-Objektivirung der Natur.

Die Objekt-Subjektivirung der Natur giebt sich den Sinnen als durch Form bestimmte Materie. Diefs ist nicht die wahre Erscheinung der Natur, sondern der aus der vollendeten Erscheinung hervor- und der Wissenschaft vorausgehende nothwendige Schein, der sich auf dem Wendepunkt der Objekt-Subjektivirung und Subjekt-Objektivirung, als Zwitter erzeugt. Die Wissenschaft, als Subjekt-Objektivirung, verwandelt den Sinnenschein in wahre Erkenntnifs der Erscheinung, indem sie, anstatt der den Sinnen gegebenen Materie, die der Vernunft sich gebende Idee als Objekt, und anstatt der die Materie bestimmenden Form, die Selbstbeschränkung der Idee, als Subjektivirung setzt.

Die Idee, als Subjekt der Wissenschaft, ist der absolute Gegensatz, der sich von selbst giebt, wenn der Geist sich in die Verfassung der Construction versetzt, und sie objektiviret sich durch die Construction zum ewigen und nothwendigen Gesetz, das ist, zum ewigen Begriff der Natur. Die Idee, als Objekt der Natur, ist eben dieses Eine Gesetz, als ewiger Begriff der Natur, und sie subjektiviret sich durch das der Construction entgegengesetzte Verfahren, durch Analysis des Gesetzes.

Diese Analysis giebt die nothwendigen Bedingungen der Erscheinung der Natur, nach welchen die sinnliche Wahrnehmung und Beobachtung in ein System der Erkenntnifs der Natur geordnet wird.

Dem Gegensatz der wissenschaftlichen Construction und der Erkenntnifs der Erscheinung zufolge, mufs die erste Stufe der erkannten Natur durch die möglich gröfste Relativität des Gegensatzes bezeichnet seyn, und die Relativität mufs in ihren Beschränkungen bis zu ihrer gänzlichen Aufhebung in der absoluten Subjektivität, bis zum Nullpunkt des Seyns im freien Denkakt fortschreiten. Dieser Schlufsring der Erscheinung ist zugleich die Basis der Construction, doch an sich das absolut Negative.

Die möglich gröfste Relativität des Gegensatzes ist das Maximum des Realen, oder der Quantität, und das Minimum des Idealen, oder der Qualität. So schreitet die Entwickelung der Natur im Uebergewicht der Quantität fort, und heifst in dieser Erscheinung unorganische Natur.

Gleichgewicht ist in der Relativität, oder wirklichen Erscheinung nirgends möglich, indem die ganze Erscheinung nichts anders ist, als das Sichselbstaufheben der Relativität; die zweite Epoche der Erscheinung ist folglich durch das Uebergewicht der Qualität bezeichnet. So erscheint die Natur als organisch, die Materie wird von der Form beherrscht.

Die Qualität kann nicht das Uebergewicht über die Quantität erhalten, ohne dafs zugleich die möglich gröfste Relativität des Gegensatzes sich umkehre: die Qualität wird Maximum, die Quantität Minimum. So ist in der organischen Natur ein doppeltes Leben nothwendig, das Leben aus der unorganischen Natur mit dem Uebergewicht der Qualität, oder das Leben der gebundenen Qualität, die Vegetation, und das Leben aus der Qualität, in wie fern sie sich als Maximum constituirt, oder das Leben der freien Qualität, die Animalität.

Die gänzliche Befreiung der Qualität hebt alle Relativität, alles Seyn auf, es erscheint der Mensch, das Bewufstseyn, der grofse Wendepunkt der Natur aus der Objekt-Subjektivirung in die Subjekt-Objektivirung.

Der thierische Organismus unter der Herrschaft der gebundenen Qualität, ist das vegetative, unter der Herrschaft der freien Qualität das animalische System.

Da jede Thierart nur auf einer bestimmten Stufe der Form die Qualität darstellt, so entstehen dadurch im thierischen Organismus bestimmte Centra oder Heerde der Vegetation und Animalität, welche die thierische Naturgeschichte in ihrer nothwendigen Stufenfolge aufzustellen hat.

Jeder vegetative Heerd ist als ein Hemmungspunkt des freien Strebens der Qualität, und jeder animalische Heerd als ein Störungspunkt der vegetativen Funktionen anzusehen.

In der zur Animalität gereiften Vegetation bricht die Qualität los und setzt sich in und an der Vegetation als thierischer Sinn fest, das vegetative Leben kreiset nicht mehr blofs in sich selbst, sondern kommt mit dem thierischen Sinn in nothwendige Beziehung, da es die eine und selbe Qualität ist, die, in der Vegetation gebunden, im Sinne frey wird: dieses Strömen des vegetativen Lebens, oder diese seine Richtung auf die freie Qualität ercheint als thierischer Trieb und Bedürfniſs und wird innerer Sinn genannt. Die freie Qualität aber strebt zum Höheren, und wir erkennen als ihr höchstes Ziel die ideale Aufnahme und freie Darstellung der ganzen Natur; doch Trieb und Bedürfniſs herrschen im Uebergewicht des Vegetativen, und es erscheint dem innern Sinne gegenüber der äuſsere als Mittel der Befriedigung. Durch diese Befriedigung kommt auch die Animalität in nothwendige Beziehung auf die Vegetation, und das vegetative Leben wird durch eine freie, das ist, auf dieser Stufe zufällige Aufnahme der Aussenwelt bestimmt.

Daſs Trieb und Bedürfniſs das freie Streben der Qualität hemmen, ist klar, doch kommt dieſs hier in keine Betrachtung, wo die freie Qualität noch ganz im Dienste der Vegetation steht. Aber die nothwendige Beziehung des vegetativen Lebens auf den thierischen Sinn, welche Beziehung Trieb und Bedürfniſs erzeugt, und die durch den äuſsern Sinn zufällige Befriedigung, ist Störung der vegetativen Funktionen und P r i n c i p d e r K r a n k h e i t.

Die Stufenleiter der Thiere wird durch den Grad der Freiheit der Qualität oder des thierischen Sinnes bestimmt, und ist zugleich die Stufenleiter der Krankheit der Natur oder der ursprünglichen Krankheitsanlagen. Wenn es nun gewiſs ist, daſs die Natur im jedem höhern Produkt alle niederen in höherer Form wiedergiebt, so müssen wir den menschlichen Organismus als das System aller Thierstufen denken, so daſs in ihm vereint ist, was das ganze Thierreich getrennt darstellt, und die nach dem Grad der Freiheit des Sinnes geordnete Thierreihe würde uns eben so eine exemplificirte Physiologie, wie die natürlichen Anlagen zu Krankheiten geben.

Nach diesem Begriff der Krankheit hat sie nothwendig eine doppelte Form, die vegetativ-animalische, die aus dem Triebe und Bedürfniſs, und die animalisch-vegetative, die aus der Befriedigung entspringt. Sollten die Nerven, was wohl kaum einen Zweifel zuläſst, eben so gewiſs das Organ des Triebes und Bedürfnisses seyn, wie es gewiſs ist, daſs jede Befriedigung im Gefäſssystem mit dem vegetativen Leben sich verbindet: so sähe man hier die Nerven- und Humoral-Pathologie in ihrem Ursprunge im nothwendigen, folglich freundlichen Gegensatz.

Diese doppelte Form der Krankheit wird im Allgemeinen in dem Wechselzustande des Wachens und Schlafens repräsentirt; der Sinn öffnet sich zum Bedürfniſs und schlieſst sich in der Befriedigung.

Der allgemeine nothwendige Gegensatz des vegetativen und animalischen Systems im thierischen Organismus ist die allgemeine Möglichkeit der Krankheit: die thierische Stufenreihe, die objektive Zeit, die That der Natur, die den allgemeinen Gegensatz auf bestimmte Heerde beschränkt, ihre allgemeine Wirklichkeit. Was man aber gewöhnlich und im engern Sinne des Worts, Krankheit nennt, und als abnormen Zustand der vegetativen und animalischen Funktionen des Lebens bezeichnet, ist zufällige Modification jener allgemeinen Wirklichkeit, die nur dadurch der wissenschaftlichen Auffassung fähig wird, daſs sie in ihrer Ausbildung der ursprünglichen Doppelform der Krankheit unterworfen ist, und sich der einen oder der andern der noch unbekannten Naturgattungen der Krankheit, mehr oder weniger nähert.

Gleichgewicht des vegetativen und animalischen Systems in ihren Heerden und Harmonie der nothwendigen Funktionen der gebundnen mit den freien der freien Qualität — ist die Idee des vollkommensten Organismus, die aber nie realisirt werden kann; und so ist diese Idee, als die Idee der Gesundheit, für die eigentlich thierische, und als Idee des höchsten Guts für die eigentlich menschliche Sphäre, das Ziel, dem die Medicin und Moral, oder die physische und psychische

Medicin im allgemeinsten Sinne des Ausdrucks, entgegengehen, es ist die Idee, in welcher und durch welche die Wissenschaft in Kunst übergeht.

Gleichgewicht des entgegengesetzten Seyns ist in der Natur überhaupt nicht möglich, weil sie sich nur als That und Zeit, folglich in einer Stufenleiter entwickeln kann, und Harmonie der Funktionen ist nicht möglich, weil die in der Vegetation noch gebundene Qualität nothwendig zur Freiheit strebt, und weil sie, im Thier frey geworden, in die Gebundenheit der Vegetation zurücksinken müſste, wenn Harmonie möglich werden sollte.

Der thierische Sinn strebt, im Uebergewicht der Vegetation, so lange zur höhern Freiheit hin, bis er das Uebergewicht über die Vegetation erhält. Diesen Moment bezeichnet die Erscheinung des Bewuſstseyns, das Thier wird Mensch.

Aber der Mensch bleibt Thier, und so müssen wir der bisher bezeichneten thierischen, die bewuſste Sphäre entgegensetzen. Der Mensch ist also, als Thier, Vegetation und Sinn mit dem Uebergewicht der ersten — das nenne ich seine physische Sphäre, und er ist, als Mensch, Vegetation und Sinn mit dem Uebergewicht des letztern — das nenne ich seine psychische Sphäre.

Der Eine Gegensatz der thierischen Natur wird im Menschen ein doppelter, die zweifache Form der thierischen Krankheit eine vierfache. Die allgemeinen Faktoren der menschlichen Natur sind folgende vier: die Vegetation mit dem Uebergewicht über den Sinn; der Sinn, beherrscht von der Vegetation; Bewuſstseyn, als herrschender Sinn; und bewuſstlose Empfindung, als die vom Sinn beherrschte Vegetation.

Der menschliche Organismus ist ein System von Geweben, die in mannigfaltigen Kreisen sich durchdringen und die Basis aller Funktionen des menschlichen Lebens sind. Vor allem sollte der Gegensatz der Vegetation und Animalität in diesen Geweben aufgesucht werden; aber nicht die Anatomie kann ihn in der Struktur, sondern die Physiologie muſs ihn in den Funktionen nachweisen.

Das Hauptorgan des von der Vegetation beherrschten Sinnes scheint der sympathische Nerve zu seyn; ihm entsprechen, als Organe des äuſsern Sinnes, die in die Haut auslaufenden und in den äuſsern Sinnorganen sich knüpfenden und wieder ausstrahlenden Nerven. Das Hauptorgan des Bewuſstseyns als des herrschenden Sinnes, ist das Gehirn, dem die in die Muskeln sich einsenkenden Nerven entsprechen. Die Nerven müssen aber auch einen Strom aus der Vegetation in das Animalische haben, in wie fern nemlich die Vegetation den Sinn beherrscht; dieser geht vielleicht durch das Rückenmark in das Gehirn und das Centrum derjenigen Nerven, welche das Organ der bewufstlosen Empfindung sind, ist vielleicht das Geschlecht.

Ehe wir uns auf die eigentlich menschliche Sphäre fixiren, mufs noch ein merkwürdiger Gegensatz der thierischen und menschlichen Natur erörtert werden. Der Streit, ob die Thiere Bewufstseyn haben oder nicht, wurde gemein dahin entschieden, dafs in ihnen ein Analogon des Bewufstseyns da sey; aber das Wort Analogon ist in dieser Beziehung unverständlich, oder führet auf die Meinung, dafs das Thier ein Absatz oder Auswurf des Menschen sey. Der thierische Sinn strebt als äufserer zur Freiheit, und so kann man, wenn man will, die Aufnahme der Natur durch den äufsern Sinn des Thieres sein Bewufstseyn nennen, doch ist es nicht als Analogon des menschlichen Bewufstseyns zu bezeichnen. Denn der äufsere Sinn des Thieres steht im Dienste der Vegetation, und obgleich der Mensch auch Thier ist, so tritt doch bey ihm der äufsere Sinn in den Dienst des Bewufstseyns, und erhält dadurch den entgegengesetzten Charakter. An sich ist im Menschen das, was im Thiere der äufsere Sinn, als Vermittelndes der Vegetation und des innern Sinnes ist, die bewuſstlose Empfindung, welche das Bewuſstseyn voraussetzt, nemlich das Vermittelnde des Bewuſstseyns und der Vegetation überhaupt.

In der menschlichen Sphäre kommt folglich nur das Wechselverhältniſs der als Thier herrschenden Vegetation überhaupt und des als Mensch herrschenden Bewuſstseyns in Betrachtung. Dieses Verhältniſs ist folgendes: Die Vegetation bestimmt durch die bewuſstlose Empfindung das Bewuſstseyn, und dieses bestimmt durch die bewuſstlose Empfindung die Vegetation.

Man muſs sich nemlich vor Allem hüten, was in allgemeinen Betrachtungen so leicht geschieht, das Bewuſstseyn als ein vollendetes im abstrakten Begriff zu denken; aber eben so sorgfältig den entgegengesetzten Irrthum vermeiden, daſs das Bewuſstseyn, weil es nirgends vollendet ist, bloſse Modification der Thierheit sey. Das Bewuſstseyn ist schon als Bewuſstseyn, also in seinem ersten Element, Uebergewicht der freien Qualität über die in der Vegetation gebundene, folglich an sich und dem Wesen nach selbstständig, die neue freie Welt der Qualität; aber es kann, wie die reale Natur, nur in einer Stufenreihe seine Form darstellen. Das heiſst, das Bewuſstseyn beherrscht durch sein Wesen die Vegetation, mit ihr die ganze reale Natur, und den Beweis dieser

Herrschaft führt die Philosophie, in wie fern sie die allgemeine Form des Bewufstseyns, in ihr zugleich das allgemeine nothwendige und ewige Gesetz der Natur in abstrakten Begriffen aufstellt, und in der Harmonie der Beobachtung des Einzelnen mit dem nothwendig construirten Gesetz, ihre Darstellung bewähret. Aber die wirkliche erscheinende Form des Bewufstseyns wird durch die Vegetation bestimmt, und hier erscheint wieder die nothwendige Stufenleiter der Natur in idealer Form.

Auch hier müssen wir die allgemeinen und nothwendigen Wechselbestimmungen des Bewufstseyns und der Vegetation von den besondern und zufälligen unterscheiden, jene als die natürlichen Krankheiten des Bewufstseyns aufsuchen, diese aber als ihre Modificationen ansehen, die sich in ihrer Ausbildung jenen mehr oder weniger nähern; auch ist der Gegensatz der Form der Krankheit des Bewufstseyns, als der physisch-psychischen und psychisch-physischen zu bestimmen.

Wie der Grad der im äufsern Sinn entwickelten Freiheit die Thiergattung und, da der äufsere Sinn auch das Vermittelnde der Vegetation und des Bedürfnisses ist, damit zugleich die natürliche Krankheit der Thierheit bestimmt: so bestimmt auch der Grad der Gebundenheit des Bewufstseyns in der bewufstlosen Empfindung die Gattung und zugleich die natürlichen Krankheiten des Bewufstseyns.

Dafs im Menschen bewufstlose Empfindung da ist, welche Bewufstseyn schon voraussetzt, folglich dem Thiere mangelt, dafs sie nicht blofs zufällige, sondern nothwendige Folge des Bewufstseyns ist und sein natürliches Verhältnifs zur Vegetation bezeichnet, ist Thatsache. Denn, was man mit dem Wort Temperament bezeichnet, ist es nicht eine Erscheinung, die eben so tief in den Körper als in die Seele eingreift, weder aus dieser noch aus jenem allein befriedigend erkläret werden kann, und zugleich eine herrschende in den Tiefen der Natur wurzelnde Nothwendigkeit in sich trägt?

Das Temperament ist die Erscheinung des ursprünglichen Wechselverhältnisses des Organismus und des Bewufstseyns, es kann folglich sowohl in realer als idealer Form aufgefafst werden. In erster Form ist diese Lehre die Vollendung der Physiologie, in zweiter die Basis der empirischen Psychologie.

Von dem Standpunkt aus, den die physiologische Beobachtung des menschlichen Organismus bisher noch hat, hat uns Cabanis einen sehr glücklichen Versuch, die Temperamente in ihrer realen Form darzustellen, gegeben; doch hat er, wie es uns scheint, die eine Hauptseite des Gegenstandes, nemlich die des äufsern Ausdrucks des Organismus,

mus, vorzüglich der äufsern Sinnesorgane, mit Unrecht als bloſse Erscheinung der innern vegetativen Construction aufgefaſst. Denn obgleich der äuſsere Sinn in der thierischen Sphäre im Dienste der Vegetation steht, so bekommt doch in dem bewuſsten Organismus sein freies Streben einen festen Charakter, und es dürfte wohl die Physiognomik hier ihre wissenschaftliche Stelle erhalten. Eine Darstellung der idealen Form der Temperamente wird in der Folge dieses Magazins versucht werden.

Je weiter der Organismus in der Stufenleiter hinaufsteigt, in desto engere Kreise concentriret sich das Leben der realen Natur, bis die Kraft des ganzen Erdkörpers, in ihrer vollendetsten Offenbarung, im menschlichen Organismus sich entfaltet. Aber auch hier zerfällt die Kraft, dem ewigen Gegensatz der Natur zufolge, in zwey Hauptheerde, in den vegetativen und animalischen, und während jener das Thier auf der höchsten Stufe der realen Natur festhält, und die Qualität der Natur in ihrer Totalität, doch gebunden im Realen darstellt, verengert sich dieser im Gehirn, nach einer uns noch unbekannten Stufenreihe immer mehr, bis er (so müssen wir es uns vorstellen, wenn wir zwey offenbar entgegengesetzte und doch nothwendig verbundene Erscheinungen in ihrer Verbindung denken wollen) auf den Nullpunkt des Raums kommt, die Qualität gänzlich frey, und als frey in der Zeitform herrschend wird. Dieſs ist unter dem Erwachen des Bewuſstseyns zu verstehen, welches immer in jene Periode des Lebens fällt, da das Gehirn eine gewisse Steifigkeit annimmt, die im Kinde so gewaltig vorschreitende Vegetation stockt, mit den animalischen Funktionen der Sinne ins Wechselverhältniſs tritt, und das zuvor unbestimmt schwimmende Animalische eine bestimmte Physiognomie erhält.

Es liegt im Begriff der Zeit, als Basis der idealen Erscheinung, was aus philosophischen Gründen erweisbar und schon erwiesen ist, daſs sie in Objektivität und Subjektivität zerfalle. Subjektiv ist sie der reine, an sich ganz leere Denkakt, der sich als Reflexion mit dem Objekt verbindet, und als Abstraction sich wieder über das Objekt erhebt: in diesem Charakter nennt man sie auch reine, objektlose Thätigkeit, gewöhnlich auch den der Materie entgegengesetzten Geist, sie ist aber eigentlich das freie Spiel der Qualität der Natur, nichts als Verkündigung ihrer Freiheit.

Objektiv ist die Zeit, in der Einheit mit dem Raume, das Reale der Vorstellung, oder die Qualität der Natur in der, der realen Richtung des Organismus entgegengesetzten, idealen Richtung sich offenbarend, oder das Erkennen im Begriff, das eben deswegen, weil es nur die Eine Richtung der sich offenbarenden Qualität ist, die andere und frühere Richtung zum nothwendigen Reflex hat, und so das Bedürfnifs des realen, oder des Erkennens in der Anschauung, das Bedürfnifs der Naturerforschung anregt.

Im gewöhnlichen Leben des Menschen erscheinen die subjektive und objektive Zeit in zufälliger Mischung, und jeder Mensch trägt eine eigene, zufällig bestimmte Welt in sich.

Aber in diesem Zufall waltet eine verborgene Nothwendigkeit, die man gewöhnlich Schicksal nennt, nach welcher die Menschen, obgleich im Denkakt gleich, doch nicht für alle reale Vorstellungsarten gleiche Empfänglichkeit haben, und weil durch die Vorstellungsart die Form der Handlungsweise bestimmt wird, so geschieht es, dafs oft Menschen, bey übrigens fast gleicher Erziehung, gleichen Verhältnissen und Umständen, ein ganz entgegengesetztes Schicksal haben; und wieviel auch der Zufall dazu beitragen mag, so wird doch jeder Beobachter der moralischen Natur des Menschen einräumen, dafs der letzte Grund im Menschen selbst und wofern er ein tieferer Forscher ist, eben nicht in seiner Freiheit liege, und dafs selbst der Zufall, unter den Namen Glück und Unglück, von diesem verborgenen Getriebe beherrscht wird.

Es ist die nothwendige Stufenleiter des Bewufstseyns, oder der freien Qualität, die sich in diesen Erscheinungen ankündiget, und als die Stufenleiter der natürlichen Krankheiten desselben vorzustellen ist.

Das Thierreich stellt die Grade der Befreiung der Qualität im thierischen Sinn, in einer nothwendigen Succession dar, weil die Vegetation noch das Uebergewicht hat, folglich die Qualität überhaupt im Organismus noch gebunden ist. Im Menschen wird die Qualität frey, und so treten alle in den Organismus aus dem Thierreiche übergegangene Stufen der Befreiung zugleich mit in Freiheit, und bilden die ursprünglichen und nothwendigen Anlagen der sich zu entwickelnden Freiheit, die im Organismus ihre Organe schon vorfinden.

Diese Anlagen sind im Menschen gleichzeitig da. Könnten sie sich auch gleichzeitig, und alle in Einem Menschen, jede bis zu ihrem in der Stufenleiter bestimmten Maximum entwickeln: so erschien der Mensch als wahrer lebendiger Abdruck der Natur, und es ist wohl kein Zweifel, daſs das Genie desto höher steht, je mehrere dieser ursprünglichen Anlagen und je höher sie sich entfalten.

Allein die Entfaltung oder Ausbildung ist mannigfaltig bedingt, und die klimatische Verschiedenheit unsers Planeten dürfte wohl die erste dieser Bedingungen seyn, an welche sich der Moment der Erzeugung, abgesehen von der Constitution der Erzeugenden, die hier in keine Betrachtung kommt, weil sie selbst in die Frage fällt, anschlieſst.

Welche Bedingungen aber auch Statt finden, und welche Zufälle mitwirken mögen, so ist doch gewifs, dafs die als Bewufstseyn herrschende Qualität sich immer, als Subjekt, mit der einen oder mit mehrern Anlagen, welche das Uebergewicht zur freien Ausbildung erhalten haben, als ihrem wahren Naturobjekt, zur natürlichen Individualität verbindet, wodurch dann auch ihre Freiheit beschränkt wird.

Diese Individualität ist das Wesen des menschlichen Bewufstseyns, als Naturerzeugnisses; es bildet sich aus dem Innern des Menschen, aus seiner bewufstlosen Empfindung hervor, und ist der dritte Bestandtheil der menschlichen Natur überhaupt.

Der reine Denkakt, als subjektive Zeit, wird auch sehr schicklich als die freie Naturkraft vorgestellt. Denn obgleich nur die Qualität, das ist, die, die Natur erzeugende und tragende, folglich sich selbst zur realen und idealen Wirksamkeit nach eigenem Gesetz bestimmende ewige That Gottes frey werden kann: so wird doch durch die Trennung dieser That von sich selbst, als Objekt vom Subjekt und Subjekt vom Objekt, im menschlichen Bewufstseyn, die Kraft von der Qualität gelöset, und so ist es nur der reine Denkakt, der sich selbst als reiner Begriff der Kraft real fasset, hiemit zugleich die Zeit constituiret, und sie als That, oder Ursache, der Natur zum Grunde legt und durch ihre Erscheinungen als Erzeugnisse, hindurchführet.

Daſs aber die Natur durch diese Uebertragung des Denkakts, nicht in subjektiven Schein verwandelt werde, davon ist schon das Beweis, daſs die Denkkraft, als solche, selbst von der Natur dem Menschen gegeben, folglich ihre freigelassene Kraft ist, und so kann zwar die übertragene Trennung in Objekt und Subjekt, die erst im Menschen, als dem letzten Produkt der Natur entsteht, auf diese, als die dem Menschen vorausgehende reale, es kann die reale Trennung der Natur in Ursache und Wirkung einen falschen Schein in die Natur legen, und legt ihn wirklich in sie: doch kann der Mensch diese natürliche Täuschung überwinden, und sich zur Erkenntniſs der ursprünglichen Identität des Subjekts und Objekts erheben, welche Erkenntniſs die Natur, als freie Qualität im Objekt, das Subjekt aber als die von der Qualität losgerissene Kraft giebt. — So wird auch in der Trennung die objektive Wahrheit erhalten, und nur durch eine verkehrte Richtung des Denkens, in welcher dem Subjekt eine das Objekt erzeugende Kraft willkührlich beigelegt wird, gefährdet.

Der Denkakt bewähret sich als reines Subjekt, wenn er nicht, in zufällige Objekte versunken, bloſses Spiel der Natur bleibt, sondern gereiniget von aller zufälligen Mischung zur freien Anschauung sich erhebt. Denn diese Anschauung ist, als absolute Subjektivität die Sehnsucht nach Erkenntnifs der Natur, als des Einen Ganzen. Sie giebt dem Denkakt seine wahre objektive Richtung, in der er, wie die Mathematik beweiset, das wahre Objekt, die Qualität der Natur, als allgemeines, nothwendiges und ewiges Gesetz findet. Dieses mit Nothwendigkeit erkannte Gesetz, giebt nun auch der sinnlichen Wahrnehmung allgemeine und objektive Wahrheit; der freie, an sich ganz leere Denkakt bildet sich in die Natur ein, wird Erkenntnifs der Natur, und findet sich in dieser Erkenntnifs als die zur Vollendung gediehene Frucht der Natur, deren wahres Leben darin besteht, sich selbst in der Natur als real und die Natur in sich in ihrer wahren Form zu erkennen.

Die allgemeine und nothwendige Form der Natur darzustellen, ist demnach die wahre eigene Natur der Denkkraft, und diese Form durch den beobachtenden Sinn zur objektiven Erkenntnifs um — und so den Leib des Empirismus sich anzubilden, ihre wahre Bestimmung. Diese allgemeine nothwendige Form, als Geist, und die objektive Erkenntnifs, als Leib der idealen Natur im Menschen, ist der vierte Bestandtheil der menschlichen Natur überhaupt und ihre natürliche Vollendung.

Die allgemeine nothwendige Form der Natur giebt sich von selbst in dem Bau der Sprache, sie giebt sich für das blofse Denken in der Logik, für die sinnliche Anschauung der Natur in der Mathematik, und für den intellektuell anschauenden, das ist, den höchsten Begriff der Natur suchenden Geist, in der Form der Selbsterkenntnifs. Aber der freie Geist mufs sie in allen vier Gestalten unbefangen erkennen, wenn er nicht von der einen oder andern, als ausschliefslich Einer, zur Einseitigkeit verführt werden soll.

Betrachten wir jetzt die menschliche Natur in dem allgemeinen Zusammenhange ihrer Bestandtheile: so sehen wir in ihr eine doppelte Nothwendigkeit und eine doppelte Freiheit, und aufserdem noch eine offene Seite für eine anderweitige Offenbarung (die historische, welche den praktischen Menschen bildet). 1, Die Vegetation, als herrschend, in welcher sich die ganze reale Natur in höchster Potenz giebt, oder die reale Nothwendigkeit, der innere Bau und das innere Getriebe des menschlichen Organismus. 2, Die Denkform, als allgemeine Form der Natur und ihr ewiges Gesetz, oder die ideale Nothwendigkeit, der innere Bau und das innere Getriebe alles Wissens und Erkennens. 3, Den thierischen Sinn, als beherrscht von der Vegetation, aber zugleich strebend zur Freiheit, oder die reale Freiheit, die von der Natur sich trennende und zur Freiheit in der Subjektivität, oder zur Denkkraft hinstrebende That der Natur. 4, Die Individualität des Bewufstseyns, als beherrscht von der allgemeinen Form, aber zugleich sich einsenkend in die Vegetation, oder die ideale Freiheit (was man gewöhnlich Freiheit nennt), die in die reale Natur durch sinnliche Anschauung zurückstrebende Denkkraft. Die offene Seite des Menschen, als Naturprodukts, ist die Freiheit der Denkkraft, die, nach ihrer Negativität, über jede Erkenntniſs hinausgeht, und als praktisches Streben die unmittelbare Frucht der göttlichen Liebe, die individuelle Göttlichkeit, von der Geschichte erwartet.

Nach diesen Erörterungen ist es nicht schwer, die Möglichkeit psychischer Krankheiten einzusehen und den Begriff der psychischen Medicin festzusetzen.

1) Das Princip der thierischen Krankheit liegt nicht in der Vegetation selbst, sondern in ihrem Verhältniſs zum thierischen Sinn: so liegt auch das Princip der psychischen Krankheit nicht in der allgemeinen Denkform oder Vernunft, sondern in der Beziehung des Denkakts auf die Individualität des Bewuſstseyns.

2) Das Verhältniſs der Vegetation zum thierischen Sinn ist ein nothwendiges, denn die Qualität muſs frey werden; es ist also auch die thierische Krankheit nothwendig und die Stufenleiter der Befreiung der Qualität, oder die Stu-

fenleiter des Thierreichs stellt zugleich die ursprünglichen Krankheiten dar. — So ist auch das Verhältniſs der nothwendigen Form des Bewuſstseyns zu seiner Individualität ein nothwendiges, denn das Bewuſstseyn kann nur im Organismus erscheinen; die psychische Krankheit ist nothwendig, und die ursprünglichen Individualitäten, oder objektiven Vorstellungsweisen, sind die ursprünglichen psychischen Krankheiten.

3) Die Form der thierischen Krankheit ist nothwendig eine doppelte, die vegetativ-animalische und animalisch-vegetative; denn die reale Nothwendigkeit der Vegetation kann sich nur in so fern auf die reale Freiheit des thierischen Sinnes beziehen, in wie fern die Qualität zur gänzlichen Freiheit oder Idealität prädeterminiret ist, und so muſs, kraft dieser Prädetermination, das Animalische in das gegenseitige Verhältniſs mit der Vegetation treten. So ist auch die Form der psychischen Krankheit nothwendig eine doppelte, die psychisch-organische und organisch-psychische; denn die ideale Nothwendigkeit des Bewuſstseyns, oder die Vernunft, muſs sich nothwendig auf den Organismus beziehen, weil sie nur aus ihm ist, in dieser Beziehung wird sie aber indivi-

duell, und vom Organismus, nur in entgegengesetzter Richtung, eben so abhängig, wie der thierische Sinn von der Vegetation, macht aber auch zugleich den Organismus vom Bewufstseyn abhängig, wie der thierische Sinn die Vegetation. Die Form der psychischen Krankheit ist folglich die organisch-psychische, in wie fern die Bestimmung der Individualität des Bewufstseyns vom Organismus, und sie ist die psychisch-organische, in wie fern die Bestimmung von dem auf die Individualität des Bewufstseyns sich beziehenden Denkakt ausgeht.

4) Die Individualität des Bewufstseyns macht also das Wesen des Begriffs der psychischen Krankheit, das nothwendige Wechselverhältnifs des Organismus und des Bewufstseyns, jenes, als der, aus ideal-realer Besonderheit zur real-idealen Allgemeinheit sich hervorbildenden, dieser, als der von real-idealer Allgemeinheit ausgehenden und zur ideal-realen Besonderheit sich hervorbildenden Natur. Es ist demnach der wirkliche Mensch nur Eine ideal-reale Besonderheit, aber sie kommt durch zwey sich entgegengesetzte Richtungen zu Stande.

5) Wegen der nothwendigen Doppelform mufs die psychische Krankheit bald als reale oder physische, bald als ideale oder psychische

erscheinen; sie ist aber immer eine psychische, wenn ihr innerer Grund die Individualität des Bewuſstseyns ist.

6) So kann auch die veranlassende Ursache der Krankheit eine physische und organische, oder eine moralische und psychische seyn, das entscheidet nicht über ihren Charakter; sondern es kommt auf den innern Grund, die innere Ursache an, aus welcher sich die besondere und zufällige Krankheit entwickelt.

7) Das Wesen der psychischen Krankheit ist nothwendig verschieden, nach den verschiedenen ursprünglichen Individualitäten des Bewuſstseyns; ihre Doppelform, als in der Wirklichkeit Eines mit dem Wesen, hat noch überdieſs eine in der Wirklichkeit unterscheidbare, wesentliche und zufällige Form: jene erhält sie von der nothwendigen Form des Bewuſstseyns, und sie macht eben so die Theorie wie die Praxis der psychischen Medicin möglich; diese wird durch die Einwirkung der Aussenwelt bestimmt, macht die empirische Seite der Wissenschaft aus, und den Mechanismus der Kunst möglich.

Die psychische Medicin, als Wissenschaft, ist die Erkenntniſs der innern Ursache der psychischen Krankheit, in ihrem Wesen sowohl und innern Form, als in ihrer äuſsern, nothwendigen und zufälligen Form. Durch die letzte Bestimmung wird die Wissenschaft unendliche Aufgabe für die Beobachtung.

IV.

Beweis der Realität dieses Begriffs.

Die Krankheit ist nicht bloſse Idee, sondern wirklicher Gegenstand der Natur: von ihr, als solchem, den Begriff geben, heiſst die Stelle nachweisen, welche sie im Reiche der Natur behauptet, und die nothwendige Form darstellen, in welcher sie auf dieser Stelle gedacht werden muſs.

Es mag jede Krankheit eine zufällige Erscheinung seyn, jeder andere Gegenstand der Natur ist es auch; aber sie muſs doch ihren Grund in der allgemeinen Natur haben, durch welchen sie möglich ist, und so wie die Naturwissenschaft überhaupt, die, als nach einem nothwendigen Gesetz zusammenhängende Möglichkeit aller Erscheinungen, gedachte Natur ist: so ist auch der Begriff einer jeden Erscheinung nichts anderes, als die, nach und in dem nothwendigen Gesetz, gedachte Möglichkeit derselben.

Man unterscheide das Denken der Möglichkeit von der Möglichkeit des Denkens. Das Denken ist möglich, nicht durch die mögliche, sondern wirkliche Natur, und, es wird nicht die wirkliche Natur, sondern ihre Möglichkeit gedacht.

Die Naturwissenschaft muſs die Möglichkeit aller Erscheinungen der Natur im nothwendigen Zusammenhange geben. Hätten wir eine solche, so dürfte jede besondere Erscheinung nur auf ihre schon erkannte Möglichkeit zurückgeführt werden, um sie in ihrer Nothwendigkeit zu erkennen, und wir wären alles Beweisens überhoben; da sie uns aber noch fehlt, so bleibt nichts übrig, als das Gesetz des nothwendigen Zusammenhanges aufzusuchen, und nach ihm die nothwendige Stelle sowohl, als die nothwendige Form der besondern Erscheinung, das ist, ihre Möglichkeit zu construiren.

Wie nach dem nothwendigen Gesetz, ist es erkannt, die nothwendige Form der Erscheinung erkannt werden könne, ist leicht einzusehen, aber schwer zu begreifen ist es, wie auch nach ihm die nothwendige Stelle derselben, wodurch erst die Form jene Bestimmtheit erhält, die sie als die bestimmte Möglichkeit dieser bestimmten concreten Erscheinung kennbar macht, bestimmt werden könne, und so kann jedes solches Unternehmen vorerst nur als Versuch angesehen werden, der sich durch den Erfolg rechtfertigen muſs.

Es könnte scheinen, daſs unendliche Versuche angestellt werden müſsten, um auf diesem Wege eine Naturwissenschaft zu erhalten; faſst man aber den Begriff eines Naturgesetzes bestimmt auf, so zeigt es sich, daſs Ein gelungener Versuch auch die feste Basis der ganzen Naturwissenschaft geben müsse. Wir kennen in der moralischen Welt Gesetze für die äuſsere Form der Handlungen, nach welchen diese, als ein gegebenes Mannigfaltiges, einem Begriff untergeordnet werden, um Ein organisirtes Ganzes zu bilden. Das ist nicht der Begriff des Naturgesetzes, denn es ist in der Natur keine, von dem Ganzen getrennte, gesetzgebende Auktorität da; auch spricht sich nicht das Gesetz im, vom Leben getrennten, Buchstaben aus, und so ist ihm auch nicht ein chaotisches Mannigfaltiges, zur Regulirung und Einigung gegeben. Wir kennen auch verschiedene Formen eines Gesetzes für die innere Handlung oder Gesinnung; aber schon die Verschiedenheit dieser Formen beweiset, daſs es abstrakte Gedanken sind, welche die wahre innere Handlung mehr oder weniger unvollkommen aussprechen. Auch dieſs ist nicht der Begriff des Naturgesetzes; denn wenn es auch möglich ist, die innere Handlung,

lung, weil sie in uns lebt, in abstrakter Gesetzform, obgleich nur im Profil des Schattenrisses auszudrücken: so ist doch diese Abstraction in der Natur unmöglich, denn in ihr ist das Gesetz früher als die reale That, und diese nur durch das Gesetz wirklich.

Das Gesetz der Natur ist die allgemeine That der Natur, und da diese, als solche, nicht real existiren kann: so ist sie die allgemeine That des Geistes, die sich, als in der Richtung freie, und in der Form nothwendige Construction, selbst giebt.

Die Construction ist das Entgegengesetzte der Abstraction, diese ein Allgemeines aus dem Besondern gezogen, jene das Allgemeine für das Besondere sich gebend.

Ist durch Construction das allgemeine und nothwendige Naturgesetz erkannt: so erhalten die Abstractionen und Resultate richtiger Beobachtung, in dieser an sich erkannten Allgemeinheit, Gewifsheit und werden wahres Wissen, sie sind nicht mehr Abstractionen und Resultate, sondern durch Anwendung des an sich erkannten Gesetzes für die Erkenntnifs allgemein bewährte Thatsachen.

Die objektivirte Construction ist das Zeichen, in welchem der Geist sich selbst als allgemein, und da sie die mit Freiheit unternommene und mit Nothwendigkeit ausgeführte That ist, zugleich das allgemeine und nothwendige Gesetz der Natur erkennt.

Der Geist spricht sich im dreifachen Zeichen aus, in Figur, Zahl und Wort. In den beiden ersten bildet sich der Geist in die Natur, im letzten die Natur in den Geist.

Das Wort ist Bild der Natur und die erste Bildung des Geistes. Die Sprachfähigkeit ist die erste Geistesanlage, mit dem ausgesprochenen Worte entsteht der Gedanke, erscheint der Geist als Subjekt und Objekt, im Bilde wird die Qualität der Natur frey, entsteht das Bewufstseyn.

Es liegt in der Natur der freien Qualität, in der Natur des Bildes, dafs es objektiv und subjektiv zugleich sey. Denn wäre es nur das erste, so wäre es nicht Bild, sondern Sache, nicht freie sondern gebundene Qualität; wäre es aber nur das zweite, so wäre es wohl frey, doch ohne Realität, es wäre Bild, doch nicht Bild der Sache, es wäre Traumbild.

Das objektive Bild ist concretes Wort, der Geist ist sinnliche Anschauung, das subjektive Bild ist abstraktes Wort, allgemeines Zeichen, der Geist ist Denken. Das Denken bringt die Natur zum subjektiven Bewufstseyn, aus welchem sich die Welt der Cultur hervorbildet.

Schon in der ursprünglichen Abstraction in der Sprachlehre offenbaret sich ein Typus, dem wir das objektive Bild unterwerfen. Die Philosophie geht von dem Glauben aus, daſs die subjektive Allgemeinheit ursprünglich eine objektive sey, und dieser Glaube entspringt aus der Nothwendigkeit der entgegengesetzten, absolut freien Richtung des Geistes, in welcher er sich als Wissenschaft in die Natur bilden muſs; aber die Philosophie verweilt auf niedern Stufen, giebt der Subjektivität, anstatt sie ganz in die Objektivität zu versenken, nur immer höhere objektive Bedeutung und kommt erst, nachdem sie sich in dieser Objektivirung, die den philosophischen Schein erzeugt, erchöpft hat, zum klaren Bewuſstseyn der wahren Nothwendigkeit des Geistes.

Den wichtigsten Abschnitt in der Philosophie macht die critische, dadurch, daſs sie den subjektiven Typus des abstrakten Worts zum objektiven System hervorbildete, und in diesem Gesetz für das objektive Bild oder concrete Wort, den Schein eines Gesetzes der Natur aufstellte.

So wurden Raum und Zeit, die erst durch und mit der Construction objektiv entstehen, Produkte der philosophischen oder sich objektivirenden Abstraction, als diese leere Scheinanschauungen einer Afterconstruction, Synthesis genannt, vorgeschoben, und Basis einer Scheinnatur. Auf sie wurde das System der Abstraction, in den Categorieen, objektiv aufgetragen, und alles Leben der Natur erstarrte in der zweifachen Abstraction, Ich und Ding an sich.

Die, durch Kant, ins todte Wort verschlossene Natur wurde durch Fichte zum neuen Leben, doch nur zum Leben des abstrakten Worts dadurch geweckt, daſs er das Subjekt zur absoluten Thathandlung hervorrief. So wurde die Natur ganz in die Subjektivität gekehrt, die sich organisirende Abstraction schritt im subjektiven Typus wie in der wahren Objektivität fort, und die objektive Richtung des Geistes, mit ihr die wahre Nothwendigkeit, ging in Nacht unter.

Die Critik ist die Sprachlehre der concreten oder sinnlichen Erkenntniſs, die Wissenschaftslehre, die Sprachschöpfung des abstrahirenden Denkens; aber das objektive Bild steht noch bedeutungslos im Geist als sein Objekt, das er doch durch eigene freie Einbildung in die Natur mit ihr vermählen, das ist, zur wahren objektiven Erkenntniſs erheben soll.

Wie kann sich aber der Geist im Organ des subjektiven Worts in die Natur bilden, ohne der Täuschung der Abstraction zu unterliegen? Ist nicht das Losreiſsen vom Wort, das mit dem Gegensatz, und mit dem der Gegensatz von Subjekt und Objekt zugleich entsteht, und das auſser diesem Gegensatz nichts ist, die erste Bedingung jener Ein-Bildung? Die Poesie schafft durch Sprachkunst ein Totalbild der Natur, aber sie giebt es im concreten Bilde, und so bleibt dem Worte der Gegensatz; doch die Philosophie sucht das Wahre, die Erkenntniſs als Erkenntniſs, das Totalbild als Totalbild, und so muſs sie das concrete Bild, sie muſs den Gegensatz, sie muſs das Wort aufheben. Zwar hat sich die Philosophie noch zuletzt in Schelling, als Kunstsprache bis aufs Höchste versucht; allein so wie die poetische Sprachkunst ein Schöpfungsproceſs des Totalbildes, so ist die philosophische Kunstsprache der Auflösungsproceſs des concreten Bildes, und so hat Schelling die letzte Vernichtung des Concreten ausgesprochen, ohne die Totalität anders als negativ, eben durch diese Vernichtung aussprechen zu können. Die sich von selbst gebende intellektuelle Anschauung steht allerdings als Haltungspunkt da, aber sie ist ja eben nur die Idee der Nothwendigkeit, die das Individuum zur objektiven Richtung drängt, und sie wird für das Individuum immer nur Poesie, Totalbild im concreten Bilde, das Kunstwerk ist der Philosoph.

Die Philosophie sucht die Objektivität an sich, das Totalbild als Totalbild, und dieses giebt sich nur im nothwendigen Zeichen, das auſser dem Gegensatz als Construction sich giebt, die Subjektivität mit dem Worte aufhebt, und dem Geist die wahre Richtung auf die Natur giebt.

Das nothwendige Zeichen ist Figur und Zahl jene für das Seyn, diese für das Werden der Natur. Die Figur ist das Zeichen des Gesetzes, das sich offenbaret, wenn der Geist, als Wissenschaft, in die Natur sich bildet, die Zahl das Zeichen des, die geschichtliche Natur, nach und in dem Gesetz, als objektive Erkenntniſs aufnehmenden Geistes, oder der in den Geist sich bildenden Natur: in der Figur erkennt sich der Geist als Grund und Gesetz der Natur, in der Zahl als ihr höchstes Produkt, als ihren Endzweck. In der verborgenen Tiefe des Denkens liegt die Construction, sie wird ans Licht gezogen durch die Geometrie; aber das Denken selbst erscheint als reine Zeit, als unendlich freier Pulsschlag der Natur: die verschlossene nothwendige Anschauung ist der Typus der Erkenntniſs, des Gesetzes der Natur, das offene, erscheinende Denken ist die Empfänglichkeit für die Erkenntniſs: die Construction bringt den Typus als Wissenschaft zur Erscheinung, nach dem erkannten Typus tritt die unendliche Zahl des Denkens in das nothwendige objektive Verhältniſs, und wird Typus der als Produkt erscheinenden Natur. Dieser Typus ist die Einheit der nothwendigen Anschauung und des freien Denkens, die ursprüngliche Synthesis des Erkenntniſsvermögens, in welcher die Natur, durch die nothwendige Anschauung und das freie Denken, als Erkenntniſs ideal, und das subjektive Denken durch die nothwendige Anschauung in der Construction und die freie Anschauung der Sinne, als Erkenntniſs objektiv real wird.

Das philosophische Denken ist, als ein allgemeines, ein ursprünglich subjektives und abstraktes; doch bleibt es nicht bey der Abstraction, als Produkt stehen, sondern geht in sich selbst zurück auf den Typus, auf dem die Abstraction ruht. Aber wie kann es sich von der Subjektivität befreien, wie den Typus der Abstraction als objektive Allgemeinheit und Wahrheit finden?

Die intellektuelle Anschauung spricht zwar die Forderung der Objektivität in der Idee des Absoluten aus, aber mit dem allgemeinen Worte wurzelt sie immer wieder in der Subjektivität, und als That giebt sie zwar dem Individuum die Objektivität in besonderer Form als Kunstwerk; doch die Philosophie sucht die Objektivität an sich in allgemeiner Form, nicht als besonderes lebendiges Bild, sondern als allgemeine Wahrheit.

Nur das nothwendige Zeichen kann die philosophische Forschung von der Subjektivität befreien, und so hat sich die Richtung auf die Objektivität schon längst in der Mathematik geoffenbaret; aber es ist das Geschäft der Philosophie, die sich selbst gebende objektive That des Geistes zum subjektiven Bewufstseyn zu bringen, das ist, in das Wort zu übertragen. So bleibt die Philosophie ihrer Natur nach das subjektiv Allgemeine, und sucht doch in dieser Richtung nicht das Unmögliche, das Objektive, sondern sie verständiget nur den denkenden Geist mit seiner bewufstlosen objektiven That, durch welche Bewufstlosigkeit sie die allgemeine und nothwendige That ist.

Der subjektive, in der Abstraction sich gebende Typus wird vom philosophischen, das ist, in sich selbst zurückgehenden Denken als Frage und Problem aufgefafst. Die höchste Abstraction giebt sich in den Begriffen Möglichkeit, Wirklichkeit, Nothwendigkeit; die Philosophie fragt demnach nach der Möglichkeit, Wirklichkeit und Nothwendigkeit der Natur.

Die geometrische Construction beantwortet diese Frage, und die Philosophie legt die in der Construction erkannte und in das allgemeine Wort aufgenommene Möglichkeit, als hinreichenden Grund *(causa sufficiens)*, die erkannte Wirklichkeit als wirkende Ursache *(causa efficiens)*, und die erkannte Nothwendigkeit als Endursache *(causa finalis)* der empirischen Naturerkenntnifs zum Grunde.

Vor allem kommt es darauf an, auf den ursprünglichen Typus der Anschauung, als das nothwendige Zeichen des ewigen Gesetzes der Natur hinzuweisen. Er giebt sich in der Construction des gleichseitigen Dreiecks, (Euklid Satz *I.*) und die dreifache Bedingung der Construction beantwortet die dreifache Frage nach der Möglichkeit, Wirklichkeit und Nothwendigkeit der Natur.

Die erste Bedingung dieser Construction ist die, als Radius zweier in der Richtung sich entgegengesetzter Kreise, sich selbst begrenzende Linie *a b (Fig. I.)*. Der wahre Grund der Natur *(causa sufficiens)*, ihre Möglichkeit, ist folglich die sich selbst begrenzende Kraft, so daſs eine reale und ideale Sphäre in gegenseitiger Durchdringung als nothwendige Vorherbestimmung der gesammten Natur, als ihre reale Möglichkeit gedacht wird. Was übrigens diese Kraft sey? diese Frage fällt nicht in die Naturwissenschaft, in welcher die entgegengesetzte Richtung das Wesentliche ist: in der Kunst offenbaret sie sich als schöpferische Kraft der Form, in der Religion als ewige That Gottes und das wahre Wesen des Menschen.

Die zweite Bedingung der Construction ist die objektive Darstellung des in der Einheit des Radius absoluten Gegensatzes, in den mit demselben Radius gezogenen Kreisen *a* und *b*. Durch diese Objektivirung wird der Gegensatz ein relativer, die mit entgegengesetzter Richtung gesetzte Linie erscheint als durch die Centra wirklich begrenzt, es bildet sich die relative Sphäre *a c b d* (*Fig. II.*) die eben so dem Kreise *a* wie dem Kreise *b*, doch nur in der Richtung angehört, aber, begrenzt durch die beiden Centra *a*, *b*, nnd die beiden Durschnittspunkte *c*, *d*, als Einheit auf sich selbst ruhet.

Der ursprüngliche Gegensatz der Natur, ihre Möglichkeit, muſs in die Erscheinung treten, weil er Gegensatz ist, die Natur muſs sich produciren. Dieſs ist die zweite Ursache der Natur (*causa efficiens*). Im Produkt ist, nach der Construction, Folgendes gegeben:

1) Jedes Produkt ist eine Sphäre, in der sich das Reale und Ideale in so fern ganz durchdringen, daſs in ihm kein vom Idealen getrennter realer, und kein vom Realen getrennter idealer Theil, und daſs es überhaupt nicht aus Theilen zusammengesetzt ist. Denn die Sphäre *a c b d* ist beiden Kreisen gemeinschaftlich, und erzeugt sich aus der Totalität der Kreise.

2) Das Reale und das Ideale bilden im Produkt entgegengesetzte Ströme. Denn nur durch die entgegengesetzte Richtung gehört die Sphäre den Kreisen an; aber sie entsteht auch nur durch die entgegengesetzte Richtung der Kreise, und so ist das Produkt, als Erschei-

nung, immer nur das Resultat der entgegengesetzten Strömung der Kraft.

3) Das Produkt ist folglich als Ausdruck der erzeugenden Kraft anzusehen, die das Produkt als sein sich selbst entgegengesetzter Diameter durchströmet. Denn der Radius der Möglichkeit *a b* wird Diameter der Wirklichkeit in der Sphäre *a c b d*.

4) Das Produkt ist nicht eine in sich selbst zurückgehende Sphäre, sondern ein Segment der Totalität des Realen und ein Segment der Totalität des Idealen. Das giebt die Anschauung.

5) Das Segment bildet aber durch seinen Gegensatz eine Sphäre mit relativer Totalität. Das heifst: das Produkt ist ein Ganzes für sich, doch nicht das Ganze an sich, es ist folglich eine Mehrheit der Produkte nothwendig.

6) Das Produkt ist durch die Kraft in sich selbst begrenzt, hat seine nothwendige Polarität. Diese Pole sind das Centrum des Realen *a*, und das Centrum des Idealen *b*. Das heifst: jedes Produkt hat die Totalität der Naturkraft, folglich die Möglichkeit der ganzen Natur in sich. Folgt aus der Anschauung des Diameters der Sphäre, als identisch mit dem Radius der entgegengesetzten Kreise.

7) Das Produkt hat aber auch zwey offne Seiten: die nothwendige, aus der sich die Form

hervorbildet, und durch die es mit dem vorhergehenden, und die freie, mit der es sich in Form bildet, und durch die es mit dem folgenden Produkt zusammenhängt. Denn auf den Durchschnittspunkten *c* und *d* greift das Produkt in entgegengesetzter Richtung in das Unendliche des Realen und Idealen ein. Hierauf gründet sich die nothwendige Stufenleiter der Natur. Man sehe Fig. III.

Vom Durchschnittspunkt *c* ziehe man Linien nach den Mittelpunkten der Kreise: so entsteht das gleichseitige Dreieck, denn seine Linien sind Radien. Es sind also nicht drey bedeutungslose, nach einem Maafsstab (denn woher dieser?) abgemessene Linien, welche das gleichseitige Dreieck bilden, sondern sie geben sich mit innerer, objektiver Nothwendigkeit, an welche der Geist durch freie Construction gefesselt wird, und so in die Natur sich einbildet, ihr ewiges Gesetz offenbarend. Dem noch freien, subjektiven, Geist erscheinen sie als Linien, dem construirenden Geist sind sie Radien. Die Aufgabe war also eigentlich, den Radius, als Zeichen der Idee der Nothwendigkeit der Natur, zur ganzen, in sich selbst geschlossenen, sich gleichen Form, und so die Idee der Nothwendigkeit zum ewigen Gesetz zu erheben; und da das Gesetz nur im Geist und als Geist sich offenbaren kann, so fafst auch er nur die Aufgabe und führt die Lösung von sich aus. Der Denkakt ist die im Menschen frey gegebene Naturkraft, und erhält, als frey, die nothwendige Richtung durch die Anschauung, aber durch sie, als ganz frey von jedem Gegenstande, als Construction im Bilde der Linie. Diese Anschauung hat zwar die nothwendige Richtung, aber sie ist noch objektlos, sie ist frey im Zeichen der unendlichen Linie. Was kann den Geist bestimmen, die Linie, in ihr sich selbst zu begrenzen? Wem muſs sich hier nicht wenigstens der Glaube aufdringen, daſs die Wahrheit der Natur im Geist unmittelbar sich offenbare, und daſs diese Offenbarung nur geweckt werde durch die freie Richtung des Geistes auf die Nothwendigkeit, genöthigt zu dieser Richtung durch die Idee der Nothwendigkeit, die das Merkmal des stärkern Geistes ist, und zur freien Forschung reitzt. Wer aber doch lieber an den Geist, als Wunder, als an ihn, als Wahrheit der Natur glauben will, oder wer ihn, nach der gemeinsten Denkweise, für das abgespiegelte Farbenspiel der Natur ansieht, der lege sich doch die Frage vor: welcher Gott es einem Euklid geoffenbaret habe, die Linie vermittelst zweier entgegengesetzter Kreise, durch entgegengesetzte Richtung, als Radius sich selbst beschränken zu lassen? Jedem Denker, der sich zum Bewuſstseyn der Construction erheben kann, muſs es sich von selbst darbieten, daſs jenes Streben zur Construction, das sich in der Linie abbildet, die Subjektivität des Geistes, die von der Natur frey gegebene Kraft mit objektiver Richtung sey, daſs sich aber in dem reinen und absoluten Gegensatz, in der sich selbst entgegengesetzten Richtung der Linie, worin der construirende Geist sich selbst begrenzt, das erste Element des Gesetzes der Natur, ihre erste Bedingung sich offenbare. Denkt man sich willkührlich nur Einen Kreis, so können vom Mittelpunkt aus unendlich viele Radien gezogen werden, aber den dritten Radius, als Basis der in sich selbst nothwendigen Form, wird man auf keine Weise erhalten. Ihn giebt nur der Doppelkreis im absoluten Gegensatz, und so ist der Gegensatz Princip aller Form, die aus ihm, wie die Frucht aus der Vereinigung der Geschlechter hervorgeht. Diese Nothwendigkeit beweiset die Construction.

Der Gegensatz ist nur dadurch ein absoluter, daſs die Kreise ihre Centra gegenseitig durchschneiden: der reale Kreis *a* geht durch das Centrum des idealen *b* und wird real-ideal; der ideale Kreis *b* geht durch das Centrum *a* und wird ideal-real. In *c* begegnen sich die entgegengesetzten Richtungen, und bilden ein gemeinschaftliches Centrum des Real-, idealen und Ideal-realen; aber der real-ideale Bogen *bc* gravitirt in *c* nothwendig auf das reale *a*, und der ideal-reale Bogen *ac* in *c* auf das ideale *b*, doch *a b* gravitirt in sich selbst, ist

Gleichgewicht und Einheit des Entgegengesetzten. Folgende aus der Construction abgeleitete Sätze enthüllen das Geheimnifs der Form.

1) Form ist nur möglich durch den absoluten Gegensatz.

2) Die Einheit des Gegensatzes, das ist, die durch entgegengesetzte Richtung sich selbst begrenzende, und zu der entgegengesetzten Richtung durch den absoluten Gegensatz bestimmte, objekt- und subjektlose, in sich selbst gravitirende Naturkraft, ist die Basis der Form, ihre Verwirklichung, und stellt sich im Produkt dar.

3) Da die Naturkraft erst in der Totalität der Form sich selbst gleich wird, so kann sie, als Basis der Form, allgemein nur negativ bezeichnet werden. Diese Bezeichnung ist Identität des Realen und Idealen, blofse Negation des realen und idealen Seyns der Kraft.

4) Die allgemeine Naturkraft, als Basis der Form, in der gegebenen negativen Bezeichnung, ist das, was man, vom abstrakten Wort getäuscht, als Wesen der Natur, als ewige Substanz, die ewige Nacht, das Chaos positiv denkt, was wir in jedes Produkt als sein Substanzielles legen, und worin wir selbst den Geist als Substanz denken.

5) Da im Produkt die Form in ihrer Totalität sich nicht offenbaret, so kann es in dieser sei-

ner Wesenlosigkeit nur relative Form haben. Diese ist bezeichnet durch den Durchschnittspunkt *c*. Doch hebt sich diese Relativität selbst wieder auf, durch die nothwendige Gravitation des Centrums auf den absoluten Gegensatz, oder die beiden Centra der Kreise.

6) Diese Relativität des Gegensatzes der Form im Produkt ist es, die man als Attraktiv- und Repulsivkraft, mit vorausgesetzter Schwerkraft, der mathematischen Naturerklärung zum Grunde legt; jenes gemeinschaftliche Centrum *c* mit dem Wechselverhältniſs des Realidealen und Ideal-realen ist es, was man als Caussalität, für die Erklärung des Produkts aufstellt, und es ist der doppelte Radius der Gravitation *c a* und *c b*, der als Gegensatz der Form und Materie durch die reale Natur strebet, in diesem Streben, besondere, immer weniger relative Centra bildet, bis die Relativität im Denkakt in Negativität untergeht, und die Naturkraft frey wird.

7) Aber reine, selbstständige Totalform wird die Naturkraft in der aus der Freiheit hervorgehenden nothwendigen Construction, in der sich die Natur als Selbsterkenntniſs des Geistes, und der Geist als Gesetz der Natur ausspricht.

8) Die allgemeine und nothwendige Wahrheit der Natur erkennen, heiſst demnach, die allgemeine und nothwendige Form der Natur als Selbsterkenntniſs des Geistes finden, und den sich selbst erkennenden Geist als ewiges und nothwendiges Gesetz der Natur erkennen. Auch hier muſs das Wort, als Bild, in Subjektivität und Objektivität spalten, was als That untrennbar Eines ist; aber die Construction hebt im nothwendigen Zeichen alle Trennung auf, und so liegt die Reflexion des Bildes unter der Einheit der Anschauung in der Construction.

Die Natur hat nicht allein Begriffs-Wahrheit für die Erkenntniſs, sondern auch Kunstwahrheit für das Kunstleben, und göttliche Wahrheit für die göttliche That. In der Erkenntniſs ist das endlich sich faſsende Subjekt der allgemeinen Nothwendigkeit, der allgemeinen Form hingegeben. Die Unendlichkeit des Allgemeinen weckt die Sehnsucht nach der Endlichkeit des Besonderen; aber es ist nicht die leere Endlichkeit der Zeit, des Denkakts, in welcher der Geist ursprünglich sich faſst, sondern die besondere lebendige Form, beseelt von der Unendlichkeit, es ist das Kunstleben der Gegenstand der Sehnsucht des die allgemeine Nothwendigkeit erkennenden Geistes, und die besondere, von der Allgemeinheit beherrschte Erkenntniſs der Natur im wissenschaftlichen Empirismus ist nur die Nahrung jener Sehnsucht, das Material des Kunstwerks, in welchem der Geist die Seeligkeit der Natur auszusprechen strebt. So sind auch die Kunstwerke, die aus dem Geist hervortreten, nur die Verkündiger des Einen und Einzigen Kunstwerks, zu dem die als Kunst in die freie Bildersprache strebende Philosophie, nicht für die Erkenntniſs, sondern für das Leben, den Geist unaufhaltsam hervorbildet, sie bezeugen die einseitige Befriedigung der Sehnsucht dadurch, daſs sie aus dem Geist hervortreten, und eine geschärftere Sehnsucht zurücklassen, daſs sie zwar den Künstler, aber nicht die Kunst selbst zum Kunstwerk erheben. Zu dieser Totalform der Natur in lebendiger Besonderheit strebt der Geist, um der einfachen und reinen Wesenheit der göttlichen That, die durch beschränkte Kunst, wie durch beschränkte Erkenntniſs mit mannigfaltiger Form gemischt und getrübt wird, mächtig zu werden, und sie wird ihm, als das Herrschende, einst die göttliche Wahrheit der Natur geben, die sich jetzt nur erst als Vollendung der Sehnsucht, als Tod ankündiget. Die allgemeine Form der Erkenntniſs und die besondere Form der Kunst, gehen durch die Pforte des individuellen Todes in jene Priorität der Wesenheit über, in welcher die göttliche That, unmittelbar aus dem Allwesen hervorgehend, sich als Seele der Natur, diese als ihr Organ finden wird.

Die Poesie der Natur ruht auf dem ewigen Gegensatz des Lichts und der Finsterniſs, und so ist auch jedes besondere Kunstwerk, das aus dem Geist hervortritt, ein auf den finstern Grund der chaotisch prosaischen Welt aufgetragenes Licht. Die Finsterniſs verhüllt, und trägt sich selbst in der Verhüllung im Weltkörper, das Licht offenbaret sich selbst an dem Weltkörper; aber die Finsterniſs wird auch getragen von dem sich offenbarenden Licht, und dieses von der sich verhüllenden Finsterniſs, sie sind beide in sich selbst und doch zugleich in der Umarmung Eines: dieſs ist absoluter Gegensatz, der innere sich selbst genügende Grund, die Möglichkeit der Welten, im poetischen Gebilde. Suchen wir nun das Bild für die Relativität der Wirklichkeit. Die Finsterniſs ist in sich, und so entflieht sie dem Licht, das Licht offenbaret sich nur an der Finsterniſs, und so hält es diese zurück: in diesem Widerstreit erstarrt die Finsterniſs zur Materie, so bleibt sie in sich, und wird doch vom Licht gehalten; aber der Gegensatz ist jetzt ein relativer, der Finsterniſs als in sich, und des Lichts als sich offenbarend. Das Licht ist, in sich, ewiges Insichselbstbleiben; aber die in Materie sich hüllende Finsterniſs zieht das Licht an und zur Offenbarung hervor, das Licht muſs in der Materie Form werden. Der Gegensatz ist ein relativer, des Lichts als in sich, und der Finsterniſs als sich hüllend in Materie. Das unendliche Fliehen der Finsterniſs wird in dieser Relativität endliche Bewegung, des Lichts unendliches Insichselbstbleiben wird endliche Ruhe, Schwere, und so einiget sich im Weltkörper Centrifugal- und Centripetalkraft zur Kreisbewegung, die durch die zwiefache Relativität des Gegensatzes nothwendig in die Gestalt der Ellipse fällt. (Man sehe Fig. II.) Auch die absolute Totalform giebt sich im Bilde des Weltsystems. Das sich offenbarende Licht reflektirt sich in der Sonne, und diese ist das Centrum auſser dem Centrum, bestimmt, die Relativität der Wirklichkeit zur Absolutheit der Nothwendigkeit, zur Totalform in der Erkenntniſs auszugleichen. Die Sonne, als Reflex des Lichts, bewegt sich in der entgegengesetzten Richtung der Planeten, die Absolutheit des Centrums, mit ihr zugleich die Relativität der Planetenbewegung wird aufgehoben, und es entsteht für den berechnenden Geist die Idee der sich selbst gleichen Bewegung, die Idee der ewigen Zeit.

Noch könnten wir die Weltformen der Zeit und des Raums in den vier Grenzpunkten der Natur als Produkt, als Jahreszeiten und Weltgegenden, im Bilde weiter verfolgen, in den beiden, durch die Centra gebildeten Näherungspunkten, als den Polen, das Insichselbstseyn der Weltkörper, und in den Entfernungspunkten des doppelten Durchschnitts ihren nothwendigen Zusammenhang mit höhern, und ihren freien Zusammenhang mit niedern Welten zu mahlen versuchen: doch wir gehen in unsern Planeten ein, um auch hier das ewige Gesetz in freier Kunstgestaltung zu suchen.

Das Licht wird in der Form Leben, die Finsternifs in der Materie Tod. Die Form strebt durch die Materie zur absoluten Erkenntnifs hervor, und offenbaret, als solche, das Urlicht, das in der realen Welt nur im Reflex der Sonne sich giebt, als Geist der Einen Poesie der Natur im Menschen, in dem Organ der Sprache. Aber eben dieses Organ, nicht selbst Licht, sondern Hauch aus der Materie, stammt aus dem Tode und trägt ihn als sein Wesen in sich, das zwar durch die Kunst der Form, welche die Sprache zur reinen Hülle der Poesie bildet, verdeckt, aber nicht getilgt wird, so dafs der in der Sprache wohnende Tod immer mehr hervortritt, je höherer Allgemeinheit das Kunstwerk entgegenstrebt. Darum geht die Philosophie, als das Eine allgemeine Kunstwerk, in die Lichtsprache der Anschauung ein; aber so mufs sie auch alle Objektivirung des Kunstwerks aufgeben, und fest und tief in dem Individuum verschlossen bleiben. Das heifst, die Philosophie hört auf, Erkenntnifs zu seyn, wenn sie wahres Kunstwerk wird, ihr Streben zum Kunstwerk ist das Streben zu ihrem Tode, zugleich das Streben zum Leben der göttlichen That, als absoluter Individualität, in welcher die allgemeine Erkenntnifs, und das besondere Kunstwerk erlischt.

Leben und Tod ist der dem Planeten einwohnende absolute Gegensatz, sein sich selbst genügender Grund, seine Möglichkeit. Aber das Leben hält den Tod in der Form gefangen, und der Tod offenbaret das Leben, als ein einzelnes, an und in der Materie. So geht der absolute Gegensatz der Möglichkeit in den zwiefach relativen Gegensatz der Wirklichkeit über: die als Tod herrschende Materie, doch getragen von dem verschlossenen Leben der Form — die unorganische Natur mit dem in ihr ruhenden chymischen Procefs *). Die als Leben herrschende Form, doch durchströmt von der es offenbarenden Materie — die organische Natur mit der Hemmung des dynamischen Processes. Diese zwiefache Relativität der Wirklichkeit löset sich in der Erkenntnifs in die

*) Die Form, welche die unorganische Materie vom Planeten erhält, und im Stand der Ruhe im einzelnen sich ankündiget, kommt hier, wo von den innern Verhältnissen des Planeten die Rede ist, in keine Betrachtung.

Nothwendigkeit der Totalform des Planeten auf. Der in der Materie ruhende chymische Proceſs wird geweckt durch das Experiment, aber die organische Form überwindet selbst alle Hemmungen des dynamischen Processes, und wird in der Construction die sich selbst gleiche, ruhende Form, in welcher der Geist in die Natur sich zurückbildet, ihr ewiges Gesetz offenbarend; diese Eine und ewige Form nimmt in der aus dem Experiment hervorgehenden Experienz die Natur in die Eine Form auf, und so wird die Natur auf jedem Punkt absolute Totalform, Wahrheit mit Gewiſsheit.

Beschränken wir jetzt unsern Blick auf die organische Natur, und nehmen sie in dem Gesichtspunkt der Nothwendigkeit in der Erkenntniſs: so zeigt sich uns ihre Materie im Gegensatz der Kraft, als Expansion und Contraction, das Bild des Gegensatzes Subjekt und Objekt, als erste Bedingung, als Möglichkeit der Erkenntniſs. Es zeigt sich zweitens die Eine plastische oder Bildungskraft, welche die Form erzeugt, das Bild der Anschauung, als Bedingung der Construction, in welcher die Erkenntniſs wirklich wird. Es zeigt sich endlich die sich stets reproducirende Form, das Bild der Construction, als des sich ewig gleichen Gesetzes, in welcher alle Erkenntniſs nothwendig ist.

Aber durch welche Stufen geht das Bild in die Sache über?

Der Gegensatz des Bewufstseyns giebt sich zwar, als besonderes Anschauen und besonderes Denken, von selbst, und ist in so fern nothwendig; aber er wird überwunden von der Einheit der allgemeinen Anschauung: die allgemeine Form der Erkenntnifs ist die Nothwendigkeit selbst, aber sie wird gegeben und getragen von der Anschauung als der mit absoluter Freiheit in die Natur sich ein bildenden Kraft.

Der Organismus stellt sich demnach nothwendig in einer dreifachen Sphäre dar. In der ersten ist die Form noch ganz gebunden an und in die Materie, der Gegensatz ist ein materieller, die Einheit eine materielle und die Form eine materielle — der Organismus mit gebundener Qualität, die Vegetation.

In der zweiten löset sich die Form von der Materie, die Form stellt sich mit sich selbst in Gegensatz, als in der Materie gebundene und freie Dualität, die Einheit ist zugleich materiell und ideell, der Akt der Befreiung — der Sinn; die Form ruht nicht auf freier Anschauung, sondern auf dem nothwendigen Triebe; sie ist selbst nicht allgemeine Nothwendigkeit, sondern die Nothwendigkeit spielt in der Materie, also ganz angemessen der Sphäre der Befreiung — der Begattungs- und Kunsttrieb als der Eine Naturtrieb. Der Organismus mit gebundener, aber zugleich sich befreiender Qualität — die Animalität.

In der dritten Sphäre tritt die Form als absolut frey in der Erkenntniſs hervor, es entsteht das Bewuſstseyn mit dem geschlossenen Akt der Befreiung, wo der Sinn in den freien, aber auch ganz leeren Denkakt, in reine Zeit übergeht. Der Gegensatz wird ein idealer, dem Denken in der Zeit tritt das sinnliche Anschauen im Raume gegenüber, und dieser Gegensatz spielt im Bewuſstseyn bis zur höchsten Abstraction die Einheit suchend. Die Abstraction ist mit der Reflexion der aus der höhern Einheit in die zufällige Einheit des Bewuſstseyns sich einsenkende Gegensatz; aber die Einheit selbst ist die absolut freie, über das zufällige Bewuſstseyn hinaus auf die Natur durch Construction sich richtende Anschauung, die wahrhaft freie Naturkraft. Die Construction giebt die Nothwendigkeit an sich, als ewige sich gleiche Form, als ewiges Gesetz der Natur, und sie kann, als solche, nur in absoluter Freiheit gegeben werden. Der Organismus mit gebundener und sich befreiender, aber zugleich absolut freier Qualität — die Humanität.

Beschränken wir unsern Blick noch enger auf diesen letzten und höchsten Organismus, so finden wir den allgemeinen Typus der Welt in der höchsten Gestaltung dieses Planeten wieder, in welcher er Geschichte der Menschheit wird.

Wir sehen das in und durch Construction nothwendige und allgemeine Wissen, als ewiges Gesetz der Natur und nothwendige Form alles Wissens, im Gegensatz mit dem zufälligen Einzelwissen. Wir sehen jenes, an sich allgemein und nothwendig, nur in einzelnen Wesen im Besondern und zufällig sich offenbarend — dieses, an sich einzelnes und zufälliges, doch allgemein in allen Intelligenzen mit blinder Nothwendigkeit sich gebend; und obgleich der das Nothwendige Erkennende diese Erkenntnifs als Täuschung anerkennt, so mufs er doch selbst die Täuschung als eine nothwendige, nicht zu tilgende, bekennen. Die nothwendige Form kann nicht in das Leben der Intelligenz übergehen, die Erkenntnifs des Lebens kann sich nicht zur absoluten Form erheben, und selbst die gediegene Wissenschaft wird wieder den Nützlichkeitszwecken der zufälligen Erkenntnifs unterworfen.

Das Wissen überhaupt ist demnach der ursprüngliche und nothwendige Gegensatz der Menschheit, als der geschichtlichen, ihre Möglichkeit.

Aber jeder Mensch bildet sich sein Bewufstseyn aus der freien Anschauung, aus der Kraft, die ihm die Natur frey gab, er bildet es sich als das Kunstwerk seines Lebens. Das Organ des Kunstwerks, selbst erstes und allgemeines Kunstwerk der Intelligenz überhaupt, ist die Sprache; doch geht sie in dem einzelnen Menschen, mit der besondern Gestaltung des Wissens, in Besonderheit des Gebrauchs über.

Das Kunstwerk des Bewufstseyns ruht in seiner Besonderheit auf den Differenzen der freien Anschauung, in welchen die Natur ihre Kraft frey giebt, und die in den Tiefen der realen Natur, in ihrer nothwendigen Stufenleiter, ihre Wurzel haben. Diese ursprüngliche Besonderheit der Natur nennen wir, in der Freiheit ausgesprochen, Temperament; aber sie erscheint im einzelnen Menschen nie rein als solche, sondern gemischt mit den Zufälligkeiten des Bewufstseyns, die das Verhältnifs zur Aussenwelt erzeugt und sich weiterhin erblich fortpflanzen. Daher kommt es, dafs das natürliche Bewufstseyn des Einzelmenschen zwar sich selbst schaffendes und zur Kunst strebendes, auch der Kunst empfängliches Werk ist, aber nicht selbst als Kunstwerk erscheint.

Die ursprünglichen Besonderheiten der Natur treten in freier Gestalt hervor in den Künstlern, die es durch Genie sind, und die Künstler-Individualitäten werden, einst erkannt, das wahre Licht in diese noch dunkle Tiefe der Natur tragen. Die Philosophie, jetzt noch so genannt, strebt dahin, diese Besonderheiten in ihrer Allgemeinheit als das

Eine und große Kunstwerk der Natur, als vollendetes Gemälde der Natur im Bewußtseyn darzustellen: ob dieses Ziel ein mögliches sey? Die Entscheidung dieser Frage liegt im Geheimniß der Sprache verborgen; es scheint aber, daß eben die Allgemeinheit die nothwendige Besonderheit des Kunstwerks ausschließe, und da die Sprache selbst als Kunstwerk Besonderheit und nur als Organ allgemein ist, nie zur Identität mit dem Einen Kunstwerk gelangen könne, daß folglich die Philosophie in ihrem Streben zum allgemeinen Kunstwerk auf Vernichtung der Sprache ausgehe.

Das Problem wird sich bald lösen. Jetzt wollen wir nur bemerken, daß das Kunstwerk die aus dem Gegensatz hervorstrebende Einheit, die Wirklichkeit der Menschheit sey.

Fragen wir nun, ob eine allgemeine Wirklichkeit denkbar sey, so zeigt sich sogleich der Widerspruch, in welchem die Philosophie als Poesie, mit sich selbst steht. Die Philosophie war ursprünglich Mythos, in den Mythos wurde ein Wissen eingetragen, er ging in Physik über; aber das Wissen selbst, der Beweis, die Evidenz bildete sich auf einer andern Seite, als Mathematik hervor. Mythos, Physik, und Beweis wurden in Eins verschmelzt, und so verlor der erste seinen Kunstcharakter, die Physik die reine Empirie, und der Beweis die Evidenz. Diese Mischung nennt man noch heute philosophisches System, aber sie kehrt schon zu ihrer Quelle, zum Mythos zurück, der Beweis wird gelöset und die Physik wird Kunstwerk. Es ist also die Vollendung der Kunst, die sich als Tendenz der systematischen Philosophie ausspricht, sie wird sich einst als das System aller Kunst-Individualitäten, und in dieser Einheit als das Ideal des wirklichen Bewufstseyns, als die wahre Künstler-Schule geben.

Doch die Nothwendigkeit der Menschheit ist damit keineswegs gegeben, sondern so wie das Wissen, als Möglichkeit, die objektive Naturform — das lebende Wissen mit dem Handeln, als Wirklichkeit, die subjektive Kunstform darstellt: so ist es eigentlich das Wesen der Menschheit, welches mit der wahren und absoluten Nothwendigkeit angedeutet wird. Dieses Wesen ist die Gesinnung. Das Göttliche, die Gottheit im Menschen, die weder aus der Natur stammt, noch in der Kunst sich schafft, obgleich in beide Formen sich einsenkt, zum Leben mit ihnen sich vermählend, sondern, als Religion und Basis der Geschichte, unmittelbar aus dem ewigen Wesen hervorquillt, der Natur in entgegengesetzter Richtung begegnend, durch sie im Wissen als Gesetz idealisiret und in der Kunst zum wirklichen Leben realisiret wird.

Fassen wir den Menschen in seinem Gegensatz als reales und ideales Wesen, so finden wir in ihm eine gebrochene Realität und eine gebrochene Idealität. Das Thier in ihm ist der Bruch aus der Vegetation zur Erkenntnifs, als der allgemeinen Möglichkeit des idealen Menschen; das wirkliche Bewufstseyn, als Kunsterzeugnifs, ist der Bruch aus der allgemeinen Naturform zur göttlichen Nothwendigkeit, als individueller Wesenheit.

Das Thier ist der Akt der Befreiung von der besondern Materie, die Kunst der Akt der Befreiung von der allgemeinen Form der Natur; das Thier ist folglich der in die Erscheinung tretende Kampf der Materie und Form, die Kunst der in die Erscheinung tretende Kampf der Form und des Wesens.

Die Natur ist zwar, als eine werdende, überall im Kampf mit sich selbst, doch löset sie ihn auch selbst wieder auf zur Einheit des Produkts. Aber im Thiere, wo sie ihre reale, und in der Kunst, wo sie ihre ideale Darstellung schliefst, läfst sie ihn, als Produkt, als Erscheinung, stehen, und diese Erscheinung, die letzte unsers Planeten, die ihn an eine künftige, höhere Organisation anschliefst, bezeichnen wir mit dem Ausdruck K r a n k h e i t.

Das Thier ist die Krankheit der realen, das Bewufstseyn, als Kunstprodukt, das ist, als wirkliches Bewufstseyn des individuellen Menschen, ist die Krankheit der idealen Natur. Das ganze Thierreich geht in den Menschen, als das höchste Thier, ein, und so ist jede, nach dem Grad der Befreiung der Qualität bestimmte Thiergattung, eine Differenz seines Organismus, ein Heerzug seiner Funktionen, ein bestimmter Heerd seiner Organe, und, dem Begriff der Thierheit zufolge, eine physische Krankheitsanlage. Diese Differenzen des Organismus sind zugleich die ursprünglichen Differenzen des Bewufstseyns; denn es ist die Eine und selbe Naturkraft, die den Organismus verwirklichet, welche nur frey gegeben, als Kunstvermögen das Bewufstseyn erzeugt, und so sind sie, unter der Bezeichnung Temperament, die psychischen Krankheitsanlagen des Menschen.

Durch den thierischen Sinn, den innern als Bedürfnifs, den äufsern als Befriedigung, tritt der Mensch in das physische Verhältnifs zu der Aussenwelt, und dieses Verhältnifs ist ein nicht blofs objektiv zufälliges, in welchem auch die Pflanze in der Aussenwelt steht, und wodurch ihr ununterbrochener Wechsel von Leben und Tod bedingt ist, sondern zugleich ein subjektiv zufälliges, weil der Sinn, als Befreiung der Kraft von der Materie, obgleich wurzelnd in der Vegetation, doch der Aussenwelt die offene und freie Seite darbietet, die er nicht selbst zur Nothwendigkeit zu organisiren vermag. Dieser subjektive Zufall erhebt Leben und Tod zur Potenz der Gesundheit und Krankheit: Gesundheit ist mehr als Leben, denn sie ist auch subjektives Wohlseyn, die Krankheit ist weniger als Tod, denn sie ist im subjektiven Uebelseyn die Warnung des Todes.

Durch das Bewuſstseyn, als Kunstprodukt gegründet in der Naturform, frey in der Kraft, aber noch nicht vermählt mit dem Wesen, tritt der Mensch in das psychische Verhältniſs zu der Aussenwelt, das nicht bloſs ein zufälliges, sondern zugleich ein objektiv und subjektiv willkührliches ist. Objektive Willkühr ist Culturzwang, subjektive Willkühr ist die im Bewuſstseyn als positiv erscheinende Freiheit. Der Culturzwang beweiset, daſs die Kunstform der Menschheit auſser ihrem Wesen liegt, die im Handeln erscheinende positive Freiheit beweiset, daſs auch im einzelnen Bewuſstseyn das Wesen nicht lebt. So entsteht der relative Zustand psychischer Gesundheit und Krankheit: die Harmonie der Willkühr mit der Kunstform ist Gesundheit, Disharmonie ist Krankheit.

Zufall und Willkühr wecken als Reitze die ursprüngliche Krankheitsanlage des Bewuſstseyns (das Temperament) die, ohne sie, zur reinen Kunstform sich gestaltende freie Kraft tritt als Einbildungskraft und Leidenschaft in den Dienst des

Zu-

Zufalls und der Willkühr, es entstehen heterogene Gebilde, der Stoff psychischer Krankheit, und das stets kränkelnde Bewufstseyn wird ganz Krankheit, wenn die freie Anschauung durch Ueberreitzung des Zufalls und der Willkühr in heftigen Explosionen, oder durch allmälige Tödtung aller Reitzbarkeit, ihr plastisches Vermögen verliert.

Im psychischen Arzt mufs das Wesen, die göttliche Gesinnung leben, damit er mit der Allmacht göttlicher Nothwendigkeit die ganze Form des Menschen durchgreife und umfasse, und bewufstlos in eine höhere, reine, dem Kranken fremde, aber ein schlummerndes gesundes Lebensgefühl weckende Region fortreifse. Er mufs die Möglichkeit der Menschheit, das ist, die allgemeine Naturform erkennen, in welcher jedes Bewufstseyn, das gesunde wie das kranke wurzelt, um das Gesunde auch in dem Kranken herauszufinden, und der Heilung zum Grunde zu legen. Er mufs endlich der Kunstformen des Bewufstseyns mächtig seyn, und aus ihnen diejenige zu sondern verstehen, die der Individualität des Kranken als Ideal von der Natur vorgelegt ist, um das, noch durch Krankheit verdorbene, Stümperwerk des Bewufstseyns zu derjenigen Gesundheitsform hinaufzubilden, die seiner Naturanlage die angemessenste ist.

Wann die allgemeine Naturform, das ewige Gesetz der Natur, in allen Wissenschaften das Herrschende geworden ist, wann die allgemeine Cultur das ideale Kunstwerk der Natur darstellt, und die ursprünglichen Individualitäten in dem Bewufstseyn der einzelnen Menschen zu reinen Kunstformen sich hervorbilden: dann löst sich die Krankheit des Planeten in eine höhere Organisation auf, es tritt die göttliche Nothwendigkeit, die jetzt nur noch, als Gesinnung, im verborgenen Leben wirkt, in das öffentliche Leben, es offenbaret sich das göttliche Reich.

V.

Mein Besuch bey den Irren und Wahnsinnigen in der Charité zu Berlin.

Ich trat das erste Mal in die Schattenwelt der Nacht, in die wachende Traumwelt, in der man Parthieen der Dante'schen Höllen-Vision und der Griechen Ixione, nach abgestreiftem sinnlichen Bilde, in geistiger Wirklichkeit findet. Jede Nachricht von dem Zustande solcher Gesellschaften hatte Schauder in mir erregt, als ich aber vor diesen Wunderwesen stand, fühlte ich mich so stark angezogen, daſs ich mich ungern von jedem trennte. Vielleicht trug eine poetische Stimmung, in die mich das neue Schauspiel versetzte, zu dieser Wirkung bey; gewiſs aber wurde sie erzeugt von dem *homo sum, humani nihil alienum.* Eben der wachende Zustand, in welchem diese Träumer leben, die scharfe Bestimmtheit und wahre Tiefe, in welcher sie die Aussenwelt, die unserer sentimentalen Gesundheit so häufig nur als Traum vorliegt, gewöhnlich auffassen, und nur durch Farbengebung aus dem Innern die richtige Zeichnung in ein Zerrbild verwandeln, weckt das Gefühl der Achtung, und so wird auch die Liebe geneigt, die innere Zerstörung zu umfassen und als eigene Angelegenheit aufzunehmen; es erzeugt sich der feste Glaube, dafs Menschen, die es nur von Einer Seite noch sind, die durch ihr Wachen ihre Menschheit beweisen, die mit offenen Augen einen Menschen als Menschen sehen, deren Seele durch das Auge, die Sprache, oder ein anderes Organ die Seele des Andern berührt, auch müsse geholfen werden können. Es zeigte mir aber auch der erste Blick in Vielen der Unglücklichen jene innere unmittelbare Berührung des Gefühls, die der Grund aller menschlichen Verbindung und der Keim der sich entfaltenden Vernunft ist; sie schienen die Liebe und das Vertrauen zu fühlen, die mich an sie anschlossen, und gern bey mir zu verweilen, weil ich mich bey ihnen wohl fühlte; einige suchten und fanden Züge ihrer Bekannten, ein anderer zeichnete meine Gesichtszüge, wie es mir schien, sehr richtig, und zog Schlüsse daraus, die wenigstens sein Zutrauen bezeugten, und so traf ich überhaupt nur sehr wenige unter der gehäuften Menge, in denen sich nicht irgend ein Interesse verrieth, das der gesunde Mensch ihnen einflöfste. Wenn der erste, nur flüchtige Blick soviel giebt, welche Tiefen würden sich nicht offenbaren, wenn der Kenner der menschlichen Natur, der fein fühlte, und das Gefühlte in deutliche Begriffe aufzulösen verstünde, in dieser Welt, deren Pforten nur Liebe und Vertrauen öffnen, einheimisch würde! Ich kann nicht zweifeln, dafs der Mann, wie ich ihn denke, endlich alle Beziehungen entdecken würde, in welchen die Irren und Wahnsinnigen gegen den Gesunden stehen, und sind diese gefunden, so ist es leicht, den Faden ihrer Wiederherstellung an den noch gesunden Theil der Wurzel der Menschheit anzuknüpfen: es liefse sich eine allgemeine, auf Beobachtung gegründete Heilmethode entwerfen. Der Philosoph wandelt im Reiche der allgemeinen Wahrheit, er will mit seinen Entdeckungen nicht nützen, weil er es nicht kann, wo fern er sich seiner Bestimmung recht bewufst ist, ja, er mufs den Menschen von seiner Nutzbarkeit abrufen, um ihn in der Erkenntnifs der Wahrheit für die Ewigkeit ausruhen zu lassen. Der Staat duldet gern den für ihn müfsigen Schatzgräber, weil er wenigstens denen den Weg bahnet, die in den aufgewühlten Hölen brauchbares Metall suchen. Aber der Staat schicke ihn doch in die Bergwerke der zerrütteten Menschheit, er lasse ihn die Ruinen versunkener Menschheit aufgraben, die fremden Inschriften entziffern, und aus diesen Materialien eine Welt bauen; so mögen diese privilegirten idealen Baumeister der Welt, ihre Nutzbarkeit für die Wirklichkeit versuchen, und, ich hoffe, auch bewähren. Bisher waren die Irren und Wahnsinnigen, unter dem allgemeinen Titel der Kranken, den Aerzten überlassen; aber sind diese auch schon allgemeine Aerzte der kranken Natur? Der Gang ihrer Studien führt sie nothwendig zum Materialismus, so sehen sie in allen Erscheinungen der menschlichen Natur nur die materielle Seite, und es wird noch viel Zeit erfordert, ehe sich die praktische Kunst zur vollen, allseitigen Ansicht der menschlichen Natur erheben kann; denn erst mufs sich die Wissenschaft zur Allgemeinheit bilden. Die Erscheinung dieser goldenen Zeit der Medicin kann dadurch befördert werden, dafs die entgegengesetzte Einseitigkeit, die ideelle Ansicht des Philosophen, in den ärztlichen Beruf sich verwebt; und wenn auch beim materiell Kranken der blofs physische Arzt die Hauptrolle spielt, und die Philosophie ihn wenigstens nur mahnet, auf das Bewufstseyn des Kranken überall Rücksicht zu nehmen: so mufs sich doch bey dem psychisch Kranken das Verhältnifs umkehren, der Philosoph mufs walten und die physische Medicin ihn unterstützen.

Ein zweiter heller Punkt, der sich aus der Masse dunkler Gefühle, von denen das Gemüth in diesem geistigen Chaos gefesselt wird, entwickelte, war eine auffallende Alltäglichkeit der Gesichtsbildungen, die mir von mehreren Kranken entgegenkam. Ich glaubte Copieen von Originalen zu sehen, die man stündlich auf Markt und Straſse finden kann, und die Täuschung ging so weit, daſs ich unter den, nach Namen und Verhältnissen mir bekannten Menschen, diese Kranken finden zu müssen glaubte, bis mich ihre Bezeichnung überzeugte, daſs sie mir ganz fremd seyen. Die Idee, auf welche mich eine nachfolgende Untersuchung der Ursache dieser Erscheinung leitete, halte ich wenigstens einer genauern Prüfung werth.

Es ist gewiſs, daſs das, was wir die natürliche Individualität des Menschen nennen, nicht in einem Brocken oder Tropfen Materie, oder in einem Nervenspiel, und eben so wenig in einem an sich todten und müſsigen Heerd zufällig zusammengelaufener Bilder und Begriffe bestehe; denn beide, die Materie sowohl, man gebe ihr übrigens eine Form, welche man will, als die eingehenden Bilder und Begriffe, sind doch wieder ein, theils chaotisches, theils geformtes Allgemeine, die Menschen müſsten wie Marionetten spielen, und wenn auch ein Schein von Bewuſstseyn Statt fände, so wäre doch das unmöglich, was wir Selbstbewuſstseyn nennen, und dessen wir uns jeden Augenblick durch die That versichern können. Wir müssen vielmehr die organisirte Materie sowohl, als die sich von selbst findenden Begriffe, für die allgemeinen Formen und Organe ansehen, in welchen und durch welche eine das Besondere bildende

Kraft thätig ist, die sich aus dem Allgemeinen, wie es die Natur und Cultur zufällig darbieten, ein besonderes Leben schafft. Nur unter dieser nothwendigen Voraussetzung kann man die Thatsachen der menschlichen Natur verstehen, die man mit den Ausdrücken Begehren, Trieb zu handeln, Einbildungskraft, Leidenschaft, Kunsttrieb, Genie, bezeichnet, und die sämmtlich den Zweck haben, das sich gleich bleibende Allgemeine der Natur, und das aus einer Zeitperiode in die andere übergehende Allgemeine der Cultur und Geschichte, vermischt mit den Zufälligkeiten, welche der Tag giebt, in ein besonderes bewufstes Leben nicht blofs zu verschmelzen, sondern aus ihnen, wie aus einem gegebenen Material, eine eigene mehr oder weniger häfsliche oder schöne Lebensform zu gestalten. Diese bildende Kraft ist nicht allein in dem Grade der Stärke, sondern auch in der Art ihrer Wirksamkeit verschieden, und so giebt es Menschen, in welchen nur weniges von dem Allgemeinen zur eigenen Form verarbeitet wird, die, dem gröfsern Umfange ihres Daseyns nach, nur todte Canäle des Allgemeinen sind, und sich, selbst durch die möglichste Weite und Breite gelehrter Bildung nur zum leblosen Sprachrohr der Natur und Cultur hinaufbilden können. Unter diesen findet wieder der Unterschied Statt, dafs der Eine, und hier steht das unverdorbene Weib, seine beschränktere Form, zum schönen Gemüth gebildet, in unschuldiger Unbefangenheit heilig verwahret, und, in naiver Gesinnung, die gröſsere Masse des Allgemeinen, als ihm nicht zugehörig, liegen läſst; der andere dagegen durch unendliche Rücksichten und Beziehungen auf das Allgemeine, dessen er doch nicht machtig werden kann, seine eigenthümliche engere Form verdirbt, und zur Häſslichkeit verzerrt. — Eine zweite Classe von Menschen schwankt mehr oder weniger um das Gleichgewicht zwischen dem Allgemeinen der Natur und Cultur und dem Besondern ihrer eigenthümlichen, sich selbst schaffenden Form des Lebens. Hier stehen diejenigen, welche man ruhige Selbstdenker nennt, die, im engern Sinn, verständigen Menschen, in deren Innerem eine gemessene Ordnung herrscht — nicht geschaffen zu Erfindungen und Förderung der Zeit zu höherer Entwickelung des allgemeinen Geistes der Menschheit, aber wohl zur sichern Haltung, und zweckmäſsigen Benutzung des schon Gefundenen. Ihre Form ist weder schön noch häſslich, sondern richtige Zeichnung, Ebenmaaſs, das Gemüth schlummert ungestört im Schatten des Verstandes, dieser wirkt ruhig in dem durch die Zeit begrenzten Licht. Man mag sie wohl als die Glücklichen der Zeit preisen; sie sind bestimmt, die Gegenwart zu beherrschen, so wie die erstern, gleichsam auf der Vergangenheit ruhend, sich und andere im

Einzelleben zu beglücken. — Ein drittes Geschlecht umfaſst die ganze Masse des Allgemeinen, das ihm Natur und Cultur darbieten, und bildet es sich durch die höhere Kraft, die ihm zu Theil wurde, zur besondern Form seines Lebens, es nimmt nicht das Allgemeine als Allgemeines, es duldet überhaupt nicht diesen Gegensatz, sondern jede, sich von Aussen gebende, Erkenntniſs ist ihm nur Reitz zur innern Kunstbildung. Wesen dieser Art verstehen nicht die Aussenwelt, wie sie ist, sondern nur, in wie fern sie sich zur Kunstform eignet, und so tragen sie ein Gemälde in sich, das immer in der Zukunft liegt, das heiſst, nie wirklich werden kann, aber doch der Gegenwart eine bessere Form vorhält, die sie gegen Stockung und Fäulniſs verwahret, und an der sie sich zur bessern Gestalt emporheben kann. Unter ihnen findet wieder der Unterschied Statt, daſs der eine zwar alles Allgemeine in seine eigene Natur herüberzieht, aber nicht von jener Naturliebe beseelt ist, die schon im Moment des Aufnehmens harmonische Gestalten giebt, so daſs die innere Welt im ununterbrochenen Leben und Bilden fortschreitet; sondern in der Gährung stehen bleibt, in welche die Aussenwelt im Kunsttriebe übergeht, und in der die bildende Kraft, stets neu gereitzt, in unruhiger Thätigkeit sich selbst verzehrt, ohne je im Produkt ausruhen und sich selbst genieſsen zu können; der andere dagegen, in unerschöpflicher Liebe die bildende Kraft zum Produkt gestaltet, und aus jeder Gestaltung neues und höheres Leben für die Kraft schöpft.

Diese Formen der individuellen Menschheit, finden wir zwar in der wirklichen Welt mannigfaltig gemischt, auch giebt es seltene Menschen, die das Schöne und Grofse aller Formen in sich vereinigen; doch ist in jedem Menschen die eine oder die andere die herrschende. Und nun die Anwendung dieser allgemeinen, wie ich denke, durch eines Jeden Erfahrung und Beobachtung erweisbaren Wahrheiten der menschlichen Natur, auf unsern Gegegenstand.

Die allgemeine, die mannigfaltig geformten Werke der Natur erzeugende Kraft, schliefst sich im Menschen zur Individualität, das heifst, sie wird besondere bildende Kraft, und aus ihr gehen nun wieder die allgemeinen Formen der Cultur hervor, die nachher der einzelne Mensch, als bestehende Formen des geselligen Lebens, wie einen Spiegel der Vergangenheit vorfindet, dessen Bilder von der stets gegenwärtigen Natur Leben erhalten und so zum Kunstgebrauch für das besondere innere Leben geschickt werden.

Ist nun die individuelle bildende Kraft schwach und beschränkt, so wird sie relativ stark dadurch, dafs sie von der allgemeinen Cultur nur weniges zur eignen Bildung aufnimmt, sie schreitet in dieser Beschränkung, wie die höchste Kraft, zum Produkt fort, und erreicht den Zweck ihres Daseyns. So verarbeitet die Feldblume in ihrem zarten Bau nur einen kleinen Theil der allgemeinen Materie der Natur, die Blüthe entfaltet sich fast zugleich mit dem Aufschiefsen der Pflanze, und die Natur zeigt in diesem einfachen Leben die ungestörteste und reichste Fruchtbarkeit. Diefs ist das Bild des einfachen Naturmenschen mit gewöhnlicher Kraft. Seine Individualität ist stark, weil er nichts als Individualität ist, und sie ist in sich vollendet, ein treuer, zwar beschränkter, aber desto mehr lebendiger Abdruck der Naturkraft, weil sie mit keinem fremdartigen Stoffe, mit keiner Allgemeinheit, als solcher, vermischt ist. Die Gesichtsbildung ist einfach, aber bestimmt, und in dieser bestimmten Einfachheit mehr oder weniger schön, aber immer liebreitzend durch die sich selbst lebende Kraft. Diese in sich geschlossene Einfachheit und Selbstheit des Wesens verwahrt es sicher gegen Verirrung und Zerstörung seiner bildenden Kraft.

Aber man setze die Feldblume in üppigen Boden, man dringe ihr überflüssige Materie auf, und die Staubfäden verwandeln sich in Blätter, wir erhalten eine buntere, aber unfruchtbare Blume, die Fruchtbarkeit geht mit der Einfachheit verloren, die Kraft zerfliefst in ein Farbenspiel und kann nicht zum Produkt kommen. So der Mensch mit gewöhnlicher Kraft, wenn ihn entweder Zufall so in das Allgemeine der Cultur wirft, dafs er nie zur Besinnung und Berechnung seiner K aft kommt, oder wenn ihn Eitelkeit, der fressende Wurm im Keime der Kraft, in dieses gefährliche Spiel treibt. Es häuft sich in ihm fremdartiger Stoff, den seine Kraft nicht verarbeiten kann, es bildet sich in ihm ein buntes Blätterreich von Wissen, ein chaotisches Tagebuch der Welt, er ist immer etwas Fremdes, aber nie er selbst, nichts concentriret sich in ihm. Die Gesichtsbildung und alle Bewegungen des Körpers schwimmen in flache Allgemeinheit hin, und selbst das regelmäfsigste Verhältnifs der Theile, die zarteste Tinktur, wird reitzlose Leerheit, weil die individuelle, selbstbildende Kraft todt ist. Schwimmt dieser Federball nur ganz todt auf dem Strome der Zeit, bis ihn ein Wirbel in die Tiefe fortreifst, dann wohl ihm, aber wehe! wenn die Natur etwas mehr für ihn that, und stärker zum bessern chicksal rief, wenn sie noch einen Hinterhalt von Kraft anlegte, in dem sich wenigstens die Ahndung der von der Natur gebotenen Selbstbildung erhält. Diese Ahndung erzeugt Unzufriedenheit, Mifsmuth, einen gefährlichen Gegensatz mit der Aussenwelt und dem Wissen und Treiben des Tages; dieser Gegensatz erzeugt mannigfaltige Reibungen und Stöfse, welche die Aussenwelt immer mehr in ein Chaos auflösen. Erscheint endlich ein Hauptstofs, oder auch nur die letzte Reibung, so fällt sie in Eine Ruine zusammen, und der aus der unbefriedigten Ahndung allmälig sich hervorbildende Plagegeist setzt sich in einem Körper, in einer Idee fest, die entweder der Zufall aus der Zerstörung der Aussenwelt rettete, oder Eitelkeit in dunkler Tiefe genährt hatte, und die, in ihrer Losgebundenheit von allen natürlichen Umgebungen, zum Phantom wird. So entstehen fixe Ideen, der Keim zu einer Welt des Wahnsinns, die wir gewöhnlich in sogenannten Ueberstudirten und politisirenden Schwärmern und Wahnsinnigen finden, weil Wissenschaft und Staat die beiden Heerde der Aussenwelt der Cultur sind. So waren auch die Alltagsgesichter, die ich in der Charité sah, an fixen Ideen Krankende.

Die ruhigen Selbstdenker jedes Standes bilden, in dem Gleichgewicht der bildenden und der das Allgemeine aufnehmenden und als solches festhaltenden Kraft, in ihrem gleichmäfsigen innern und äufsern Leben, den gesunden Stamm der Cultur, und da bey ihnen die das besondere Leben bildende Kraft, immer in verhältnifsmäfsiger Wechselwirkung mit dem Allgemeinen der Aussenwelt steht: so nehmen sie auch nur an den allgemeinen Krankheiten des Zeitalters Theil, und nur aufserordentliche Verhältnisse können in seltnen Fällen besondere Geisteskrankheiten erzeugen: ihr zum Gleichgewicht des Verstandes und Gefühls strebender Geist ist am wenigsten dazu geeignet.

Aber die bildende Kraft der Natur scheint gleichsam in sich selbst zurückzugehen in denjenigen Gemüthern, die wir, in Hinsicht auf die Art und das Gesetz der innern Selbstbildung, als dritte Gattung aufgestellt haben. Ist die Organisation so glücklich, dafs das allgemeine Streben der Naturkraft zur Form, in ihr als unüberwindliche Liebe zur Form sich wieder giebt: so erscheint das Kunstgenie, das, mit bestimmten individuellen Begrenzungen, alles Allgemeine, das sich ihm von Aufsen giebt, zu der Einen Kunstform des Gemüths bildet, welche die eigenthümliche Welt des ächten Künstlers ist. Im Gegensatz der wirklichen Aussenwelt, mag nun diese mit Energie selbst geschaffene Innenwelt als blofser Wahn, Dichtung, und ihre hohe bildende Kraft Wahn-Sinn, *furor poeticus* genannt werden: so ist doch dieser Wahnsinn von jeher als heilig (*furor divinus*) anerkannt, und die innere Welt, die er schafft, ist zwar, als innere und selbstgeschaffene, das Gegentheil von der äufsern, sich selbst gebenden allgemeinen; in welcher von beiden aber mehr Wahres an sich liege, das wollen wir hier dahin gestellt seyn lassen, und nur das noch bemerken, daſs in dem wahren Kunstgenie die Fülle der eigenthümlichen Gesundheit des Gemüths lebe, die sich selbst erhält, während der helle Verstandesmensch, der sein Gemüth von dem Allgemeinen der Aussenwelt nähret, auch von dieser seine Gesundheit erhält, und demjenigen zu vergleichen ist, der zwar physisch gesund lebt, aber doch einen Hausarzt hat, und auch braucht, weil er seine Gesundheit nur systematisch erhalten zu können meint.

Doch wenn die bildende Kraft des Gemüths zwar in die Natur zurückstrebt, aber die allgemeine Mutter der Kräfte nicht findet, wenn das Streben zur eigenen Form sich stark reget, doch nicht der erzeugenden Liebe mächtig wird: dann erscheint das unglückliche Mittelwesen, das Kind zerstörter Prose und unreifer Poesie, eine Ruine der untergegangenen Unschuld, die nicht die spätere Verschuldung der Natur überwinden konnte. Das Gemüth, das Gefühl ist zu stark, als daſs es sich der Herrschaft des Allgemeinen im Verstande unterwerfen könnte, und doch fehlt ihm jene Allgewalt der Liebe, die selbst den Verstand in den Dienst der sich selbst schaffenden Innenwelt zwinget; es erscheint Originalität der Kraftäuſserung, aber

aber kein Original der Natur. Unruhiges Umhertreiben und Springen bezeichnet diesen Geist; das Träge zu wecken, das Faule und Eiternde auf- und auszuschneiden, aber auch das gesunde Leben zu verwunden, und überhaupt alles, was, als Allgemeines, sich selbst giebt, für sein inneres Leben zu zerstören, ist sein Loos; er ist der reine Ausdruck der Schuld, und der verschuldeten Leiden der Menschheit, er leidet für Alle, während Andere von ihm geniefsen, was ihm selbst zu geringe Kost ist. Seine Gesichtsbildung spricht die Originalität der Kraft, doch nicht in harmonischen, sondern mit sich selbst streitenden Zügen aus, alle seine Bewegungen verrathen den Kriegsstand des Gemüths und seine sparsamen Worte sind Blitze, deren Erleuchtung die Nacht, das Chaos voraussetzt, das in seinem Gemüth der Schöpfung entgegen ringet, unverständlich und Schwärmerey für denjenigen, der nur im gewohnten Tage lebt, erschütternd für den Tiefern, dem die Geheimnisse der Nacht nicht fremd sind.

Vergebens sucht ihr diese Strafengel mit dem Allgemeinen zu befreunden, gebt dem Alexander die Erde zur Auflösung, und er reifst den friedlichen Mond aus seiner Bahn; aber bewaffnet auch nicht das Allgemeine gegen sie, sondern beschränkt euch auf Schutz und Wehre. Dringt das äufsere Allgemeine mit blinder Uebermacht auf solche Kraft ein, bricht ihr zerstörender Trieb an dieser Macht, so wüthet sie gegen sich selbst, sie wird aus ihrer tiefen Verschlossenheit herausgeworfen in das Chaos, gegen welches sie sonst, um es zu organisiren, anstrebte, und es erscheint jener schreckliche Zustand, den wir dauernde Wuth nennen.

Auch solche Originalkräfte sah ich in der Charité, im auffallenden Gegensatz der Gesichtsbildung und ganzen Organisation mit jenen flachen Bildungen, die in der Erbärmlichkeit fixer Ideen leben. Nicht wie eine Wasserfläche, welche die Strahlen der Sonne einschluckt, steht das Auge vor dem Zuschauer, sondern ein rollendes Universum aus tiefer Höhlung hervorstrebend; nicht matt und schaal kreiset der Geist in bedeutungslosen Worten um eine hohle Gedankenschaale, um die Blendlaterne einer fixen Idee, sondern wie ein mächtig überschwellender Strom Felsenstücke mit sich fortreifst, so stöfst der aus grundloser Tiefe wüthende Geist Bruchstücke des Chaos hervor, und man kann nicht umhin, in der ganz ungrammatischen Construction der Worte ein Geheimnifs zu ahnden, wenn man zugleich das Beben und Stöhnen der Brust sieht, die das Wort ausstöfst, und den krampfhaften Druck der Hand fühlt, in welchem die innere Höllenqual, wie ein elektrischer Funke in den bangen Zuschauer überschlägt. Nicht zeugt ein schwammiger Körper von zerflossener Naturkraft, oder ein in zarter Dürre lang gestreckter von ihrer Entwurzelung, dazu bestimmt, den Geist, wie die Spinne ihren Faden, an ein gröberes Lufttheilchen zu knüpfen; sondern ein gediegener, nur zu tief in die Allmaterie wurzelnder, zu allseitig von der Natur begünstigter Organismus, bestimmt eine Welt des Geistes zu tragen, läſst den Mangel oder Verlust der Liebe bedauern, die allein die Materie zur festen Form bezwingt.

Diese durch einen zweistündigen Besuch, bey fast zwey Hundert Irren und Wahnsinnigen, veranlaſsten Bemerkungen zeichnen zwar nur einen allgemeinen Gegensatz der Geisteszerrüttung, doch scheinen sie mir dazu geeignet zu seyn, die eine Heerstraſse der Beobachtung zu bahnen. Noch dämmert in meinem Gefühl mancher Punkt, besonders der Unterschied der männlichen und weiblichen Form der Geisteszerrüttung; aber ich möchte ihre Entwickelung gern bis dahin versparen, da es mir, für diesen Zweck günstigere, Verhältnisse erlauben werden, ungestörtere und mehr auf das Besondere gerichtete Beobachtungen anzustellen.

Noch will ich etwas über das äuſsere Schicksal dieser Unglücklichsten unserer Brüder, sämmtlichen Menschenfreunden zur Beherzigung vorlegen.

Das Erste, was mich beim Eintritt in jene Welt, die auch den stolzesten Wisser demüthigen kann, mächtig ergriff, war das Zusammenwohnen der mannigfaltig Verrückten. Wenn irgend etwas, so dachte ich, von selbst und ohne Kunst, die immer nur nachhelfen kann, die Wiederherstellung dieser Unglücklichen zu bewirken im Stande ist, so sind es natürliche, gesunde Umgebungen, die, vom gesunden Gemüth angezogen, von allen Seiten in dasselbe einströmen, und gewiſs auch im kranken noch irgend eine oder mehrere offene und empfängliche Seiten finden. Auch hat jeder Wahnsinnige seine hellen Zwischenzeiten, und sind auch diese keinesweges als gesunder Zustand anzusehen, ist auch dann das Verhältniſs des Kranken zur Aussenwelt nicht das wahre und natürliche, seine Selbstthätigkeit noch verdunkelt: so ist er doch in diesem Zustande für natürliche Einwirkungen empfänglich, sein Geist hat wenigstens eine Passivität, in die sich das Gesunde einpflanzen kann. Wenn ihm nun aber keine gesunde, sondern eine mannigfaltig kranke, vielleicht noch kränkere Natur vorliegt, als seine eigene ist: so muſs er ja unbewuſst in neue chaotische Wirbel hineingerissen, und wenn seine Individualität dafür verschlossen ist, doch in eine Leere versetzt werden, die den Keim des Wahnsinns mehr als alles andere nähret. Der nur für einen äuſsern, technischen Zweck abgerichtete Wärter, bietet ihm in dem einfachen Wirken eines blinden Mechanismus keine nährende Kost an, und der besuchende Arzt, der täglich zwey Mal die Ronde durch Zwey Hundert zu machen, auch noch andere, diesem ganz fremde Geschäfte hat, bewegt sich auch nur in der alten Form, es wird der Puls untersucht, es kehren die alten Fragen und alten Antworten zurück, irgend eine Scene des verrückten Schauspiels wird wiederholt, und entweder eine ernste, doch stets dieselbe Ermahnung und Drohung, oder ein Späſschen zur Aufheiterung producirt. Dieſs gereicht keineswegs der Anstalt zum Vorwurf, denn ich wüſste nicht, was, kleine Nüancen abgerechnet, unter diesen Umständen weiteres gethan werden könnte; auch habe ich in der Charité die Behandlung der Wahnsinnigen nicht allein ohne Vergleich besser, als man sie in der Beschreibuug von Irrhäusern noch zu lesen gewohnt ist, sondern auch vielleicht so gut gefunden, als sich von einer Anstalt erwarten läſst, in der die Aufbewahrung der Wahnsinnigen nur einen Zweig ausmacht, und die nicht den Anspruch macht, eine psychische Heilanstalt zu seyn. Strenge und Milde sind mit liberalem Sinne gepaart und gemischt, den Kranken wird der Spaziergang in freier Luft als eine Begünstigung, welche die meisten sehr hoch aufnehmen, zugestanden, wenn es ihr Zustand erlaubt, ich sah einen gewissen Grad von Vertrauen der Kranken zu dem Arzt, und im Allgemeinen, außer der Ordnung und Reinlichkeit, die man vom Ganzen dieser Anstalt mit Recht rühmet, auch einen herrschenden freien Sinn, der das Gefühl des Abscheues entfernt, und dem zarteren Mitleiden Raum läßt.

Aber wer muß es nicht wünschen, daß solche Aufbewahrungsanstalten, in welche nicht allein die vermeintlich Unheilbaren, sondern auch diejenigen gebracht werden, die zufällig keinen andern Platz in der Welt finden, immer leerer und endlich ganz überflüssig werden? Ich halte dieß nicht allein für möglich, sondern auch für leicht, nur nicht augenblicklich, ausführbar, wenn nur einzelne Menschen zur rechten Zeit, und auf dem Platz, der es ihnen zur Pflicht macht, ihren engern Pflichtkreis aus gewohnter Schlaffheit, aus Vorurtheil der Zeit, oder Mangel an erforderlicher Kenntniß, nicht übersehen, und dafür ein Wort zu sprechen, ist hier meine Absicht, die mich aus den Irrenanstalten heraus, in das große Welttheater versetzt.

Die im Staate zusammenlebende Menschheit zerfällt unter dieser äußern Form in zwey Classen, in das unmündige Volk, und in Staatsbeamte, im allgemeinsten Sinn des Worts, als Vormünder. Die gesetzgebenden, richterlichen und ausübenden

Gewalten, der Arzt und der Geistliche sind die handelnden Vormünder, die Gelehrten und Lehrer die eigentlichen allgemeinen Sprecher des Staats. Der Zweck folgender Bemerkungen ist, wenigstens darauf aufmerksam zu machen, wie der Geistliche in Verbindung mit dem Gelehrten, und durch beide der Staat auf dem geradesten, folglich einfachsten Wege, die Verhütung und Aufhebung der Geisteskrankheiten bewirken können, und obgleich die Rechtsgewalten auch hierauf den entschiedensten Einfluſs haben, so beschränke ich mich doch auf das, was zunächst liegt. Ein allgemeiner Blick auf die Rechtsseite des Staats, den ich vorausschicke, soll nur, als Parallele, meinen beschränkten Bemerkungen ein allgemeineres Licht geben.

Verbrechen und Wahnsinn sind so nahe verwandt, daſs jedes Verbrechen, von seiner Rückseite angesehen, ein Wahn zu nennen ist, der endlich zum Wahnsinn führt, wenn der verbrecherische Sinn habituell wird, und in den bewuſstlosen Zustand übergeht, jeder Wahnsinn aber, auf das erste Element seiner Entstehung zurückgeführt, einen Fehltritt, ein Vergehen zeigt, das, wie ein Schneesturz, sich selbst überwälzend, den Sinn des Menschen mit fortreiſst und im Abgrund des Wahnsinns begräbt. Das Verbrechen ist die äuſsere, der Wahnsinn die innere Seite des einen und selben Zerrbildes, und es giebt Situationen des menschlichen Lebens, in welchen dieser Gegensatz so stark und so eng geschlossen hervortritt, daſs nur das Verbrechen den Wahnsinn fern halten, und nur der Wahnsinn gegen Verbrechen schützen kann. Die gemeinschaftliche Mutter beider Furien der Menschheit, ist, in negativer Bezeichnung, eine gewisse öde Leere des Gemüths, die in ihm entsteht, wenn die allgemeine Naturform den Menschen verläſst, die Ausbildung seiner eigenen Kunstform gehindert wird, und die göttliche Gesinnung ihm noch nicht seine individuelle Wesenheit gegeben, noch nicht den ewig unerschütterlichen Grund seines Lebens festgestellt hat. Die Herrschaft der Naturform wird unterbrochen und zum Theil aufgehoben durch die Cultur. Die Cultur löset sich vom Menschen, wird allgemeine Form, eine zweite äuſsere Natur für den einzelnen Menschen, mit der nun sein Bestreben, sich, seinem Leben eine eigene und besondere Form zu geben, im Gegensatz steht. Aus diesem Gegensatz keimt die Willkühr hervor, und diese erzeugt Verbrechen und Wahnsinn, wenn der Gegensatz in Widerspruch übergeht, welches eben so durch Fehler der allgemeinen Culturform, als durch verfehlte Bildung der eigenen besondern Form des Einzelnen bewirkt wird. Die göttliche Gesinnung hebt zwar diesen Widerspruch auf, und es ist der hohe Zweck des Christenthums, ihn als einen allgemeinen aufzuheben; Verbrechen und Wahnsinn liegen aber unter der göttlichen Gesinnung, und der Verbrecher und Wahnsinnige ist, als solcher, für sie kaum oder gar nicht empfänglich. Es kommt also nur darauf an, den nothwendigen Gegensatz der allgemeinen Culturform und der besondern Form des Einzellebens so zu halten und durchzuführen, daſs das Wesen durch den Widerspruch nicht erstickt, sondern vielmehr durch Harmonie geweckt und genährt, und Verbrechen und Wahnsinn vermieden werde.

Von der verfehlten Kunstbildung des Einzelnen, als Quelle des Wahnsinns, ist schon oben das Allgemeinste aufgestellt worden; hier soll der Grundfehler der allgemeinen Culturform, oder der Staatsform, als Quelle der Ausartung gerügt werden, und wenn uns diese Rüge zur Verbesserung des äuſsern Zustandes der Menschheit, in dem tiefern Gefühl der Wesenheit ein allgemein mögliches Mittel an die Hand giebt: so werden wir uns mit gestärktem Glauben an die göttliche Bestimmung des Menschen, zu seinem innern Zustande hinwenden, wo die Verbesserung, weil sie vom Besonderen ausgeht, in eben dem Grade leichter ist, als jene des äuſsern Zustandes schwerer, weil sie nur vom Allgemeinen aus bewirkt werden kann; denn so können wir doch hoffen, daſs die Verbesserung des innern Zustandes einst ihre nöthige Stütze und allgemeine Gewährung in dem verbesserten äuſsern Zustande finden werde.

Diesen Grundfehler finde ich in der herrschenden Gesinnung derjenigen Vormünder, welche den allgemeinen Rechtsstand aufrecht halten. Diese Gesinnung spricht sich in einem Grundsatz aus, der oft genug theoretisch aufgestellt wird, und auch ohne dieses, von dem wirklichen Handeln jener Vormünder abgezogen werden kann. Er ist folgender: „Die Menschen können nur im Staate leben, der Staat ist nothwendig allgemeine Form, und so erhält der Mensch erst durch diese und in dieser allgemeinen Form eine Bedeutung." Daſs dieser Grundsatz nicht nur einseitig ist, sondern auch bloſs die Aussenseite der Menschheit, nach welcher sie nichts als eine wesenlose Maschinerie ist, im Gesichtspunkt hat, davon überzeugt uns der entgegengesetzte Grundsatz, der, mit gleicher logischen Richtigkeit ausgesprochen, eben so, wie jener, durch unendliche Erfahrungen erweisbar ist. „Die allgemeine Form des Staats wird nur vom Menschen gehalten und getragen, es muſs also im Menschen eine Wesenheit leben, die, in sich ewig gegründet, nur durch die Staatsform als Mittel, immer mehr entwickelt werden soll."

Es mögen die Gesetze ihren großen geschichtlichen Gang fortgehen — ihr Geist fällt doch immer in die Anwendung und Ausübung, es mag die Verfassung seyn, wie sie die Zeit erlaubt — sie wird doch wieder nur vom handelnden Menschen belebt; aber man bilde die anwendenden, ausübenden und handelnden Vormünder zur allseitigen Ansicht der menschlichen Natur, es lebe in ihrer Gesinnung die Einheit jener entgegengesetzten Grundsätze, und bestimme sie, neben dem Gange der allgemeinen Form des Staates, den wesentlichen Gang der besondern Menschheit, der sich zuletzt doch, sey es selbst in besondern und allgemeinen Verbrechen, geltend macht, zu beachten, und, auf welcher Stufe der Vormundschaft sie stehen mögen, nicht allein die Form, sondern auch den Menschen handeln zu lassen — und ein neues heiteres Leben der Menschheit, das überall als schöner Beweis der höhern Bestimmung des Menschen, hervortritt, wo sich nur eine Spur jener höhern Gesinnung der Amtsführenden zeigt*), wird

*) Je mehrere Aemter im Staate auch den Menschen im Amte sehen lassen, und je bedeutender dieser in der Handlung hervortritt, desto vollkommener ist der Staat. Diese Vollkommenheit ist nicht eine ideale, sondern eine solche, die bis zu ihrem Maximum realisiret werden kann, indem sie neben der Relativität

sich entfalten *). Allein, schon in früher Jugend, da das Wesen im Menschen noch schlummert, wird der dem Staatsamte sich Widmende in

der Gesetze und der Verfassung besteht, und eigentlich das Ausgleichende dieser, in jeder Periode der Geschichte nothwendigen, Relativität ist.

*) Ich sah in einer gröſsern Stadt ein schlechtes Polizeidirektorium in ein gutes übergehen. Die Form konnte jenes nicht aufheben, der allgemeine Wunsch wird nicht so leicht auch allgemein ausgesprochen, und besonders geäuſsert kann er nur unter höchst seltenen Umständen zur Beachtung durchdringen. Dieses, obgleich es ein Vorurtheil gegen sich hatte, zeigte bald den groſsgesinnten Menschen, der nicht bloſs der Form genügen will, sie nicht als das Ideal, sondern nur als den Markstein seiner Thätigkeit ansieht, und wie die Frühlingssonne die harte Wintererde löset, und aus ihr frisches Leben hervorruft: so blühte auch hier jene Seite des öffentlichen Lebens auf, welche die Polizey zu bearbeiten hat. Das Volk, das überhaupt ein desto feineres Gefühl für das Menschliche seiner Vormünder, und nicht bloſs für ihre Schwächen, sondern noch mehr für ihre, freilich seltnere Stärke hat, je weniger es in einzelnen Fällen die Nothwendigkeit der allgemeinen Form begreift, läſst nun auch, in Liebe und Verehrung, nicht allein seine eigenthümliche Menschheit erscheinen, sondern ahmt auch unwillkührlich das öffentliche Beispiel durch häusliche Ordnung und Reinlichkeit nach — und wie sehr pflegt und befördert diese die Sittlichkeit!

die Form hineingezogen, sie umschlingt ihn immer mehr, er findet ihren Weg sehr bequem, das Ziel durch sie gewiſs erreichbar, und wenn auch in den spätern Mannesjahren die göttliche Stimme der Wesenheit erwacht: so ist er schon zu sehr an die Form gewöhnt, mit Geschäften der Form überhäuft, oder von Lebensgenuſs und Bequemlichkeitsliebe so umstrickt, daſs es hoch zu achten ist, wenn sie nur eine gewisse formelle Gewissenhaftigkeit aufrecht zu halten vermag, neben der übrigens selbst Unmenschlichkeit bestehen kann, wenn man ihr nur die Hülle der Form, und so den Schein einer unvermeidlichen Nothwendigkeit geben kann. Wer mag, wer kann nun in diesen Strom des öffentlichen Lebens, ihn hemmend, eingreifen, ohne Gefahr zu laufen, die in ihn verwebte Heiligkeit der Form zu verletzen? Hier ist nicht mehr zu helfen, aber wohl an der Quelle, und zwar sehr leicht; doch diese wird übersehen, weil hier das öffentliche Leben nur aus einzelnen Felsenspalten hervorrinnt. Der Philosoph hat auf dieser Stelle das Wort zu führen, aber für ihn ist es auch am bedenklichsten zu sprechen, deswegen, weil er nicht für das allgemeine Wohl, sondern nur für seine Kunst oder wohl gar für sein Hand- und Brod-Werk zu sprechen scheint.

Warum liegt die Lehre vom Privatrecht immer noch in dem leidigen Cirkel, daſs es als Basis der allgemeinen Glückseeligkeit, des Zweckes der Staatsform, anerkannt werden muſs, und doch wieder nur aus der Staatsform abgeleitet wird? warum haben die Staaten keine Privatmenschen, die sie doch erzeugen sollen, sondern nur eine Volksmasse, die den Vormündern als Chaos vorliegt, das durch allgemeine Form nur im allgemeinen organisiret wird, und Beamte, die weder Masse noch Privatmenschen sind? warum ist der Fürst der einzige Privatmensch im Staate *)?

*) Daſs der Fürst, dadurch, daſs er auf der höchsten Höhe allein steht, Privatmensch im höchsten Sinne des Worts, Repräsentant einer verbündeten Menschheit seyn kann — dieſs ist der innere Vorzug der monarchischen Verfassung vor jeder andern Form, den aber die Spekulation in ihrem Streben zur Kunstdarstellung immer übersieht, und den auch Montesquieu über sein Kunstprincip der Ehre nicht sah, obgleich seine Spekulation, vom Boden der Beobachtung genährte Pflanze ist. Viel naher dieser wesentlichen und Grund-Idee des Staats steht Platon in seiner griechisch organisirten Republik, die wohl nach mehrern tausend Jahren von Griechen hätte mogen realisirt werden. Ist erst der Europaische Fürstenstand zu diesem Privatstande hinauf organisirt, so steht wenigstens die Basis des ewigen Friedens fest in der Harmonie der Staaten-Verhältnisse mit dem Inter-

Was der Fürst als Repräsentant der ganzen im Staate lebenden Menschheit ist, wenn ihm das Wohl Aller am Herzen liegt, und in dieser Gesinnung ist er wahrer Privatmensch, das soll, das kann jeder Beamte in und für seinen beschränkteren Kreis seyn, er soll die Menschheit in diesem Kreise repräsentiren, ihr Wohl soll ihm am Herzen liegen — so wird er selbst Privatmensch, und so wird auch die Volksmasse in Privatmenschen sich entfalten das Wesen des Menschen, hervortreten und das Chaos in ein lichtes Leben übergehen, in welchem der von der Form übertünchte Zwang zu Verbrechen gänzlich aufgehoben wird, und die Anregungen dazu, die aus dem Innern des Menschen keimen, leicht und früh genug wahrgenommen und getilgt werden können.

Dieſs wird um so leichter und sicherer geschehen, wenn auch von der andern Seite, von denjenigen Vormündern, die für den innern Zustand der Menschen im Einzelnen zu sorgen haben, das geleistet wird, was ihnen die engere, die eigentlich christliche Pflicht gebietet, wenn

esse des einzelnen Staates, und der Friede wird wenigstens ewig fort immer mehr realisirt, je weiter sich der Privatstand vom Fürsten herab durch den Staat verbreitet. Es thut wohl, den rechten Weg zum erwünschten Ziele, und die Möglichkeit, ihn allseitig zu betreten, so nahe liegend zu sehen.

nicht auch sie, die eigentlich dazu bestimmt sind, das göttliche Wesen im Menschen zu beleben, in eine allgemeine Form versinken, die Staatsform nachahmen, ohne ihre Heiligkeit mit aufnehmen zu können, und so das Wesen, welches diese nur nicht genug beachtet, in eitle Form auflösen, die in der Schlechtigkeit fortschreiten muſs, weil ihr die innere Heiligkeit mangelt.

Ich komme zu den Geistlichen, den Pflegern des innern Wesens des Menschen, und wenn ich oben, wo ich dem äuſsern Zustand gegenüber stand, nur einen frommen Wunsch äuſsern konnte, so trete ich hier, im Namen der Menschheit, für den innern Menschen zu dem innern Menschen sprechend, mit bestimmter Forderung auf.

Die christliche Religion unterscheidet sich von der Natur-Religion wesentlich darin, daſs jene den Charakter der Allgemeinheit, folglich der Vernunft in ihrem Wesen trägt, während diese, in der Mannigfaltigkeit ihrer Formen, an eine Besonderheit und Beschränkung gebunden ist, die sie nur irgend eine Kunstform, nicht die Eine Wesenheit der Vernunft darstellen läſst. Die christliche ist die Eine und allgemeine Vernunft-Religion, die Natur-Religion das Mannigfaltige der Kunst unter die formale Einheit der Religion gestellt. Jede Form der Natur-Religion ist nothwendig Mythologie, deren Charakter aus den klimatischen,

schen, lokalen, historischen und politischen Verhältnissen der Nation sich hervorbildet, ist die allgemeine nationale und Landes-Poesie, die zwar dem allgemeinen, in der menschlichen Natur gegründeten Bedürfniss der Religion entquillt, aber sich nicht in das Allgemeine der Vernunft hinein bildet, sondern in die nationalen Beschränkungen verschlossen, eben nur der freie Abdruck dieser bedingten Nothwendigkeit ist, und zwar die Ahndung des Göttlichen in schönerer oder schlechterer Form, aber nicht die Gottheit in ihrer allgemeinen Offenbarung ausspricht. Mit Recht nimmt sie daher der Staat, als Landes- und National-Religion in Anspruch, und braucht sie als Mittel zu seinen Zwecken.

Nicht so die christliche Religion. Sie ist nicht der freie Abdruck einer Nation in der Tiefe und in dem Umfang ihrer Eigenthümlichkeiten, nicht der Abdruck einer ganzen Welt, keine, selbst nicht die höchste Poesie, sondern die ewige Vernunft-Religion, welche die Welt und tausend Welten aus der Zeit herausreisst und in die Ewigkeit verpflanzt.

Diese Idee der christlichen Religion muss ihre Diener, oder Pfleger und Pflanzer beseelen, wenn sie ihres göttlichen Berufs würdig seyn sollen; nicht der zeitige Sinn, von dem auch die Poesie nicht loskommt, soll sie beherrschen, keine Einzelform sie beschränken, sondern, den Sinn auf das Ewige gerichtet, sollen sie auch die Menschen, die des göttlichen Lichts in der göttlichen Wärme der christlichen Religion sich erfreuen, zu dieser höchsten und einzig wahren Beziehung des Einzelnen auf das absolut Ganze, zu der Beziehung der in der Zeit sich offenbarenden Menschheit auf die ewige Gottheit erheben. Aber wie offenbaret sich die Richtung auf das Ewige, und wie muſs der Diener der Religion den Menschen fassen, wenn er ihn in die wahre und lebendige Beziehung auf Gott versetzen will?

Der göttliche Verkünder der allgemeinen Vernunft-Religion hat, als erster Diener der Gottheit, das Muster aufgestellt, und es bedarf keiner philosophischen Ableitung, noch eines Beweises, um zu wissen, was in diesem höchsten Geschäft des Lebens zu thun sey.

Der Diener der Religion fasse das Innere des Menschen, denn hier offenbaret sich das Ewige in der Zeit, das Wesen des Menschen, als Beziehung auf Gott, als Religion, die wahre Wurzel der Menschheit, die zwar im Boden der Zeit liegt, aber ihre unsterbliche Pflanze in die Ewigkeit bildet. Nicht also hervorzubringen ist der religiöse Sinn, sondern nur kräftig zu wecken durch Wort und That, die das Zeitige, durch seinen innern Widerspruch, sich selbst vernichtend sehen lassen, und den Hörenden und Sehenden auf sein wahres Wesen zurückzugehen zwingen, in welchem er, zugleich mit der Beziehung auf Gott, die wahre Ruhe der Unsterblichkeit und ewigen Bestimmung findet, die nur durch entschiedene Erhebung über alles Zeitige in der Gesinnung möglich ist.

Im Allgemeinen wird daher der Sinn der christlichen Religion verfehlt, wenn sie der Zeit, die sie beherrschend in die Ewigkeit verpflanzen soll, unterworfen wird. Hier zeigt sich ein doppelter Abweg, in ihm der Gegensatz der Zeit, der in Widerspruch übergeht, wenn er das Ewige umspannen will — das große Geheimniß des Irrthums der Zeitlichkeit und der ewigen Wahrheit, die Selbstvernichtung des Irrthums in jeder seiner Formen, aus welcher die ewige Wahrheit in immer höherer Klarheit hervorgeht!

Die Religion wird in die Zeit versenkt, wenn sie nicht in dem Organ der Vernunft als ewig, sondern in dem Organ der Einbildungskraft, als Poesie, als Produkt der zur Kunst erhobenen Natur, oder in dem Organ des Verstandes, als Produkt der Cultur ausgesprochen wird. In beiden Richtungen wird sie Einzelform, die, in der ersten Richtung, in Despotie, in der zweiten, in Anarchie der Vernunft ausartet. Wer in dem göttlichen Verkünder der Religion nur die Persönlichkeit sieht, die von ihm verkündigte Religion nicht als die allgemeine Vernunft-Religion, sondern als die von ihm geschaffene positive, und nur als diese, im Wort ausgesprochene, einzig beseeligende erkennet, der irret auf dem ersten Abwege.

Als Werk des Einzelnen, obgleich göttlichen Menschen und menschlichen Gottes, kann die Religion nur Poesie seyn, weil jedes in der Zeit geschaffene Werk nichts anders ist; und wenn sie sich auch zur Poesie der Welt erhebt, so muſs sie sich doch in einem sichtbaren Brennpunkt der Kraft concentriren, der in seiner positiven Endlichkeit die materielle Schwerkraft ist, unter welcher die Vernunft erliegt. So wie jedes Kunstwerk in einer Materie sich darstellt, und dadurch zur Besonderheit der Form bestimmt wird: so erzeugt sich auch hier eine repräsentative Form, die nur in der Unvernunft sich offenbaren kann, und dadurch das Ewige in die Fesseln der Endlichkeit bannet. Der wahre Gott wird dem reinen Sinn entrückt, die in die Tiefe des Menschen, als sein Wesen gelegte Beziehung auf Gott, in Dämmerung und Schlummer erhalten, und an die Stelle des ewigen lebendigen Gottes, ein endlicher Schatten als Repräsentant gestellt, der das göttliche Wesen im Menschen nicht allein nicht in Anspruch nimmt, sondern auch sein freies Erwachen als das gröſste heilverderbende Verbrechen erklärt — natürlich, weil der Schatten schwindet, wenn das Wesen im Licht ergriffen wird — der die Religion in einen blinden Mechanismus des todten Worts, dem das in sich unüberwindliche Wesen, nur im schönen, reinen Gemüth, durch Inconsequenz der Unwissenheit entgeht, und in ein Spiel der Form verwandelt, das wie die unendliche Verkettung eines vielseitigen Traumes, den Menschen immer mit Mitteln zu einem Zwecke beschäftiget, der nirgends selbst hervortritt, nicht als solcher hervortreten darf, wenn der Traum ein wahrer Traum seyn soll. So wird ein Widerspruch realisirt, wird ein Schein dessen wirklich, was an sich unmöglich ist — der Gewissenszwang, die Vernunft-Despotie, eigentlich das durchgeführte Hin- und Fernhalten des wahren Gewissens, der wahren Vernunft, durch jene Repräsentation, die das, was seiner Natur nach nur individuell seyn kann, das Gewissen, zum Allgemeinen, und, was seiner Natur nach nur allgemein seyn kann, die Vernunft, zum Individuellen umwandelt, jenes durch die Zaubermacht des unverständlichen Worts, dieses durch das Wort der unbegrenzten Zaubermacht, so daſs Wort und Gewalt in dem Herrschenden sich eben so gegenseitig begründen, wie blinder Glaube und Furcht im Beherrschten.

Wer dagegen die Religion nur als ein Abstractum der Geschichts-Entwickelung ansieht, das an dem Faden einer Aufklärung, die weder einen festen Boden, noch ein gewisses Objekt hat, immer weiter gedeihen soll, der ist in der Gefahr des zweiten Abweges, dessen Ziel die Anarchie der Vernunft ist. Der zeitige Verstand will die ewige Gottheit ermessen, sein Dünkel tritt als Herrscher hervor, und nimmt die Religion, entweder im inconsequenten Sinn als Beförderungsmittel der Zwecke des Verstandes, oder im consequenten Sinn, als heuchlerische Hülle, um das Volk zu täuschen, in seinen Dienst.

Die Religion mufste in diesen Zwiespalt der Zeit fallen, denn sie mufste sich einmal im Einzelwesen offenbaren, und so war es nothwendig, dafs, einer Seits, die Einbildungskraft in das offenbarende Organ die produktive Kunstkraft legte, und so nach und nach ein positives, menschliches System hervorbildete, das, die Religion, mit ihr das Wesen des Menschen im Buchstaben tödtend, wieder nur auf die Einbildungskraft des Einzelnen wirkt, und ihn, wenn er nicht der Poesie des Ganzen mächtig wird, wo ihm das System als Erscheinung in die Zeit fällt, in dem furchtbaren Mittelstande des Zeitigen und Ewigen ohne feste Beziehung des einen auf das andere, in der eigentlichen Sphäre des Wahnsinns, in welcher alle Leidenschaften freien Spielraum haben, zwischen Furcht und Hoffnung schwebend erhält: während anderer Seits der Verstand, seinem auflösenden Geschäft gemäſs, im Streben gegen dieses System menschlicher Kunst, selbst die Offenbarung in den historischen Gegensatz der Ursache und Wirkung auflöst, und so die Religion als bloſse Erscheinung der Zeit gelten läſst. So wie aber dieser zeitige Gegensatz, in welchen die ewige Religion gefallen ist, seinen nothwendigen Grund in der Endlichkeit hat, in welcher sich die Gottheit offenbaret: so hat er auch sein nothwendiges Ziel in dem unendlichen Streben des Endlichen zum Ewigen, er hat sein Ziel in der innern Natur des Menschen, in seinem Wesen, das er zwar in Traum, Schwärmerey und Wahnsinn hüllen, und durch einen Zwitter von Licht und Finsterniſs täuschen, aber nie tilgen kann; ja, er ist die nothwendige Voranstalt zur wahren Enthüllung des Wesens in eigener Würde, und hier schlieſsen wir uns wieder an den einzelnen Menschen an, der unter der, bloſs äuſsern Herrschaft dieser Doppelform sein Wesen zu künftiger Reife bewahret.

Wie rettet der Mensch seinen innern Zustand gegen das Andringen der äuſsern Form, in welche auch die Religion fällt, sobald sie aus der That in das Wort übergeht? — Eben durch die That, die ewig lebende göttliche That, die absolute, nicht auszusprechende Wesenheit der Religion und des innern Menschen, beide als das untrennbare Eine.

Diese, von Zeitverhältnissen so mannigfaltig belastete göttliche That, unmittelbar und mächtig zu wecken, war der Zweck der Verkündung der Religion, und die Zeitform, in welche diese nothwendig eingehen mufste, kann nur dahin führen, in ihrer Selbstvernichtung die alleinige Wesenheit der göttlichen That allgemein zu beweisen, und zur allseitigen Herrschaft im Menschen zu erheben.

Aus dieser allgemeinen Zeichnung des Wesens und der Form der Religion geht der erste Grundsatz der Amtsführung des Geistlichen hervor, dafs er sich nemlich mit dem innern Menschen in unmittelbare, das ist, in That-Beziehung setzen, dafs ihn folglich nicht allein die einfache Pflicht, Mensch zu seyn, wie jeden andern Vormünder des Volks, bestimmen müsse, nicht blofs in der Form für die Unmündigen, im Uebrigen für sich zu leben; sondern dafs seine höhere Bestimmung, sein Beruf, den Gott, den alle Menschen im Herzen tragen, in das unsterbliche Leben der guten, reinen Handlung hervorzurufen, von ihm fordere, nichts als Mensch, im tiefsten Sinne des Worts, für seine ihm Anvertrauten zu seyn und die Zeit-Form der Religion durch den zeitlosen, ewigen Sinn ganz zu beherrschen.

Mit der Aufforderung, Mensch zu seyn, scheint man so gar wenig zu sagen, auch ist sie für denjenigen, der sich so rein bewahrte, wie er aus

Gottes Hand kam, ganz unbedeutend, weil in seinem Leben das rein Menschliche immer von selbst als das Erste und Einzige vordringet; aber sie sollte es dem nicht seyn, der fremdes, der Menschenwerk in sich findet, in dem das innere Werk Gottes von den Aussenwerken der Menschen so eingeengt ist, daſs es nur, wie die negative Elektricität, als ein unthätiger Lichtpunkt erscheint; man sollte nicht das, was die Zeit giebt, in den Ausdruck Mensch legen, sobald nicht von einer Mehrheit, sondern vom einzelnen Menschen die Rede ist.

Die Bildung des Geistlichen unterliegt eben so der Form, wie die der andern Vormünder des Volks, und so ist auch er in Gefahr, mit der historisch-, dogmatisch- selbst moralisch-exegetischen Theologie, und noch so manchem andern Wissen, verbunden mit der steten Rücksicht auf das Aeuſsere seines künftigen Berufs, die Stimme des lebendigen Gottes zu ersticken, einst in seinem Berufe den innern Menschen nur von fern, soweit ihn nemlich die Form führt, zu berühren, im Uebrigen in der Form zu ruhen, und so nicht wie ein Vater unter seinen Kindern, sondern wie ein Beamter neben andern Beamten zu leben.

Dazu kommt noch, daſs der künftige Geistliche durch seine Studien aus dem Kreise des Volkes heraustritt, und zu den cultivirten oder höhern Ständen, die einen äuſsern Gegensatz mit dem Volke bilden, gerechnet wird. Da nun diese Cultur, welchen Werth sie auch für das Ganze haben mag, und wie nothwendig sie ist, den Menschen immer tiefer in die Form hineinzieht, und von dem göttlichen Wesen, das nur im Einzelnen lebt, weiter entfernt: so muſs der Geistliche auch auf diese zweite, noch gröſsere Gefahr aufmerksam seyn, und gegen ihre mächtige, allseitige Einwirkung auf sein Inneres, das Göttliche sichern, das allein ihn seines Berufes würdig macht. Heil dem christlichen Geist unserer Zeit, der die Hirten des Volks nicht mehr zu Knechten einer Form nöthiget, und in ihrem lockeren, zum Theil aufgelösten Zusammenhange den Menschen frey sich bewegen läſst; aber wehe dem Einzelnen, der, aus Schlaffheit und Liebe zur Bequemlichkeit, nur Miethling einer selbstgemachten Form, die desto schlechter ist, da ihr die Sanktion der Allgemeinheit mangelt, seyn will, und das Annähern des groſsen Ziels der Religion, den Einzelnen in seiner eigenen und ewigen Würde, als göttliches Wesen geltend zu machen, übersieht.

Was kann den protestantischen Geistlichen noch hindern, die ewige That Gottes aus dem Innern der Menschen seines Kreises zu entfalten, und in das Leben, als seine wahre Ruhe und innere Zufriedenheit einzuführen? In der That, nichts als die gemeine und niedrige Meinung von ihrem

Berufe, die sie, ehe sie ihn ergreifen, von den Schwachen und Flachen, selbst schwach annehmen, und die, wenn einmal die Form sie umschlungen hat, so leicht in praktischen Hochmuth oder Leichtsinn umschlägt. Die Geistlichkeit kann nicht mehr die frühere Achtung der Welt haben, die, weil sie nur aus der Form stammte und auf sie wieder überging, so sehr gemiſsbraucht wurde; denn die Form ist nun schon entzaubert, und sie soll sie nicht haben, diese falsche, nicht im Wesen gegründete Achtung; denn die Zeit ist erschienen, da nur der Mensch als Wesen, folglich nur der Einzelne aus sich selbst geachtet wird. Ist nun der Geistliche, was er seyn soll, der vorzügliche Mensch, so folgt ihm auch die Achtung mit einer Nothwendigkeit, die in Gott ruhet, und wenn auch sein Stand, was er selbst wünschen und im Beispiel zeigen muſs, übersehen wird, so wird sein Beruf, seine That, in seiner Heiligkeit desto stärker hervortreten. Von diesem lebendigen Licht, ich gestehe es mit innerer Freude, erwarte ich mehr für die wahre Aufklärung der Welt, die, und dieſs sage ich nur von der Wahrheit bezwungen, für unsere Zeiten noch aufgehen soll, als von aller Philosophie.

Auch die katholische Kirchenform ist in unserm, wenn auch nicht für die politischen, doch für die Vernunft-Zwecke so glücklich organisirten

Deutschland, für das praktische Leben so aufgelockert, daſs der Geistliche von ihr kaum noch eine schwache Entschuldigung entlehnen kann, wenn ihm der innere Mensch seines Berufskreises noch fremd ist. Das katholische Volk in Deutschland, wenigstens in dem Theile, den ich kenne, steht in Sachen der Religion dem Wesen näher, als es der Protestant denkt, der ihn nur nach der kirchlichen Form beurtheilt, und als es die Wenigeren der höhern und der niedrigsten Geistlichkeit wünschen mögen, und unter den vielen Beispielen vernünftiger und menschlicher Amtsführung, die ich kenne, ist keines einer Verketzerung von Seiten der Gemeinde, ja keines, das nicht engere Verbindung der gegenseitigen Achtung und Liebe, und sofort auch die Veredelung des Menschen zur Folge gehabt hätte.

Ich nehme daher die Seelsorger beider Formen, meine Brüder, denn auch ich sorge nur für die Seelen, für meinen Zweck in Anspruch — die Menschheit, die im Menschen sich offenbarende Gottheit fordert, und die Zeit erlaubt es; und da ich mir das nicht minder göttliche, aber nicht so erfreuliche Werk gewählt habe, den kranken Seelen durch Untersuchung, und wenn mich einst die Verhältnisse begünstigen, auch durch die ausübende That, nach meinen Kräften Hülfe zu schaffen: so verlange ich von ihnen, daſs sie das Nähere, Leichtere und Erfreulichere leisten, daſs sie der Gesundheit der Seelen, nicht nach beschränkten Ansichten der menschlichen Natur, sondern nach allseitiger Erkenntniſs der innern Formen des Menschen, die eben so zur Gesundheit wie zur Krankheit hinwirken, pflegen, die Krankheit in ihrem ersten Keimen aufheben, und eine dauernde, allseitige Gesundheit immer mehr zum Gewöhnlichen und Natürlichen erheben. An wen sollte und könnte ich mich sonst wenden, wem in der Welt liegt das Gemüth des Menschen am Herzen? Die erziehenden Familienväter verstehen nicht die Natur ihrer Kinder, sie hangen durch mannigfaltige Bande mit der Aussenwelt zusammen, sie bedürfen selbst der Pflege, und tritt der Mensch aus der Erziehungs-Stube in den eigenen Lebenskreis, so faſst ihn die äuſsere Form von allen Seiten, niemand fragt nach seinem Gemüth, er findet selten einen verständigen und gemüthlichen Freund: und so stehen die Geistlichen, im Namen des ewigen Gottes, als die einzigen Wärter des Gemüths, der innern Menschheit da, nicht allein, um das Gemüth, das sich in ihre Arme wirft, als wahrer Freund aufzunehmen, sondern auch das schlummernde zu wecken, zu Gott hinzuwenden und für die Menschheit zu gewinnen.

Aber warum findet man noch immer zu wenige, die ihren so einfachen und zugleich hohen Beruf fühlen und üben, warum genügt es auch dem gröſsten Theil der Würdigeren, durch das Wort und den Verstand auf das Gemüth im allgemeinen Vortrage einzuwirken, und nur zufällig, wenn ein forderndes Bedürfniſs sich zeigt, mit dem innern Menschen in unmittelbare Verbindung zu treten (es ist gut, sehr gut, nothwendiges Vor- und Seiten-Werk des Berufs, aber nicht genug, noch nicht das Wesentliche) — warum hört man sie klagen über Erkaltung des Gemüths, Mangel an Empfänglichkeit und daraus entstehenden Mangel an gewünschter Wirkung ihrer Arbeiten?

Ich muſs an die Menschheit, an ihre eigenthümliche Würde und göttliche Bestimmung glauben, wenn auch die eine Hälfte der mich umgebenden Welt diesen Glauben für Schwärmerey erklärte, und die andere ihn nicht verstünde, und selbst die bewuſstlosen Handlungen der Nichtglaubenden, deren höhere Ursache und Wirkung aus dem Ewigen und in das Ewige der Glaubende erkennet, bewähren mir diesen Glauben. So kann ich auch den Grund dieses Miſslingens nicht in der sich selbst täuschenden Erwartung dessen, was der Menschheit nicht beschieden ist, finden, sondern ich muſs ihn in einem Fehler der Zeit suchen, über welche sich diejenigen nicht erheben können, die an die ewige Bestimmung der Menschheit nicht glauben, oder sie nicht verstehen.

Die Welt ist einmal dahin gediehen, daſs der Einzelne dem Einzelnen nicht mehr blind nachtritt. Soll nun keine Lücke entstehen, so wird erfordert, daſs der, welcher zum Vorgehen, so wie der, der zum Nachgehen bestimmt ist, daſs beide mit sehenden Augen gehen; aber jener kann noch nicht von dem Alten loskommen, er will noch in gewohnter Form, und nur diese Form sehend, bequem gehen, und dieser kann sich in seiner Selbstheit noch nicht orientiren, er fühlt mehr das freie Widerstreben, das ihn übrigens ganz leer läſst, als die freie Selbstbestimmung, und so leben wir wirklich in einer lückenhaften Zeit.

Wo sollen diejenigen eingreifen, die gern die Zeit weiter fördern wollten, und die Lücken, als Reste der alten Zeit, für ein künftiges Ganze ausfüllend, das Vollkommenere herbeizuführen wünschen? Die Vormünder sind die zur Förderung der Welt Berufenen, und so müssen wir uns auch hier an die Geistlichen wenden, um das, was die Zeit in ihnen ermangeln läſst, in seiner Quelle aufzusuchen.

Es ist der Mangel an wahrer und allseitiger Erkenntniſs der menschlichen Natur, welcher unsere Zeit drückt, und besonders die Geistlichen in ihrem Beruf beengt. Es mag seyn, daſs dieser Mangel in jeder früheren Zeit gröſser war, aber er war nicht drückend, weil die Herrschaft der äuſsern Form ihn nicht, oder nur wenig und selten fühlen lieſs, diese Erkenntniſs wurde leicht entbehrt, weil sie nicht nützen konnte; es mag seyn, daſs wir uns eines allgemeineren, helleren und tiefer eindringenden Lichts erfreuen, als alle frühere Zeiten, aber das Licht ist auch in Wenigen noch nicht zum Ganzen gediehen, wir haben noch kein treues Totalbild der gesammten menschlichen Natur, und noch weniger ist die auch nur sparsame Erleuchtung in das praktische Leben übergegangen.

Um uns auf den vorliegenden Gegenstand zu beschränken, welche Erkenntniſs der menschlichen Natur erhält denn der künftige Geistliche auf Universitäten? Er hört Logik, um sich des Mechanismus der äuſsern Form zu bemächtigen, er hört Psychologie und lernt ein Fachwerk von Seelenkräften mit Definitionen und Bemerkungen kennen, während er im Leben alles gemischt findet, und wenn er nicht bey der Oberfläche stehen bleibt, was gerade die schädlichste und doch so gewöhnliche Folge des auf Vereinzelung der Kräfte beschränkten psychologischen Studiums ist, so muſs er eine ihm ganz verborgene Gesetzgebung des innern Lebens, von der ihm die Psychologie nichts sagt, ahnden, so daſs dieses Studium, und das ist immer eine kostbare Frucht, nur seine Aufmerksamkeit rege erhalten, und den eigenen Forschungsgeist tiefer einzudringen reitzen kann. Er hört Moral, aber in ihr sieht er noch immer nur ein losgerissenes Stück der menschlichen Natur, das um so weniger im Leben sich wieder finden und anwenden läſst, je mehr es sich zum systematischen Ganzen zu organisiren strebt, das, als solches, eine einseitige Ansicht der menschlichen Natur erzeugt, aber selbst, als von der Oberfläche der Beobachtung geschöpftes Stückwerk gegeben, auch nicht eine der innern Seiten der menschlichen Natur berührt. Er hört endlich, obgleich nur noch selten, Metaphysik; aber selbst diese, die uns eigentlich die Tiefen der innern Form der Natur aufschlieſsen soll, ist noch kaum aus den Trennungen heraus, in welchen sie von untergeordneten Richtungen der Spekulation zurückgehalten wurde, und die Erkenntniſs, daſs die innere Form der gesammten Natur nur Eine ist — das groſse Resultat der neuesten Forschungen — die eben so den Polypen wie das moralische Wesen, nur in verschiedenen Sphären organisiret, hat noch mit Dunkelheiten und Lücken zu kämpfen, die eine klare und heitere Anwendung auf das Leben kaum gestatten, nicht zu gedenken der Vorurtheile, in welchen sich die gewohnten, ungern aus der Zeit scheidenden Formen, gegen das Bessere zu halten streben, und die noch von manchen Pflegern des letztern dadurch unterstützt werden, daſs sie die Wahrheit, die doch als Tag erscheinen muſs, in das Dunkel des Geheimnisses bergen wollen, allerdings in der wohlbedachten Absicht, sie vorerst den Entstellungen der in sie eindringenden niedrigen Formen zu entziehen, die aber ein gröſseres Uebel erzeigt, als sie vermeiden will, indem dadurch die Wahrheit, die nur in Offenheit und Einfachheit zum Leben gedeihet, und ohne alle Kunst sich selbst, redlich ausgesprochen, gegen jede Entstellung sichert, zwar nicht entstellt, aber doch so verstellt wird, daſs selbst der einzelne Mensch im Reiche der Wahrheit, die doch nur in ihm sich offenbaret, keine Stelle mehr findet.

Ich bin jetzt bey der Quelle aller Vormundschaft, bey den Sprechern oder Lehrern der Menschheit, und insbesondere bey denjenigen, die, nach der Natur ihres Geschäfts, die erste Stimme haben, bey den Philosophen angekommen. Daſs wir auch hier nicht finden, was die in eine bessere Zeit übergehende Menschheit fordern muſs, das beweiset, daſs wir alle unter einer Schuld, unter einer Krankheit der Zeit liegen. Laſst sie uns erst anerkennen, streben wir sie zu tilgen, und wir werden gewiſs bald den Tribut auffinden, den wir der Geschichte der Menschheit in dieser Zeit zu entrichten haben.

Daſs die Philosophen vorangehen müssen, ist klar, und so müssen sie das erste Bedürfniſs der Zeit und seine Befriedigung aufsuchen. Ich denke es in einer Anthropologie auszusprechen, die weder, als Machwerk der Abstraction aus den vorhandenen Erscheinungen, uns nur die Ruinen einer in die Vergangenheit zurückweichenden Welt zusammenstellt und als Norm für eine neue geltend machen will, noch, aus einem System hervorgearbeitet, die eine oder mehrere Seiten der menschlichen Natur im blendenden Licht erscheinen läſst, die andern in Nacht versenkt; sondern die — von der höchsten und ersten Wahrheit, daſs die innere Form der Natur überall nur die Eine sey, ausgehend, mit einer Richtung der Spekulation, die im göttlichen Sinn, in der göttlichen Wesenheit des Einzelmenschen gegründet, der seit geraumer Zeit nur nach Totalität des Subjektiven, oder nach dem Total-Ausdruck der Einen objektiven Form strebenden Philosophie fremd geworden ist — eben so die menschliche Form in der allgemeinen Form der Natur, wie diese in der Form des Einzelmenschen aufsucht, um den Menschen, der bisher immer noch von der Natur getrennt und ihr entgegengesetzt gehalten wurde, so innig mit ihr zu verbinden, daſs künftige Trennungen nicht mehr möglich seyen, sondern die durchgreifende Einheit auch in ihren einzelnen Verzweigungen immer mehr und klarer erkannt werde. Doch ist die Erkenntnifs dieser Einheit nur die feste Grundlage der Anthropologie. Der Mensch steht aber auch in der Reihe der Natur auf einer bestimmten und zwar auf der höchsten Stufe; es mufs also auch sein Entstehen aus der Natur historisch erkannt werden, und hier finden wir als wesentliches Merkmal seiner Gattung das Bewufstseyn. Das Bewufstseyn giebt uns in der höhern oder philosophischen, nur durch besondere Kunst oder Spekulation möglichen Erkenntnifs, die Eine und allgemeine Form der Natur; aber es ist in seiner natürlichen Erscheinung im Einzelmenschen tief in der einzelnen Natur gegründet. Diesen doppelten Charakter des Bewufstseyns mufs der Anthropologe wohl unterscheiden, und in der historischen Entwickelung des Bewufstseyns jene höhere Erkenntnifs nur als Leitfaden brauchen. Diese Entwickelung läfst ihn das Bewufstseyn als eine zweite Natur erkennen, in welcher sich die ganze körperliche Natur abspiegelt; und da er einmal weifs, dafs überall nur die Eine Form herrscht, so schliefst er daraus, dafs in dieser zweiten Natur dieselben Grundanlagen da seyen, und dieselbe Ordnung herrsche, wie in der körperlichen Natur, und dafs sie sich nur in der Richtung ihrer Darstellung entgegengesetzt seyen. So wie nemlich die körperliche Natur im Raume sich ausbreitet, so geht das Bewuſstseyn in die Zeit zusammen. Aber auch der Mensch steht wieder im Raume verbreitet da, die Menschen sind, wie die Thiere, eine Gattung der körperlichen Natur, und so geht auch das Bewuſstseyn, als Einheit der Zeit, in die Vielheit des Raumes über. Der Mensch ist ſolglich im Bewuſstseyn eine ganze Natur durch die Zeit, in wie fern aber das Bewuſstseyn nur im Körper erscheinen kann, so ist er zugleich, als Bewuſstseyn, nur ein Theil, eine besondere Gestalt der räumlichen, doch nicht mehr bloſs körperlichen, sondern zugleich bewuſsten Natur. Daſs der Mensch in der Zeit oder im Denken die ganze Natur, und daſs er doch zugleich im Raume oder im Empſinden, sie nur in besonderer Gestalt in sich abspiegeln kann, das erzeugt in seinem Bewuſstseyn einen höchst merkwürdigen Gegensatz. Die Empſindung nemlich beherrscht in ihrer räumlichen Besonderheit das ganze Bewuſstseyn, und doch strebt zugleich das Denken in seiner Allgemeinheit der Zeit, dieser Herrschaft entgegen. In diesem Kampfe entscheidet gewöhnlich der Zufall oder die Willkühr, jener als das Allgemeine der Empſindung, diese als das Besondere des Denkens, aus ihm entsteht der Zustand, den wir Krankheit des Bewuſstseyns nennen, und der sich ursprünglich als Irrthum und Affekt zeigt, endlich aber bis in Wahnsinn ausartet, wenn nicht das Bewufstseyn in seinem Streben zu höherer Bestimmung den Keim der Krankheit erstickt oder wenigstens in seiner Fortbildung hemmt. Die zunächst höhere Bestimmung des Bewufstseyns ist die Kunst, welche das Empfinden und Denken zur schönen Einheit im Gemüth verbindet, und so die Natur als ein schönes harmonisches Ganzes des Gefühls zum Eigenthum des Menschen macht. Die Eine und allgemeine Form giebt sich auch hier in diesem höhern Kreise der Menschheit, aber ihre Verzweigungen sind schöne Gestalten, denen jedoch auch wieder häfsliche gegenüberstehen und auch in diesem Kreise Krankheit möglich machen. Das Gemüth ist nemlich in seiner Kunstanlage des Gefühls die besondere eigenthümliche Kraft des Menschen, die zwar mit der Natur immer harmonisch ist, der aber die cultivirte Welt, als eine allgemeine und äufsere entgegensteht, durch welche sie, sich zur schönen Form zu bilden, nicht allein häufig gehindert, sondern auch zuweilen ganz getödtet wird. So entstehen häfsliche und verzerrte Gemüthsarten, und endlich die letzte Verzerrung, der Wahnsinn.

Doch das Bewufstseyn hat eine noch höhere Bestimmung, denn in der so eben gezeichneten Kunstbestimmung, war es zwar nicht mehr der Natur angehörig, sondern Eigenthum des Menschen, aber doch nur Form. Die höchste Bestimmung des Menschen ist seine eigenthümliche Wesenheit, und diese giebt ihm die Religion, oder der lebendige und thätige Glaube an Gott, der das Bewufstseyn in Beziehung auf das Ewige setzt. In dieser Wesenheit des Menschen wird auch der Gegensatz seiner zweiten Bestimmung, der Gegensatz der Kunst aufgehoben; das Gemüth steht in der religiösen Gesinnung nicht mehr im Gegensatz mit der allgemeinen Cultur als seiner Aussenwelt, sondern seine Beziehung auf das Ewige läfst ihn die Einheit des Gemüths und der allgemeinen Cultur fühlen — der Mensch liebt alle Menschen — und so entsteht in ihm der lebendige Glaube an Vorsehung. In diesem höchsten Kreise der Bestimmung des Menschen ist nicht mehr Krankheit, sondern nur Tod möglich, denn es giebt keinen höhern Kreis; der Mensch ohne Religion ist für die Ewigkeit todt, und er mag sehen, wie er sich in der Kunst- und Natur-Welt, wenigstens für die Zeit seines Daseyns gesund erhalte.

Die Eine allgemeine Form herrscht auch hier, und erscheint als die wahre, geschichtliche Offenbarung des ewigen Wesens im Menschen. Diese Form, in ihrer Anwendung auf die Gesinnung, ist Moral, und durch sie, als Erziehung und Disciplin des Menschen, ist es möglich, das im Menschen schlummernde Wesen zu wecken, und durch

Vernichtung des Wahns den moralischen Tod, den man auch den ewigen Selbstmord nennen kann, abzuhalten. Doch hat nur der Mensch in den niedern Kreisen eine nicht erkünstelte, sondern natürliche Gesundheit, so giebt sich das ewige Leben von selbst, denn es ist die ewige göttliche Wurzel im Menschen.

Eine nach dieser Idee bearbeitete Anthropologie könnte die Wissenschaft zur Weisheit führen, und für alle Seiten des praktischen Lebens den festen Typus aufstellen. Auf alle Verhältnisse des Lebens, selbst auf die menschlichen Vorfälle des Augenblicks würde sie anwendbar seyn, und in dieser Anwendung das Innere des Menschen auf eine oft wunderbare und überraschende Weise aufschliefsen; gewohnt, auch den innern Menschen nur nach äufsern Beziehungen zu beurtheilen, würden wir erstaunen über die neue Welt, die sich aus den stillen, von uns jetzt noch wenig geachteten Ahndungen des innern Menschen entfaltete. Ich habe mir dieses Ziel gesteckt, die in diesem Magazin aufzustellenden Versuche mögen mich belehren, in wie fern meine Gemüthsart für diesen Zweck geeignet ist, und bis zu welcher Nähe des Ziels meine Kraft reicht. Dafs ich doch wenigstens höhern Kräften, die so leicht zur Einseitigkeit fortgerissen werden, die rechte Bahn zeichnen könnte! Aber sicher rechne ich darauf, ein höheres Interesse für den innern Menschen in denjenigen zu wecken, denen Gott die Pflege des Ewigen anvertrauet hat. Daſs der Mensch auch am Bewuſstseyn krank sey, ist eine uralte Erfahrung schon von Adam her; aber eben diese geschichtliche Tradition hat unsere eigene Forschung in der Erklärung eines Wunders zurückgehalten, und ist in neuern Zeiten, wo das Wunder verschwand, ganz erkaltet. Die Philosophie auf der andern Seite, ist mit der Aufstellung des allgemeinen und gesunden Zustandes des Bewuſstseyns noch nicht ans Ziel, und so noch weniger auf den kranken Zustand herab gekommen. Der Diener der Religion bedarf aber vorzüglich der Wissenschaft des kranken Bewuſstseyns, und derjenigen, nicht allgemeinen philosophischen sondern besondern Gesundheit, die neben dem kranken Zustande wirklich werden kann; und da ihm der Wunderglaube diese Wissenschaft nicht mehr ersetzt, oder doch vertritt, und die Theologie selbst, auf dieser Seite, immer zu irgend einer Philosophie ihre Zuflucht nimmt: so leuchtet es wohl ein, daſs keine Vorbereitung zu seinem Amte wesentlicher, und kein Studium für sein ganzes Leben wichtiger sey, als die eigene Untersuchung der kranken und gesunden Natur des Menschen in seinem ganzen Umfange. Dieses Studium wird ihn mit dem innern Menschen immer vertrauter machen, und ihn endlich dahin erheben, dafs er in den alltäglichen, unbedeutend scheinenden Handlungen des Menschen den innern Zustand mit deutlicher Schrift geschrieben zu lesen im Stande ist; so wird er den Boden seines Amtes befruchten und es wird von dem Grade seiner Thätigkeit abhängen, wie viele und wie schöne Früchte er erndten werde. Wer nur ein wenig in sich selbst zu lesen versteht, der weifs es, wie gewisse Keime von Ahndungen aus der frühen Jugend in das spätere Alter einranken, wie unbedeutende Vorfälle das Schlummernde oder längst Vergangene wecken, und wie überhaupt überall aus dem Kleinsten das Gröfste hervorgeht. Allein nicht allein das Kleinste, sondern auch das schon Grofse entgeht dem gewöhnlichen äufsern Sinne, und nur wenn das Gröfste in seiner Art, wenn Verbrechen und Wahnsinn erscheint, dann werden wir erst aufmerksam; aber es ist zu spät zur Hülfe, Kerker und Irrenhaus nehmen die Opfer unserer vormündlichen Unachtsamkeit und Schlaffheit auf. Der Staat, dem die allgemeine Form das Heiligste seyn mufs, kann hier weniger, aber der Geistliche, dem der innere Mensch das Heiligste ist, kann Alles thun, und so soll er es auch. Dafür hat er auch nur für einen engern Kreis zu sorgen, er lebe in seiner Studierstube nur wenige Stunden für sein Amt, die gelehrte Welt wird ohne ihn erhalten werden, er wandele unter den Seelen seiner Gemeinde, hier ist das Feld seiner Studien, er lerne jeden ihm Anvertrauten in seiner Gewöhnlichkeit und Alltäglichkeit kennen, er werde vertraut mit seinem Innern: so muſs ihm Achtung und Liebe werden, es muſs ihm der Unmündige im Kindersinn mit Offenheit entgegenkommen, und so wird er, was kein Kanzelvortrag vermag, Verbrechen und Wahnsinn im ersten unbewuſsten Keime belauschen, und jeden nach seiner ihm eigenthümlichen Gemüthsart zu seinem Ziele leiten, sein Amt wird werden, was es seyn soll, die wahre Gesundheitspflege des Bewuſstseyns.

Es ist ein groſses, das gröſste, und scheint aber auch das schwerste Geschäft zu seyn, was hiemit dem Geistlichen zur Pflicht gemacht wird. Doch scheint es nur schwer zu seyn, und wenn es auch im Anfang nicht leicht seyn sollte, so wird es doch immer leichter, so wie es als wahre Stellvertretung Gottes, das erfreulichste Werk der Menschheit ist. Auch wollen wir ihm dieses Glück, das Höchste der Menschheit zu thun, nicht allein überlassen, wir wollen ihm durch einsame Untersuchung und fruchtbare Belehrung die Arbeit erleichtern, und wenn seiner redlichen Bemühung eine verwickeltere Masse widersteht, so wollen wir sie aufnehmen, um die höhere und wissenschaftliche Kunst an ihr zu versuchen, und aus diesem Experiment tiefere Belehrung über die menschliche Natur zu schöpfen.

Es sollte daher auf jeder Universität ein Hospital für geistig Kranke errichtet seyn, und mehr einer kleinen Gemeinde-Kolonie, als einem Krankenhause ähnlich sehen. Der ihm vorstehende Seelenarzt müſste in Verbindung treten mit dem Geistlichen, aus dessen Gemeinde der Kranke gebracht würde, um von ihm seinen frühern gesunden Zustand zu erfahren; er müſste die neuen Erscheinungen ihm mittheilen und mit ihm gemeinschaftlich über die besondere Anwendung der allgemein erkannten Mittel, auf dieses besondere Subjekt berathschlagen. Auf der Universität aber muſs diese Anstalt seyn, weil hier die künftigen Leibes- und Seelenärzte gebildet werden; die Irrenanstalt wäre demnach nicht bloſs ein Clinicum für die angehenden Aerzte, sondern auch, und noch eigentlicher für die Theologen als künftige Seelenpfleger. Hier würde ihnen die innere Natur des Menschen, in ihren höchsten Abnormitäten, ihre tiefsten Geheimnisse entfalten, und vom geübten Lehrer geleitet, würden sie den kleinsten Anfang in der gröſsten und letzten Folge sehen, um einst auch im Kleinsten schon das Gröſste voraussehen zu können.

Ich weiſs wohl, daſs ich hier vor einer Idee stehe, welcher die Wirklichkeit noch sehr wenig entspricht; aber man fange nur am rechten Orte an zu wirken, man gehe von der Quelle aus, wo das Werk so leicht ist, man bringe es in den rechten Gang, und vertraue dann der einzelnen Kraft, die ihren Gegenstand mit Liebe umfaſst. Es geht ja doch endlich alles Gute von der Redlichkeit des Einzelnen und seiner entschiedenen Kraft-Aeuſserung aus, in dieser Gesinnung zwingt er die Zeit in den Dienst seiner Kraft und seines Wollens, der Bach erweitert sich immer mehr zum Strome, und endlich kann er ja wohl auch durch die Schranken des Besondern zur allgemeinen Befruchtung durchbrechen, oder er breitet sich schon früher, durch saugende Canäle über das Land aus.

VI.

Historische Erscheinungen, zur psychischen Medicin gehörig.

1.

Rhapsodieen über die Anwendung der psychischen Curmethode auf Geisteszerrüttungen.

Halle 1803.

Ζεῦ πάτερ, ἀλλὰ σὺ ῥῦσαι ὑπ' ἠέρος υἷας Ἀχαιῶν,
ποίησον δ' αἴθρην, δὸς δ' ὀφθαλμοῖσιν ἰδέσθαι·
ἐν δὲ φάει καὶ ὄλεσσον, ἐπεί νύ τοι εὔαδεν οὕτως!
Ilias XVII, 645.

„Licht — o Zeus! Vater! sehend laſs uns sterben, gefällt Dir der Tod."

So spricht die vom Nebel eines partheiischen Gottes gehemmte griechische Kraft ihre Empörung aus: so empört sich die Vernunft, wenn sie den Quell des Lichts im gleichartigen Wesen erloschen sieht, und zweifeln mufs, ob nicht ihr eigenes Licht ein täuschendes Blendwerk sey. Das Leben giebt sie der Natur zurück, war es nur ein wahres, beruhigt, dafs das Ganze als Wahrheit steht und dauert; aber den Schein eines Lebens kann sie nicht ertragen.

Von diesem Gefühl durchdrungen wird der Geist auf dem Standpunkte der Kraft, von dem in anderer Hinsicht auch das gilt, dafs man den Menschen ganz verachten müsse, um ihn achten, und dafs man ihn hassen müsse, um ihn lieben zu können: so verwandelt der Geist die Vernunft in einen Traum, um ihr eine wahre Seite abzugewinnen. Ist die Kraft das Wesen des Menschen? Wie könnte sie das seyn, da sie, in ihrer wahren Besonnenheit, alles zerstören mufs, um sich selbst aus sich selbst zu organisiren, und ihre eigene Organisation wieder vernichten mufs, um sie zu erhalten! Es strömt die Kraft, vom ewigen Schicksal der Offenbarung dem Organ der Zeit gegeben, sich bildend und wieder zerstörend, unaufhaltsam fort, nie erschöpft im Schaffen einzelner Gestalten, aber auch nie ruhend in Einer und selbst auf ihrer Höhe, von der sie in die Nachtseite des ewigen Rades umzulenken scheint, als Vernunftk r a f t wirbelt sie in individuellen Gestalten, wie der trunkene Schmetterling, im schnellen Wechsel ihrem Grabe entgegen. Kraft ist das Princip der Form, im nothwendigen Wissen nicht die lebendige Natur, sondern in allgemeiner, und deswegen todter Zeichnung, ihr Bestehen in sich selbst, ihr ewiges Gesetz enthüllend, aber als schöpferische Kunst das Besondere bildend und nachbildend mit der Fülle des Lebens — doch der Zeit unterworfen. Die Kraft des Gesetzes, und das Gesetz der Kraft ist Dein Grund, denn die Natur ist die Möglichkeit Deines Daseyns; aber der Grund ist ein allgemeiner, und so hat Deine Individualität keine weitere Ansprüche an die Natur, als den, sie zu erkennen. Die Kraft der Kunst und die Kunst der Kraft, giebt Dich Dir selbst und aus Dir selbst, sie wohnt in Dir, sie organisirt sich als Dich, Du lebst in dieser Organisation als in Dir, die besondere Form ist Deine selbstgeschaffene Form; aber sie wandelt mit der Zeit, weil die Kraft schaffen muſs, und die Kraft schafft, die alte Form zerstörend, um in neuer sich zu geben. Die Kunstform ist Deine Wirklichkeit, doch fordere nicht von ihrer Kraft das Bestehen der Form, das nur im Allgemeinen für Dich todt liegt: Daseyn ist Wechsel, und kann, in seinem höchsten Werthe, zum Mannigfaltigen des Schönen in der Einheit der Schönheit sich erheben; aber ruht auch in der Schönheit augenblicklichem Genusse die Kraft, wird doch ihr Streben selbst nicht durch das eige-

ne

ne Kunstprodukt befriediget. Was verkündiget dieses unablässige Streben der Kunstthätigkeit zu einem Ziele hin, das sie nicht erreicht?

Es ist das Streben zur Nothwendigkeit, in welche die Erkenntniſs, die als allgemeine Möglichkeit der Kunst zum Grunde liegt, über die sich folglich die Kunst in besonderer Bildung wieder erhebt, nur durch willkührlichen Sprachgebrauch eingetragen werden kann, weil auch in der Erkenntniſs, als Möglichkeit, so wie in der Kunst, als Wirklichkeit, eine formale Nothwendigkeit, das ist, eine Nothwendigkeit für das subjektive freie Denken und Anschauen sich giebt: es ist das Streben zur Wesenheit, deren Erscheinung das gänzliche Losreiſsen von Wissenschaft und Kunst als Bedingung erfordert, das folglich weder als allgemeines Wesen erkannt, noch als besonderes Wesen geschaffen wird, sondern das ursprünglich im Menschen gegebene ist, folglich auch nur durch ein Hingeben des Wissens und der eigenen Kraft gefunden wird, das sich nur selbst als göttliche Gesinnung findet.

Doch das Wesen ruht in der Gesinnung, wie das ewige Schicksal in der, noch über Jupiter erhabenen, göttlichen Idee der Unwissenheit, für den theoretischen Sprachgebrauch. Streben kann nur die Kraft, und obgleich selbst der Wahnsinnige in dem Schooſs der schweigenden, wissen-

und kunstlosen Gesinnung für die Ewigkeit aufbewahret wird: so kann doch die Kraft nur den der ewigen Nacht entsteigenden Qualm sehen, der das Bild einer aufgelösten, in das Nichts sich aushauchenden Kraft giebt. Dieser schreckliche Spiegel, in dem wir uns selbst in solchem Zerrbilde sehen, dieser Hofstaat einer Circe, der auch die eigene Verwandlung fürchten läſst, muſs die Kraft wecken zum Kampfe gegen das Ungeheuer, und so gilt es hier weder der Beruhigung aus dem Wesen, noch der kalten Tröstung aus der allgemeinen Nothwendigkeit der Natur im Wissen; sondern es wird unmittelbar die Kunstthätigkeit zum Tilgen und Schaffen aufgefordert, es ist um das wirkliche Einzelleben, um die Kunstform der Zeitlichkeit zu thun, ihre Zerrüttung ist das Objekt, ihre Wiederherstellung das Ziel.

Wenn nun die gesunde Kraft aus eigener Tiefe mit Energie sich erhebt, wenn sie kühn in die Unterwelt eindringt, und ihre Schatten ans Licht zieht, so muſs dieses Streben allgemeines Interesse erregen; es schauen mehrere, wenn auch nur durch Spalten, in die Hölen der Selbstpeinigung, es fängt das Licht an, in ihnen zu dämmern, und es wird endlich ein Feldzug gesunder Kräfte gegen den Beherrscher der Unterwelt, der mit unserer Vernunft, wie wir mit den Thieren, zu experimentiren scheint, beschlossen.

Aus solcher Kraft und aus solcher Stimmung des Gemüths, ging die Erscheinung hervor, auf die ich nicht aufmerksam machen darf, da sie schon so viel gewirkt hat, sondern die ich als Anknüpfungspunkt für nachfolgende Erscheinungen hier aufstelle. Es wäre hier der Ort, von den Wirkungen zu sprechen, die sie schon hervorgebracht hat; diefs wird aber Hr. Prof. Wagnitz, in einem der folgenden Hefte, weit besser als ich und mit authentischen Nachrichten belegt leisten. Ich kann nur im Allgemeinen das anführen, dafs auf Veranlassung dieses Buchs, in einem benachbarten Lande für die bessere Einrichtung der Irrenanstalten beträchtliche Summen angewiesen, dafs in andern Ländern, theils Irrenhäuser auf Universitäten verlegt, theils besondere Lehrstellen für die psychische Medicin errichtet wurden, und dafs das Buch an seiner Quelle nicht allein andere Einzelkräfte weckte, sondern dafs auch hier schon mehr als zu hoffen ist, dafs gröfsere und allgemeinere Kräfte für ein Werk sich zeigen werden, dessen Errichtung über die Einzelkraft hinausliegt.

Ich aber wünsche mich an diese Erscheinung dadurch anzuschliefsen, dafs ich den Standpunkt aufsuche, auf welchem der Verfasser der Rhapsodieen in seinen philosophischen Untersuchungen über die Ursachen der Geisteszerrüttung, und in seinen, hierauf sich beziehenden zerstreuten Bemerkungen, steht, und, indem ich diesen würdige, zugleich den von mir, für die wissenschaftliche Bearbeitung der psychischen Medicin gefaſsten näher prüfe, und in helleres Licht setze.

Viele Geistes-Zerrüttungen haben ihren letzten Grund offenbar in einem schwach oder fehlerhaft gebildeten Organismus; doch ist dieſs keine constante Erfahrung, und oft wird auch der glücklichste Organismus vom zerstörenden Geist besiegt, so wie der schwache vom besonnenen gehalten. Ferner hat jede Störung der Funktionen des Organismus eine Störung des Bewuſstseyns, und jede Unordnung des Bewuſstseyns, eine Störung der organischen Funktionen zur Folge.

So bieten sich für die Erklärung der Geisteszerrüttungen und der Seelenkrankheiten überhaupt, zwey entgegengesetzte Standpunkte dar, der des Organismus und der des Bewuſstseyns; aber der Denker kann von keinem die Erklärung der gegebenen Erscheinung befriedigend durchführen, gerade deswegen, weil er den Standpunkt folgerecht durchführen muſs. Es waltet hier ein Gegensatz des Objekts und Subjekts, der uns das Objekt verfehlen läſst, wenn wir dem Subjekt treu bleiben, und uns aus dem Subjekt, das heiſst, aus dem Denken herauswirft, wenn wir das Objekt fest gefaſst haben. Will man aber beide

Standpunkte vereinigen, so zerschneidet man das Objekt zugleich mit dem Subjekt, und so wenig in jenem eine theilende Grenze zu finden ist, so wenig verträgt es dieses, auf der Mitte des Weges stehen zu bleiben, weil sich ihm die andere Richtung entgegenwirft.

Der Physiolog hat den Standpunkt des Organismus, der Psycholog den des Bewufstseyns. Ist jener zugleich Psycholog, oder dieser zugleich Physiolog, so erfolgt die Theilung, die eben so zum Skepticismus führt, wie die einseitigen Standpunkte zur Hypothese. Ein vierter Standpunkt scheint nicht möglich zu seyn; allein, so wie die entgegengesetzten, folgerechten Standpunkte, durch die theilende Einheit unter sich selbst in eine niedere Sphäre herabgesetzt werden, so können sie ja wohl auch durch die einigende Einheit über sich selbst in die höhere Sphäre erhoben werden. Die Thätigkeit, mit welcher wir das Objekt auffassen, ist ja doch eben so in uns, wie die Thätigkeit, mit welcher wir es, als denkende Subjekte verfolgen, um es zu erklären. Vielleicht ist eben das Streben, das Objekt, das wir als blofs gegeben nehmen, zu erklären, der erste Fehltritt, der uns aus den Fehlern nicht mehr herausläfst, vielleicht mufs jedes Objekt, wenn es erkannt werden soll, unmittelbar mit dem Subjekt als Eines aufgegriffen werden, um sodann aus dieser voraus erkannten Harmonie den Doppelgang des Objekts und Subjekts bis dahin fortzuführen, wo er in die Erscheinung eingreift.

Das wäre eine Erklärung, nicht von Unten hinauf, sondern von Oben herunter, folglich überhaupt nicht Erklärung, sondern ihr Entgegengesetztes, die Construction. Sollte aber diese nicht das ursprünglich Eigenthümliche unsers Geistes seyn? ist er nicht eine Kraft, und zwar die höchste, die wir kennen, indem wir jede andere nach ihr messen, und wenn wir auch metaphorisch von nachahmenden Kräften sprechen, können wir diese Metapher vom Geist brauchen? wo wäre die Sache, von der wir die Metapher entlehnen? Jede andere Kraft, von der wir wissen, ist, streng genommen, für uns nur Metapher, aber der Geist ist die Originalkraft, welche jene Metaphern erst möglich macht. Es kann also auch die Thätigkeit dieser Kraft nur mit dem Ausdruck Construction, oder einem andern gleichbedeutenden passend bezeichnet werden, und die Bezeichnung kann uns überhaupt nicht verlegen machen, da die Sache, als ursprüngliche That des Geistes, sich selbst giebt.

Doch der Geist faſst in der Construction nur sich selbst, weil er selbst nichts als diese That ist: wie kann nun die Construction da noch gelten, wo es nicht auf Selbstfassung des Geistes, sondern auf Erkenntniſs eines, wie es scheint, dem Geist ganz fremden und ihm entgegengesetzten Objekts ankommt?

Freilich, wäre es erweisbar, daſs es irgend ein, dem Geist fremdes und ihm entgegengesetztes Objekt gebe, verwickelte sich nicht jeder Versuch, dieses zu beweisen, in Widersprüche, so daſs zuletzt nur der blinde Glaube zurückbleibt, es müsse doch solche Objekte geben: so würden wir mit der Anwendung der Construction auf scheinbar gegebene Gegenstände, allerdings in Verlegenheit kommen. Aber eben der Umstand, daſs jeder solcher Beweis in Widersprüche und endlich in blinden, nur vom Sinnenschein beleuchteten Glauben ausläuft, sollte uns doch auf jenes ursprüngliche Licht des Geistes, das er sich selbst ist, zurückführen, und vorläufig den Glauben aus dem Licht in uns erzeugen, daſs alle Gegenstände dem Geist nur fremd scheinen, da doch selbst dieses Fremdscheinen, oder Fremdseyn wieder nur aus dem Geiste stammt; dieser Glaube sollte der Kraft den Muth geben, alle scheinbar gegebene Gegenstände als Eigenthum des Geistes anzusehen, und durch Construction ihre Wahrheit, das heiſst, sie selbst, wie sie des Geistes sind, zu erforschen. Ob eine solche Erkenntniſs — in ihrer Quelle und in ihrem Entstehen der Erfahrung so ganz entgegengesetzt — auch einst für die Erfahrung nützlich werden könne, das lasse man vorerst dahin gestellt seyn, es wird sich ja wohl zeigen, und demjenigen, der im tiefern Sehen begreift, wie jeder Mensch, auch im gewöhnlichen Leben, nur durch entgegengesetztes Eingreifen in die Erfahrung, ihr nützt, ist es gewiſs, daſs nur auf diesem Wege die allgemeine und wahre Nützlichkeit und Nutzbarkeit der Erfahrung erkannt werden kann; auf jeden Fall aber bleibt uns nichts anderes übrig, da alle andere Wege häufig genug versucht worden sind, ohne, die Erweiterung des Problems der Erfahrung abgerechnet, etwas anderes, als Widersprüche und den alten Glauben, als Ausbeute geben zu können.

Auch ist es wohl nicht allein die gewohnte Anhänglichkeit an das Alte, die noch so viele Denker von jenem Standpunkt zurückschreckt, oder ihn verachten läſst, sondern eine gewisse Berauschung, die das Neue zu begleiten pflegt, trägt auf der andern Seite eben so viel dazu bey. Es wird nemlich der Schein gegeben, als solle nicht bloſs ein neuer Gebrauch der Erfahrung, sondern selbst eine neue Erfahrung construiret werden, als wäre nicht bloſs die gewöhnliche Erklärung der Erfahrung, sondern auch ihre Objektivität täuschender Schein, und so findet man es widersprechend, dafs der aus einer Täuschung hervorgehende menschliche Geist die Wahrheit dadurch verkündige, dafs er sich selbst als Täuschung erklärt.

Zwar mufs man es jedem Geist überlassen, was er aus sich machen wolle, und wie er auch diesen, wie es scheint, zur Raserey führenden Widerspruch sich selbst löse; tritt er aber objektiv mit dem Anspruch auf, alle Geister zu belehren, so fordert man mit Recht von ihm, dafs er vor allem den erscheinenden Widerspruch aufhebe, von dem sein ganzes Geschäft auszugehen scheint. Diefs haben bisher die construirenden Philosophen nicht gethan, sondern diesen Widerspruch nur als einen unvermeidlichen Cirkel, in verschiedener Gestalt gegeben, und seine Lösung auf die Resultate der Construction verwiesen. Diese Resultate sind aber noch nirgends zum Ganzen gediehen, und so mufs auch noch der Gegensatz der erklärenden und construirenden Philosophen fortbestehen. Mich hat schon das erste Aufkeimen der Transcendental-Philosophie in Kant diesen Cirkel, der als solcher gläubig erkannt auf ein grofses Resultat deutet, aber ohne den Glauben als Widerspruch erscheint, fühlen lassen. Schelling brachte dieses Gefühl in mir zur Reife des Schauens; aber ein Genius der Vorwelt, dem ich in seiner eigenen Grundzeichnung (man sehe das Titelkupfer) das einzige seiner würdige Denkmal setzen wollte, löste mir den Cirkel und hob den Widerspruch auf. Vielleicht habe ich nicht eben so seiner würdig ihn aufgefaſst: ich achte nicht hoch, was ich, als sein Schüler, bisher für Andere thun konnte, es genügt mir, den Zauber in mir gelöset zu sehen. Hier will ich nur mit wenigen Worten diese Einleitung schlieſsen. Es fehlt den construirenden Philosophen noch an dem klaren Bewuſstseyn, daſs der objektiv belehrende Geist auch der erkennende, folglich der erkennende Geist auch nur der objektiv belehrende sey. So sprechen sie, bloſs vom Zeitgange der Philosophie zu diesem Aeuſsersten getrieben, von einer richtungslosen Thätigkeit des erkennenden Geistes, wodurch allein absolute Erkenntniſs möglich sey, und bedenken nicht, daſs diese Richtungslosigkeit nur die absolute Negation aller Erkenntniſs ausspreche, zu der sich allerdings derjenige erheben muſs, der die in der Erkenntniſs s c h o n g e g e b e n e Wahrheit zum Kunstwerk seiner Individualität bilden will, aus der aber unmöglich die Erkenntniſs selbst hervorgehen kann. Nehmt ihr dem Geist seine objektive Richtung, so nehmt ihr ihm alle Erkenntniſsfähigkeit, und nur in seiner ursprünglich objektiven Richtung könnet ihr die wahre Erkenntniſs finden. Wo und wie offenbaret sich aber diese ursprünglich objektive Rich- sie tung? In der Philosophie nicht, denn so wie selbst nur durch den Gegensatz des Subjekts und Objekts möglich ist, so ist auch jede objektive Richtung in ihr eine philosophisch selbstgegebene, nicht die ursprüngliche. Wir müssen aus dem Sündenfall der Philosophie, von dem sich die neueste in der Richtungslosigkeit zwar reinigen will, aber weder zur Unschuld zurück, noch zur Heiligkeit hinaufkommt, weil sie selbst noch Sünderin, weil sie noch Philosophie und in sich selbst bleiben will, heraustreten — das können wir ja wohl, da es nicht die Vernunft, sondern nur die systematisirende Philosophie ist, aus der wir heraustreten — und den Geist in einer philosophisch bewufstlosen, das ist, ganz subjcktlosen, rein objektiven That aufsuchen. Diese giebt sich, wie sie mufs, von selbst und ganz natürlich ohne alle Kunst der Philosophie, sie hat sich in der Mathematik gegeben, und eben ihre Subjektlosigkeit ist ihre Evidenz, welche die Philosophie unmöglich geben kann, sondern als Schülerin aufnehmen mufs, weil sie unmöglich subjektlos werden kann, und endlich der Poesie als Schwester in die Arme sich werfen mufs, wofern sie den mütterlichen Schoofs der Mathematik verschmäht. Das Uebrige, was hier noch zu sagen wäre, ist zum Theil in den vorstehenden Abhandlungen gegeben, noch mehr aber wird dem philosophisch sinnigen Leser prüfendes Nachdenken geben.

Daſs der Verfasser der Rhapsodieen nicht zu denjenigen Geistern zu zählen sey, welche die Theilung lieben, die sich immer zunächst die Frage vorlegen, wie und wo der neu gegebene Gegenstand in die Kette oder Mischung der Erkenntnisse einpasse, die schon in der Seele vorräthig liegen, die nur mit diesen ihren Erkenntnissen den Gegenstand ausstatten, und im Gegentheil diese Ausstattung für eine Vermehrung ihrer Erkenntnisse ansehen, denen es genügt, wenn die Erleuchtung des Kronleuchters bis in die Ecke des Saales reicht, die sie noch nicht untersucht haben, aber nicht gemüthet, mit Resignation häuslicher Bequemlichkeit, den Gegenstand im freien Weltmeer des Sonnenlichts aufzusuchen, um ihr altes Wissen, nicht bloſs zu erweitern, was man freilich auch zu Hause thun kann, sondern in eine höhere Sphäre zu schnellen — das bedarf keiner Erinnerung für den, der den Geist als ein Ganzes aufzufassen versteht. Die Sicherheit einer Ruhe, deren Wahrheit nur der Augenblick giebt, aber der nächste wieder entreiſst, und polypenartige Ausgliederung, ist dem Geiste nicht beschieden, der nur einmal, in dieser oder jener Form, in das All zu tauchen vermochte. Die Unendlichkeit des Strebens im freien objektiven Raume ist auf den entgegengesetzten Standpunkten des Bewufstseyns und des Organismus, werden sie als Totalität durchgeführt, gegeben, und wenn uns Fichte im hohen Muster gezeigt hat, was auf dem ersten Standpunkte zu erreichen sey, und was nicht: so behaupten dagegen die philosophischen (nicht psychologischen) *) Physiologen standhaft den entgegengesetzten Standpunkt, und unser Verfasser steht an ihrer Spitze. Wir wollen es versuchen, diesen Standpunkt da, wo er in das Bewufstseyn, im Gegensatz eben so einfällt, wie die Wissenschaftslehre in die praktische Philosophie, aufzufassen, und mit dem V. bis dahin durchzuführen, wo er der Standpunkt der Erkenntnifs der Geistes-Zerrüttungen wird.

Im absoluten Ich, als Standpunkt des Bewufstseyns, steht das Nicht-Ich als das unendlich Unbestimmte der Intelligenz, folglich unendlich Bestimmbare; ihm entgegen das Ich, nicht mehr als absolut, sondern als das unendlich Bestimmte der Intelligenz, folglich unendlich Bestimmende und Begrenzende. Mit diesem Gegensatz ist die unendliche Fortbildung der Intelligenz in der Zeit gegeben. In der absoluten Natur, als Standpunkt des Organismus, steht der Stoff, als das den unendlichen Raum erfüllende Unbestimmte der Na-

*) Ich unterscheide auch noch von ihnen die neuern physiologischen Philosophen.

tur, folglich als das unendlich Bestimmbare; ihm entgegen die plastische oder Formkraft, das unendlich Bestimmte der Natur, folglich unendlich bestimmend und begrenzend. Mit diesem Gegensatz ist die unendliche Ausbildung der Natur im Raume gegeben.

Wie das absolute Ich, als Vorstellung in die Erscheinung der Zeit tritt, so kommt die absolute Natur, als Organismus zum Leben, wird in sich selbst begrenzte Natur — unendlicher Wechsel des Stoffes und unendliche Veränderung der Form ist folglich eben so der wesentliche Charakter der räumlich lebenden Natur, wie unendliche Veränderung der Empfindung und unendlicher Wechsel der Vorstellung, der wesentliche Charakter des in der Zeit thätigen Ichs; aber die verborgene Einheit des Lebens ist die Nothwendigkeit der Natur, die in der Harmonie der Organe erscheint, so wie die verborgene Einheit der erscheinenden Intelligenz ihre Freiheit, die im Selbstbewuſstseyn zur Erscheinung kommt. Doch hat die Intelligenz noch keinen Raum, der Organismus noch keine Zeit. Die Intelligenz muſs daher die Vielheit der Zeit, das ist, die Mehrheit der Intelligenzen postuliren, um den realen Raum für die reale Zeit zu erhalten: und so erhält der Organismus, als in sich geschlossener Raum, nur durch seine Verbindung mit dem mannigfaltig

Räumlichen, oder mit der Aussenwelt, für sich eine reale Zeit „die Aussendinge wechseln; es wechseln die Reflexionspunkte in der Organisation" (Rhapsod: S. 9).

In der Wissenschaftslehre hat die Natur kein Fundament, in den Rhapsodieen ermangelt dessen das Ich; dort ist die Natur nur Modification des im Raume praktischen Ichs, hier das Ich nur Modification der in der Zeit bewufsten Natur, und so wie in der Wissenschaftslehre die moralische Weltordnung die räumlichen Ich mit der Natur, als ihren Modificationen, zum räumlichen Ganzen verknüpft: so knüpft in den Rhapsodieen das Selbstbewufstseyn die in die Erscheinung der Zeit tretenden Pulse der Naturthätigkeit mit dem Bewufstseyn, als ihren Modificationen, an den Einen Punkt der Zeit an.

Den Standpunkt des Organismus, dessen Uebergang in die Sphäre des Bewufstseyns der so eben angeführte Grundsatz so bestimmt ausspricht, läfst nun der V. in den, unmittelbar an den Grundsatz sich anschliefsenden Zeilen, in den Standpunkt der Krankheit des Bewufstseyns übergehen; ja es folgt schon aus jenem, dafs das Bewufstseyn, als individuelle Modification der Natur, keinen andern Charakter, als den der Krankheit haben könne. Die Stelle mag, anstatt aller weitern Deduktionen, den gesuchten Standpunkt bezeichnen.

„Diese (Reflexionspunkte) werden nemlich nach Maaſsgabe der Thätigkeiten, die jene (Aussendinge) ehemals erregt haben, immerhin nach andern Orten verlegt. Es construirt sich durch sich selbst unvermerkt ein anderes Instrument. So enstehen meandrische Züge und unvorhergesehene Impulse zur Thätigkeit, die uns als Spontaneität blenden, weil wir ihre Caussalität, und daher ihre bedingte Nothwendigkeit nicht kennen. Es ist sogar nicht unwahrscheinlich, daſs durch eine eigenthümliche Locomotivität ätherisch- gasförmiger Substanzen, und durch den Wechsel ihrer + und — Natur, die entgegengesetzten Pole im Mikrokosmus umgetauscht, und das Innere der Organisation gleichsam nach aussen gekehrt werden könne." (Hier das Beispiel des Nachtwandlers.)

„Wir stellen die Veränderungen in den Vorhöfen unsers Tempels als Lust und Schmerz, und die feinern Spiele im Allerheiligsten als Anschauungen und Imaginationen vor, knüpfen sie, als uns angehörig, in unserm Bewuſstseyn zusammen, und werden dadurch instinktmäſsig zum Begehren und Verabscheuen getrieben, und beschränkt von Raum und Zeit, durch Bastard-Vorstellungen geäfft, in welchen wir das Ich und Nichtich, wie die Grundfarben in der Grünen verlieren."

(Das Weitere im nächsten Hefte.)

Epi-

Epilog.

Was ist zuerst zu thun, wenn wir ein Wunder der Natur, und das ist alles, was geschieht, ohne dafs wir wissen, wie es geschieht, das ist also auch die Krankheit und Zerrüttung des Geistes, entfalten wollen? — Von dieser Frage ging ich aus und beantwortete sie mir vorläufig so: Wie viele Wunder auch die Natur im Einzelnen noch verschliefsen mag, so ist doch das gewifs, dafs das Eine göttliche Wunder der Allnatur im menschlichen Geist sich enthülle, und hat der Geist nur erst, in dieser Einen grofsen Enthüllung sich selbst gefafst, so ist hiemit auch die Möglichkeit gegeben, jedes besondere Wunder der Natur zu erkennen. Ich suchte daher vor allem das wahre Verhältnifs des menschlichen Geistes zur Natur, das heifst, seine Einheit mit ihr in der Idee, und seinen Gegensatz gegen sie in der Darstellung auf, und fand die Einheit als, das ewige Gesetz der Natur offenbarende, Wissenschaft oder constructive Erkenntnifs, den Gegensatz aber als empirische Erkenntniſs, in der sinnlichen Anschauung die zur Idealität oder Freiheit hinstrebende reale Natur als Natur, und im Denken die zur Realität oder Nothwendigkeit hinstrebende ideale Natur als Geist. Nun ist aber das Wunder der Geisterzerrüttung im ganzen Menschen da, sie ist eigentlich Zerrüttung des Menschen zu nennen, denn die Seele ist mit dem Körper, der Körper mit der Seele krank. Hieraus, so wie aus allen andern Thatsachen der menschlichen Natur schloſs ich, daſs im Menschen die reale und ideale Natur, oder Natur und Geist, das ist, der Gegensatz in der Darstellung, auf eine wunderbare Weise zur besondern, lebendigen Einheit verschmolzen, und daſs dieses Wunder wohl das gröſste und erste, der Mittelpunkt des Wunders der Allnatur seyn müsse. Mein Streben ging also, so wie in meinen frühern Forschungen, die einen andern Zweck hatten, so auch hier, vorzüglich dahin, diese lebendige Einheit aufzufinden, und ich hielt es vor allem für nöthig, die leere Stelle dieses Kerns aller Erkenntniſs, als Negation (negatives Ich) zu bezeichnen. Ich fand ferner, daſs diese leere Stelle nicht allein von mir zu meinem Zweck angenommen werde, sondern daſs sie in jedem Menschen als der Abgrund sich aufthue, in dem das Reale untergeht, und dem das Ideale entsteigt, der den ewigen Wechsel des Körpers und der

Seele in seinem Wesen unterhält, und endlich sich selbst organisirend, als fragender Geist hervortritt. Die Evidenz, mit der ich diese negative Wahrheit, oder diese Negation alles Objektiven, die absolute Subjektivität, als das erste Wahre und den Hebel der wahren Objektivität, erkannte, war der erste Strahl, der mir das tiefste Geheimniſs der Natur in Dämmerung setzte.

Die nächste Frage war nun: wie entsteht die Subjektivität in der Natur, und wie steht sie in ihr, als der Einen und ganzen? Ich beantwortete sie mir also: Die Subjektivität ist das Streben der ganzen Natur, aus der einen Darstellung heraus, und durch die andere hindurch zu kommen, das Streben der Natur zur ewigen Wesenheit, zugleich verkündigend seine ewige Abkunft aus ihm, das Geheimniſs der Zeit.

Schon im ersten Element der realen Natur, man mag es sich als Chaos oder Nacht, oder unter einem andern Wortbilde denken, ist dieses Streben der Grundpunkt, die Produktivität, das Formprincip, die Lebenskraft, mit einem Wort das, woran sich alle Naturforschung, als an ihre Einheit, ihr Princip anschlieſst. Aber immer bleibt der Zweifel zurück, ob nicht diese Einheit von unserm Denken in die Natur gelegt werde, und so kommt wieder alles darauf an, jene Stufe der Entwickelung der realen Natur zu beobachten wo dieses Streben selbst in die Erscheinung tritt, und zwar auf eine Art, dafs entweder die Täuschung, nach welcher wir vielleicht, diese überall negative Einheit in die Natur legen, offenbar, oder dafs die Unmöglichkeit einer solchen Täuschung erkannt werde. Das Letzte würde der Fall seyn, wenn selbst das Denken durch jene Erscheinung des Strebens in der realen Natur bedingt, wenn es nicht die erste, sondern die zweite Erscheinung des Strebens der Natur wäre. Diese Erscheinung fand ich wirklich im Thiere, dargestellt in dem Gegensatz der vegetativ gebundenen und animalisch freien Qualität, während doch nur Eine Qualität, nur Eine Thierheit erscheinet.

Ich habe in der Darstellung dieser Erkenntnifs, keine Rücksicht genommen auf die unendlichen Einwendungen jener Philosophie, die mit mir so im Gegensatz steht, dafs ihr absolut Reales für mich das absolut Negative ist; aber ich habe sie zu beweisen gesucht, und werde den Beweis künftig weiter führen.

Die Erscheinung des Strebens der Natur steigt im Thiere auf einer bestimmten Stufenleiter bis zum Menschen hinauf, die Qualität wird immer freier, und löset sich endlich im Menschen von dem Streben los. Dieses erscheint rein, als Freiheit, als Denken, als Frage der Natur an sich selbst, und die Qualität wird durch die Frage Objektivität, Wissen, Bewuſstseyn. So wie aber die Qualität im Thiere nur stufenweise frey wird, so liegt auch die Qualität, in ihrer Objektivität nicht absolut sondern relativ, in der Sphäre der Freiheit, sie bestimmend. Diese Relativitäten geben sich ursprünglich als bewuſstlose, doch nicht thierische, sondern jene bewuſstlose Empfindung, welche das entstandene Bewuſstseyn, die Freiheit voraussetzen, und sind das, was wir unter der allgemeinen Bezeichnung Temperament noch zu erforschen suchen, die ursprünglich verschiedenen objektiven Vorstellungsweisen und subjektiven Gemüthsarten, jene lebendigen Einheiten der Natur, die, obgleich in das mannigfaltig Einzelne verstrickt, und in dieser Verstrickung krank, doch in Urtypen leben, von deren Erkenntniſs wir die letzte Enthüllung des Wunders der Natur erwarten können. Vielleicht verschlieſst die Erkenntniſs dieser Urtypen der Natur die todte Zahl, vielleicht findet sie unbewuſst die Astronomie, vielleicht die Geognosie und Völkerkunde, auch ist von Schellings Arbeiten in der organischen Physik, für ihre Enthüllung viel zu erwarten; aber in ihrem ursprünglichen und vollendetsten Licht müssen sie sich in der Poesie offenbaren. In diese Sphäre lockt mich die Stimme des einsamen Gemüths, hier will ich forschen, ich will den ewig jugendlichen Homeridengeist, den Geist eines Shakspeare's, eines Göthe zu entfalten, in seine Urelemente zu zerlegen versuchen — ich will es versuchen, aber ich weiſs, daſs ich nicht, daſs kein Einzelner das Ziel erreichen kann. Denn sollte auch mein Gemüth, wie die Aeolsharfe, die leiseste Berührung des Hauches im Tone, sollte es auf der andern Seite, mit der allgewaltigen Spannkraft der Luft auch den Blitz im Donner wiedergeben: so würden doch die Töne in meine Individualität verschmelzen, und so gäbe ich mit allen Dichtern der Welt nur die Harmonie oder Disharmonie der nach ihren Stimmungen angeschlagenen Saiten meiner Individualität. Diese Saiten selbst suchen wir und die Grundtöne, jeder gediegene Kunstgeist hat aber nur einen. Möchten doch diese ihren Grundton mit den Nebentönen zu einem philosophischen Ganzen gestalten, möchte der Eine plastische Dichter, den wir haben, seine Plastik der Kunst mit dem schon bewährten philosophischen Griffel in einer Schule zeichnen, wie uns Jean Paul den Witz der Kunst theoretisch und die Kunst des Witzes praktisch, in einer Vorschule gezeichnet hat *).

*) Das Genie ist so wenig einsaitig als einseitig, aber die Form bildet sich nach dem Grundton. Jean Paul's tiefe Plastik ist nicht Organ, aber Seele, und wie ergreift sie, wenn sie aus dem spähenden Argus hervorbricht und 100 Augen in Einen Sonnenstrahl bindet.

Diese Urcharaktere der Allnatur sind, einst erkannt, die Typen der Gesundheit, ihr Entgegengesetztes die Typen oder Begriffe der Krankheit, und diefs ist der Grund, der mich bestimmte, das Temperament, die Bezeichnung der kranken Erscheinung der lebendigen Einheit, als Princip der psychischen Krankheiten, woraus allein ihre reale oder Naturmöglichkeit erkennbar sey, aufzustellen, und so wird auch die Lehre von den Temperamenten von mir für den Mittelpunkt aller Bemühungen um die psychische Medicin, als Wissenschaft und als Kunst, angesehen.

Damit diese Typen des Lebens, als Poesie der Natur und Wesen der Poesie, einst klar hervortreten können, dazu wird als eine Bedingung erfordert, dafs ihre Umgebungen im Licht der Totalität erkannt werden. Diese Umgebungen sind die Formen, von welchen das Leben aufgenommen wird, und in welche es übergeht, wenn es, als solches aufgehoben, in der Allgemeinheit oder der Sprache der Subjektivität aufgefafst wird. Die Form ist dreifach, die Form des Wissens oder der Möglichkeit, die Kunstform oder die Form der Wirklichkeit, und die moralische oder die Form der Nothwendigkeit. Jede dieser Formen trägt die Totalität in sich und diefs ist die Nothwendigkeit der Form überhaupt; ihr entgegen steht die Freiheit, als Bedingung der Totalität für die

Form, und so wird sie in diesem Gegensatz durchgeführt, als Naturfreiheit und Naturnothwendigkeit, Kunstfreiheit und Kunstnothwendigkeit, moralische Freiheit und moralische Nothwendigkeit. Sie geht als Temperaments-Form in die Erscheinung ein, und mit dieser rücken wir an den gesuchten Mittelpunkt an.

In dieser Ordnung werde ich meinen Gegenstand, die Natur der Geisteskrankheiten verfolgen, aber ihn auch an jeden Schritt, den ich weiter setze, unmittelbar in einer Nutzanwendung anschliefsen, woraus, wie ich hoffe, hervorgehen wird, dafs jede besondere Untersuchung, wenn auch noch fern von dem Wesen des gesuchten Gegenstandes, dennoch höchst fruchtbar an praktischen Resultaten ist, die dann selbst wieder den Gegenstand näher herbeiführen, wenn nur die Untersuchung auf dem rechten Wege angestellt wird. Diefs ist nur der Plan meiner ersten Arbeiten für dieses Magazin. Andere Mitarbeiter werden von andern Seiten in den Gegenstand eindringen, und dadurch das Interesse des Instituts erhöhen.

Adalbert Kayfsler
D. und Prof. der Philos.
Privatdocent auf der Universität
zu Halle.

Magazin

für die

psychische Heilkunde

herausgegeben

von den Professoren

Reil und Kayssler.

Ersten Bandes Zweites Heft.

Berlin 1805
bey Gottlieb August Lange.

A. Naturform der Psyche.

I.

Natur - Freiheit.

Ob der Mensch frey sey — an diese Frage schliefst sich zuletzt jede philosophische Untersuchung an, wenn sie nicht mit Bewufstseyn von ihr ausging, und alle Erkenntnifs, wenn sie sich zum Ganzen zu organisiren strebt, spielt um sie, wie die Mücke um die Flamme, in weitern und engern, in vollkommneren und unvollkommneren Kreisen. Warum diese Frage noch nicht befriedigend beantwortet wurde, ist leicht einzusehen, indem ihre Beantwortung von der Lösung eines andern Problems abhängt, des Problems, in wie fern der Mensch nothwendiges Wesen sey. Denn dafs im Menschen eine Nothwendigkeit herrsche, ist keinem Zweifel unterworfen, nun scheint es aber, dafs der Mensch unmöglich noch frey seyn könne, wenn die Nothwendigkeit auch nur auf einem

Punkte in sein Wesen eingreift, und doch können wir auf der andern Seite, ihn nicht für durchaus abhängig von einer Nothwendigkeit erkennen, so lange auch nur der bloſse Schein von Freiheit noch zurücksteht, wir müssen denken, es werde schon Freiheit vorausgesetzt, um nur frey scheinen zu können. Das heiſst, es kann Freiheit und Nothwendigkeit, jede dieser schwesterlichen Ideen, oder jedes dieser beiden Gefühle, nur als Totalität gedacht werden, und eine zwiefache Totalität kann allerdings nur in der Einen Totalität des Widerspruchs alles Denkens zusammengedacht werden. Die Frage von der Freiheit scheint also alles Denken aufzuheben, und der negative Grenzstein, das ist, der die Endlichkeit des Denkens begrenzende finstere Abgrund zu seyn. Zugleich aber kreiset alles Denken in dieser zwiefachen Totalität, als ein reales in der Totalität der Nothwendigkeit, als ein ideales in der Totalität der Freiheit, und so scheint der Widerspruch selbst wieder darin begründet zu seyn, daſs das bedingte Denken seine Bedingung zu erfassen, das heiſst, das für das Denken Unbedingte zum Bedingten des Denkens machen will.

Der Realist, der Naturforscher, kreiset in der Totalität der Nothwendigkeit, und jede Spur eines Freien, die er sehen läſst, bezeuget entweder eine Inconsequenz, oder eine Lücke und ein Stocken seiner Forschung. Der Idealist, der Seelenforscher, steht in der Totalität der Freiheit, und er ist lückenhaft und inconsequent, wenn er nicht die ganze Natur in die freie Seele, in die absolute Caussalität der Thätigkeit einträgt.

Sehen wir von dieser doppelten Forschung selbst und von der entgegengesetzten Form ab, in welcher sie uns die Totalität der Erscheinungen geben, und reflektiren bloſs auf die entgegengesetzte Richtung der forschenden Vernunft, in wie fern sie in der Vernunft sich giebt: so finden wir, mit Kant, eine sich entgegengesetzte Totalität als Charakter der Vernunft. Diese Reflexion ist aber ein negatives, das ist, ein, auf seine Quelle, auf sein Princip sich zurückbeugendes, und mit allen realen Gegenständen zugleich sich selbst aufhebendes Denken. Dieses sich selbst aufhebende Denken nennt man das transcendentale, so wie jenes, über sich selbst hinaus und in einem Abgrund untergehende Denken, das transcendente. Daſs uns das letzte über die Freiheit keinen Bericht erstatten könne, ist klar, wir wollen sehen, wohin das erste führt.

Kant sagt, der höchste Charakter der theoretischen Vernunft ist eine Antinomie, die allerdings Widerspruch wäre, wenn die Vernunft nicht auch einen praktischen Gebrauch hätte, welcher die Antinomie zur Einheit auflöset.

Ich weiſs nicht, ob ich irre, aber es scheint mir, als ginge, mit dieser Behauptung, das transcendentale Denken wieder in das transcendente über, als ginge es nicht in sich selbst auf sein Princip zurück, sondern über sich hinaus in ein fremdes Gebiet. Denn daſs aus dem Abgrunde des totalen Widerspruchs das praktische Reich sich erhebt, und den Widerspruch in eine Antinomie umwandelt, das ändert nichts in der Sache — es wird durch die Antinomie eben so, wie durch den Widerspruch, die Untersuchung, wie sich das Denken, als ein durch Freiheit und Nothwendigkeit bedingtes, zu diesen seinen Totalbedingungen verhalte, abgeschnitten. Wäre es aber vor Allem um die Einheit der Vernunft zu thun, welche ihr, nach Kant, ihr praktischer Gebrauch giebt: so hätte auch Kant von dem praktischen Princip aus, von ihm auf die Antinomie des theoretischen Gebrauchs übergehen, und hienach das durch eine Antinomie bedingte Denken, als ein theoretisch durchaus nichtiges aufstellen, und auf diesem Wege zum praktischen Princip zurückkehren müssen. Er geht aber von dem theoretischen Princip der reinen Synthesis aus, führt das Denken, als ein reales, das ist, als wirkliche Erkenntniſs, nach, durch die Synthesis, nothwendigen Formen, bis zur Antinomie durch, wird auf diesem Punkte wirklich transcendent, und so muſs der durch den

Ausdruck Antinomie verdeckte Widerspruch am Ende doch wieder als solcher hervortreten. Er erscheint als Widerspruch des theoretischen und praktischen Princips, der theoretischen Welt der Erscheinung und der praktischen Welt an sich, und kann nur durch das Herabsinken der Forschung in den gemeinen Glauben der Empirie an eine transcendente Glückseeligkeit, und an einen transcendenten Repräsentanten der praktischen Einheit der Vernunft scheinbar gelöset werden, es kann das Transcendente der Forschung, in dem praktischen Begriff der Forderung, nur den Schein des Transcendentalen, des in sich selbst gekehrten Denkens annehmen.

So wurde denn von Kant die Frage von der Freiheit auf die Seite geschoben, und der Grund war, weil er nicht die über dem Denken liegende unbedingte Nothwendigkeit auffafste, sondern nur die im Denken sich gebende bedingte Nothwendigkeit zu einer, wieder durch ein entgegenstehendes unerkennbares Noumen bedingten Totalität der Erscheinungswelt construirte. Die Antinomie aber brachte wenigstens den Widerspruch zum klaren Bewufstseyn, in welchen das über sich hinausgehende Denken verstrickt wird, wenn es noch jenseits einen realen Gegenstand sucht; und obgleich das Bewufstseyn dieses Widerspruchs keineswegs die Unmöglichkeit einer theoretischen Erkenntniſs der Freiheit, sondern nur so viel beweiset, daſs eine solche Erkenntniſs in dieser Richtung des Denkens unmöglich ist, so wurde doch damit das dogmatische Bestreben, die Freiheit unmittelbar als Thatsache zu erkennen, auf die allgemeine Frage zurückgeführt, ob die Freiheit überhaupt möglich sey, das heiſst, ob und in wie fern die Freiheit überhaupt gedacht werden könne. Den Resultaten der Critik zufolge müſste also die dogmatische Frage: Ist der Mensch frey? in der entgegengesetzten Form gedacht, es müſste gefragt werden: Ist die Freiheit eine menschliche, das heiſst, ist die im allgemeinen und problematisch gedachte Freiheit ein realer Begriff, oder nur die für das Denken negative Bedingung, die nothwendige Voraussetzung, die allgemeine Möglichkeit eines Denkens überhaupt, als eines bestimmten, endlichen?

Es leuchtet ein, daſs mit der so gestellten Frage, will man sie nicht, im praktischen Postulat ruhend, ganz dahin gestellt seyn lassen, die Richtung des Denkens umgekehrt, daſs es auf sein Princip zurückgebeugt werde. Und so wäre die Critik der reinen Vernunft in dieser Hinsicht, nicht eine Critik der antwortenden, sondern nur der fragenden Vernunft. Das ist sie in der That, und nicht allein in dieser, sondern auch in jeder andern Hinsicht. Sie hat die Philosophie zuerst zum klaren Bewufstseyn ihres Problems gebracht, aber sie hat es nicht gelöset: wir wollen sehen, ob die, aus dieser Schule hervorgegangenen höhern Ansichten, über die Frage hinaus zur Antwort gekommen sind, oder ob das transcendentale Philosophiren überhaupt nur die fragende Vernunft zum Objekt haben könne. Wir beschränken aber die Prüfung auf den Gesichtspunkt der Freiheit, obgleich, was über die eine Zeichnung des Uebersinnlichen bestimmt wird, für jede andere gelten mufs.

Fichte nahm die, durch die Critik veranlafste, aber der eigenen Richtung der Critik entgegengesetzte Richtung. Denn wenn Kant das Denken an die der Erfahrung, eigentlich dem Erfahren oder Anwenden des Denkens zum Grunde liegende Synthesis anknüpfte, bis an die jenseitige Grenze des Uebersinnlichen durchführte, und seine Realität durch die Antinomie auf das Sinnliche beschränkte: so knüpfte dagegen Fichte nicht allein die Erfahrung, sondern selbst das Denken unmittelbar an sein Princip an, und meinte hier das wahre Uebersinnliche als absolute Freiheit zu finden. So war denn auch die Kluft, die das Praktische vom Theoretischen trennte, durch das voraus gefundene Uebersinnliche ausgefüllt, die Antinomie aufgehoben, Theoretisches und Praktisches Ein übersinnliches Ganze, Eine Totalbildung der

Freiheit, die in das Endliche unendlich sich einbildende That; und so wie das Theoretische als Construction der Unendlichkeit des Strebens die Voranstalt, die innere Möglichkeit einer Welt, so war das Praktische die wirkliche Darstellung der absoluten Freiheit im Endlichen.

Eine herrlichere, glänzendere Erkenntniſs der Freiheit kann der Geist nicht wünschen; denn er wird selbst, mit ihm das Universum, ganz in Freiheit aufgelöset, und alles, was ihm, im gewöhnlichen Denken, nothwendig dünkt, ist nur eine bestimmte und zwar praktische Gestalt der Freiheit. Ist aber diese Erkenntniſs eben so wahr, wie sie schmeichelnd ist?

Was ist in dieser Ansicht aus der Nothwendigkeit, dieser zweiten Totalität der Idee, oder zweiten Idee der Totalität, ohne welche jene der Freiheit keinen Sinn hat, geworden? Oder dürfen wir die Richtung des realen Denkens, sammt der Nothwendigkeit, deren Herrschaft es verkündiget, deswegen für Täuschung erklären, weil in der entgegengesetzten Richtung des idealen Denkens, in consequenter Durchführung, die Freiheit als das Herrschende gefunden wird? Geht die Natur aus der Freiheit hervor, weil diese das Princip des Denkens ist, und ist die Freiheit das wahre, alleinige Princip des Denkens, wenn die Natur kein freies ist?

Die Nothwendigkeit, welche sich an der Freiheit offenbaret, ist nur die der Freiheit untergeordnete Nothwendigkeit des Denkens, als des der endlichen Darstellung der Welt, als Construction untergelegten Subjektiven, nicht jene unbedingte Nothwendigkeit in der Totalität des Objekts. Diess beweiset schon das im Praktischen unendliche Streben der Freiheit zu einer moralischen Welt-Ordnung, deren Totalität aber, eben durch das freie Streben immer weiter, ins Unendliche hinaus geschoben wird. So schmilzt dann endlich die Freiheit, diese absolute Totalität des Universums in die ins Unendliche endliche, folglich nie zu befriedigende Sehnsucht nach der Nothwendigkeit zusammen, und beweiset in dieser Selbstvernichtung ihre ursprüngliche Nichtigkeit, als des Einen und einzigen Totalprincips des Bewusstseyns, mit ihm des Universums.

Es scheint, dass auch Fichte, wie Kant, darin fehlte, dass er die Construction der Frage der Vernunft für die Construction der Antwort nahm, und so nur für die Verschuldung des transcendentalen Geistes die Busse zahlte. Wir wollen die Form der Frage aufsuchen, und so finden wir vielleicht die neue Wahrheit dieser höhern Ansicht der Sache der Freiheit.

Die Frage, von welcher Fichte, in klarer Besinnung, ausgehen musste, war die, ob die Freiheit blofs als Bedingung des Denkens und alles Bewufstseyns negativ gedacht werden müsse, oder ob sie ein realer Begriff, folglich der ursprünglich reale Begriff, die absolute Realität selbst sey, aus welcher alles Denken, alles Bewufstseyn, alles Seyn seine Realität erhalte: ob die Freiheit, als das absolut Reale und reale Absolute, wirklich Mensch und Welt werde, oder ob die Welt durch den Menschen, in dem das Princip suchenden Denken, nur als Idee absoluter Caussalität in das Ursprüngliche versetzt werde.

Dafs Fichte mit dieser Besinnung zu Werke ging, leidet keinen Zweifel, denn er sagt es deutlich und oft, dafs seine Philosophie, vorerst als Versuch auf einem Postulat ruhend, nur sich selbst bewähren könne; er versetzte also durch die That des Postulats die Idee der Freiheit in das Ursprüngliche, erhielt sie durch intellektuelle Anschauung in dieser reinern Sphäre, und liefs sie sich selbst zum Selbstbewufstseyn, als dem verborgenen Theoretischen, und zum Bewufstseyn, als dem offenbaren Praktischen, construiren. Die Construction ging mit Nothwendigkeit durch, und so glaubte Fichte die Antwort auf die zweiseitige Frage gefunden zu haben; aber er hat sie nur auf ihre Einfachheit zurückgebracht, dadurch, dafs er den Doppelschein des Heraustragens der Idee in das Ursprüngliche, und des Ableitens des Gegebenen,

Bedingten, aus dem Ursprünglichen, in die einfache Thathandlung auflöste, und so der Form der Frage von der Freiheit die letzte Bestimmung gab.

Der Philosoph handelt in seiner höchsten und klarsten Besinnung absolut frey; in dieser Thathandlung, die allerdings nur postulirt werden kann, da es nicht jedem Menschen anzumuthen ist, Philosoph zu seyn, stellt er sich als absolutes und wahres Subjekt dem Bewufstseyn, der Wirklichkeit, der Natur, dem Universum, als dem All-Objekt gegenüber, und fragt, wieder nur durch die Thathandlung: bist auch du frey? Die Möglichkeit der Freiheit, zugleich das Reale ihres Begriffs, hat der Philosoph mit und in der Thathandlung; aber die Möglichkeit und das Reale des Begriffs ist nur eine Frage.

Wer sich davon nicht überzeugen kann, der merke auf die Antwort, die der Philosoph, bezwungen von einer Nothwendigkeit, der er sich mit der Frage hingicbt, sich selbst geben mufs. Jede, durch Thesis, Antithesis und Synthesis, in sich selbst nothwendig geschlossene Antwort ist eine Beschränkung der Freiheit, mit jeder wird ein Glied der Frage gelöset, die Sphäre der Freiheit, in welche das Universum im Philosophen versetzt wird, auf einen engern Kreis beschränkt; endlich wird sie gänzlich aufgehoben, alle Glieder der Frage sind gelöset, und die Frage oder was dasselbe ist, der Fragende tritt als das Individuellste und Nothwendigste, als Moment, als Vorstellung, in die nothwendige Zeitreihe ein. Wenn also das Universum, auf allen Punkten der Construction, dem Fragenden sich verschliefst, und durch einen Widerspruch ihn in sich selbst zurückdrängt, wenn folglich das Universum dem Fragenden nicht antwortet, so lange noch ein Strahl von Freiheit im Fragenden zurück ist, und erst da sich aufschliefst, wo die Freiheit, gänzlich aufgehoben, in die Nothwendigkeit der Zeit übergeht: so mufs man doch schliefsen, dafs die Natur die Freiheit überall ausschliefse, dafs folglich die Freiheit nur in so fern Realität habe, als sie sich selbst aufhebt. Dieser Schlufs ist so unmittelbar und nothwendig mit der sich construirenden Thathandlung gegeben, dafs Fichte ihn am wenigsten übersehen konnte. Aber er schlofs noch weiter, und dieser zweite Schlufs führte ihn aus dem Transcendentalen in das Transcendente über. Ich erkenne, so schlofs er, mit Freiheit und aus der Freiheit die Nothwendigkeit, diese Erkenntnifs ist eine unmittelbare, indem ich sie in der Construction mit Nothwendigkeit mir selbst gebe, und diese Erkenntnifs läfst mich in ihrer Vollendung, als Vorstellung, die Natur finden; es mufs also auch das ursprünglich Nothwendige der Natur die Vorstellung seyn, und so wie die Vorstellung für mich nur aus der sich selbst construirenden Freiheit hervorgeht: so muſs auch das Ursprünglichste der Natur, aus dem ihre ursprüngliche Nothwendigkeit entsteht, absolute Freiheit seyn. Die Vorstellung offenbaret sich in der Wirklichkeit als zweckhandelnde Intelligenz in einer Mehrheit der Individuen; die Natur ist also in ihrem Wesen eine moralische, und ihr, in den Intelligenzen sich aussprechender Endzweck ist eine moralische Weltordnung.

Hier fällt Fichte aus der Deduction und dem mit ihr sich unmittelbar gebenden Schlusse in einen mittelbaren Schluſs, vermittelt durch eine Voraussetzung, die in der Deduction der Vorstellung nicht erwiesen wird, und überhaupt nicht erweisbar ist. Es ist die Voraussetzung, daſs das Entgegengesetzte der philosophischen, das ist, transcendentalen Richtung des Bewuſstseyns, auch das Entgegengesetzte der natürlichen Richtung des Bewuſstseyns sey; da es doch im Gegentheil wahr seyn muſs, daſs das Entgegengesetzte der philosophischen Richtung, eben deswegen, weil diese Richtung der natürlichen Richtung entgegengesetzt ist, das Gleiche der natürlichen Richtung, das heiſst, wieder das Entgegengesetzte jenes Entgegengesetzten sey. Die Sache wird in der Anwendung klar werden.

Die transcendentale Richtung, welche Fichte so bestimmt auffaſste, ist das Zurückführen des Denkens auf sein Princip, das Entgegengesetzte dieser Richtung ist also die Construction der Nothwendigkeit des Bewuſstseyns, die Construction des Selbstbewuſstseyns, oder wie Fichte sich ausdrückt, die Ableitung der Vorstellung aus der absoluten Thathandlung, als Princip. Die natürliche Richtung des Bewuſstseyns ist das, bewuſstlos aus der Natur hervorgehende, in der wirklichen Natur und an ihr sich offenbarende Denken; das Entgegengesetzte dieser Richtung ist also die Naturthätigkeit, oder die, das wirkliche Denken, als ein Zurückgehen in die Natur, herausbildende Naturkraft. Nun schloſs Fichte, daſs die Natur, in wie fern sie das wirkliche Denken erzeugt, eben das thue, was der Philosoph thut, wenn er die Vorstellung ableitet, und dieſs erkläre ich für einen falschen Schluſs, weil er aus falschen Prämissen gezogen ist. Es ist wohl das Eine Denken Objekt der philosophischen Deduction und der Naturthätigkeit; aber es wird das Objekt vom Philosophen in entgegengesetzter Richtung gefaſst, so ist es in der That entgegengesetztes Objekt, und der Philosoph darf sich nur folgenden bedingten Schluſs erlauben: Wenn das Denken in seiner natürlichen Offenbarung die Richtung hätte, in welcher ich es auf sein Princip zurückführe,

das

das heiſst, wenn es nicht ein die Natur für sich setzendes und in der Erkenntniſs wieder aufnehmendes, sondern ein die Natur aufhebendes und nur sich als Freiheit gebendes Denken wäre: so müſste sein innerer Grund, sein Wesen, jene Construction, jene Nothwendigkeit seyn, an der ich die Vorstellung ableite. Nun ist aber, so schlieſsen wir weiter, das natürliche Denken wirklich ein die Natur **für sich**, nemlich für das Denken, setzendes, und sie in der Erkenntniſs aufnehmendes Denken; folglich ist die in der Ableitung der Vorstellung construirte Nothwendigkeit, nicht allein nicht die wahre Naturnothwendigkeit, sondern diese muſs das Gegentheil von jener seyn. Wenn also, so geht der Schluſs noch weiter, die Vorstellung, als Produkt der absoluten Freiheit, das ursprünglich Nothwendige für den Philosophen, das ist, **sein** sich selbst geschaffenes Selbstbewuſstseyn ist, so ist die Vorstellung, als Produkt der Natur, oder das natürliche Denken, nicht das ursprünglich Nothwendige der Natur und Produkt ihrer Freiheit, sondern ihre letzte Nothwendigkeit und die erste Erscheinung der Freiheit, durch welche nun erst die transcendentale Richtung möglich wird.

Fichte hat demnach, wenn man ihn consequent auffaſst, die Natur auch nicht berührt, sondern er traf nur, in entgegengesetzter Richtung, mit ihr in ihrem letzten Produkt, in der Vorstellung zusammen, und der letzte Schlufs, mit dem auch die Wissenschaftslehre beschlossen ist, ist dieser: die Vorstellung, welche die, für mich unerkannt nothwendige Natur, als erste Erscheinung der Freiheit giebt, mit ihr erst alles wirkliche Denken und Erkennen möglich macht, kann ich mir als Philosoph mit Freiheit noch einmal geben, und so ist dieses Selbstgeben der Vorstellung der evidente Beweis, dafs die Natur in ihrem letzten Produkt, in der Vorstellung, wirklich die Freiheit erscheinen läfst.

Fassen wir nun das Problem der Freiheit in der Sphäre auf, in welche es die Wissenschaftslehre gesetzt hat, und fragen, mit Beseitigung dessen, was sie nur durch einen Fehlschlufs sich erschlichen hat, nach dem, was durch sie wirklich für die Lösung des Problems geleistet ist, so ergiebt sich folgendes Resultat. Die Möglichkeit und Realität des Begriffs der Freiheit ist durch sie dargethan, man kann nach ihr sagen, es ist, es mufs eine Freiheit seyn; aber die reale Möglichkeit und die wirkliche Realität der Freiheit selbst, konnte sie eben deswegen nicht beweisen, weil sie ihrer Richtung zufolge unmöglich aus dem Begriff heraus konnte, und so hat uns die Wissenschaftslehre nur zu der Frage hingeführt:

Wie ist die Freiheit aus der Natur (real) möglich, und welches ist die Natur (wirkliche Realität) der Freiheit?

Also auch aus dem zweiten energischen Versuch der Transcendental-Philosophie ergiebt es sich, dafs sie nur eine Philosophie der fragenden Vernunft ist.

So wären wir denn bey dem Problem angekommen, welches wir uns in dieser Abhandlung, wenn auch nicht befriedigend zu lösen, doch in seiner wahren Gestalt zu zeigen, und etwas für seine Lösung zu thun, vorgelegt haben. Allein die Transcendental-Philosophie, deren Faden wir so gern, und selbst mit Nothwendigkeit folgen, weil sie, nach unserer Einsicht, den wahren Schlüssel zur wahren Erkenntnifs giebt, hat sich in Fichte noch nicht vollendet, und wenn uns auch dieser Philosoph das Problem der Freiheit ganz nahe gelegt hat, so fällt doch kein Strahl aus dieser Philosophie in seine Lösung, und wir müssen fürchten, dafs das Problem selbst, die Selbsttäuschung einer im Postulat vorgefafsten Freiheit sey. Wir müssen folglich auch Schelling hören, der als Philosophen der Natur sich angekündiget, eine Philosophie der Nothwendigkeit zu geben unternommen, und die transcendentale Richtung aus dem Denken in die Natur übergetragen hat, um diese auf ihr wahres Princip zurückzuführen.

Schelling legt sich die doppelte Aufgabe vor (System des Tr: Id: Einl:): Wie kommt zu der Natur als dem Objektiven, das Intelligente als das Subjektive hinzu, oder — wie kommt die Natur dazu, vorgestellt zu werden? Diefs ist die Aufgabe der Naturwissenschaft. Und, wie kommt zu dem Intelligenten als dem Subjektiven, das Objektive oder die Natur hinzu, oder — wie kommt die Intelligenz als das Subjektive dazu, ein Objektives zu werden, die Natur vorzustellen? Diefs ist die Aufgabe der Transcendental-Philosophie.

Nach dieser Stellung der Aufgaben scheint es, dafs die Naturwissenschaft die, der transcendentalen Richtung entgegengesetzte natürliche Richtung des Denkens haben müsse, wonach denn das Geschäft des Philosophen gleich am Anfange in einen Widerspruch verwickelt würde, da die natürliche Richtung des Denkens unmöglich die wissenschaftliche seyn kann. Schon mit dem formalen Begriff der Wissenschaft wird der Erkenntnifsgrund, oder das Subjektive als das Erste gesetzt, und so scheint die, der Aufgabe des Tr. Ideal. entgegengestellte Aufgabe der Naturwissenschaft der wissenschaftlichen Form ganz zu ermangeln.

Allein spätere Aeufserungen Schellings beweisen, dafs diese in entgegengesetzter Richtung gefaſsten Aufgaben, von ihm nur relativ entgegengesetzt genommen werden, und daſs sie beide auf einem absoluten, richtungslosen Denken, oder einer absoluten Anschauung ruhen, die nicht zweitheilig, aus der einen Richtung für die andere dürfe postulirt werden, sondern als das Ursprüngliche sich von selbst gebe und verstehe. Zwar hat uns Schelling diese Eine Philosophie in der absoluten Anschauung noch nicht gegeben, folglich noch nicht die entgegengesetzte Richtung, als nothwendige Relativität der Form der absoluten Anschauung nachgewiesen; aber den Charakter dieser Philosophie hat er (Neue Zeits. für spek. Ph. Idee des Absoluten) gezeichnet, und so müssen wir auch diese entgegengesetzte Richtung in ihrer Relativität, als Anschauen und Denken, mit Voraussetzung der Idee des Absoluten, auffassen, und sehen, was daraus für das Problem der Freiheit resultire.

Es kann uns nicht der Vorwurf treffen, daſs wir die Schelling'sche Philosophie, durch diese Reduction auf das Problem der Freiheit willkührlich beschränken; denn wir legen nichts in diesen Ausdruck, sondern er ist uns, wie jede andere negative Bezeichnung dessen, was wir nicht positiv zu denken vermögen, nur Repräsentant des Uebersinnlichen, und wir stellen dieses, in jener Bezeichnung, nur als ein problematisches Reales dem Uebersinnlichen, das der Philosoph sich durch Erhebung über alles Gegebene, als ideal selbst giebt, entgegen, um nicht mit dem Philosophen und seinem System im Cirkel herum zu gehen, sondern ihn und sein ganzes Geschäft auf eine Objektivität überhaupt zu beziehen, die er uns doch zur Erkenntnifs bringen will.

Schon die, durch den Gegensatz sich selbst beschränkende Aufgabe, machte es unmöglich, in der transcendentalen Richtung das Denken oder Vorstellen auf die absolute Freiheit, als sein Princip zurückzuführen; sondern das Freie, als Princip, konnte nur ein durch das entgegenstehende Objektive beschränktes Subjektives seyn. So wurde aber das Subjektive, als Princip, gänzlich aufgehoben, da kein Princip eine Beschränkung leidet, und als das Beschränkende blofs relativ, in das Objektive, als Freies in das Nothwendige, als Intelligenz in die Natur eingetragen; die zum Subjektiven hinstrebende Beschränkung des Objektiven wurde zum Princip gemacht, und so die Aufgabe der Transcendental-Philosophie gänzlich umgekehrt. Die Lösung beantwortete nicht die Frage, wie das Intelligente dazu komme, eine Natur vorzustellen, sondern die Frage, wie die Natur dazu komme, sich selbst vorzustellen; die Aufgabe war in die der Naturwissenschaft übergegangen, und unterschied sich von ihr nur darin, dafs sie die Natur als aktiv setzte, während diese in dem Ausdruck, wie kommt die Natur dazu, vorgestellt zu werden, ihre Passivität bezeichnet. Das heiſst, Schelling nahm zwar in der Aufgabe des Transcendental-Idealismus die Richtung, welche Fichte genommen hatte; aber seine Construction ging nicht als Ableitung aus dem Princip in derselben Richtung zurück, sie war nicht eine Ableitung der Vorstellung aus der Freiheit, oder dem Subjektiven, sondern Construction der Vorstellung aus der Natur, als dem Objektiven und nur durch das Subjektive, als das durch Construction Beschränkende. Es war folglich das reale Denken, das Denken aus der Natur und in der Natur, und wenn Fichte durch Ableitung der Vorstellung die Freiheit in die Natur eintragen wollte, so wollte dagegen Schelling, durch Construction der Vorstellung aus der Natur, die Freiheit aus der Natur ableiten.

Wir sehen in diesem entgegengesetzten Verfahren, während die Richtung, so wie das Problem eines und dasselbe ist, das Resultat der Wissenschaftslehre bestätiget, welches wir in der begründeten Frage fanden, wie die Freiheit in der Natur real möglich, und welches ihre wirkliche Realität sey. Diese Frage zu beantworten, war nach der Wissenschaftslehre das nächste Bedürfniſs, und dieses bestimmte auch das Verfahren des Schelling'schen Transcendental-Idealismus.

Was konnte aber aus der Naturwissenschaft werden, nachdem der Transcendental-Idealismus bis in ihr Herz eingedrungen war? Bisher wurde noch nichts, wenigstens kein Ganzes daraus, und dieſs war nothwendig, da sich aus reiner Passivität, und diese hatte ihr ja der Idealismus nur übrig gelassen, keine Wissenschaft construiren läſst.

So wie also Fichte, nachdem er die Vorstellung, als Individualität, aus dem absoluten Ich abgeleitet hatte, eine Mehrheit praktischer Individuen postuliren muſste, um dem Ich eine Natur zu geben: so muſste Schelling, nachdem er aus der Natur, als Subjekt, die Vorstellung, oder das Ich, als Objekt abgeleitet hatte, eine Mehrheit von Naturaktionen, oder theoretischer Individuen postuliren, um die Natur auch als Objekt zu erhalten, und aus ihr das Subjekt, ihre Vorstellbarkeit abzuleiten.

So drängte die Consequenz der Einen transcendentalen Richtung, den Philosophen aus der Duplicität seiner Aufgabe in die eine Aufgabe zurück, wie das Denken, in seiner Richtung nach Innen gefaſst, aus einem Princip möglich sey. Aber der wesentliche Gegensatz dieser und der Fichte'schen Lösung ist, daſs Schelling das Princip als Nothwendigkeit, Fichte dagegen als Freiheit auffaſste, daſs folglich die Lösung des letztern eine durchaus praktische, die des erstern eine durchaus theoretische ist. Das Resultat der ersten Lösung ist eine moralische oder freie, ins Unendliche fortschreitende Nothwendigkeit, welche als Handlung, das Resultat der zweiten eine physische oder nothwendige, ewig ruhende Freiheit, welche als Erkenntnifs erscheint. Die transcendentale Consequenz wird von der Freiheit auf die Nothwendigkeit, von dieser auf jene geführt: so treten beide in entgegengesetzten Ansichten hervor, und da diese sich gegenseitig ausschliefsen, so müssen sie beide falsch seyn. Sie sind es aber dadurch, dafs in beiden das Eine als Resultat gegeben wird aus dem Andern als Princip, da sie doch in ihrem absoluten Gegensatz das Doppelprincip der realen Möglichkeit, oder des Denkens sind, in wie fern es im nothwendigen Wissen auf sich selbst ruht, welche Behauptung hier nicht weiter entwickelt und bewiesen werden kann.

Nehmen wir aber diesen letzten Versuch wieder in den Gesichtspunkt der fragenden Vernunft, so ergiebt sich für die Philosophie dieser Vernunft die Bestimmung ihrer letzten Frage, nemlich im Gegensatz der Fichte'schen Frage: wie ist die Freiheit aus und in der Natur möglich — die Frage: wie ist die Nothwendigkeit aus und in dem Ich möglich? und diese Frage, deren Bestimmung die letzte und höchste Frucht der Transcendental-Philosophie ist, ist es, von welcher die Philosophen in, durch ihre Umgebungen unbestimmten und schwankenden Gestalten ausgingen, wenn sie fragten, wie ist Erkenntniſs oder Bewuſstseyn möglich. Ob sie auch von Schelling beantwortet ist? Ich meine, daſs mit der letzten Bestimmung der Frage auch seine Philosophie ausgehe. Wiewohl der einfache Geist mit dem Schema der Frage zugleich das Schema der Antwort hat, so wird doch, um die Antwort, als solche, zu verstehen, die entgegengesetzte Richtung erfodert, und eine entgegengesetzte Richtung wird man hoffentlich mit dem einfachen Geist eben so wenig unvereinbar finden, als sie sich schon in der Thatsache der Frage und Antwort und so in jeder andern der Philosophie, die Identität selbst nicht ausgeschlossen, da auch sie zugleich mit der Differenz in der Indifferenz der Erkenntniſs gehalten werden muſs, mit Nothwendigkeit giebt. Schelling dagegen nimmt das System der Frage für die Antwort: so wird das Objekt, das menschliche Wissen, unvermerkt dem Auge entrückt, und an dessen Stelle das Kunstwerk des Philosophen, als göttliches Wissen gestellt, es wird die Wahrheit zwar mit der richtig und aus der letzten Tiefe bestimmten Frage in ihrer Totalität gefaſst, aber diese Totalität wird problematisch, weil sie in die Sphäre der Frage, weil der Beweis, das Hinweisen auf die Wahrheit, für sie selbst, das Auge für das Licht genommen und gegeben wird, und weil, mit einem Wort, der philosophische Geist in die Nacht, nicht in das Licht gekehret ist, was das künftige Zeitalter ganz klar erkennen wird, wenn es das gegenwärtige einmal befangene, zu dieser Selbsterkenntniſs nicht bringen sollte.

Kant knüpfte unmittelbar an die fragende Vernunft die Erscheinung an, und die wirkliche Erfahrung ist ihm die ins Unendliche fortwirbelnde, an der Form der Frage sich ründende Antwort. Das Innere der Natur, aus welchem die fragende Vernunft in dieser Form hervorgehe, hielt Kant für die Erkenntniſs durch einen Widerspruch verschlossen; aber es war zugleich seine feste Ueberzeugung, daſs es ein Reales, nur nicht für die Erkenntniſs sey, und so löste sich der Widerspruch in eine theoretische Antinomie, das ist, in die Auffoderung an den Menschen auf, sich selbst in der Handlung das Wesen zu geben, das für ihn unerkennbar ist. Diese Auffoderung spricht sich als Moralgesetz aus, das mit der Lösung der Antinomie dem Menschen zugleich den Anspruch auf Freiheit und Nothwendigkeit, das ist, auf Wesenheit, in beiden den Glauben an Unsterblichkeit, als die Frucht moralischer Freiheit, und den Glauben an Gott, als die Frucht moralischer Nothwendigkeit giebt. Es wird an einem andern Orte gezeigt werden, welcher hohe, göttliche

Sinn in dieser Totalansicht das Menschen liege, und wie dieser Sinn, wenn auch nicht aus dem Widerspruch der nach höherer Erkenntniſs strebenden Vernunft, doch aus der höhern Erkenntniſs, daſs in keiner Erkenntniſs das wahre Wesen sich gebe, entspringe. Hier genügt es, zu bemerken, daſs diese Ansicht den wahren Standpunkt für die moralische Freiheit und Nothwendigkeit gebe, den wir weder bey Fichte, noch bey Schelling wieder finden

Ueber die von Kant aufgestellten Formen der fragenden Vernunft ging Fichte hinaus. Er faſste sie nicht wie jener, unmittelbar so auf, wie sie in der Vernunft als stehende Umrisse der Erfahrung, von demjenigen gefunden werden, der, auf der Erfahrung fest stehend, die Frage der Vernunft sich zum Objekt macht; sondern er postulirte für die fragende Vernunft die Freiheit, als absolute Thathandlung in der Anschauung, legte ferner in die Frage eine Wesenheit, und so wurde nothwendig die Erfahrung, als eine auf unerkennbarer Wesenheit ruhende, und nur als solche der Vernunft theoretisch antwortende, aufgehoben, indem nun alles, was Erfahrung heiſsen kann, als Handlung oder Vorstellung aus der freien Thathandlung hervorging. Doch so wurde nur der Stoff zu einer Erfahrung gegeben, es fehlte ihm noch Zusammenhang, Ganzheit, Nothwendigkeit, und dieſs liegt doch in dem Begriff der Erfahrung. Die Formen der fragenden Vernunſt geben ihr nicht mehr diesen Charakter, da sie selbst als ein lebendiger Faden von Synthesen aus der freien That hervorgeben. Es fehlte also, zur endlichen Realisirung der Wesenheit der fragenden Freiheit, die Antwort, und es blieb nichts übrig, als sie, so wie die Freiheit zu postuliren. Die aus der absoluten Thathandlung durch Selbstbeschränkung hervorgehende Mehrheit der Intelligenzen, verbindet sich durch ein Gesetz zu einem Ganzen, zu einer Weltordnung, welche Fichte, so wie das Gesetz, eine moralische nennt, und damit zugleich der Freiheit den moralischen Charakter aufdrückt, ohne irgend einen haltbaren Grund dafür zu haben. Denn so gewiſs die von ihm postulirte Freiheit, als solche, Produkt der Kunst, sey es immer der philosophischen, ist, und das Ende der Untersuchung erst lehren kann, ob sie auch das innere Wesen des Menschen sey: so gewiſs muſs auch das, für die objektive Realisirung der Freiheit, postulirte Gesetz nur ein Kunstgesetz, die Weltordnung nur eine Kunstordnung seyn. Wie käme doch in die Sphäre der Freiheit, die bis zum Hervortreten der Vorstellung immer noch Kunstfreiheit ist, jetzt auf einmal der Charakter der Natur oder Moral! und hat denn die Kunst nicht auch ein Gesetz und eine Ordnung? Man brauche also doch das eigentliche Wort. Vielleicht bedarf die Menschheit weder einer Natur noch Moral, und das sollte man fast glauben, sobald sie sich selbst mit Freiheit sich giebt, und da eigentlich die Kunst allein die sich selbst gesetzgebende und zum Ganzen ordnende Freiheit ist.

Auch diese Ansicht des Menschen ist groſs und edel und greift durch den ganzen Menschen; aber sie giebt weder, wie die Kantische, eine moralische Wesenheit, noch die Naturwesenheit, die wir noch suchen. Sondern indem sie den Menschen als das sich selbst schaffende Wesen aufstellt, ist sie der wahre Standpunkt der Kunstfreiheit und Kunstnothwendigkeit. Das, worin diese Ansicht ausgeht, ist die Sehnsucht nach einer Wesenheit, und will sich der Philosoph in dieser Sehnsucht orientiren: so wird er zunächst zur Natur zurückgeführt, um der Kunstfreiheit eine feste Basis zu geben. Die Frage, wie ist die Freiheit in und aus der Natur möglich, welche Frage sich aus jener Sehnsucht entwickelt, knüpft demnach eine ganz neue Untersuchung an, und eröffnet eine neue Sphäre der fragenden Vernunft.

Absolute Freiheit kann allerdings nur postulirt werden. Denn wenn sie auch von selbst sich geben muſs, so kann sie sich doch nur als Thathandlung geben, und diese muſs von Wesen, die im Seyn sich finden, postulirt werden. Führt aber dieses Postulat endlich auf die Frage, wie die Freiheit in und aus der Natur möglich sey, so wird die Richtung der fragenden Vernunft die entgegengesetzte, die Thathandlung steht in dem Seyn, als seiner Mutter, die Anschauung ist die Anschauung des Seyns, folglich das Seyn der Anschauung, eine ruhende, seyende Anschauung, die sich nicht als That giebt und postulirt werden muſs, sondern die schlechthin ist. Es wird also mit jener Frage in die fragende Vernunft eine Nothwendigkeit als Wesen gelegt, und so wie die mit und aus der Freiheit fragende Vernunft die Antwort in der Nothwendigkeit suchte, so wird die aus und in dieser fragende, sie in der Freiheit suchen müssen. Sie erhält sie so wenig, wie jene, von der Erfahrung, da diese hier wie dort, wesenlos ist, dort ermangelnd der Nothwendigkeit und schwebend als Handlung in der Freiheit — hier verschlossen in der Nothwendigkeit, im Seyn, und ermangelnd der Freiheit, des Lebens, des Daseyns. Fichte muſste eine Nothwendigkeit postuliren, und er konnte es, da er die Freiheit postulirt hatte; Schelling kann nicht Freiheit, Daseyn postuliren, weil die Nothwendigkeit nicht Postulat ist. Woher soll aber die Antwort kommen, die Antwort auf die Frage: wie steht das Freie in dem Nothwendigen?

Was Schelling, um die Antwort zu erhalten, gethan hat, haben wir oben gesehen; allein wir müssen auch hier es sagen, daſs auf solchem Wege eine Antwort nur erschlichen werden konnte, daſs es folglich nicht die Antwort auf die vorliegende, sondern auf eine anderweitige Frage ist, die hier nicht ihre Stelle hat. Er nimmt die Natur als das Objektive, folglich Nothwendige; doch setzt er sie als Subjekt, folglich als frey, um zu finden, wie aus ihr das Subjektive oder Freie, das ist, das Vorstellende als nothwendig hervorgehe. So hat er aber das Fichte,sche Problem, nur mit der Inconsequenz, daſs er, das Postulat umgehend, der Freiheit den Mantel der Natur umhängt. Er nimmt ferner das Vorstellende als das Subjektive, Freie, doch setzt er es als Objekt, folglich als nothwendig, um zu finden, wie aus ihm das Objektive oder Nothwendige, das ist, das Vorstellbare oder die Natur mit Freiheit hervorgehe. Als Objekt ist das Vorstellende unendlich Vieles, Aktionen der Natur, die nur durch das Gesetz der Einheit zum Ganzen verbunden, ein Vorstellbares werden; dieses Gesetz ist die Identität, und diese nur in der absoluten Erkenntniſs real. Die absolute Erkenntniſs ist folglich das Freie, welches der Idee der Nothwendigkeit als Antwort entspricht.

Allein, ist das Gesetz der Einheit oder die Identität, wenn sie nicht bloſs das In-sich-selbst-seyn

der

der Aktionen, sondern ihre reale Verbindung zur Totalität, und das ist doch die gesuchte Antwort, seyn soll, nicht bloſses Postulat, wie das Fichtesche Gesetz für die Weltordnung? Die Identität wird von Schelling wieder identisch gegeben, mit der Idee des Nothwendigen oder des Absoluten, und so wird diese Idee aus ihrer Ruhe gerissen, sie ist nicht mehr absolutes Seyn, sondern kehrt aus der Untersuchung als Postulat zurück. So muſste es kommen, da Schelling sie schon mit dem ersten Schritt aufhob, mit dem er die Natur als Subjekt-Objektivirung setzte, welches auch heute noch die herrschende Idee seiner Ansicht ist. Aus dem allen geht hervor, was schon oben gesagt wurde, daſs Schelling nicht die wahre Antwort gefunden, sondern durch den Cirkel, in welchem die Frage herumgeführt, und wodurch sie am Ende der Untersuchung von ihrer Rückseite gesehen wird, den Schein der Antwort gegeben hat.

Aber es wurde auch schon oben der Zielpunkt berührt, zu welchem die Consequenz Schelling hätte führen müssen — hätte er nicht, dem einmal waltenden Zeitgeist gehorchend, den transcendentalen Cirkel als die erste Bedingung aller wahren philosophischen Erkenntniſs vorausgesetzt — und der ihn, mit Durchbrechung des Cirkels, zugleich die Antwort hätte finden lassen, die auf dem Standpunkt der Nothwendigkeit einzig möglich ist. Es ist dieser Zielpunkt die Idee der absoluten Passivität, die er als Princip der Naturphilosophie, nach der von ihm gestellten Aufgabe „zu sehen, wie zu dem Objektiven das Subjektive hinzukomme, oder wie die Natur eine vorstellbare werde" hätte aufstellen müssen, wenn er sich dessen klar bewufst worden wäre, dafs er für die Lösung der Aufgabe der Transcendental-Philosophie, die Natur als absolute Aktivität gesetzt hatte. Auch wäre er damit keineswegs aus der Einheit des Princips in einen Dualismus, wie der einer Intelligenz und einer Materie, gefallen; denn jene absolute Aktivität ging ja schon, wie das Fichte'sche Ich aus dem absoluten Ich, aber selbst absolut durch Uebertragung in die Natur, aus der Idee der Nothwendigkeit, des Seyns des Absoluten hervor; und so hätte die absolute Passivität, wieder nur absolut durch den Charakter der Natur, wie das Fichte'sche Nichtich, aus derselben Wurzel hervorgehen müssen. Der Standpunkt selbst der Nothwendigkeit, wäre, als einziger, immer noch problematisch geblieben, aber die Untersuchung hätte einen consequenten Gang genommen, und gewifs hätte dieser Schelling, eben in der Idee der absoluten Passivität, zu dem wahren Fundament der Naturwissenschaft geführt, das er nun übersprungen hat.

Das Postulat einer Natur, als Fundament einer Freiheit, die als Postulat nicht zum Ziele führte, sondern im Postuliren stehen blieb, welches sich aus der Fichte'schen Philosophie mit so starker Stimme erhob, mufste die Spekulation auf den Standpunkt der Nothwendigkeit, das ist, dahin führen, das Ich nicht als Freiheit, sondern als Nothwendigkeit unmittelbar in der Anschauung aufzufassen, und so mufste auch die unmittelbar auf die wahre Antwort gerichtete Frage — wie ist Freiheit in und aus der Natur möglich — ehe sie beantwortet werden konnte, sich erst in die Frage umkehren — wie ist die Natur in und aus dem Ich möglich. Aber die Frage mufste mit dem Bewufstseyn aufgefafst werden, dafs sie nur die Frage für jene Frage sey, dafs die wahre Antwort erst da sich zeigen könne, wo die Beantwortung der vermittelnden Frage das Ziel erreicht hat, und dafs die in der Anschauung seyende Idee der Nothwendigkeit, oder das in dieser Idee angeschaute Seyn, eben so zur Objektivität der Freiheit, wie die als Anschauung postulirte Freiheit zur Objektivität der Nothwendigkeit führen müsse. Die Natur wird hypothetisch in das Ich aufgenommen, um den Punkt zu finden, auf dem sie in Freiheit übergeht; wo sich dieser zeigt, da fällt die Natur mit dem Ich zusammen, da die Freiheit nur Ich seyn kann. Die hier hervortretende Freiheit ist

Naturfreiheit, die hypothetisch gesetzte Ichnatur geht aus der Untersuchung als Naturich hervor.

Dieser Punkt erscheint, wo die Construction der Ichnatur sich schliefst. So wie der Künstler in der Construction des Kunstwerks nicht selbst, sondern im Dienst einer ihm unbekannten Macht handelt, aber, das vollendete Werk anschauend, in der augenblicklichen Ruhe des Gemüths sein Ich wiederfindet: so erscheint auch in dem grofsen Kunstwerk philosophischer Forschung das Naturich erst dann, wann die Construction der unbekannten Macht, oder der Nothwendigkeit sich schliefst, und es erscheint auch hier zunächst als Ruhe, und, aus dem totalen Kunstwerk hervorgegangen, als absolute Ruhe, im objektiven Sinn, den der subjektive hier nur erläutern sollte, als absolute Passivität. Schelling hat diese Passivität, in seinem System des Tr: Idealismus am Schlusse, bedeutend genug gezeichnet. Nachdem er das Ich oder die Thätigkeit der Ichnatur in der Willkühr zu ihrem Ziele geführt hat, schliefst er die Construction der Natur oder der Nothwendigkeit der Ichnatur mit folgenden Worten:

„Wenn nun aber auch diese mit Bewufstseyn freie Thätigkeit, welche im Handeln der objektiven entgegengesetzt ist, ob sie gleich mit ihr Eins werden soll, in ihrer ursprünglichen Identität mit der objektiven angeschaut wird, welches durch

Freiheit schlechthin unmöglich ist, so entsteht dadurch endlich die höchste Potenz der Selbstanschauung, welche, da sie schon über die Bedingungen des Bewufstseyns (das heifst, der Construction der Ichnatur) hinausliegt, und vielmehr das von Forn sich schaffende Bewufstseyn selbst ist, wo sie ist, als schlechthin zufällig erscheinen mufs, welches schlechthin zufällige in der höchsten Potenz der Selbstanschauung das ist, was durch die Idee des Genie's bezeichnet wird."

Dafs Schelling diesen Keim das Bewufstseyns wieder als unendliche Thätigkeit auffafst, und so nur jenes Bewufstseyn als ein wahres gelten läfst, das aus dem Genie hervor sich schafft, das ist eben der schon oben bezeichnete geniale Sprung über das Fundament der Natur hinaus zur absoluten Erkenntnifs, als der einzig wahren, die nur das Genie sich gebe, für jeden andern Myster sey, so dafs diese Aeufserung als der Schlüssel zur letzten Tiefe der Schelling'schen Philosophie anzusehen ist.

In der Idee des Genie's liegt nicht allein, in der höchsten Selbstanschauung, unendliche Thätigkeit, sondern auch unendliche Ruhe, so wie auf niedern Stufen Chaos und unendlicher Bildungstrieb, Finsternifs und Licht. Die unendliche Thätigkeit des Genie's bildet sich allerdings ideal in die Natur zurück bis zum Princip der Ichnatur, gezogen von der Idee der Nothwendigkeit; aber in dieser Zurükbildung ist das Genie durchaus Kunstprodukt, das aber nur auf dem Boden der Natur, gewurzelt in ihn durch Passivität, als Ich steht, und so auch nur in dem Gefühl der Ruhe sich selbst subjektiv als Ich findet. Nicht in sich zur Kunst zurückgebeugt darf die Natur werden, ehe sie sich selbst ausgesprochen hat, wenn man nicht in Gefahr kommen soll, die Kunst für die Natur selbst zu halten und so beide zu verderben; und hier war ja die Natur eben erst daran, sich auszusprechen, die vorausgegangene Construction hatte ihr nur das Organ geschaffen. Was durch Freiheit, nach ihrer Construction als Natur, das ist, was durch die Natur der Freiheit schlechthin unmöglich ist, nemlich die Anschauung ihrer Identität mit der objektiven Thätigkeit (nicht mit Bewußtseyn freien Thätigkeit) das ist eben die Möglichkeit der Freiheit der Natur: und so ist es zwar nicht die Anschauung der Identität der subjektiven Thätigkeit, denn die Anschauung, von der hier die Rede seyn kann, geht mit der, in der Willkühr, vollendeten Construction aus: aber wohl die Nichtanschauung des Gegensatzes der subjektiven und objektiven Thätigkeit, als des Fadens der Construction, welche sich in dieser Möglichkeit ausspricht. In der **Willkühr**, die als höchste Einheit, auch noch den Gegensatz des Naturtriebes und des categorischen Imperativs besiegt, die sich folglich als die Idee der reinsten Aktivität, der absolutesten Freiheit ausspricht, gehen alle Antithesen unter, und die Antithesis, die sich noch in der angeführten Stelle zeigt, ist nicht mehr eine Antithesis der Construction, sondern die Antithesis des Problems, zu welchem die Untersuchung hier zurückkehrt, verkündigend den Cirkel der nicht gelungenen Lösung.

Haben wir auch am Schlusse der Construction das Bewufstseyn des Problems, des Standpunkts und der Sphäre seiner Lösung — wissen wir, dafs wir die Antwort suchten, wie Freiheit, oder das Ich in und aus der Natur möglich sey, dafs wir, um diese Antwort zu finden, die Natur als Nothwendigkeit, in die philosophische Anschauung, und sie in dieser Sphäre construiren mufsten, damit wir sähen, wie weit ihre Nothwendigkeit geht und wo sie sich schliefst, und die Erscheinung der Freiheit möglich mache: so müssen wir den letzten Ring der Construction, zwar als die Realität der, als erster Ring, in das Ich gesetzten Natur oder Nothwendigkeit, folglich die absolute Willkühr, die nur eine philosophische seyn kann, als die wahre Realität der absolut seyenden Anschauung, und der Anschauung des absoluten Seyns, als die reale Seite des Fichte'schen Postulats der absoluten Freiheit finden; aber wir können ihn nicht für die gesuchte Antwort halten. Sondern, weil mit ihm das der ursprünglichen Frage — wie ist das Ich in und aus der Natur möglich — entgegengesetzte Problem — wie ist die Natur im Ich und aus dem Ich möglich — als Einleitung zur gesuchten Antwort, wirklich gelöset wird: so müssen wir auch in dem der absoluten Willkühr Entgegengesetzten den wahren Standpunkt der wahren Antwort erkennen.

Wie der Freiheit die Nothwendigkeit, so steht der absoluten Willkühr die absolute Passivität entgegen, wie jene die zum + o potenzirte Freiheit, so ist diese die zum — o depotenzirte Nothwendigkeit, und so ist es nicht die Willkühr, sondern die ihr entgegenstehende Passivität (das Ende der schaffenden Spekulation, wo sie, mit philosophischer Besinnung oder Besonnenheit vereinigt, aus dem absoluten Ich in die Richtung auf die Natur umkehret), welche uns die zur Freiheit sich schliefsende Nothwendigkeit, damit zugleich den Standpunkt der Naturerkenntnifs, (nicht der Erkenntnifs der Natur im Ich, sondern der Erkenntnifs des Ichs in der Natur) den spekulativen Schlüssel zu ihrer Wahrheit giebt, und nur ein inconsequentes Verfahren konnte Schelling diese Passivität, als das Objektive, mit der

Willkühr, als dem Subjektiven im Gegensatz, noch in seine Construction aufnehmen, und durch die höchste Synthesis in der Idee des Genie's auflösen lassen. Denn hiemit geht er aus dem Gebiete seiner Aufgabe, die Naturnothwendigkeit im Ich zu construiren, heraus, und in das Gebiet der Kunst über, ohne zuvor den Boden der Natur gefunden zu haben, aus dem doch nur die Kunst, als sich selbst organisirendes Produkt hervorgehen kann. Durch eine gleiche, von Fichte entlehnte Inconsequenz war er schon früher in das moralische Gebiet ausgetreten, oder hatte es vielmehr in das Naturgebiet eingespielet, da doch die moralische Gesinnung, als die wahre Nothwendigkeit des Menschen, nicht allein den Boden der Natur, als ihre Möglichkeit und allgemeine Form, sondern auch die freie Organisation, als ihre Wirklichkeit und besondere Form voraussetzt: und zu dieser allseitigen Inconsequenz verleitete ihn der Grundirrthum der Tr: Philosophie, die Construction der Frage für die Construction der Antwort zu nehmen. Man kann zu jener absoluten Passivität, oder zu der Richtung der Spekulation auf die Natur als Standpunkt der Naturerkenntniſs, auf einem sehr einfachen Wege kommen — die Mathematik giebt ihn unmittelbar als Thatsache — und nur der vorausgegangene Irrthum erschwert die heitere Auffassung desselben, indem sie durch eine

Destruction des Irrthums eingeleitet werden muſs. Was wir bisher, im Gegensatz der Construction der Frage des Ichs an die Natur, als absolute Passivität — die Antwort, welche das fragende Ich sich selbst giebt, und durch sie genöthigt fühlt aus der Construction der Nothwendigkeit in der Freiheit heraus, und in die Construction der Freiheit in die Nothwendigkeit überzugehen — bezeichnet haben, bezeichnen wir jetzt für den Standpunkt der Antwort als Negativität, das ist, als das Ende der Erscheinung der Natur in der Form der Nothwendigkeit, und den Anfang der Erscheinung der Natur in der Form der Freiheit, als negatives Ich, oder Wendepunkt der realen und idealen Darstellung der Natur.

Diese Negativität, als Wendepunkt der Natur, ist die wahre Naturfreiheit des Menschen, in wie fern sie als Gegenstand der Erkenntniſs im Begriff aufgefaſst wird, also eigentlich das Erkenntniſsprincip des naturfreien Menschen. Die Realität dieses Begriffs, oder die aus ihm abgeleiteten Merkmale der Naturfreiheit, sollen folgende Sätze aussprechen.

1) „Der Mensch ist ein von Natur freies Wesen." Dieser Ausdruck kann keinen andern Sinn haben, als daſs die Natur im Menschen eine freie ist. Die Freiheit der Natur ist nicht eine natürliche Fähigkeit des Menschen frey zu han-

deln, sondern der Mensch ist das freie Prädikat, oder die freie Qualität der Natur.

2) Dieſs ist der Mensch aber nur, in wie fern er bewuſstes Wesen ist. Das Bewuſstseyn ist folglich die freie Handlung der Natur, und der Mensch handelt natürlich frey, indem er nach den Naturgesetzen des Bewuſstseyns handelt.

3) Die Naturfreiheit ist demnach nicht eine Freiheit des Wesens, sondern der Form; aber eben so wenig ist die Nothwendigkeit des Bewuſstseyns Wesen zu nennen, denn sie ist Gesetz, folglich wieder nur Form.

4) Die Naturfreiheit ist nur als die Befreiung der Form von der Gebundenheit in der Materie vorzustellen, und diese Befreiung spricht sich als reiner Denkakt aus, dieser ist also die freie Handlung der Natur. Die Gesetze aber oder die Nothwendigkeit des Bewuſstseyns ist die Form selbst.

5) Die Naturfreiheit wird also dadurch wirklich, kommt dadurch zur Erscheinung, daſs sich die Form, nachdem sie sich zur ungehemmten Herrschaft über die Materie erhoben hat, sich von ihr löset, und daſs sie, gelöset, als Subjekt und Objekt, mit sich selbst in Gegensatz tritt. Die Naturfreiheit ist aber nur dadurch möglich, daſs die ganze Natur im Gegensatz liegt, und daſs sie, dem zufolge, sich

eben so als eine ideale, wie als eine reale darstellen muſs.

6) Der Gegensatz, in welchem die Freiheit erscheint, ist derselbe, in welchem die Nothwendigkeit erscheint, und Naturfreiheit und Naturnothwendigkeit sind nur darin entgegengesetzt, daſs diese die Offenbarung der Natur im Realen, jene im Idealen ist.

7) In der realen Natur ist die Kraft in dem Produkt zur Einheit verbunden, und es findet hier keine reale Trennung Statt; in der idealen Natur, oder im Bewuſstseyn, ist zwar auch das Subjekt oder der Akt, in dem Produkt, als Bewuſstseyn, zur Einheit verbunden, aber es ist hier eine reale Trennung, eben wieder durch den Akt, der in dieser Funktion Reflexion und Abstraction heiſst, möglich. Dieſs ist der wesentliche Unterschied der realen Natur und des Bewuſstseyns, durch die untrennbare Einheit ist jene die Nothwendigkeit, durch die ins Unendliche fortgehende Trennung in der Reflexion uud Abstraction, ist dieses Freiheit.

8) In wie fern der Denkakt im Menschen sich offenbaret, ist der Mensch auch frey zu nennen; aber der Denkakt ist an sich ganz leer, giebt keine Realität, ist nur Akt, nicht Handlung, und wird nur real durch die Verbin-

dung mit dem Objekt, das ist, in wie fern er nothwendig wird. Aber die Natur gebietet durch den Akt dem Menschen, jede solche Vereinigung wieder aufzuheben und da nur in dieser Trennung diese Freiheit sich offenbaret, so ist auch eigentlich nur die Natur im Menschen frey zu nennen. Von ihm selbst kann man nur sagen, daſs er von Natur negativ frey, das heiſst, in der Leerheit des Akts empfänglich sey für eine Freiheit, welche die Natur weder geben noch hindern kann.

9) Durch die nothwendige Einheit der Kraft und des Produkts, ist der Organismus das Organ oder der Leib des Bewuſstseyns, und nur durch das Organ und in ihm wird es Produkt; aber das wahre Leben des Bewuſstseyns ist der Gegensatz, der das Produkt immer wieder aufhebt. So ist die Freiheit durch das ganze Bewuſstseyn nur das rege Streben der Natur, die befreite Form, als das Objekt, zu realisiren, das Gesetz des Bewuſstseyns zu einer neuen Welt zu organisiren, aber jede Handlung des Bewuſstseyns ist eine leibliche Verknüpfung des Gegensatzes, und so geht die Freiheit aus der Produktenreihe des Bewuſstseyns überall als die Sehnsucht der Natur hervor, nach einem Leben, einem Seyn,

das sie selbst nicht geben kann, weil sie nur Natur ist, in wie fern sie im Gegensatz liegt.

10) Diese Sehnsucht ist menschliches Gefühl, in welchem schon das Eingreifen einer andern Welt erscheint. Der flachste Mensch fühlt sie nicht, und ist doch auch Natur, sondern läſst sich von den Produkten des Bewuſstseyns, und seinem Gegensatz blind zum Naturziel treiben. Kommt diese Sehnsucht bis zur Anschauung, so wird die Naturfreiheit, eben durch jene andere Welt, Freiheit des Menschen; aber auch so ist sie nur der vernommene (davon Vernunft) Ruf in eine andere Welt, und der Keim der eigenen Wirklichkeit des Menschen aus der allgemeinen Möglichkeit der Natur.

II.

Naturnothwendigkeit.
oder
Psyche als Naturwesen.

Immer haben mir die Hypothesen über den Sitz der Seele noch besser gefallen, als die seelenlose Verknüpfungstheorie, welche die Seele in jedem Moment der Erkenntniſs sich neu schaffen läſst. Worin nun auch diese Vorliebe ihren Grund haben mag, so ist ihr doch, da nun einmal der Mensch nur durch freies oder philosophisches Denken zur Indifferenz sich erheben kann, in einem idealen Zeitalter der Vorzug vor der entgegengesetzten einzuräumen, und kein Vorurtheil schadet, sobald man sich dessen deutlich bewuſst wird; das Bewuſstseyn eines Vorurtheils ist aber leichter zu erhalten, wenn es mit dem Zeitgeist im Gegensatz steht, als wenn es mit ihm zusammenfällt. Genauer angesehen, nimmt auch die Verknüpfungstheorie einen Sitz der Seele an, aber einen gedachten (Ding an sich) während die entgegengesetzte Theorie einen empfindbaren sucht, und da auch diese, eben nicht eine materielle Seele, sondern nur einen materiellen Sitz der Geistesthätigkeiten behauptet: so ist es eigentlich die empfindende Seele, von welcher diese, und die denkende Seele, von welcher die andere Theorie spricht.

Es ist nicht allein ein vergebliches, sondern auch an sich ganz leeres Bemühen, entgegengesetzte Meinungen vereinigen zu wollen, und kann scheinbar nur dadurch gelingen, daſs man den wahren Sinn der einen oder der andern Meinung, oder wohl auch, was bey den eigentlichen Ausgleichern der Fall ist, beider verfehlt, und so zwar die Worte, aber nicht die entgegengesetzte Richtung des Geistes verbindet. Doch nothwendig ist es, und dem Charakter der philosophischen Forschung ganz angemessen, jede Meinung auf ihre Wurzel zurückzuführen, und da zeigt es sich dann gewöhnlich, daſs entgegengesetzte Meinungen in ihrer Consequenz eine gemeinschaftliche Wurzel haben. Dieſs gilt auch von denen, die hier unser Gegenstand sind. Ihre gemeinschaftliche Wurzel ist jene Ansicht der Seele, nach welcher sie im Bewuſstseyn als Produkt erscheint; denn dieses Produkt, oder das Bewuſstseyn als Produkt, ist die Verknüpfung des ursprünglichen Gegensatzes des Bewuſstseyns zur Einheit der Erscheinung, ich kann folglich entweder auf die Einheit der Erscheinung, oder auf den Gegensatz reflekflektiren, durch welchen diese Einheit bedingt ist. In der ersten Reflexion ist mir die Seele ursprünglich Empfindung, und das mit Recht, indem die Einheit wirklich nur im Organismus da ist, das Organ der Empfindung (die Nerven) ist also auch der Sitz der Seele, die Quelle des Bewufstseyns, in wie fern es Produkt ist.

In der zweiten Reflexion ist mir die Seele, nach derselben Ansicht, ursprünglich Denken, das heifst, Beziehung zwischen Subjekt und Objekt, die Einheit aber jener Akt, der über jedes Produkt hinausgeht, um wieder in den Gegensatz zu kommen, folglich der an sich ganz leere Akt als blofses Streben, oder das, was man die Einheit der Zeit, die subjektive Zeit nennt. Die erste Reflexion führt von der Empfindung zur Abstraction, als dem zweiten Seelenvermögen, es bildet sich aus der Einheit der Empfindung der Gegensatz des Denkens; die zweite Reflexion führt von der leeren Zeit, als erstem Seelenvermögen zur Reflexion, als dem zweiten, und wie die Zeit nur im Gegensatz ohne Verknüpfung desselben steht, so knüpft nun die Reflexion den Gegensatz zur Einheit der Erkenntnifs. Das Bewufstseyn, als Produkt, ist folglich in der ersten Ansicht ursprüngliche Empfindung, oder reale Einheit, in der zweiten Ansicht sich selbst knüpfende Erkenntnifs, oder ideale Einheit.

Beide Einheiten sind Thatsachen, der Mensch hat Empfindung und alle Erkenntnifs ruht auf Empfindung; er hat Erkenntnifs, und alle Erkenntnifs ist Verknüpfung eines idealen Gegensatzes zur idealen Einheit. Sie können nie zur höhern Einheit verbunden werden, denn jeder Versuch wirft uns wieder in die eine oder andere zurück, sie sind der ewige Gegensatz der als Psyche erscheinenden Natur, aber sie haben eine gemeinschaftliche Wurzel.

Ist die Naturnothwendigkeit der Psyche erkennbar, so mufs sie in dieser Wurzel erkannt werden, und diese Erkenntnifs mufs zugleich die Nothwendigkeit des Gegensatzes der Erscheinung der Psyche und seine mannigfaltigen Gestalten in gleicher Nothwendigkeit darthun. Diefs ist der Zweck gegenwärtiger Untersuchung, die freilich mehr dazu geeignet seyn wird, auf den rechten Weg der Seelenforschung aufmerksam zu machen, als den Zweck wirklich zu erreichen:

Ich will folgende Fragen beantworten.

1) Was heifst es: die Psyche ist Produkt?

2) Welches ist der Grund des Gegensatzes der Psyche als Produkt?

3) Warum verhält sich dieser Gegensatz zu dem Produkt, nicht wie Theile zum Ganzen, und warum ist jede Einheit wieder ein die Psyche umfassendes Ganzes?

4) Wird dieser Gegensatz in der Einheit der Sprache aufgehoben, oder täuscht sich die Philosophie, wenn sie, was eigentlich ihr Streben als System ist, diese Einheit als eine reale verfolgt, und endlich in ihr als absoluter Erkenntniſs, das wahre und ewige Wesen der Seele gefunden zu haben meint?

5) Endlich will ich die Entwickelungsgeschichte des Gegensatzes bis zum Ziel des höchsten Sprachgebrauchs, am Leitfaden der Sprache fortzuführen mich bemühen.

Die Frage, ob die Seele eine Grundkraft habe, und welche sie sey, stand an der Spitze der dogmatisch psychologischen Untersuchungen vor Kant. Wiewohl nun die transcendentalen Untersuchungen, die uns seit jener Zeit vorgelegt worden sind, jeden, der sie kennt, überzeugen müssen, daſs von einer selbstständigen, von Gott und Natur gelösten, substanziellen Kraft, ohne Widerspruch nicht die Rede seyn könne, weil solche Kraft von uns nur als sinnliches, das ist, nicht geistiges Wesen gedacht wird: so hat doch schon die Consequenz jene frühern Forscher in der Beantwortung die Voraussetzung einer solchen Wesenheit mehr oder weniger vergessen lassen, und auf den Naturkreis der Psyche, in welchem auch hier ihre Naturform bestimmt werden soll, beschränkt. Ich denke daher, die Beantwortung unserer ersten Frage zweckmäſsig dadurch einzuleiten, daſs ich einige Psychologen aus jener Periode über ihre ebenfalls erste Frage sich aussprechen lasse.

Tiedemann *) geht von dem Cartesischen Princip aus: ich denke, also bin ich, von diesem auf das Leibnitzische Princip der Vorstellungskraft über, und meint, daſs beide nicht wesentlich verschieden seyen, ja, daſs sogar das Princip der englischen und französischen Philosophie, die Em-

*) *Untersuchungen über den Menschen.* Es wäre zu wünschen, daſs es unter jungen Denkern wieder etwas gewöhnlich würde, Schriften dieser Art aus jener Periode zu lesen. Sie würden wenigstens auf diesem Wege das Problem der Philosophie in seiner wahren Entstehung kennen lernen, und da es nur von Wenigen zu erwarten, auch jetzt noch nicht von Vielen zu wünschen ist, daſs sie sich eine eigene Philosophie als Kunstwerk geben: so wäre dieser negative Gewinn für ihren Geist und für die Wissenschaften eben so bedeutend, als der positive Schaden, der aus der Täuschung einer scheinbaren Lösung und daraus folgenden Sperrung der Wissenschaften entsteht — dessen nicht zu gedenken, daſs das Interesse für Philosophie durch solche Studien in eben dem Grade steigen müſste, als es jetzt schon gesunken ist. Für die Weltenpoesie ist unsere Poesie noch nicht reif.

pfindung, sich mit beiden wohl vereinigen lasse, aus dem Grunde, weil sie unter einen gemeinschaftlichen Begriff gebracht werden können. Doch führt ihn das richtigere philosophische Gefühl auf das Leibnitzische Princip zurück, und so hält er die Vorstellungskraft für die Grundkraft der Seele, von welcher alle übrigen nur Modificationen seyen.

Unter einen gemeinschaftlichen Begriff können die genannten Principe allerdings gebracht werden, in wie fern sie nemlich alle drey in Einer Sphäre, in der Sphäre des Produkts stehen; fixiren wir uns aber auf die Frage nach der Grundkraft, so sind sie wesentlich verschieden. Cartes setzt den Denkakt, als Akt, folglich das Subjektive als Erstes, und erschliefst das Seyn oder das Objektive. Leibnitz dagegen setzt das Objektive, das Seyn des Denkens, irgend eine im Seyn verschlossene Form, nicht als wirklichen Akt, sondern als ein ewig Geschehenes, Naturthat, als Erstes, und erschliefst das Subjektive, oder den Zeitakt als Entwickelung des Objektiven. Beide stehen also, in Beziehung auf die vorgelegte Frage, im Gegensatz des Bewufstseyns, folglich unter der idealen Einheit der Erkenntnifs, aber der eine legt diese Einheit schon in das Subjekt, der andere in das Objekt, und so entsteht jedem eine Grundkraft. Was die Empfindung anlangt, so ist sie die organische Einheit des Bewuſstseyns, als momentanen Produkts, und sie zur Grundkraft erheben, heiſst, die Wirkung für die Ursache nehmen, um nachher, durch Abstraction, die Ursache als Wirkung aus der Wirkung als Ursache abzuleiten — ein Verfahren, welches der Deutsche dem Franzosen verzeiht, während er dem Engländer mehr Consequenz gönnen würde. Daſs das Objektive des Gegensatzes mit dem, was man als Grundkraft sucht, näher verwandt sey, als das Subjektive, und die Empfindung, dieſs sahe Tiedemann richtig, aber seine Antwort steht unter unserer Frage, und setzt ihre Beantwortung voraus, so wie sie, von der andern Seite, durch die ideale Einheit der Erkenntniſs (nach Kant) aufgehoben wird.

Von denselben drey Principen, Empfinden, Vorstellen und Denken geht auch Tetens*) aus, nur analysiret er feiner, weil er noch vorsichtiger dem System auszuweichen bemüht ist, wovon schon das als erfreuliche Folge anzusehen ist, daſs er auf die Täuschung der verbalen Sprach- und der formalen Begriffs-Einheit aufmerksam macht; aber er verlangt auf der andern Seite von den systematischen Philosophen, ein Widersprechendes zu leisten, nemlich „durch Beobachtung und Zergliederung der Wirksamkeitsarten der Seele, wenn

*) *Philosophische Versuche über die menschliche Natur.*

sie denket, empfindet, und Vorstellungen macht, die innere Identität dieser Thätigkeiten offenbar werden zu lassen." Denn wie wäre es doch möglich, durch Zergliederung eine innere Einheit zu finden, wenn sie nicht, wie das in unserer Experimental-Physik noch eben so häufig der Fall ist, wie er es früher in der Experimental-Psychik war, ein leeres Wort oder höchstens ein formaler Begriff seyn soll. Er untersucht jetzt Vorstellen, Empfinden und Denken, jedes besonders, und das Resultat seiner Untersuchungen ist im Wesentlichen folgendes.

Alle Vorstellung bezieht sich auf ein Vergangenes, alle Empfindung, die er gewöhnlich Gefühl nennt, ist ein Gegenwärtiges. Das Denken ist zuerst ein Gewahrnehmen, Gefühl und Gewahrnehmung sind die beiden Bestandtheile des Bewufstseyns; es ist ferner das Vermögen der Verhältnifsbegriffe, und in dieser Funktion wird Vorstellungskraft zusammt der Denkkraft, Erkenntnifsvermögen. Diese Einheit des Bewufstseyns im Erkenntnifsvermögen führt ihn in die Objektivität, oder in die Erscheinung über, und nachdem er die Objektivität und Subjektivität, sodann die niedere und höhere Natur der Erkenntnifs untersucht hat, kehrt er zu der Frage zurück, ob die Seele eine Grundkraft habe. Hier stand er an der Schwelle der Transc. Philosophie, und er hätte die Auflösung des Problems in der Einheit des Bewufstseyns im Erkenntnifsvermögen finden können. Allein seine Untersuchungen hatten ihm gezeigt, dafs diese Einheit nur das Produkt auf einer bestimmten Stufe, und wiewohl der merkwürdigste Abschnitt, ja selbst Umkehrung des Bewufstseyns, doch nur Produkt sey, und so geht er mit der Frage auf die drey dogmatischen Bedingungen des Bewufstseyns, Vorstellen, Empfinden und Denken zurück. Weder von einem Worte noch formalen Begriff getäuscht, beantwortet er sie negativ dahin, dafs jene drey Vermögen nicht als Grundkräfte der Seele angesehen werden können, weil sie durchaus gegenseitig bedingt sind, und nur durch diese Bedingtheit Bewufstseyn und Erkenntnifs möglich machen. So wie aber im Bewufstseyn und in der Erkenntnifs jene Vermögen sich einigen, so müsse man auch annehmen, dafs sie in Einer Grundkraft ihre gemeinschaftliche Wurzel haben, doch bestimmen lasse sich diese nicht.

Dieser scheinbar skeptische Ausgang ist nur Beweis der tiefen und consequenten Forschung dieses Philosophen, im Grunde seines Geistes lag schon die dogmatische Antwort, auch strahlt sie hie und da hervor, aber sie kommt erst am Ziele aller seiner Untersuchungen über den theoretischen und praktischen Menschen (und schon diese Stelle ist Beweis, dafs ich richtig in seinem Geist lese), als **Idee der Perfektibilität** zur Erscheinung. Mit dieser Idee berührt er die Frage, die wir hier beantworten wollen, und durchwandert an diesem Leitfaden das Gebiet ihrer Beantwortung. Ein gedrängter Commentar über das Resultat seiner Untersuchungen wird uns also mehr als irgend ein anderer Gang, unserm Ziele näher führen. *)

Der menschliche Organismus ist eine unendliche Welt von Thätigkeiten, die zwar unbewufst, doch vorstellbar sind, indem wir sie als ein Convolut von Empfindungen, oder als die nur durch den Tod erschöpfte Quelle denken müssen, aus welcher die Empfindungen, welche die Basis des Lebens ausmachen, in Zeitmomenten entspringen.

*) Ich halte dieses Buch, nicht so in Hinsicht auf seine Lösungen, als vielmehr auf die Probleme, welche es anregt, und tief aus der Beobachtung schöpft, für so bedeutend, dafs ich überzeugt bin, wäre es nur ausstudiret worden, die Transc. Philosophie hätte zwar ihren innern nothwendigen Gang genommen, wie sie ihn wirklich genommen hat; aber sie hätte ihre Untersuchungen in etwas anderer Form aufgestellt, und diese entscheidet doch zuletzt über Verständlichkeit und Richtigkeit. Allein, für die damals herrschende Popularphilosophie waren die Untersuchungen dieses Geistes zu tief, und Kant versenkte sie, mit dem übrigen Guten und Schlechten des Dogmatismus in die Vergessenheit. Mir erscheinen sie, wie eine schöne

Doch sind es nicht die Empfindungen selbst, welche vorgestellt werden, sondern die Nachempfindungen, und so ist die Realität der Vorstellungen immer eine Vergangenheit.

Wie einfach und wie richtig spricht hier Tetens den Wendepunkt der Natur in der Erscheinung ihrer Freiheit aus. Es liegt die Realität der Vorstellung in der Vergangenheit, die Vorstellungskraft, (nach unserer Darstellung der Freiheit, der Denkakt) ist also nicht die Kraft des Menschen, denn so wäre sie ja offenbar die Grundkraft, so müfste sie aber auch die Realität in sich haben und aus sich setzen, sondern die Kraft der Natur, die zwar als freie Erscheinung in den Menschen fällt, und die ideale Darstellung

Landschaft ohne hervorstechende Parthieen, die nicht das Glück gehabt hat, von einem Landschaftsmahler besucht zu werden. Sehr natürlich! Das Zeitalter hat von allen Seiten soviel zu thun, dafs es nur dahin hört, wo ein Geschrey entsteht, nur dorthin sieht, woher ein Glanz in die Augen fällt. Dieses Schicksal hat jeder Geist, der seine tiefere Richtung weder als *philosophia prima,* noch als Kunstwerk aussprechen, sondern nur aus ihr handeln kann. Doch danken müssen wir es der Transc. Philosophie, dafs sie uns den Schlüssel zu solchen Studien angefertigt hat, der uns in einer wahren *philosophia prima* das unbewufste Handeln des forschenden Geistes zum Bewufstseyn bringt.

der Natur eröffnet, aber eben durch ihre nothwendige Zurückbeugung auf eine Vergangenheit, als ihre Realität, beweiset, daſs sie nicht des Menschen ist. Fassen wir sie im Menschen, als ihm gehörig, auf, so wird sie als Kraft aufgehoben, und es bleibt nur die nothwendige Beziehung auf ein Objektives überhaupt, das ist, der Gegensatz Subjekt und Objekt zurück, die Basis des Bewuſstseyns, seine erste Nothwendigkeit ohne objektive Realität. Die Realität des Gegensatzes kommt erst hinzu in der Empfindung, oder in dem wirklichen Gefühl der Gegenwart, als momentanen Synthesis des Gegensatzes, seiner Einheit. In dem Gefühl, der zweyten Erscheinung einer problematischen Grundkraft, giebt sich wieder die Totalität des Bewuſstseyns, denn das Gefühl ist selbst die Vorstellungskraft, nur ohne die Beziehung auf eine Vergangenheit, auf ein an sich nicht vorstellbares Objekt, sondern die Vorstellung ist zugleich Objekt, die Einheit des Gegensatzes, die Gegenwart. Doch auch diese Einheit ist nicht die wahre, reale Einheit des Bewuſstseyns, die Entwickelung steigt höher, die Einheit des Gefühls wird aufgehoben durch einen neuen Gegensatz, es zeigt sich die Denkkraft (Tetens versteht darunter das wirkliche Erkenntniſsvermögen) als Subjekt, von welchem das Gefühl gewahrgenommen wird. Die Gewahrnehmung, durch das Siehe als Erscheinung, wesentlich verschieden von der Vorstellung, die kein reales bestimmtes Objekt hat, folglich kein Siehe, sondern das ursprüngliche Sehen selbst ist, ist die Einheit des neuen Gegensatzes, und als solche die Basis der Erkenntnifs. Diese ist wieder nur durch einen Gegensatz möglich, es ist der Gegensatz der, in der Gewahrnehmung als Einheit realisirten Denkkraft, als Subjekts, und eines Objekts überhaupt, das eben deswegen kein bestimmtes seyn kann, weil jedes bestimmte Objekt die Einheit des Gewahrnehmens und des Gewahrgenommenen, folglich das ist, was auf dieser Stufe der Entwickelung Subjekt, oder die zum wirklichen einen Erkenntnifsvermögen realisirte Denkkraft ist. Das Objekt überhaupt aber, ist jene Objektivität, auf welche die Vorstellungskraft, als auf die Vergangenheit zurückgebeugt, Vorstellung wird. Diese Objektivität tritt jetzt in die Zukunft, als Objekt, nach welchem das Erkenntnifsvermögen strebt. Die Einheit dieses letzten und höchsten Gegensatzes kann folglich nicht das Objekt selbst seyn, denn dieses bleibt hier eben so in der Zukunft, wie jenes in der Vergangenheit stehen; sondern, so wie das Reale der Vorstellungskraft nur die Beziehung eines Subjekts und Objekts ist, diese Beziehung aber in die Einheit des Gefühls der Gegenwart übergeht: so ist auch die Einheit dieses letzten

Gegensatzes nur selbst seine Beziehung, die aber selbst Objekt, das ist, eigentliche Erkenntnifs wird. Alle Erkenntnifs ist folglich die Erkenntnifs nothwendiger Beziehungen des Erkenntnifsvermögens auf eine unerkennbare Zukunft, unter welchen das der ursachlichen Verknüpfung, eben deswegen, weil es nur theils in eine unerkennbare Vergangenheit zurück, theils in eine unerkennbare Zukunft fort führet, das erste, das ganze Bewufstseyn beherrschende ist. So schliefst sich der Cirkel des Bewufstseyns, wie ein im Aether schwebender Planet, fortgetrieben von einer unerkennbaren Vergangenheit und angezogen von einer unerkennbaren Zukunft.

Wenn nun der Geist, mit solchem festen Tritt und mit einer das Einzelne im Tiefen spähenden Beobachtung, diesen Kreis durchwandert hat, und jetzt auf ihn zurückblickt, welches Resultat dringt sich ihm mit Nothwendigkeit, als reiner Gewinn seiner Forschung auf?

Zuerst sieht er die Entwickelung des Bewufstseyns in einen Kreis verflochten, der weder Anfang noch Ende hat, folglich das Bewufstseyn als eine in sich geschlossene Welt, aus der nichts heraus und in welche nichts hinein kommen kann. Da aber doch diese Welt nicht allein eine entstandene ist, auf einer Vergangenheit ruht, sondern auch in eine Zukunft sich fortwälzt, so dringt sich ihm

Zweitens der nothwendige Glaube auf an ein Objekt, von welchem das Bewufstseyn nur das Bild ist, das eben deswegen nie in das Bewufstseyn eingehen kann, folglich ihm ewig und absolut entgegen gesetzt seyn mufs, weil das Objekt nie Bild werden kann, ohne dafs es aufhöre Objekt zu seyn, folglich ohne zugleich das Bild, das Bewufstseyn selbst aufzuheben.

Diesen ewigen Dualismus brachte Kant zum Bewufstseyn: Wie konnte er das, was heifst es, das Bewufstseyn selbst mit seinem absolut Entgegengesetzten zum Bewufstseyn bringen? Es mufs noch ein höheres Bewufstseyn möglich seyn, und dieses entsteht dem forschenden Geist, der eben als forschend über dem Bewufstseyn schwebt, und zuletzt, wie wir hier thaten, sich fragt, was das Resultat seiner Forschung sey. Der Geist mufs sich also noch die zweite Frage vorlegen: Was bin ich auf diesem meinen Standpunkte? Diese Frage stellte nicht Kant, sondern wie die ursprüngliche Vorstellung auf einer Vergangenheit ruht, so ruhte er auf dem Resultat seiner Forschung, auf dem erkannten Dualismus. Tetens liefs es auch an dieser Reflexion ermangeln, und so ruhte er auf dem innern Entwickelungsgange des Bewufstseyns und auf der Erkenntnifs seines Fortschreitens in unendlicher Zeit. Die Idee der Perfektibilität war seine höchste. Fichte beantwortete nach Kant jene zweite Frage, und schuf damit das höhere Bewufstseyn; aber ein wunderbares Geheimnifs brachte diese Thathandlung zur Sprache. Er fiel nemlich schon im ersten Akt der neuern Schöpfung in jenen Gegensatz des Subjekts und Objekts zurück, der sich schon Tetens als Basis des Bewufstseyns darstellte, und so konnte zwar die freie philosophische That das höhere Bewufstseyn als ein neues halten, aber es war die alte Form ohne neuen Gehalt, denn Haltung ist noch nicht Gehalt. Aber die schlimmste Folge dieser neuen Schöpfung war, dafs mit ihr auch der Gehalt des wirklichen Bewufstseyns, das ist, sein nothwendiger Gegensatz mit einem Objekt, dem es als Bild entspricht, verloren ging. Denn die freie That verdrängte die nothwendige Vorstellungskraft, und so wurde das wirkliche Bewufstseyn, als unerkennbare Welt das Objekt, während sich die freie That als Subjekt substituirte. Eine seltsame Verwirrung oder vielmehr Umkehrung der Sache der Philosophie mufste dieses Unternehmen erzeugen, da gar nicht einzusehen ist, wie der Planet, einmal aus seiner Bahn gerissen, in sie zurückgebracht werden könne: oder zeigt sich vielleicht darin nur das Streben zu einem neuen Weltsystem des Geistes, das jenen Gegensatz von Tag und Nacht der Wirklichkeit in Einen großen Sonnentag verwandeln soll?

Schelling faſste diese Idee, und versuchte die Schöpfung des ewigen Tages. Er hob die freie That auf, und setzte an ihre Stelle die von Fichte aufgehobene ursprüngliche Objektivität; so wurde die Polarität des Geistes gänzlich umgekehrt, die Umwälzung der Sache der Philosophie vollendet. Das als unerkennbar mit Nothwendigkeit geglaubte Objektive, war jetzt als ursprüngliches Wissen das Subjektive — das Bewuſstseyn, als subjektives, in sich geschlossenes, Wissen und Bild eines Objekts, war jetzt das Objektive; das Objekt war in den Geist als Subjekt, das Bild in das Objekt gekehrt. In jener frühern Stellung konnte das Bild nur sich selbst geben, so muſste es scheinen; in dieser neuen Stellung muſs das Objekt zugleich das Bild geben, auch das ist nothwendiger Schein, und so löste sich der absolute Gegensatz in absolute Einheit auf, das Absolute selbst war entdeckt, und nicht allein das Bewuſstseyn, sondern mit ihm zugleich das Objekt Eine Klarheit und ungetrübte Identität.

Allein besinnen wir uns nur ein wenig, so schwindet diese Identität vor einer Frage, wie das, von dem, den Morgen verkündenden Hahngeschrey gescheuchte Gespenst. Ich sehe wohl, daſs die freie That als Princip und Subjekt aufgehoben ist, aber wieder nur durch eine freie That, als Nichtsubjekt. Das Nichtsubjekt, da es doch einmal That ist, wird Objekt, objektives Princip, die subjektiv freie That eine objektiv nothwendige; aber woher dieses Werden, und wie das Gewordene ein ewiges Seyn? Verkündiget nicht jenes den ursprünglichen und nothwendigen Gegensatz Subjekt und Objekt, und ist dieses Seyn nicht aus einer Negation hervorgegangen, folglich selbst ein negatives Seyn, nur ein das Subjekt ewig aufhebendes Objekt, und so das ewige Aufheben eines Nichtseyns? Wie kommt ihr so aus der That heraus zu einem wahren Seyn, wie folglich zu einer Objektivität an sich, in welcher sich Subjekt und Objekt auflöse? So ist es doch nur das Streben in eine Zukunft, das in der Identität als höchste Sehnsucht sich ausspricht, und ist die Identität dieses, so ruht sie auch in dem Gegensatz, mit welchem absolut Eins zu seyn sie strebt, auf einer Vergangenheit, in welche sie, das heifst, der erkennende Geist, nie zurück kann, weil er zum Höhern hinauf mufs. Es ist die alte Welt, die sich auch hier wieder giebt, nur ist die dogmatische Perfektibilitäts-Einheit in der Idee der Identität, als reine Sehnsucht nach einer höhern Sphäre, in welcher kein Gegensatz waltet, weil in ihr nicht erkannt wird, hervorgetreten, und so erhalten wir das grofse Resultat, dafs der forschende und in der Forschung über dem Bewufstseyn schwebende Geist, den Kant nicht erkennen wollte, Fichte aber in ein System der Sehnsucht gestaltete, nur die einfache reine Sehnsucht selbst, die ganz erkenntnifslose, aber alle Erkenntnifs schliefsende Identität sey, die das unendliche Fortschreiten der Erkenntnifs hemmt, indem sie in ihrem eigenen Schicksal es beweiset, dafs es nur die eine alte Welt ist, die sich wiedergiebt, und dafs eben nur der nothwendige Kreis des Bewufstseyns das Reale aller Erkenntnifs, dafs jener Kreis als der Eine und allgemeine gedacht, nur ein Abstractum, und dafs jede besondere Erkenntnifs das wahrhaft reale Bewufstseyn, ein Ganzes für sich sey, das in dieser seiner Besonderheit in jedem Moment von der Sehnsucht überwunden wird, die, wenn der Ausdruck erlaubt ist, in den Poren der Erkenntnifswelt, eine Welt der Nichterkenntnifs eröffnet. Es ist ein offenbarer Widerspruch, eine oder die freie That durch eine nothwendige aufheben wollen, denn nur versinken kann sie in den Abgrund, aus dem sie hervorging. Dieser Abgrund mag die Objektivität seyn, aber so kann sie doch nicht ohne That zur Anschauung belebt werden: versinkt die That, so steht das Bewufstseyn wieder auf seiner Stelle, ein in sich selbst verschlossenes Bild mit dem Glauben an ein Original, und es müfste nun, ganz auf anderem

Wege und mit dem ruhigen Bestehen des Bewufstseyns auf seiner Stelle, weiter geforscht werden, was aus diesem Glauben werde, der in jedem Augenblick über das Bewufstseyn als Sehnsucht sich erhebt. Doch eben dieser forschende Geist steht uns überall im Wege, was ist er, wie verhält er sich zum Bewufstseyn, in dessen Tiefen er eindringt, dessen Kreis er beschreibt, indem er über es sich erhebt? Wie verhält er sich zu der Sehnsucht, die als Glaube aus der Tiefe des Bewufstseyns sich erhebt? Hier ist allerdings der Knoten, vor dem wir aber nicht, wie Kant, die Augen zudrücken, den wir nicht, wie Fichte zerhauen, noch, wie *Jean Paul* von Schelling sagt, mit Schelling verbrennen dürfen: er mufs gelöset werden, und diese Lösung ist das Urlicht der Philosophie, das uns die ewige Wahrheit sehen läfst. Seine Lösung führt uns zugleich zur Lösung unserer Aufgabe, und indem sie den wahren Begriff der Naturnothwendigkeit giebt, eröffnet sie uns durch ihn die Sphäre einer höhern Nothwendigkeit und giebt uns überhaupt den Standpunkt, auf dem man Alles sieht, wenn man in ihm nichts sieht, und auf dem man nichts sieht, wenn man alles in ihm zu sehen meint. Das erste thue ich, das andere Schelling; und so kann ich nichts von dem verwerfen, was Schelling giebt oder doch consequent geben könnte, aber ich verwerfe das Ganze in der Rich tung, in welcher er es giebt. Es ist der Standpunkt, der, in seiner wahren Richtung, die Welt in der Ordnung zeigt, in welcher sie jedem gesunden Geist in natürlicher Stimmung vorliegt, doch den tiefern Sinn dieser Welt und ihrer Ordnung aufschliefst; der aber, in der verkehrten Richtung gefafst, erst die Ordnung der Welt in ein Chaos verschmilzt (denn unendliche Finsternifs, die Identität des Getrübtseyns, und unendliches Licht, das Ungetrübtseyn der Identität, ist doch ganz gleichbedeutend, beide in Gestaltlosigkeit Eins) und sodann den tiefen Einen Sinn der Welt als Ordnung, mit wesentlichem Mangel der Ordnung (Identität), als Triplicität ohne Triplicität aus dem Chaos entfaltet.

Folgende kurze Darstellung der Summe der Philosophie mag hier, wo wir die psychologischen Untersuchungen zum Zweck der psychischen Medicin eröffnen, als Begründung derselben, ihre Stelle finden.

Philosophie entsteht, wie das Bewufstseyn, durch Trennung. Die bewufstlose Empfindung trennt sich von sich selbst, wird Subjekt und Objekt: so erwacht im Kinde, so in uns jeden Augenblick das Bewufstseyn, es ist das Sich-eröffnen des Geistes, um sich selbst, wie im Spiegel zu sehen. Ist es sein Bild, was der Geist im Spiegel der Objektivität sieht, ist es der Eine Geist, der sieht, und sich sieht, oder ist er bloſses Sehen, Subjekt, und das Bild eine ihm fremde Welt, die ihm stückweise gleichsam zur Nahrung des Sehens gegeben wird?

Daſs wir darüber zweifelhaft sind, kommt daher, daſs der sehende Geist, oder das Subjekt, so wenig wie das körperliche Auge, sich selbst sieht als sehend, folglich sein wahres Verhältniſs zum gesehenen Bilde oder Objekt nicht erkennet. Indem ich mir aber jene Frage vorlege, stehe ich, wieder als sehend, auſser dem Subjekt und Objekt, und ihr gegenseitiges Verhältniſs wird mir Objekt, es entsteht in mir eine neue Trennung, ein neues Bewuſstseyn, in welchem ich nicht schlechthin erkenne, sondern das Erkennen, die Beziehung des Subjekts und Objekts erkennen will.

Dieses Wollen ist eine freie That, und so wird auch die Erkenntniſs der Erkenntniſs, die ich suche, in so fern eine freie zu nennen seyn, als sie sich nicht wie die natürliche von selbst giebt, sondern nur mit dem Schlüssel der Freiheit geöffnet werden kann.

Das philosophische Subjekt ist der sich selbst sehende, aber auch nur sich selbst als sehend sehende Geist — dieſs ist der Begriff der freien That. Ob das Subjekt des gemeinen Bewuſstseyns dieselbe freie That sey, wissen wir damit noch nicht;

denn als freie That ist sie absolutes Subjekt, das Sich-selbst-sehen, folglich dem durch das Objekt bedingten Subjekt entgegengesetzt. Eben so ist das philosophische Objekt nicht das im Bewufstseyn durch das Subjekt bedingte, sondern das dem absoluten Subjekt absolut Entgegengesetzte, die Bestimmung der freien That zur Erkenntnifs, ohne welche Bestimmung sie selbst nicht freie That ist.

Die freie That ist nur in so fern real, in wie fern sie noch nicht das Objekt erkennet, und, da sie nur als Suchen oder Fordern dieser Erkenntnifs That ist, in wie fern sie nicht real ist, das heifst, ihre Realität ist der Schein, durch dessen Tilgung eine Erkenntnifs möglich ist, die sich nicht von selbst giebt, und die Erkenntnifs wird eben dadurch eine freie und philosophische, dafs dieser Schein getilgt wird, so wie im Gegentheil durch diese Erkenntnifs das absolute Subjekt Realität erhält, und ein nothwendiges wird.

Die Trennung, mit welcher die Philosophie beginnt, geht also in den absoluten Gegensatz des Subjekts und Objekts über; aus ihm mufs sich das Problem der Philosophie, wofern sie möglich ist, construiren lassen. Im gemeinen Bewufstseyn ist das Subjekt das Sehende, das Objekt das Gesehene, und ich will zunächst erkennen, wie sich Subjekt und Objekt gegen einander verhalten. Durch dieses Wollen setze ich mich als freies Subjekt;

ich könnte aber nicht dieses wollen, wenn ich nicht voraussetzte, daſs eine solche Erkenntniſs möglich sey — mit dieses Voranssetzung setze ich das absolute Objekt, die Möglichkeit der Erkenntniſs. Geben sich nicht die Bedingungen dieser Möglichkeit: so ist der Gegensatz, mit ihm die Philosophie ein Traum.

Soll eine solche Erkenntniſs möglich seyn, so muſs die Beziehung des Subjekts und Objekts nicht eine zufällige, sondern auf einem nothwendigen Grunde ruhende seyn und diesen nothwendigen Grund zu erkennen, wäre die Aufgabe der Philosophie: ist diese Bedingung reell? Wäre sie nicht reell, so machte ich das Bewuſstseyn selbst zum Traum, denn das müſste es seyn, wenn alle seine Beziehungen zufällige wären. Es ist möglich, daſs es nur Traum ist; aber es ist auch möglich, daſs es mehr als Traum ist, und so muſs ich wenigstens den Grund erkennen können, der mich bestimmen kann, es für Traum zu halten, das heiſst, auch der Traum müſste seinen Grund haben. Mit der Möglichkeit philosophischer Erkenntniſs, und diese giebt sich zugleich mit der freien That, ist also zugleich die Nothwendigkeit eines Grundes überhaupt als Bedingung der Möglichkeit gegeben.

Durch die Idee des Grundes erhält die freie That ihre erste Bestimmung, sie wird selbst Grund, ist nicht mehr freie, sondern nothwendige That die freie philosophische That hält sich selbst als nothwendig. Dieses sich selbst Tragen der freien That als objektiv oder nothwendig, ist die zweite Bedingung der Möglichkeit philosophischer Erkenntniſs, und ihre Realität ist schon mit der ersten gegeben.

Die subjektiv freie und objektiv nothwendige That müssen in Eins zusammenfallen, wenn der Grund Erkenntniſs werden soll, so wird der Grund als Objekt, frey, das ist, Erkenntniſs, und die freie That, als Subjekt, wird nothwendig, folglich die Erkenntniſs eine nothwendige.

Diese drey Bedingungen der Möglichkeit philosophischer Erkenntniſs geben ihren nothwendigen T e c h n i c i s m u s, das Gleiche des absoluten Subjekts und des absoluten Objekts im philosophischen Gegensatz, die Construction des Problems, die das absolute Objekt als erkennbar setzt, und dem absoluten Subjekt in der Richtung auf das Objekt die Fähigkeit, oder die Bestimmung giebt, das Objekt als absolut zu erkennen. Das Problem ist aber folgendes: das Objekt muſs als Grund erkannt werden, nach der ersten Bedingung; es muſs als Grund erkannt werden, der sich selbst Grund ist, nach der zweiten Bedingung; und es muſs als Grund erkannt werden, der in sich selbst geschlossen, folglich Totalität ist, nach der dritten Bedingung. So hat auch das philosophische Subjekt eine dreifache Richtung: auf den Grund, als die Objektivität vor der Subjektivität, die Vergangenheit; auf den Grund als Objektivität zugleich mit Subjektivität sich gebend, das ist die Richtung auf die Gegenwart; und auf den Grund als Totalität, oder den Endzweck, das ist die Richtung auf die Zukunft.

So entstehen drey Sphären der philosophischen Erkenntnifs nach der dreifachen Idee des Grundes — die Sphäre der Natur, schlechthin Grund des Bewufstseyns, seine Möglichkeit *(caussa sufficiens)* — die Sphäre der Kunst, das Bewufstseyn als sich selbst Grund, seine Wirklichkeit *(caussa efficiens)* — die Sphäre der Moral oder Religion, das Bewufstseyn als Totalität, seine Nothwendigkeit *(caussa finalis)*.

Diese dreifache Erkenntnifs nenne ich die Offenbarung des absoluten Objekts, die sich geschichtlich giebt, aber nur von dem philosophischen Subjekt, als dem absoluten, als absolut erkannt wird. Der nothwendige Typus dieser Erkenntnifs ist eben die dreifache Idee des Grundes, die man die unmittelbare ideale Offenbarung zu nennen, und als das zu denken hat, was man mit dem Ausdruck Vernunft bezeichnet.

Da die philosophische Erkenntnifs eine absolute ist, so mufs sie in jeder Sphäre das ganze Objekt als absolut geben; weil es aber dreimal gegeben wird, darum ist die Erkenntnifs nicht das absolute Objekt selbst, sondern nur seine Offenbarung, die Identität der in der Vernunft idealen, und geschichtlich realen Offenbarung, wodurch diese in der Identität ihre Gewifsheit und Totalität, jene in der Richtung auf die Geschichte ihre Realität, beide also ihre nöthige Bewährung erhalten und Eine Wahrheit werden.

Der Typus des dreifachen Grundes mufs sich demnach in jeder Sphäre wieder geben, und Philosophie ist nichts als die Construction der geschichtlich dreifachen Offenbarung zur dreifachen Wissenschaft nach dem Typus der Vernunft.

In der Richtung auf die Vergangenheit, oder auf die Natur, wird die Vernunft mathematische Construction, und diese giebt uns den Typus der Vernunft als ewiges Gesetz der Natur.

Die Wissenschaft der Natur führt das absolute Subjekt in einem Kreise auf sich selbst zurück. Es spricht nemlich die mathematische Construction das ewige Gesetz der Natur als ihre Einheit aus. In diesem Gesetz giebt sich aber wieder die Möglichkeit der Natur, als absoluter Gegensatz, ihre Wirklichkeit, als Produkt und ihre Nothwendigkeit als Form. Die Einheit zerfällt also in den absoluten Gegensatz als hinreichende Ursache, in die besondere Einheit des Produkts, als wirkende Ursache, und in die Totalität der Natur in der Form, als Endursache. So erhalten wir in der Erkenntnifs einen Grund der Natur als einer mannigfaltigen, die Mannigfaltigkeit selbst, und endlich die wahre objektive Einheit der Natur, zugleich ihre Totalität, in der Form.

Das Eine Gesetz giebt sich der Beobachtung des Mannigfaltigen in jedem Produkt auf einer bestimmten Stufe der Entwickelung. Diese Stufenleiter ist als das von der Natur gestellte Problem anzusehen, das in der zweiten Offenbarung gelöset wird, und so ist sie auch das Band, welches die erste Offenbarung an die zweite, die Vergangenheit an die Gegenwart knüpft. *)

Da nemlich, wo die Stufenleiter sich schliefst, sieht das freie Subjekt das Bewufstseyn, oder die Gegenwart entstehen. Das Bewufstseyn ist die Form der Natur als Form, und dieser Charakter offenbaret sich als Denken, welches das Losreifsen von der Vergangenheit, und das Regen und Streben der Gegenwart bezeuget. Dieses Regen und Streben der Gegenwart findet sich von selbst, als Anknüpfungspunkt der Gegenwart, die es noch nicht hat, aber zugleich als Schlufspunkt der Vergangenheit, aus der es hervorging; es ist also ei-

*) Diefs ist die Sphäre der Medicin.

gentlich als der Wendepunkt aus der einen Offenbarung in die andere vorzustellen.

Da das Denken doch ein Denken ist, so entsteht ihm auch unmittelbar ein Gedachtes, und dieſs ist eben die formale Selbsterkenntniſs (denn es hat noch nicht die Gegenwart), daſs es der Wendepunkt ist. Diese Selbsterkenntniſs ist die natürliche oder gebundene Subjektivität, aus der sich der Begriff der realen und idealen Natur entwickelt. Das Denken erkennt sich als hervorgegangen aus der Vergangenheit, und so findet es die Natur, welche das absolute Subjekt nur durch das Zurückgehen in sie findet, als eine hervorgehende: dieſs ist der, allerdings nur formale, Begriff der realen Natur, der seine Realität erst von dem zurückgehenden oder construirenden Denken des absoluten Subjekts erhält*). Es findet ferner sich selbst als thätig, folglich producirend, und so findet es das Bewuſstseyn, oder die Gegenwart als aus sich hervorgehend, die ideale Natur als eine sich selbst producirende. Auch dieser Begriff ist nur ein formaler, denn das Bewuſstseyn kann nicht sich selbst produciren, ohne dadurch sich zur Vergangenheit,

*) Dieser Begriff real genommen giebt den Standpunkt, mit ihm zugleich den Widerspruch des Realismus.

oder Natur zu construiren*), es ist aber Gegenwart, und als solche, absolute Offenbarung. Doch dieſs erkennt nur das absolute Subjekt, und so erhält auch der Begriff der idealen Natur seine Realität erst durch die wahre Erkenntniſs. Wie erkennt aber das absolute Subjekt selbst dieses Denken als Band der Vergangenheit und Gegenwart?

Es findet in ihm, als Schluſspunkt der Vergangenheit, wieder das ewige Gesetz der Natur auf der höchsten Stufe der Darstellung, als reine Form. In dieser reinen Form findet es nun zuerst die Form, als drittes Element des Naturgesetzes, oder das, was wir Denkgesetz nennen — Begriff des Seyns und Nichtseyns (logischer Begriff), Begriff des Erkennens (logisches Urtheil), und Begriff der Erkenntniſs (logischer Schluſs), durchaus Formalismus, dem Wendepunkt gehörig. Es findet zweitens das Denken, nach dem zweiten Element des Gesetzes, als Produkt, und weil es weder der Vergangenheit noch der Gegenwart angehört, weil es als Wendepunkt nur im Akt und als Akt, als reine Caussalität, ohne Produkt sich giebt, so kann es auch nur als Ich bezeichnet werden. Auch dieses natürliche Ich ist nur ein formales, denn das Waltende in dieser Leerheit ist ja die reine Form. Es findet endlich drittens,

*) Dieser Begriff real genommen, giebt den Standpunkt und Widerspruch des Idealismus.

nach dem ersten Element des Gesetzes, den absoluten Gegensatz, als Bedingung, oder hinreichenden Grund des scheinbar caussalen Ich. Diesen Gegensatz bezeichnen wir als sinnliches Anschauen und abstrahirendes oder reflektirendes Denken, als Sinnlichkeit und Vernunft, oder wie sonst; nach dem Gesetz ist es aber ein absoluter Gegensatz, doch nur wieder der Form. Man kann nun auch diese Erkenntniſs, wie jede absolute, umkehren, und vom Gegensatz aus, bis zur logischen Form herab gehen: in der ersten Richtung philosophiret der Dogmatismus, in der zweiten der Criticismus.

Das absolute Subjekt fand durch die, in die Vergangenheit zurückgehende Construction die Erkenntniſs der Natur, sie würde ihm vollendet in der Form des Bewuſstseyns, die als reine Form den Begriff der Erkenntniſs giebt, und hiemit den Schluſs der Erkenntniſs verkündiget. Diese Form ist aber zugleich das Streben nach einem Objekt, sie wird ein Wissen, das wir das empirische nennen. Da nun aber, wie schon gesagt, aus dem Denken auf dem Wendepunkt, nichts hervorgehen, aber eben so wenig in seine geschlossene Form, weil sie nur freie Form der Natur ist, etwas Fremdes eingehen kann: so kann, die Sehnsucht abgerechnet nach der absoluten Gegenwart, die der Forscher hier so leicht mit einmischt, und von der bald die Rede seyn wird, dieses Streben nach dem Objekt nichts anderes seyn, als die Zurückbildung der Denkform in die Natur, aus welcher sie hervorgegangen, und eben dadurch wird das Bewuſstseyn ideale Natur, und nur dadurch wird die Erkenntniſs der Natur wahrhaft vollendet, ein in sich selbst zurückgehender Kreis, wahre Wissenschaft.

Denn das Zurückgehen des absoluten Subjekts in die Vergangenheit war Construction, und diese gab ihm das ewige Gesetz der Natur; aber die Erkenntniſs, die ihm daraus entstund, war die Darstellung des Gesetzes in einer bestimmten Stufenleiter zur Freiheit, und die Stufen eben nur durch den Grad der hervor in Freiheit tretenden Form unterscheidbar; es muſs sich also, wenn die Natur eine ganze seyn soll, von der Erscheinung des Bewuſstseyns aus, dieselbe Stufenleiter zur Nothwendigkeit geben, und diese Stufen müssen durch den Grad der Gebundenheit der freien Form zur Nothwendigkeit unterscheidbar seyn, bis sie zur idealen Nothwendigkeit selbst kommen, und erst diese ideale Nothwendigkeit wird die wahre Wissenschaft der Natur geben, wie die freie Form des Bewuſstseyns nur den Begriff der Erkenntniſs gab.

Trennt man nun diese entgegengesetzten Richtungen, so theilt sich die Eine Wissenschaft der

Natur in zwey, wir erhalten die Wissenschaft der realen Natur, als das Streben aus der Nothwendigkeit der Materie (das Hervorgehen der Natur) zur Freiheit der Form, und die Wissenschaft der idealen Natur, als das Streben aus der Freiheit der Form, die man auch Geist nennt (das Zurückbilden in die Natur) in die Nothwendigkeit der Wissenschaft überhaupt, so dafs auf diesem Punkt der Vollendung beide Wissenschaften wieder in die Eine zusammenfallen.

(Diese Zurückbildung der Freiheit in die Nothwendigkeit, ist, als Natur-Freiheit und Natur-Nothwendigkeit der Psyche der Gegenstand gegenwärtiger Untersuchungen.)

Der Wendepunkt zur Gegenwart, oder das Streben des Ich, selbst zu seyn, eröffnet die zweite Offenbarung des absoluten Objekts, tritt als Gefühl, unterschieden von äufserer und innerer Empfindung, als Sehnsucht, in die Erscheinung des Lebens, und ist das, was man, im strengern Sinne, Geisteskraft, Energie, und in Beziehung auf seine Produktivität, Genie nennt. Es ist oben gesagt worden, dafs die, die Befreiungsgrade der Form bezeichnenden Stufen der Natur, von der realen Natur als Probleme aufgestellt werden, welche sie selbst nicht lösen kann, dafs folglich in ihnen, diefs fügen wir hier noch hinzu, ihre Produktivität in das Freie ausläuft und in Spiel über-

übergeht. Die zweite Offenbarung des absoluten Objekts löset diese Probleme, und so müssen wir hier ihren höchsten Ausdruck aufsuchen, um uns den festen Blick für diese Offenbarung zu bilden.

Es ist der Kunsttrieb der Thiere, in welchem die reale Natur ihre Probleme im höchsten Ausdruck darstellt; und so ist auch das Gefühl, als Sehnsucht nach der Gegenwart, nach eigenem Seyn, noch auf dem Wendepunkt stehend, als das Echo des Kunsttriebes anzusehen. Der Kunsttrieb schafft nach einem Typus, es geht also in seinen Werken nicht die Form mit der Materie, sondern die Materie mit der Form hervor (Ist nicht die Wurzel oder der Saame dieser Produkte das thierische Bedürfniſs, folglich ein Freies, das Vorspiel der Sehnsucht?). Auf dem Wendepunkt erscheint die Sehnsucht rein, als Gefühl, und so muſs auch ihr Produkt ganz frey, nicht Materie aus der Form, sondern Form aus der Form seyn. Wie ist ein solches Produkt möglich?

Der Kunsttrieb ist der innere Sinn des Thieres, und deswegen ist sein Produkt der höchste Ausdruck des Problems der Natur. Sie stellt es aber auch im äuſsern Sinn dar, der eben so die in das Freie strebende Natur verkündiget; doch kommt der äuſsere Sinn, so wenig wie der innere, im Thiere zur Freiheit. Der Wendepunkt macht das ganze Thier frey, und so wird der äufsere Sinn des Menschen in der Empfindung des Ichs, eben so frey, wie der Kunsttrieb im Gefühl; der Sehnsucht, selbst zu seyn, liegt also schon der Sinn als freie Form vor, und so ist die Form aus der Form, als Produkt des freien Kunsttriebes, das, dem in der Empfindung des Ichs freien Sinn, entsprechende freie Bild, oder die Sprache in objektiver Betrachtung.

Die Entstehung dieses Produkts fällt in die Bewufstlosigkeit des Geistes, weder in die Vergangenheit noch in die Gegenwart, und kann folglich weder aus der Natur noch aus der Kunst begriffen werden, sondern ist nur durch einen Anstofs möglich, der uns die dritte Offenbarung des absoluten Objekts eröffnet. Aus diesem Grunde wird auch durch dieses freie Gebilde die Sehnsucht nach der Gegenwart, nach dem Selbstseyn, keineswegs befriediget, obgleich sie in ihm das Organ findet zur Befriedigung. Also auch hier sehen wir schon den Keim zu Anlagen, die in der zweiten Offenbarung als Probleme erscheinen werden, deren Lösung nur von der dritten zu erwarten ist.

Nur durch die Sprache ist die Zurückbildung des Ichs in die Vergangenheit möglich, und so beweiset auch diefs, dafs wir mit ihr immer noch auf dem Wendepunkt stehen. Fichte hat die bewufstlose Sprachschöpfung zum Bewufstseyn erhoben, das heiſst, er hat gezeigt, wie eine solche Schöpfung durch einen Anstoſs möglich sey; aber eben dieser Anstoſs läſst sie nicht objektiv werden, und ihr Princip fällt in die Bewuſstlosigkeit des Wendepunkts. Das von ihm aufgestellte Selbstbewuſstseyn ist nur ein Schatten des wahren, der aus diesem in das absolute Subjekt, wenn dieses im Philosophen durch die freie Trennung zum Bewuſstseyn gebracht wird, fällt, und so wie die Sprachschöpfung die Gegenwart, das Selbstseyn des Ichs nicht erreicht, so kommt auch Fichte's Philosophie nicht aus der Sehnsucht heraus. Schelling ging auch von der Sehnsucht, von dem, die Sprache als Form aus der Form erzeugenden, Kunsttriebe aus; aber er will, in entgegengesetzter Richtung, die Vergangenheit in die Gegenwart setzen. Ein noch mehr sich widersprechendes Unternehmen! denn wenn Fichte auch nicht die Gegenwart erhält, und die Vergangenheit aufhebt, so spielt er doch in eine Zukunft über, und seine Philosophie hätte die wahre Wissenschaft der Gegenwart werden können, wäre sie auf ihrer rechten Stelle aufgefaſst worden. Schelling hingegen hebt die wahre Gegenwart und die wahre Zukunft auf, indem er die Vergangenheit der Gegenwart substituiren will, und somit geht auch die wahre Vergangenheit verloren. Doch zieht ihn die Natur immer mehr in ihre Sphäre zusammen, und hat sich der Geist in ihr erst orientiret, weiſs er Kunst und Religion von Natur zu trennen: so kann uns sein Zurückweichen in die Vergangenheit die wahre Naturwissenschaft geben, und so wird er auch, mit dieser Beschränkung der Aufgabe, in dem nothwendigen Zeichen der Construction, die Lösung des Problems der Sprache für die Vergangenheit finden. Kant hat uns die Sprachlehre des in die Vergangenheit sich zurückbildenden Ichs gegeben.

Sprache ist die Vermählung des in die Natur sich zurückbildenden Ichs mit der Natur, und als Empirismus eben so an Produkten und Combinationen unendlich fruchtbar, wie die zum Ich sich hervorbildende Natur. Doch das Gesetz ist die gleiche Einheit beider, in der Construction die als Ich im nothwendigen Zeichen sich offenbarende Natur, und in der Anwendung die Basis des Empirismus, das, was die mannigfaltige Sprache zur Einheit knüpft, das in die Natur sich zurückbildende Ich zur Wissenschaft bildet. Jetzt erst stehen wir daran, den Wendepunkt aus der Vergangenheit in die Gegenwart zu verlassen, und in die letzte überzugehen: das Ich ist als ideale Natur mit der realen in Eine Wissenschaft geschlossen, die Vergangenheit kreiset in sich selbst als die erste Offenbarung des absoluten Objekts, und nur die unbefriedigte Sehnsucht geht als ewiger, zu einem noch nicht erreichten, und deshalb nicht erkannten Ziele aus dieser Offenbarung eben so hervor, wie der Denkakt aus der realen Natur.

Das absolute Subjekt hat das Bewufstseyn als Natur (Vergangenheit), die Natur als Wissenschaft erkannt, das heifst, das philosophische Wissen ist zuerst die gewisse Erkenntnifs, dafs alles wahre Wissen nur die Möglichkeit des Seyns des absoluten Objekts in seiner Offenbarung gebe, dafs folglich der Geist in ihm nur seine Vergangenheit finde oder den innern Grund seines endlichen Seyns. Hiermit ist das Hauptproblem des Bewufstseyns, wie doch im Wissen das Objekt mit Nothwendigkeit sich als das erste gebe, da das Wissen selbst Subjekt ist, philosophisch gelöset.

Das vom absoluten Subjekt gefundene Objekt ist das Wissen selbst, und zwar als Wissenschaft der Natur; es ist aber nur die Möglichkeit, folglich das wahrhaft gefundene Objekt. Wollte jemand weiter fragen, wie die Möglichkeit möglich sey, so mufs man ihm antworten, dafs er seine Frage nicht verstehe, und dafs er die Möglichkeit als Wirklichkeit setze, indem er nach ihrer Möglichkeit fragt. Wie und warum er auch so im Widerspruch fragen könne, das soll bald klar werden. Sagt er ferner, dafs er so fragen müsse, wenn sein forschender Geist Befriedigung finden solle: so sagen wir dagegen, daſs auch wir fragen müssen, wie seine Frage möglich sey, und daſs eben so ein Dritter wieder uns fragen könne, wie diese Antwort möglich sey, und so ins Unendliche fort. Diese Fragmöglichkeit ist eben die philosophische Subjektivität oder der fragende Geist, der die unendlichen Wirbel der Sophisterey erzeugt, wenn er nicht in seiner absoluten Negativität als absolute und reine Frage sich selbst erfaſst und so jene Richtung auf die wahre Antwort nimmt, die hier bezeichnet werden soll. Es kann ja nicht, wofern man sich recht besinnt, und das heiſst doch im Grunde Philosophiren, die Möglichkeit, oder das Wissen als Objekt, in den fragenden Geist, sondern es muſs dieser in die Antwort übergehen, der forschende Geist muſs sich der erkannten Möglichkeit hingeben, nicht wieder diese Möglichkeit als Frage in sich übertragen.

Eben das, daſs der fragende Geist, diese Freiheit der Natur, auch aus der befriedigenden Antwort, aus der geschlossenen Wissenschaft, die ihn in die Natur als Totalität versenkt, wieder heraus kann, beweiset, zwar nicht, daſs er noch mit Besonnenheit fragen könne nach einem realen und objektiven Wissen, oder gar nach der objektiven Realität oder dem Objekt des Wissens; aber wohl, daſs das Wissen nicht die vollendete Offenbarung, sondern daſs es, als Möglichkeit, nur die erste totale Darstellung des absoluten Objekts ist. Das, was zurück bleibt, ist nicht mehr Frage nach einem objektiven Wissen, sondern Sehnsucht nach einem Nichtwissen, nach eigener Wirklichkeit, jenes Gefühl, das wir schon als Uebergang der einen Offenbarung in die andere kennen.

Im gewöhnlichen, nicht philosophischen Wissen, steht die Möglichkeit als Materie vor dem fragenden Geist, und so können alle Antworten nicht die Möglichkeit erschöpfen, nicht sie selbst geben, sondern alles Wissen ist so nur ein einzelner sinnlicher Abdruck der Möglichkeit, der, der Materie gegenüber, in die Subjektivität fällt, und den Schein erzeugt, als sey das wahre Wissen nicht Objekt, sondern Subjekt, als sey die Natur nicht der antwortende, sondern der fragende Geist (sinnlicher Eindruck, *impression*), der von unserm subjektiven Geist die Antwort verlange.

Dieser Schein ist ein nothwendiger und hat folglich seine Wahrheit. Diese liegt aber nicht in der Sphäre der Natur, wo der Schein die wahre Lüge, das ist, gänzliche Umkehrung der Wahrheit ist, sondern im Gebiet der Kunst. Der Materie gegenüber steht nicht der fragende, so wenig als der antwortende Geist, sondern das Gefühl, und es ist die unbefriedigte Sehnsucht, welche die Natur zur Materie erstarren macht. Wäre es dem Menschen bestimmt, in dieser Periode seines Daseyns die gänzliche Befriedigung zu finden, so würde ihm auch endlich die Materie schwinden, sie würde ihm das seyn, was uns jetzt das Leben im Mutterleibe, eine nothwendige Voraussetzung, nichts weiter. Daſs aber der Mensch zu dieser, wenn auch nicht diesseitigen Befriedigung der Sehnsucht bestimmt ist, das wird uns schon die zweite, und noch mehr die dritte Offenbarung des absoluten Objekts beweisen.

Von der Materie belastet muſs die Sehnsucht erst frey werden, ehe irgend eine Befriedigung, eine Wirklichkeit, eine Gegenwart möglich ist. Der Schlüssel zur zweiten Offenbarung ist die Kunstfreiheit, oder die Einbildungskraft, der eine und selbe, von der Natur frey gegebene Denkakt, der aber vom nothwendigen Wissen gesättiget, oder vielmehr durch diese Sättigung nicht befriediget, weil sie ihn in die Vergangenheit oder Möglichkeit verschlieſst, sich die Bahn zur Wirklichkeit und Gegenwart bricht. *)

*) Wäre es möglich, daſs die Offenbarung des absoluten Objekts sich so in der Erscheinung gebe, wie sie philosophisch erkannt wird, wäre sie nicht an den relativen Gegensatz des Objekts und Subjekts, als Bedingung der Endlichkeit gebunden, und durch das Subjekt, als die leere im endlosen Kreise fortgehende Zeit, der Vereinzelung, folglich dem Scheine unterworfen: so würde schon nicht die Naturfreiheit, in

Die Einbildungskraft oder Kunstfreiheit löset die Fesseln der Materie, hiemit den Schein, ihn in ein Bilderchaos verwandelnd, sie entbindet die Sprache der Objektivität des Wissens, und setzt dieses in einen wachenden und schlafenden Traum um: es ist das Chaos einer Nachschöpfung, welches die Einbildungskraft giebt, die Dämmerung des ersten Schöpfungstages der Wirklichkeit, der Gegenwart.

Durch diese Befreiung von einem Einzelwissen, das aus der wahren Vergangenheit hervorstrebend, den Schein einer Gegenwart in der Materie giebt, durch die Verwandlung dieses Scheins in ein Bilderchaos und die Lösung der Sprache von den realen Gegenständen, wird die Sehnsucht schöpferische Kraft, sie wird Poesie.

Ob die Dichtkraft Naturkraft ist? Sie ist es und ist es nicht, das erste, weil sie die Kraft der Offenbarung, das zweite, weil sie die Kraft der zweiten Offenbarung ist. Die Einheit, welche man

welcher die Zeit selbst objektiv wird, und eben so wenig die Kunstfreiheit, als Aufhebung des Scheins, und es würde endlich auch nicht die moralische Freiheit, als gänzliche Erhebung über die Zeit erscheinen; es wäre aber auch keine Vernunft, keine Philosophie. Dieser Cirkel bestimmt die Richtung der letztern.

mit solchen Fragen sucht, die an vielen Orten dieser Darstellung, ihr Verständnifs störend, einfallen können, ist Wahrheit und Schein, die sich am Schlusse der Darstellung leicht werden unterscheiden lassen.

In Neigungen, dem Spiel der Sehnsucht, gefesselt endlich von Gewohnheit und umlagert von Culturverhältnissen, dem Stückwerk öffentlicher Kunst, verrinnt die Dichtkraft, mühsam und doch fruchtlos Wahn um Wahn vertauschend. Bald klagt die Sehnsucht nach vergangener besserer Zeit das Schlimme der Gegenwart, bald hofft sie schönere Zukunft, wird dann wieder von Scheu gegen das Fremde ergriffen, bis ein neuer Wechsel sie täuscht, oder das Gewohnte zurückkehrt. So wogt das Gemüth des Menschen zwischen sentimentaler Unruhe und naiver Ruhe und umschlingt mit diesen schwankenden Armen die Gegenwart, oder strebt vielmehr sie zu umschlingen; doch sinkt stets der eine Arm, hebt sich der zweite, es entwischt die Gegenwart im Augenblick und wird im Augenblick gehalten, sie wird ein Zeitlauf, und wurzelt nicht in fester Gestalt, wenn nicht Liebe die streitenden Arme aussöhnt, und zur Umarmung verschlinget. In Kometenbahnen schweben die Neigungen von einem Aeufsersten zum andern hin, tritt aber die Sonne der Liebe hervor, so werden sie zur Planetenwelt geordnet, das Gemüth wird Poesie, wird Kunst, wird Gegenwart, es stämmet sich die schöne Gestalt und strebt in zartern Zweigen der Blüthe entgegen, die streitenden Kräfte erkennen ihre Herrschaft an und werden erzeugend durch das schöpferische Wort der Liebe.

Der Kampf des Gemüths in unsteter Neigung, die aus dem Bilderchaos der Einbildungskraft bald dieses Bild ergreift bald jenes, und spielend wie das Kind ein Zerrbild aus dem andern schafft, nur, um im Spiel zu weilen, bricht endlich, des Spieles müde, in Leidenschaft zur Einheit der Gegenwart. Der Mensch will handeln. Nicht ist es der Gegenstand, der Leidenschaft erzeugt, was heute mich reitzt, das läſst mich morgen kalt, und nichts bedeutend ist oft der Gegenstand, der das Gemüth zur eigenen freien Handlung fortreiſst. Ich zürne, weil ich zürnen will, ich kränke mich, weil ich es so will, und hasse, weil mir die Liebe nicht gemüthet. Doch sucht die Leidenschaft den Gegenstand, weil sie nicht sich selbst in Freiheit halten kann, und fremd der schaffenden Liebe, kann sie nur zerstörend handeln. Ist aber das Gemüth in Liebe mit sich selbst versöhnt, so bricht die Handlung im Enthusiasmus hervor. Auf diesen Schwingen erhebt sich das liebende Gemüth in den Aether, in dieser reinen Höhe liegt ihm die unendliche Vereinzelung der Welt in Einem schönen Gemälde vor, es beseelt mit Liebe, was ihrer ermangelt, und so findet es im Spiegel sich unendlich mannigfaltig wieder: wo die Liebe handelnd sich nahet, da schweigt der Sturm der Leidenschaft, die Fläche des Gemüths ebnet sich, und kann sie auch nicht gleiche Liebe wecken, so schafft sie doch Heiterkeit und Milde. Wie die schweigende Liebe die Neigungen, so regelt der sprechende Enthusiasmus die Leidenschaften, und zwingt sie in den Dienst der Schöpfung schöner Gegenwart.

Neigung und Leidenschaft, Gewohnheit und die mannigfaltige Hemmung, welche die Leidenschaft in der äufsern Verfassung, so wie in sich selbst findet, bilden sich endlich zum Ganzen eines praktischen Verstandes, das sich in Meinungen, Vorurtheilen und Maximen ausspricht. Es entsteht eine allgemeine Lebensform, die dem ursprünglichen Gemüth entquollen, die Welt nach ihrem Maafsstab mifst. So hat die Gegenwart eben so viel Welten, als es Einzelleben giebt, und nichts ist wahr, als was der Augenblick dem Einzelnen giebt, auch nur für ihn wahr. Aber die Liebe, nicht wie die Neigung bestimmt durch Gegenstände, sondern in Freiheit offenbarend jene Probleme der Natur von ihr aufgestellt als höchste Möglichkeit, als die aus unbewufster Nothwendigkeit zur freien Bildung in der Gegenwart hervorstrebenden Anlagen, schafft, im Enthusiasmus der Kraft, aus ihnen eine Welt der Gegenwart, ein Kunstwerk, das, zwar im Grundton nach jenen Anlagen verschieden, doch immer alle Anlagen in Einer Harmonie verwirklichet. Das Kunstwerk ist die wahre Gegenwart, die zweite Offenbarung des absoluten Objekts.

Die Wurzel der Gegenwart ist das Gemüth im Kampf des Gegensatzes, der, von der Liebe besiegt, das Gemüth aus dem Wechsel des Augenblicks und des Einzelnen herausreifst und zur freien, dadurch wahren Gestaltung nöthiget. Der Stamm der Gegenwart ist die Handlung, doch, wie Holz mit faulem Kern, sich selbst zerstörend und blüthenlos verwesend, wenn, in Ermangelung der Liebe, nur der Augenblick und das Einzelne die Kraft ergreift, und sich in leerer Handlung verhauchen läfst, wenn nicht der Enthusiasmus der Liebe das Ganze umfafst, und die sich fremden Einzelmassen, in einfache, freundlich verwandte, zur reinen Form taugliche Stoffe auflöst. Das Kunstwerk endlich, das Leben in der Totalität, ist die Blume der Gegenwart, die jedem Menschen wenigstens einmal in süfsen Träumereien aufblüht, doch nur im Künstler zum anschaulichen Ganzen sich gestaltet.

Die Lyra des Gemüths, das Epos der Handlung und das Drama des Lebens, füllen abwechselnd die Gegenwart. Allein, wie in das Ohr das chaotische Geräusch der Welt bedeutungslos einströmet, dem Auge mannigfaltig verzerrte Gestalten wie Schatten vorübergaukeln, und im Worte Gestalt und Ton eben so bedeutungslos sich mischen: so tönt auch das Gemüth mehr oder weniger chaotisch, die Handlung giebt in der Leidenschaft schroffe, in beleidigende Spitzen und träge Wulste verzogene Gestalten, und das Leben ist eine mifsfällige Mischung von willkührlicher Stimmung oder Verstimmung des Gemüths und possirlicher Gestalten, eine *laterna magica* mit Dudeley. Doch dem Ohr wird Wahrheit in der Harmonie, dem Auge in der schönen Gestalt, und dem Wort in dem aus sich selbst tönenden Bilde der Poesie: so tönt auch das Gemüth wahr und harmonisch, wenn es in Liebe die Sehnsucht der Natur, die Sehnsucht der von der Natur gemachten Anlage nach der Schöpfung im Kunstgebilde ausspricht; die Handlung wird wahres Epos, wenn sie dem unendlich Mannigfaltigen der Gestalten die schöne Einheit giebt, und das Leben wird wahres Drama, wahre Gegenwart, wenn es irgend eine Naturanlage in die an sich leere Gedankensprache als von gleichem Grundton beseelte Grundfarbe einträgt, und die andern Anlagen als Nebentöne und Schattirungen so in Liebe ordnet, daſs die Schöpfung eines schönen Frühlings - oder Herbsttages nach seinen Phasen hervorgehe*).

Ist das Kunstwerk, die zweite Offenbarung des absoluten Objekts, ein allgemeines, ist es öffentliches Leben, dargestellte Gegenwart? So wenig, als die Wissenschaft der Natur alles Wissen beseelt, und die Natur im Wissen als wahre Vergangenheit oder Möglichkeit darstellt. Hier strömt eine künstelnde Wirklichkeit (falsche Empirie), nach allen Seiten in die Möglichkeit ein, ihre Wahrheit umnebelnd, dort wird die schöpferische Kraft in leeren Möglichkeiten vergeudet: das Wissen ist nicht Wissenschaft, der Staat nicht Kunstwerk, sondern beide schmelzen in eine Mischung zusammen, die man Cultur nennt, und nur die tiefere Kraft scheidet die Mischung, und bildet für die stille Beschauung jeden Theil zum absoluten Ganzen. Wird einst allgemein werden, was jetzt noch Wenige mit Nothwendigkeit sich selbst geben? Leere Hoffnung! Die Cultur geht, von ei-

*) Zur Wissenschaft der Kunst, schwebend zwischen der Wissenschaft der Natur und der Moral oder Religion, würde sich die Wissenschaftslehre hervorarbeiten lassen; ihr Standpunkt ist ganz dazu geeignet. Daraus ist wohl auch die unwillkührliche Hinneigung unserer jungen Dichter zu dieser Philosophie zu erklären.

sernen Banden zur Mischung geschlossen, unaufhaltsam, wie das schattende und trübende Gewölk, im zufälligen und doch nothwendigen Kreislauf fort, und brechen die Bande, so erfolgt wilde, Wissenschaft und Kunst zerstörende Ueberschwemmung. Doch versinkt das Gewässer, es steigt neues Gewölk auf, die Sonne läſst in der Kunst den neuen Morgen erscheinen und führt sie zur Höhe des Mittags auf der Bahn der Wissenschaft hinauf, bis sie in nachhallender Einheit wieder in die Fluthen taucht und eine zweite Nacht die Erde mit Dunkel überzieht. Wer löset uns den Widerspruch der so sich selbst gleichen und doch stets in Mischung wandelnden Welt? Wer öffnet uns die Pforte des ewigen Schicksals, aus deren Spalten das Ewige zwiespaltig in Gleichheit und Wechsel strömet?

Auch die Gegenwart befriediget nicht die Sehnsucht. Denn löset sie auch in ihrer Wahrheit das Problem der Natur, giebt sie der Einzelkraft Totalform, mit ihr allseitige Befriedigung für die Beschauung: so steht doch diese Wahrheit des Einzelnen in der Täuschung und Lüge des Allgemeinen, nur wie ein Shakspeare'scher Sommernachtstraum: das Erwachen ist die Sehnsucht nach einer Zukunft, die nicht ohne neue Täuschung, von der Kraft und ihren Schöpfungen erwartet werden kann. Diese Erwartung einer Zukunft ist, wie der Nachhall, so der Vorschlag einer gebrochechenen Gegenwart, das ist, nichts als die Sehnsucht selbst. Wahre Zukunft ist Glaube. — Wer versteht noch den Glauben, nachdem er von uns gewichen ist, und doch müssen wir zu ihm zurück! Allgemein kann er nur leben, nicht verstanden werden, nur vollenden, nicht begründen, nur beseeligen, nicht schaffen, und endlich nur demüthigen, nicht erheben.

Wissenschaft und Kunst leben im Bilde, auch die dritte Offenbarung führt uns nicht aus dem Bilde heraus, denn Offenbarung ist nicht Original, und diefs wird die Darstellung der dritten Offenbarung klar zeigen; aber sie giebt dem Bilde die Seele, und so mufs es erst deutlich erkannt werden, dafs das Bild der Wissenschaft und das Bild der Kunst nur Organ, jene das allgemeine, diese das besondere Organ des Einen Bildes sey, welches eben dadurch erst Eins und Wesen wird, dafs ihm die dritte Offenbarung die Seele einhaucht.

Das Wissen ist nur wahr, in wie fern es ein allgemeines ist, das Werk nur schön durch die Form. Jenes tilgt das Besondere als ein Scheinwirkliches an dem Allgemeinen als seiner Möglichkeit; dieses tilgt das Allgemeine als Scheinform (todte Zeichnung) an dem Besondern, als der wirklich lebendigen Form. Wenn also die Kunst durch die schöpferische That Gegenwart, folglich die besondere lebendige Form, wahre Wirklichkeit ist: so ist die Wissenschaft durch die Objektivität und mit ihr sich gebende Allgemeinheit, Vergangenheit, folglich die allgemeine todte Form oder Möglichkeit, und so nur stehen Kunst und Wissenschaft neben und in einander, daſs diese der Kunst die todte Allgemeinheit zur Belebung im Besondern, jene der Wissenschaft das besondere Organ giebt, um die allgemeine todte Zeichnung als Möglichkeit in individueller Erkenntniſs zu halten. Die Wissenschaft ist durch die Kunst, diese durch jene bedingt, gerade wie der menschliche Organismus, als besondere Form durch die Aussenwelt, und diese, als allgemeine Form durch den Organismus, weil sie doch nur für und in dem Organismus Aussenwelt ist. Aber eben so gewiſs ist es, daſs alles Wissen nur die Aussenwelt der menschlichen Wesenheit, die Kunst nur der besondere Organismus ist, der die Beseeligung noch von der dritten Offenbarung des absoluten Objekts erwartet.

Der Glaube kommt nicht aus dem Menschen, sondern zu ihm, der wahre Mensch geht aus dem Glauben hervor. Wie die Liebe, welche das Kind zur Mutter hinzieht, ursprünglich aus der Mutter stammt, so stammt das, was der Mensch als Glaube in sich findet, und das ihn in eine Zukunft hinziehet, ursprünglich aus Gott. Der Mensch findet den Glauben als das Letzte und Höchste, weil er vollenden soll; aber eben deswegen ist er das Erste, der Anfang, der doch nothwendig ein unbewufster seyn mufs. Der Mensch ist die Zurückbildung in das Ewige und so kann das Ewige und Nothwendige für ihn nicht das Erste, sondern es mufs das Letzte seyn; er mufs, denn er ist als Offenbarung endlich, Nichts seyn und Etwas werden, um im All seine Nothwendigkeit und Ruhe, seine Seeligkeit, seine Wesenheit zu finden. So weicht ihm das Wissen, in wie fern es allgemein, das ist, wahr ist, in die Vergangenheit, in die Möglichkeit zurück, der Mensch hebt in ihm jedes einzelne Seyn, als Wirklichkeit, und so sich selbst, als ein natürlich wiskliches auf: er und mit ihm alles, was erscheint, wird von der Wahrheit in die Möglichkeit als allgemeine Natur zurückgetragen, das Daseyn wird für seine wahre Gesinnung Schein, dessen Wahrheit, ein tiefer liegender allgemeiner Entwurf, die erste Bedingung und erste Erscheinung einer Offenbarung ist, deren wahres Seyn oder Wesen in dieser Allgemeinheit seine unendliche Möglichkeit hat. So ist der Mensch nichts, aber er kann werden. Er wird durch und aus sich selbst, das Nichts aus der Möglichkeit mufs Kraft für die Wirklichkeit werden. Die Kraft setzt die Möglichkeit in Wirklichkeit, die Allgemeinheit in Besonderheit, die Unendlichkeit in Endlichkeit; aber das Unendliche endlich geworden, wird nie wieder unendlich, das Allgemeine im Besondern nie wieder allgemein, es muſs die Endlichkeit in sich selbst brechen und die Zeit verkündigen. Die Zeit ist stets neu, stets Anfang, jeder Augenblick ist für sich absolut, doch es bricht auch jeder Augenblick das Endliche, und belehrt mich, daſs ich in einer wesenlosen Form stehe, deren Haltungspunkt selbst die Zeit seyn muſs. Dieſs läſst auch mich, denn ich bin ja selbst die Form, die Zeit als Haltungspunkt festhalten, und hiemit erhebe ich mich über die Form. Daſs ich mich aber in dieser Formlosigkeit halten kann, beweiset mir, daſs ich, folglich die Zeit, aus einer Wesenheit abstamme, und daſs durch die Zeit die allgemeine und besondere Form aus dem Ewigen hervorging. Ist das Ewige Erkenntniſs, oder Produkt der schaffenden Poesie? So fiel ich in die Form zurück, die mich zu den Pforten der Zeit führte, die Form zerfällt in der Zeit, und so kann mir nur diese das Wesen aufschlieſsen, und weil nicht für die Beschauung, so giebt die Zeit das Wesen, sie giebt es im Glauben. Die, die Form auflösende Zeit (ob auch ursprünglich gebende, davon hernach) hat keine Realität als eben die der Auflösung und Formlosigkeit, folglich nur die Realität einer Negation, die aber im Denken und als Denken ausgesprochen, diesem die Wendung von der Form zum

Wesen giebt, vom Wissen zum Nichtwissen, vom Können zum Nichtkönnen, von Möglichkeit und Wirklichkeit zur Nothwendigkeit, von der Vergangenheit, die mir die Zeit oder mich als Zeit, und von der Gegenwart, die mich der Zeit giebt, in die Zukunft, wo die Zeit mich mir selbst giebt. Das absolute Subjekt steht nemlich hier am Schlusse seiner freien Beschauung des absoluten Objekts, und nachdem es, in der ersten Offenbarung, das natürliche Subjekt (Ich) aus der Natur als der Vergangenheit hervorgehen gesehen, und im leeren Denkakt die von der Natur gelöste, frey gegebene Zeit, die aus der Vergangenheit gebohrene Gegenwart erkannt; nachdem es ferner die Naturfreiheit in Kunstfreiheit, das leere Denken aus dem Allgemeinen in Sehnsucht nach dem Besondern, oder dem eigenen Leben übergehen gesehen, und darin die Einbildung der von der Natur frey gegebenen Zeit in die Form der Gegenwart, folglich das Hingeben des Ichs an die Zeit erkannt hatte — steht es jetzt vor dem, weder von der Natur als Zeit gegebenen, noch sich selbst in besonderer Form der Zeit gebenden, sondern vor dem reinen Ich, und in diesem reinen, über Wissen und Kunst hinausgegangenen Ich, findet das absolute Subjekt sich selbst, das eben so, nur durch einen unmittelbaren freien Akt vom Leben getrennt, sich selbst faſste, um das Leben zu erkennen, und als

Kunstwerk in sich aufzustellen. Der Philosoph, in wie fern er sich als absolutes Subjekt setzt, fängt eine Zeit an, die nicht ist und war, um die Zeit zu erkennen, welche war, ist und seyn wird; das reine Ich, welches er jetzt in seinem Objekt findet, ist das Ende der Zeit, die Zeit über Vergangenheit und Gegenwart, über alle Form hinaus, folglich die rein objektive — wie das absolute Subjekt die rein subjektive Zeit. Hiemit schliefst sich der Philosoph wieder an das Leben an, und das Resultat seiner Forschung ist die absolute Zeit*). Mit dieser höchsten und letzten freien Erkenntnifs hat er das Ziel erreicht, nach welchem er strebte, nemlich, das Leben, welches er als ein in der Zeit

*) Diefs ist wohl der Standpunkt Reinholds. Aber ich weifs nicht, ob von dem Punkte, auf welchem sich das Wesen offenbaret, die Philosophie ausgehen kann. Nach meiner Ueberzeugung hat die Philosophie das erste Wahre zu suchen, und ist nur dadurch möglich, dafs im menschlichen Geist das absolut Nichtwahre, oder absolut Nichtreale, das ist, die Subjektivität als Negation des Objektiven und Nothwendigen, in der freien That des Denkens erscheint. Ich denke Gott, und so ist auch Gott; aber noch nicht erwiesen, doch erweisbar dadurch, dafs die Philosophie das Denken bis zum Glauben consequent durchführt. Das erste Wahre ist also das Ziel der Philosophie, nicht ihr Princip, die Wahrheit wird gefunden, nicht vom Philosophen unmittelbar gesetzt, wo ihr der Charakter der Objektivität ewig mangelt.

bedingtes und äufseres fand, von Innen heraus als ein wahres und absolutes zu erkennen. Er stellte sich, um dieses Ziel zu erreichen, dem Leben, als absolutes Subjekt gegenüber, und so war es eine nothwendige Folge der Natur seines Geschäfts, das Leben in entgegengesetzter, das ist, subjektiver Richtung zu verfolgen. So konnte er aber nicht von seinem wahren innern Grunde, denn die Erkenntnifs dieses Grundes ist ja das Ziel, sondern er mufste von dem, dem Grunde Entgegengesetzten, von dem ursprünglich Gegründeten, von der Natur, als der Allgemeinheit, von der Möglichkeit ausgehen; und weil er diese als Vergangenheit fand, so mufste er von ihr auf die Gegenwart, und von dieser auf die Zukunft fortgehen, um zu dem wahren Anfang, zum wahren Grunde zu gelangen. Jeder andere vermeintlich richtige Weg zur Erkenntnifs des ursprünglich Wahren, des wahren Anfangs und Grundes, beweiset nur, dafs der Philosoph sich die nothwendige Natur seines Geschäfts nicht zum klaren Bewufstseyn gebracht hat, und man kann mit einer vorgefafsten Anschauung das Problem zwar aufheben, doch nicht lösen; will man aber mit dieser Anschauung den Widersprüchen ausweichen, so fällt man in die Beschränkung der Gegenwart, nicht blofs die Form, sondern auch der Gehalt der Philosophie, die Erkenntnifs des Wahren, wird Kunstwerk, das doch selbst wieder als Problem des Lebens der Philosophie vorliegt.

Das absolute Subjekt, oder die rein subjektive Zeit, ist absolut freier Akt: so ist denn die rein objektive Zeit, die sich in der dritten Offenbarung des absoluten Objekts darstellt, absolut nothwendiger Akt; der freie Akt des Philosophen geht in den nothwendigen des Objekts über, und dieser, im Leben verschlossen, wird durch den freien Akt des Philosophen frey. Das heifst, der absolut nothwendige Akt wird als die höchste und erste Wahrheit vom Philosophen, und nur von ihm erkannt: er ist erkannt, denn er ist frey geworden, er ist das erste Wahre, denn die erkennende Freiheit und das freie Erkennen wird in ihm Nothwendigkeit.

Der Philosoph tritt aus dem Leben heraus, so wird er frey und erkennend; er schliefst sich wieder an das Leben an, weil er mit seinem Grunde zusammenfällt, so wird er nothwendig und glaubend. Er kann aus der als absolut erkannten Zeit nicht wieder herausgehen, weil er, aus dem Leben herausgegangen und mit Nothwendigkeit zurückgehend, sie fand, er kann nicht aus ihr herausgehen, ohne, sich selbst täuschend, denselben Weg zu wiederholen; er kann folglich nicht wieder erkennend werden, ohne seine wahre Erkenntnifs entweder zu vergessen, weil er sie nicht wahrhaft fand, oder sie für Lüge zu erklären. Die Erkenntniſs straft aber ihn selbst als Lügner, indem sie immer als dieselbe sich giebt. Sich selbst täuschen kann also wohl der Philosoph, und zum Lügner an sich werden, aber die wahre Erkenntniſs führt ihn mit Nothwendigkeit zum Glauben, als zum wahren Anfang und innern Grund des Lebens, zur Geburt des menschlichen Geistes. Doch es ist Zeit, den Glauben, als solchen, selbst zu bezeichnen.

Ich nenne ihn zuerst die moralische Freiheit des Menschen, weil alle Denker, und an diese muſs ich mich anschlieſsen, wenn ich die höchste Erkenntniſs auch durch Bezeichnung bewähren will, unter dieser Freiheit das Vermögen verstehen, sich von allen Bedingungen der Zeit loszusagen — was unter diese Bedingungen fällt, nennen wir weder moralisch, noch moralisch frey. Von den Bedingungen der Zeit wird der Mensch frey, wenn er über sie hinausgeht, und er ist ursprünglich frey, wenn diese Bedingungen ursprünglich in ihm wurzeln. Mit der wirklichen Handlung über die Bedingungen der Zeit hinausgehen, das hieſse über die Zeit selbst hinausgehen, und das widerspricht sich; mit diesem Hinausgehen ist also nur die philosophische Erkenntniſs angedeutet, in der sich der Mensch eine absolut subjektive, folglich von den Bedingungen der objektiven Zeit freie Zeit setzt. Diese Erkenntniſs führt zur absolut objektiven Zeit als ihrem Ziele, und da der Philosoph mit seiner subjektiven Zeit die entgegengesetzte Richtung des Lebens hat: so muſs das Letzte seiner Erkenntniſs das Erste im Leben seyn. So erkennen wir, daſs die Zeitbedingungen wirklich im Menschen wurzeln, daſs er selbst, in seinem Grunde und Wesen die absolute Zeit ist; die absolute Zeit ist also die wahre Freiheit des Menschen, und diese Freiheit ist sein wahres Wesen: in wie fern auch moralisch?

Als unmittelbare That Gottes. Sie ist That. Denn so wie die sich selbst gebende subjektive Zeit des Philosophen nur That ist, so findet er auch im Objekt die Zeit überall als That, als That der Natur und als That der Kunst. Sie ist die That Gottes. Denn sie ist nicht die That der Natur, die der Philosoph als den Bruch und die Wendung aus der Möglichkeit in die Wirklichkeit, aus der allgemeinen Form in die besondere, aus der Natur zur Kunst erkennet; sie ist auch nicht die That der Kunst, die der Philosoph als schöpferische Kraft der besondern Form findet, die aber wieder einer Zeit unterworfen ist; sie ist endlich nicht die freie philosophische That, denn diese findet eben in jener objektiven Zeit, welche noch über die Kunst hinausliegt, ihr Ziel, sie fällt mit der objektiven That als einer nothwendigen zusammen, und es ist ihr letzter Akt, diese als nothwendig und absolut zur Erkenntniſs zu erheben: mit dieser Erkenntniſs geht sie in das Leben zurück und verschwindet in dem gefundenen Grunde. Ferner spricht die absolute Zeit, in ihrer Formlosigkeit und Negation der Form, die entgegengesetzte Richtung auf das Wesen, mit ihr zugleich das Ende der philosophischen Erkenntniſs aus, die schon dadurch, daſs sie das Leben in Trennung setzt, das Objekt nur als Form halten kann. Die absolute Zeit wird also nicht allein vom Philosophen als Grund der Wissenschaft und Kunst gefunden, sondern, indem seine That in ihr untergeht, findet er sie zugleich als den Grund seiner freien Erkenntniſs, das heiſst, als das aller Form entgegengesetzte, weder in der Wissenschaft als allgemein sich gebende, noch in der Kunst als besondere Form darstellbare, noch in freier philosophischer Erkenntniſs erkennbare Wesen. Dieses Wesen nennen wir Gott. Sie ist endlich auch die unmittelbare That Gottes. Denn sie ist der Grund der Wissenschaft, Kunst, und der freien Erkenntniſs. Als unmittelbare That Gottes stehen wir an der Spitze des Universums, wir sind göttliche Wesen, göttliche Individuen; in der Gesinnung, welche diese Erkenntniſs unsers wahren, wesentlichen Standpunkts entstehen läſst, beherrschen wir die, äuſsern Bedingungen unterworfene

Zeit, und weil diese Herrschaft aus der ewigen Wesenheit, aus dem ewigen In sich selbst seyn, hervor, und, als absolute Zeit, nothwendig wieder zu der ewigen Wesenheit, als dem ewig In uns seyn der Gottheit zurückgeht, so ist diese Freiheit auch eine moralische zu nennen. Sie offenbaret sich aber auch als Glaube, denn sie giebt dem Menschen die der Form entgegengesetzte Richtung; der Glaube offenbaret sich aber als das Höchste und Wesen des Menschen, weil ihm die Form jene Richtung als die ursprüngliche beweiset.

Der Glaube ist folglich zugleich die moralische Nothwendigkeit — Freiheit als aus Gott hervorgehendes, Nothwendigkeit als zu Gott zurückgehendes Wesen. Dieses Zurückgehen ist von jeher als das dem Theoretischen entgegengesetzte Praktische im Menschen erkannt worden, und hat auch die Erkenntnifs der moralischen Freiheit die Philosophen von jeher verlegen gemacht: so haben sie doch einstimmig, bis auf die neueste Zeit, die moralische Nothwendigkeit als die der Form oder dem Wissen entgegengesetzte Richtung auf das Wesen im Handeln anerkannt. So war es auch nur jener Mangel der Erkenntnifs der moralischen Freiheit, was sie — immer eine seltsame Erscheinung — in der Bestimmung des Princips dieser Nothwendigkeit im Schwanken liefs.

Der nicht erleuchtete Punkt der Freiheit verhinderte nemlich die totale Ansicht des menschlichen Geistes, und so glaubten sie, die moralische Nothwendigkeit könne und müsse neben der theoretischen bestehen: da blieb denn nothwendig entweder eine Kluft oder ein Widerspruch, und diese nothwendige Folge einer mangelhaften Erkenntniſs hat endlich, der Consequenz zu Liebe, die ganz falsche Erkenntniſs erzeugt, die das Theoretische und Praktische in Ein Kunstprodukt der Spekulation verschmilzt. Man faſse doch, was es heiſse, der menschliche Geist ist nur Ein Geist, auch nicht nach Kräften und Fähigkeiten real trennbar, und sodann, was es heiſse, er lebt in entgegengesetzter Richtung, und diese ist seine Endlichkeit. Wenn demnach die erste oder theoretische Richtung, in Wissenschaft und Kunst und freier Erkenntniſs nur Form giebt, die endlich in der absoluten Zeit untergeht: so ist ja die entgegengesetzte praktische Richtung eben nur das Aufheben dieser Form, wodurch sich allein das Wesen als Wesen, als vernichtend die Zeitbedingungen, als moralische Nothwendigkeit offenbaren kann. Also alles, was sich in der ersten Richtung theoretisch als Form giebt, giebt sich in der entgegengesetzten Richtung praktisch als Wesen.

In der ersten Richtung finde ich die Natur als Möglichkeit, und ich nenne sie das innere Wesen der Natur; das Aeuſsere derselben als ein Einzelnes ist bloſser Schein, den ich in jener Möglichkeit gelöset sehe, der Schein selbst aber bleibt mir als Problem, als Aufgabe der Natur für eine zweite Offenbarung stehen. In der zweiten Richtung ist diese Möglichkeit nichts, weil sie nur in der Erkenntniſs, nur als Wissenschaft Realität hat; das Einzelne ist wahr, doch nur als That Gottes, denn diese That lebt in mir, ist mein Wesen, und da dieses Wesen der Glaube selbst ist, so muſs ich auch glauben, daſs alles was ist, seinem Wesen nach That Gottes ist. Dieſs ist der Vernunftglaube an Gott den Schöpfer, der allerdings Gesinnung — nicht Erkenntniſs, Wesen — nicht Form ist, für jeden ein leeres Wort, dem die göttliche Gesinnung, das Wesen, sich nicht in ihm offenbaret. Dieser Glaube in dieser Gesinnung, und diese Gesinnung in diesem Glauben ist das wahre Moralprincip. Ich kann nur moralisch handeln, wenn Gott in mir lebt, und so kann ich nur darum göttlich handeln, weil Gott in mir lebt. Fragt man aber, was ist zu thun, damit Gott im Menschen lebe: so ist das freilich eine sonderbare Frage, doch hat sie ihren Sinn, der uns indessen auf einen andern Standpunkt versetzt. Ich würde sie mit Kant also beantworten: In wem die göttliche Gesinnung nicht lebt, der ist nicht moralisch frey, und so liegt er noch unter der Disciplin, die ihm die täuschenden Formen nicht unterhalten, sondern, ihre Täuschung aufdeckend, allmälig entziehen muſs.

Nach der so, als lebendiger Glaube an Gott, erkannten moralischen Freiheit, als einzig wahren Motivs meines wesentlichen Lebens, kann ich auch nicht über das Moralgesetz im Zweifel seyn. Jene Freiheit stellt mich an die Spitze der Natur, als der aus derselben Freiheit geschaffenen; sie ist also das Bild der göttlichen That und so das Vorbild meiner Handlungen aus der göttlichen That oder Gesinnung. Gott giebt nur Leben, dieses Leben geht aus Liebe hervor und einiget sich wieder in Liebe, die Liebe ist das göttliche Gesetz der Offenbarung, und so auch das Gesetz der Offenbarung der göttlichen That in mir. Eben deswegen, weil Liebe nicht geboten werden kann, ist sie das Gesetz der innern Handlung, gegründet auf Gleichheit der göttlichen Wesenheit, der gleichen, allen Menschen eingebohrenen Freiheit oder Bestimmung. Achtung führt mich aus der Einheit des Wesens in den Gegensatz der Form: wie kann die Idee, was der Mensch seyn **soll** und immer nicht **ist**, ein wahres Gefühl der Achtung in mir erzeugen? Im Gegentheil muſs mir der wirkliche Mensch desto tiefer in der Achtung sinken, je vollkommener jene Erkenntniſs ist; es bleibt dieses Gefühl immer nur theoretische Schätzung nach einem

Kunstideal, sie artet, wenn ich sie moralisire, in ungerechtes Mitleid oder thörichten Stolz aus, und läſst mich aus dem täuschenden und doch so schneidenden Gegensatz einer idealen Wesenheit, die selbst wieder nur Form ist, und der Erscheinung nie heraus. Die Liebe, als unmittelbare Folge der erkannten gleichen Wesenheit und Bestimmung, ist der reelle Grund der Achtung — die Achtung das ideale Ziel der Liebe und nur aus diesem Grunde hervorgehend eine moralische; die Liebe ist folglich Handlung, die Achtung nur Idee; das Gesetz der Liebe ist Hinweisung auf das, was der Mensch ursprünglich ist, folglich jeden Augenblick werden kann — das Gesetz der Achtung, Hinweisung auf das, was er nicht ist, folglich nie werden kann; die Gesinnung folgt von selbst aus der Handlung der Liebe, diese ist das dem Menschen Ursprüngliche, Wesentliche, und mit der Gesinnung erzeugt sich eine Achtung, welche der wirklichen Handlung entspricht — Achtung setzt Gesinnung voraus: woher aber soll diese dem Menschen werden? Nicht aus dem erkannten Gesetz, denn diese Erkenntniſs spricht ja eben die Gesinnung aus, und wie kann die theoretische Achtung in Handlung übergehen ohne Gesinnung? Ich muſs die vollkommene Form achten und die schlechte verachten; aber ich liebe alle Wesen, weil das Wesen nur Liebe und Liebe mein Wesen ist, die

Form

Form sey auch die schlechteste. Die Formel des Gesetzes der Liebe ist eben so einfach als klar: nimm jeden Menschen wie dich selbst. Bin ich selbstsüchtig. und nehme nur den andern nicht anders, so finde ich bald, daſs Selbstsucht sich im Widerspruch aufhebe; ich muſs also wenigstens für mich den Widerspruch tilgen, ich muſs die Selbstsucht abwehren, und diese negative Funktion der Liebe in der Mitte selbstsüchtiger Menschen heiſst Gerechtigkeit. Wohnt aber die Liebe, als positive Handlung in mir, so zwingt sie auch den Selbstsüchtigen zur Gerechtigkeit, weil in ihm doch auch die Liebe als Wesen schlummert, oder sie reiſst wenigstens der Selbstsucht die Larve der Rechtlichkeit ab und läſst sie als Ungerechtigkeit in ihrer Blöſse erscheinen. Der Glaube an Gott, oder die moralische Freiheit erhebt also in der Liebe das besondere Kunstleben zum allgemeinen göttlichen Leben, und ist der gesunde Keim auch in verdorbener Cultur, so wie die Blüthe der Unsterblichkeit in der gewissen Erwartung des höchsten Guts, als des allgemeinen göttlichen Reichs. Vergangenheit, Gegenwart und Zukunft, Möglichkeit, Wirklichkeit und Nothwendigkeit, Wissenschaft, Kunst und Religion, für die Beschauung oder Form, theoretisch getrennt, einigen sich in der absoluten Zeit im Wesen dadurch, daſs diese den Menschen, der aus dem zufällig gebrochenen

Leben zur Beschauung sich erhob, in das nicht mehr gebrochene, sondern eine, ganze und allgemeine Leben zurücksetzt, ihm für die theoretische Richtung aus der willkührlichen Freiheit zum nothwendigen Grunde, die praktische Richtung aus dem Grunde zur Freiheit giebt. Aus dieser Einheit des Wesens aus Gott, oder aus der moralischen Freiheit breitet sich die göttliche Offenbarung als wahres und ewiges Leben aus, im Naturglauben an Gott — die göttliche Wahrheit der Wissenschaft — in allgemeiner Menschenliebe — die göttliche Wahrheit der Kunst — und in der gewissen Hoffnung allgemeiner Beseeligung — die göttliche Wahrheit der Religion, als höchster Sehnsucht in der Beschauung.

Die absolute Zeit ist der Standpunkt der Geschichte, und so ist ihr Anfang nothwendig ein göttlicher; wie gewiſs aber die absolute Zeit absoluter, folglich ewiger Akt der Wesenheit ist, so gewiſs ist der geschichtliche Anfang kein absoluter, sondern der in ewiger Succession fortschreitende Anknüpfungspunkt des Endlichen und bezeichnet nur den nothwendigen Wendepunkt aus dem Realen ins Ideale, des absoluten Gegensatzes als nothwendiger Form der Offenbarung, abgesehen von ihrem Gehalt. Der Grund der Geschichte ist demnach der im ewigen Akt der Offenbarung ewig sich gebende Wendepunkt, aber ihr Anfang ist das

Hervortreten des Wendepunkts in die Erscheinung. Diese Erscheinung ist der endliche Geist, der sich reflektirende Strahl der Offenbarung. In dieser seiner ursprünglichen Reinheit aufgefaſst, ist er die absolute Subjektivität, und nur wer sich zu dieser erheben, oder vielmehr, die Täuschungen, die zu einer Scheinhöhe führen, tilgend, bis zu dieser Tiefe der menschlichen Natur herabsteigen kann, dem ist die Erkenntniſs göttlicher Wahrheit gewiſs. Die Sprachfähigkeit des Realen kündiget die Erscheinung des Wendepunkts an, und die Sprache trennt das Ideale und Reale, macht den Geist wirklich. Doch wer gab dem Menschen die Sprache selbst, wer setzt die Fähigkeit, den möglichen Geist in Wirklichkeit? — Mit dem Wendepunkt muſste zugleich der ewige Akt, als unmittelbare That Gottes in die Erscheinung treten, der endliche Geist muſs ein göttlicher, ein moralischer seyn, die unmittelbare That Gottes muſs ihn zum Leben beseeligen — der Mensch ist wahrhaft göttliches Wesen.

Die Einheit, welche die Vernunft sucht, ist das absolute Objekt, ist Gott; aber auch das Suchen der Einheit ist Einheit, und wird von demjenigen für das absolute Objekt gehalten, der diesseits der Form steht, weil alle Form in der suchenden Einheit sich concentriret. Das Suchende ist das absolute Subjekt, und wer hierin einen

Gegensatz des Absoluten zu sehen meint, der erwäge doch, dafs das absolute Subjekt eben nichts anders bezeichne, als das absolute Nichtobjekt, dafs das Absolute als real nur vom Objekt prädicirt werden könne, und dafs gerade dieses absolute Nichtobjekt die Nothwendigkeit des absoluten Objekts beweise, ja dafs es als solches zugleich die Basis, die Empfänglichkeit der Offenbarung, das Auge ist, in welches das ewige Licht strahlet, und in welchem es sich zur Erkenntnifs bindet. Auf jeder Stufe der Natur ist dieses Subjekt das Wesentliche, aber es bleibt Möglichkeit, bis es selbst erscheint; hier gestaltet es sich als Kunst zur Form des Lebens, geht dann in die Nothwendigkeit der Zeit über, und auf diesem Standpunkte findet es sich als absolutes Subjekt zugleich mit der nothwendigen Beziehung auf das absolute Objekt. Diese nothwendige Beziehung ist zwar weder die gesuchte noch die suchende Einheit, aber sie ist das Ziel des Suchens und zugleich der Strahl des Gesuchten, die Einheit, die sich nicht mehr der theoretischen Vernunft giebt, sondern die praktische begründet, selbst die göttliche That, die moralische Freiheit, der lebendige Glaube, der wahrhaft wesentliche Mensch.

Die philosophische Erkenntnifs in der Richtung, welche durch den Standpunkt der absoluten Subjektivität bestimmt wird, giebt nicht allein die Wahrheit der ewigen Offenbarung in ihrem innern Zusammenhange und Grunde, sondern auch entsprechend den Ansprüchen des gemeinen Bewufstseyns, und indem sie den tiefern Sinn des letztern aufschliefst, bewährt sie sich als wahre Philosophie, die uns nicht eine neue Welt schaffen, sondern die Welt, die sich im Bewufstseyn vorfindet, in ihrer Totalität deuten soll. Wir wollen hievon einen Beweis dadurch geben, dafs wir den wahren Sinn der Behauptung, die Psyche ist Produkt, aus der allgemeinen Vorstellung der Welt, die wir im Bewufstseyn vorfinden, nach der gegebenen philosophischen Darstellung ableiten.

Das Erste, was wir in dieser Vorstellung finden, ist die allgemeine Natur, die, ein Unendliches für unsere Sinne, unser Daseyn so umschliefst und durchaus bedingt, dafs wir selbst mit dem Denken, in welchem wir uns ihr entgegensetzen, aus diesen Bedingungen nicht herauskommen, auch dieses dem Wechsel und dem Tode unterworfen finden. Doch fühlen wir uns durch eben dieses Denken genöthiget, sie als Wirkung zu erkennen, und auf eine Ursache zurückzuführen, deren Realität uns aber nicht gewifs ist, weil wir sie nicht erkennen können. Die allgemeine Natur ist uns also Produkt ohne erkennbare Ursache, folglich Produkt schlechthin.

Das Zweite in dieser Vorstellung ist die organische Natur, zwar stehend in der allgemeinen Natur, doch von ihr darin unterschieden, daſs sie im Besonderen sich selbst lebt, daſs sie für unsere Sinne ein Endliches ist, dessen Anfang und Ende wir wahrnehmen, daſs wir sie als eine Wirkung erkennen, deren Ursache in ihr selbst liegt, ohne jedoch diese zu erkennen, als ein Wesen, das sich selbst Mittel und Zweck, eine in sich geschlossene Natur im Kleinen darstellt. Wir sehen ferner in ihr die Wirkung nicht als eine ruhende, sondern jeder Augenblick ihres wechselnden Lebens scheint nur die Erscheinung einer Ursache zu seyn, die zugleich Wirkung, und einer Wirkung, die zugleich Ursache ist, die aber doch in diesem Wechsel eine sich selbst gleiche Form offenbaret. Wir müssen sie folglich als Produktivität und Darstellung der Form denken.

Das Dritte in dieser Vorstellung sind wir selbst als bewuſste Wesen, und wenn wir von dieser Vorstellung alles Problematische entfernen, was der allgemeinen Natur als Aussenwelt, vermöge des sinnlichen Eindrucks, und der organischen Natur, als inneren Organisation unsers Leibes, vermöge der Thätigkeiten, die den Wechsel des Bewufstseyns unterhalten, angehört: so bleibt uns nur die Vorstellung übrig, dafs es Bewufstseyn sey, folglich die Idee einer Nothwendigkeit, einer Einheit im Wechsel, die wir als Vernunft bezeichnen; und wenn wir auch von der Vernunft alles Problematische entfernen, so ist das Streben nach einem Höhern, die Foderung desselben, der Glaube an Götter und Gott, das rein Gewisse, auch Gewissen genannt, was das Bewufstseyn als das Dritte der Vorstellung der Welt bezeichnet, das heifst, es tritt die Ursache, die wir weder in der allgemeinen noch organischen Natur finden und doch nothwendig denken müssen, rein als solche ohne Wirkung, folglich die Zeit ohne Zeitmaafs, die absolute Zeit, als Akt des Glaubens oder Strebens hervor.

Diese dreifache Vorstellung in der Einheit der Welt, welche Einheit wieder in die dritte Vorstellung, in das Bewufstseyn fällt, giebt uns die Analysis des gemeinen Bewufstseyns, und sie ist auch das Resultat der philosophischen Synthesis, die aber von der in das Bewufstseyn fallenden Einheit ausgehend, die dreifache Vorstellung, nicht wie die Analysis in ihrer Trennung, sondern in ihrem Zusammenhange erkennen läfst. Die Trennung wird dadurch aufgehoben, dafs die formale Einheit, die sich im gemeinen Bewufstseyn als Begriff Welt objektiv, für das philosophische Bewufstseyn als absolutes Subjekt durch die philosophische That giebt, eine Umtauschung, welche den Schein der Trennung in die Wahrheit des Zusammenhangs auflöset, und so, ohne die Realität des Objekts der dreifachen Vorstellung zu ändern oder gar umzutauschen, nur im zusammenhängenden, nothwendigen Wissen darstellt.

Heben wir nun die Objektivität des Einheitsbegriffs Welt auf, und stellen uns auf den philosophischen Standpunkt subjektiver Einheit: so zeigt uns folgender Gang die wahre Bedeutung der dreifachen Vorstellung der Welt, welche freilich, auch in ihrer faſslichsten Darstellung, derjenige nicht versteht, der sich nicht aufgelegt fühlt, jene, weder begründete noch sich selbst begründende Objektivität des Begriffs Welt für die höhere Erkenntniſs aufzugeben, sondern lieber Gottheit, Unsterblichkeit und Seeligkeit, seyen diese Ideen wahr oder bloſse Täuschung, dahin gestellt seyn läſst, damit nur seinem Geist jene bequeme Wand bleibe.

Ich bin durch die allgemeine Natur bedingt, doch nicht durch ihre Einzeldinge, selbst der Planet spricht nur zufällig diese Bedingung aus, so wie er selbst wieder durch andere Welten bedingt ist, ich könnte auf tausend andern Welten von anderer Beschaffenheit da seyn; aber es muſs ein Allgemeines seyn, wenn ich seyn soll, und dieses Allgemeine nennen wir Materie. Die Materie als das Allgemeine schlieſst jede besondere Materie aus, jede besondere ist bedingt durch die allgemeine; nun nehmen wir aber mit den Sinnen nur besondere Materie wahr, die allgemeine Materie ist folglich eine nicht sinnliche, das ist, bloſse Idee, und sie mag nun als ursprüngliche Idee oder als bloſses Abstractum genommen werden, so spricht sie doch immer die nothwendige Voraussetzung meines Seyns aus: ich kann nicht seyn ohne Etwas, das wir zunächst als Materie bezeichnen. Die allgemeine Natur, das ist, die Materie, ist Produkt schlechthin, so muſs ich sie denken; es sey nun, daſs sie bloſs für mich das ist, so liegt in diesem Denken die Gewiſsheit, daſs die allgemeine Natur oder Materie nicht von mir erzeugt werde, sie bezeichnet folglich das, was meiner Denkthätigkeit zum Grunde liegt, und da die Materie doch wieder nur Idee, folglich ein Gedachtes ist: so muſs die ursprüngliche Thätigkeit des Denkens eine passive, das heiſst, sie kann nicht absoluter und unabhängiger Akt seyn, sondern hervorgegangen, oder hervorgetrieben aus einem früheren Seyn, kann sie nur auf dieses zurückgehen, so daſs sie, an sich leere Thätigkeit, gegründet in einem Seyn, von diesem, durch Zurückbeugung auf es, ihre Realität erhalte. Dieſs ist der Charakter des Wissens und die Bedeutung der im Wissen nothwendigen Objektivität. Das Denken ist, als Akt, nicht die Offenbarung, sondern das Offenbarende, das Wissen ist für das Denken eine Vergangenheit, das Bewuſstseyn das Produkt aus einer Vergangenheit, und da wir diese als Ursache nicht erkennen, so ist es das Bild, dessen Original wir nicht erkennen, weil alle Erkenntniſs nur Bild ist. Das gemeine Bewuſstseyn ist nie Totalwirkung, Totalbild, sondern zufälliges Stückwerk; wie aber einmal der Denkakt für sich leere, folglich freie Thätigkeit, und wie, dem zufolge das Stückwerk des Bewuſstseyns nie ein bestimmtes, sondern unendlicher Erweiterung fähig ist, in jedem einzelnen Theil die Allgemeinheit, aus welcher es hervorgehet, abbildet, und so das Einzelne, auf das es zurückgehet, zum Allgemeinen, das ist, zum Wissen erhebt: so kann auch diese Allgemeinheit, abgesehen von jedem Einzelnen, unmittelbar als Totalbild der Vergangenheit erkannt werden. Diese Erkenntniſs ist dadurch möglich, daſs ich das Denken in der Sprache, die das zurückgehende Denken aus dem Einzelnen sich gebildet hat, aufhebe, und das Denken in seinem eigenthümlichen Zeichen sich aussprechen lasse. Dieses Zeichen ist ein allgemeines und nothwendiges, und da es folglich nicht von der

Freiheit des Denkakts abhängt, auch den Charakter der Passivität oder die nothwendige Richtung auf die Vergangenheit hat: so ist es das Totalbild der Vergangenheit, und wir nennen es Gesetz der Natur. Durch diese Erkenntniſs werden wir in Stand gesetzt, jedes einzelne Wissen zu einem Ganzen zu erheben, indem wir nemlich nicht mehr das zufällige Finden der Aussenseite der Dinge, sondern das allgemein und nothwendig Gesetzmäſsige in ihnen, das wahre Wissen nennen. So wird uns jede einzelne Erkenntniſs wieder das besondere Bild des Totalbildes, das Denken ruht nun in dem Wissen als seiner wahren Vergangenheit, als Allgemeinheit, das Wissen ist uns eben so Produkt schlechthin und Bedingung unsers geistigen Seyns, wie die allgemeine Natur Produkt und Bedingung unsers Seyns im gemischten Bewuſstseyn, und so wenig wir die Ursache der allgemeinen Natur als Produkts erkennen, so wenig erkennen wir auch die Ursache des wahren Wissens; doch haben wir mit der Erkenntniſs, daſs die allgemeine Natur in ihrer Wahrheit ein Wissen sey, auch für die Erkenntniſs der Ursache negativ das gewonnen, daſs wir wissen, sie könne weder ein einzelnes Ding, noch auch allgemeine Materie seyn, und könne, in wie fern sie gefunden werden kann, nur auf dem Wege gefunden werden, der mit der Erkenntniſs der allgemeinen Natur anfängt, sie müsse folglich nicht vorausgesetzt, sondern als Ziel verfolgt werden.

Nur das, was ein Besonderes ist, nennen wir wirklich, und das Allgemeine möglich, die Wahrheit der Natur, oder ihre erkannte Allgemeinheit und Gesetzmäſsigkeit ist folglich die wahre Möglichkeit unsers wahren Seyns, unserer wahren Wirklichkeit, und so zeigt sich auch hier, daſs das Wissen eine Vergangenheit, und das Bewuſstseyn, als Bild der Allgemeinheit Produkt schlechthin sey

Auf dieselbe Weise könnte nun gezeigt werden, daſs die Vorstellung der organischen Natur aus unserm sympathetischen Lebensgefühl entstehe, daſs das, was wir Lebenskraft nennen, daſs die Identität der Ursache und Wirkung in der organischen Erscheinung nichts anders sey, als der untrennbare Moment unsers Gefühls, das uns die Gegenwart und Wirklichkeit giebt, daſs aber die gleiche Form des Organismus die Poesie des Gemüths sey, die nur dadurch möglich ist, daſs alles Wissen ein allgemeines ist. Denn wären z. B. unsere Sinne so scharf, folglich das Wissen so todt, daſs wir den Organismus nicht in seinem Seyn, das heiſst, als allgemeine Möglichkeit, sondern in seinem wirklichen Entstehen und ewigen Wechsel sähen, wären wir nicht Geist, sondern Sinn als Reflex des Werdens: so würde für uns auch keine Form des Organismus seyn. Aber der Geist geht von der allgemeinen Möglichkeit im Wissen über das Werden als vereinzelte Vergangenheit, die eben deswegen für uns nicht ist, weil wir auf der Vergangenheit als Allgemeinheit ruhen, hinaus, zur Wirklichkeit des Besondern in der Form; die Gegenwart reihet sich nicht an die Vergangenheit an, denn das hat keinen Sinn, sondern ist die Umwälzung des Geistes aus dem Wissen ins Schaffen. Dasselbe könnte von der dritten Vorstellung, es könnte gezeigt werden, daſs das Hinblicken zum Höhern, das Fodern einer Zukunft, die reine Auffassung der noch nicht gefundenen Ursache in der absoluten Zeit die unmittelbare That Gottes bezeichne, und daſs erst hiemit der formale Begriff Welt für das gemeine Bewuſstseyn, so wie das absolute Subjekt für das philosophische, in ihrem Zusammenfallen die erste Wahrheit verkündigen, auf welcher die dreifache Vorstellung ruht, die Wahrheit — Es ist ein Gott. Doch wir bleiben beim Produkt stehen.

Die Psyche ist Produkt, heiſst demnach, die Psyche ist ein Wissen, und da dieses in seiner Wahrheit die Möglichkeit ist, so folgt, aus dem Begriff der Möglichkeit, daſs die Psyche, als Wissen, im ewigen, nie aufzuhebenden Gegensatz stehe; da aber die Möglichkeit zugleich die Allgemeinheit ist, so folgt, aus dem Begriff der

Allgemeinheit, daſs der Gegensatz ein absoluter seyn müsse.

Sehen wir jetzt noch einmal auf unsern Tetens zurück, so finden wir, daſs er die Psyche, als Offenbarung der ewigen Wesenheit, in ihrer Totalität der Vergangenheit, Gegenwart und Zukunft auffaſste, daſs er aber, als Dogmatiker, die Mischung des gemeinen Bewuſstseyns nicht aufhob, sich des Standpunkts des absoluten Subjekts nicht bewuſst wurde, und in dieser Verschmelzung weder die Vergangenheit der Vorstellungen als reine Möglichkeit, ob zwar als Produkt, die Gegenwart des Gefühls nicht als Selbstkraft oder Grundkraft obgleich als Wirklichkeit, und die Beziehung des Denkens in seiner höchsten Funktion nicht als göttlichen Akt, obgleich als Caussalität, die ihn in die unendliche Zukunft der Perfektibilität hineinzog, finden konnte.

Das philosophische Wissen zwar ist nicht allein ein Wissen des Wissens, der Natur, des Objekts, sondern auch der Kunst und Religion und Geschichte, auch ist es absolut frey und so scheint das wahre Wissen nicht Produkt schlechthin, sondern produktiv zu seyn, nicht bloſs die Vergangenheit, sondern mit ihr zugleich die Gegenwart und Zukunft im Zeitlosen, Ewigen, nicht bloſs die Möglichkeit, sondern zugleich die Wirklichkeit und Nothwendigkeit als absolute Nothwendigkeit zu geben. Dieſs scheint so und der Schein hat seinen wahren Grund, es muſs das Zeitlose und Ewige und das absolut Nothwendige im Wissen als Schein sich geben, weil der Glaube an das ewige und nothwendige Wesen in uns lebt, unser Wesen ist. Die Dolandischen Fernröhre zeigen uns die Gegenstände verkehrt, aber wir beobachten mit ihnen den Himmel: so giebt die Philosophie dem Geist die verkehrte Richtung, aber dieser Schein ist nothwendig, wenn wir die Wahrheit, in der wir nur leben sollen, auch erkennen wollen. Das ewige und nothwendige Wesen ist als Wesen an sich seiner Offenbarung entgegengesetzt, aber wir erkennen das Leben, oder die Offenbarung als bedingt durch die absolute Wesenheit; so ist auch die Philosophie dem Leben oder der Offenbarung, als Subjekt dem Objekt entgegengesetzt, aber wir erkennen die Philosophie als bedingt durch das Leben. Das philosophische Wissen muſs folglich in diesem Gegensatz das Zeitlose, Ewige und Nothwendige an sich zu seyn scheinen, und eben dieser Schein führt zur Erkenntniſs des Glaubens an das Ewige und Nothwendige, wir glauben nicht mehr bloſs, sondern wir wissen auch, daſs der Glaube ein nothwendiger ist.

Das philosophische Wissen entsteht — kann das Ewige und Nothwendige an sich entstehen? Es ist in seiner Totalität Kunstwerk, ruht folglich in der Gegenwart und Wirklichkeit — kann das Ewige und Nothwendige an sich so ruhen? Der Philosoph sagt mit Recht, man müsse von dem Entstehen und der Kunstform ab, und nur auf den Gehalt, auf das sehen, was die Philosophie als Wissen giebt, dieſs sey das Ewige und Nothwendige; aber er muſs auch dessen sich bewuſst seyn, daſs der Gehalt, eben deswegen, weil er das wahre Wissen ist, nur die Offenbarung des Ewigen und Nothwendigen gebe, daſs folglich die Philosophie zwar die ewige Wahrheit vorzeigen, aber unmöglich, ohne sich selbst zu vernichten, die Erkenntniſs der ewigen Wahrheit für das Absolute selbst ausgeben könne.

Das philosophische Wissen wird mir demnach wieder Vergangenheit, Gegenwart und Zukunft — Möglichkeit, Wirklichkeit und Nothwendigkeit, und in diesem Typus der ewigen Offenbarung bewähret sich die Philosophie selbst als wahr. Es ist mir Vergangenheit und Möglichkeit, indem ich mir bewuſst bin, daſs ich das Objekt, die ewige Offenbarung, die vor dem Entstehen der Philosophie war und sie möglich machte, erkenne; es ist mir Gegenwart und Wirklichkeit, indem ich die Erkenntniſs als Kunstwerk in mir aufstelle; und es wird mir Zukunft und Nothwendigkeit, indem mich diese Erkenntniſs in ein heiligeres Leben, in das Leben des mit Ueberzeugung ausgerürüsteten Glaubens zurückführt, und die Göttlichkeit meines Wesens bewähret. Auf diesem Punkte wendet sich die entgegengesetzte Richtung des philosophisch erkennenden Geistes wieder in die wahre Richtung auf Gott, der Mensch erkennt nicht mehr als Philosoph, sondern der Philosoph handelt als Mensch.

Also auch das philosophische Wissen ist, als Wissen, in seiner Objektivität Produkt. Denn frage ich mich, wodurch mir dieses Wissen gewiſs ist, so finde ich das ewige Naturgesetz, folglich die Möglichkeit, die wahre Natur, als Bewährung desselben. Doch die absolute Subjektivität, oder die freie That, giebt mir die Realität des Wissens im Kunstgebilde, sie ist mir also das wahre Organ der Wahrheit; aber die Kunstrealität des Wissens wird mir erst im Leben gewiſs, und seine Gewiſsheit erst im Leben real, und so fällt die Identität des Philosophen in den realen und gewissen Glauben an das ewige und nothwendige Wesen, und die Philosophie beweiset nur die Einheit der dreifachen Offenbarung des ewigen Wesens in Natur, Kunst und Religion. Nehmen wir die Psyche in dem Gesichtspunkt des Wissens, so ist die Philosophie die Totalität des Produkts; fassen wir sie als Kunstwerk, so ist die Philosophie die Totalität des Kunstwerks; nehmen wir sie in ihrer moralischen Offenbarung, so ist die Philosophie die

Totalität des Glaubens, der Religion — also überall Bewährung des Wahren, doch selbst nur wahr als Bewährung.

Und so wird zum philosophischen Erkennen nicht eine Anschauung vorausgesetzt, die erst die Wahrheit, oder die Erkenntniſs möglich mache und doch nur dem Kunstgenie gegeben ist; sondern die Philosophie unterscheidet sich eben dadurch von der Poesie, daſs sie nicht, wie diese, das Objekt aus der Anschauung giebt, sondern daſs dem Philosophen aus dem Objekt die Anschauung wird. Was zur Philosophie vorausgesetzt wird, und sich von selbst versteht, ist das Denken; da aber dieses im gewöhnlichen Leben immer mit einer Kunstanschauung, sie sey eine sinnliche partielle oder eigentlich poetische totale, verschmolzen ist: so fordert die Philosophie die Absonderung der Anschauung, um das Denken rein zu erhalten. Durch diese Absonderung wird alle Anschauung in das Objekt, als Problem der Philosophie geschoben, das dadurch, daſs das Denken, als reine absolute Subjektivität, als Negation alles Objektiven ihm als That sich entgegenstellt, das problematisch absolute Objekt wird. Fragt man nach dem Gesetz der absolut freien philosophischen That, so antworte ich, sie hat kein Gesetz, als das, wodurch sie möglich ist, daſs sie nemlich absolut frey von aller Anschauung, nichts als That seyn müsse; doch steht sie im nothwendigen Gegensatz mit dem Objekt, und dieser Gegensatz spricht sich als Gesetz der Identität und des Widerspruchs aus, so daſs die gemeine Logik, welche die Uebereinstimmung oder Nichtübereinstimmung des Subjekts und Objekts aussagt, auch den Gang der Philosophie bestimmt. Man sehe also, ob in meiner gegebenen Darstellung das Subjekt mit dem Objekt auf jedem Punkt räumlich zusammenfalle, oder ob ich irgendwo in das Objekt ein Subjektives, oder in das Subjekt ein Objektives habe einschleichen lassen, ob folglich dadurch das Zusammenfallen des Subjekts und Objekts gehindert worden sey; und man sehe ferner, ob der Zeitgang der Darstellung in einem Widerspruch stehe, ob ich später das als Grund brauchte, was ich früher willkührlich setzte, oder ob ich Folgen zog aus Prämissen, die selbst wieder nur Folge jener Folgen waren. Aber das Richteramt einer Wolfischen oder Kantischen Logik, in welche so mannigfaltig das Objekt als Anschauung verwebt ist, erkenne ich nicht an. Fragt man ferner, nach welchem Typus das absolute Objekt als Problem, dem absoluten Subjekt zur Erkenntniſs komme, so antworte ich, daſs ich das in der mathematischen Construction sich offenbarende ewige Naturgesetz für diesen Typus erkenne, und da dieser Typus nicht allein dadurch, daſs er die

Sprache der Willkühr aufhebt, und als nothwendiges Zeichen sich ausspricht, der Erkenntniſs die Evidenz giebt, sondern auch durch die Richtung von dem absolut Subjektiven auf ein absolut Objektives dem Charakter der Philosophie entspricht: so erkenne ich ihn als den festen Grund aller Philosophie und als das Licht, an welchem sich der Philosoph orientiren muſs. So übernehme ich es auch, die gegebene Darstellung auf allen Punkten und in ihrer Totalität, nach dem in der Construction als gewiſs und nothwendig sich offenbarenden Naturgesetz zu beweisen. Die Grundsätze der gemeinen Logik, welche auch die mathematische Construction für die That der Construction voraussetzt, ist mir die Verstandeslehre, die Construction selbst, der objektive Typus, die Vernunftlehre der Philosophie, jene das Gesetz des Denkens, diese das Gesetz des Wissens.

Nach Anleitung dieses Gesetzes werde ich künftig die historische Entwickelung der Psyche als Produkt, als Naturwesen oder Wissen, geben und bis zu dem Punkt durchführen, wo die Psyche sich selbst als Kunstwerk producirt.

III.

Historische Erscheinungen zur psychischen Medicin gehörig.

1. *Rhapsodieen etc.*

Wenn behauptet wird, daſs die Natur, folglich jeder in ihr gegebene Gegenstand, von vier verschiedenen und sich entgegengesetzten Standpunkten, der Identität und Trennung, des Realismus und Idealismus, betrachtet werden kann: so kann nicht die Meinung seyn, es gebe eine vierfache Wahrheit der Natur und Erkenntniſs; aber auch nicht, jeder Standpunkt auſser dem einen, lasse nichts als Täuschung sehen. Sondern es liegt in der Behauptung der Sinn, daſs der erkennende Geist, wie jedes andere Naturprodukt, ein vierfach Bedingtes sey, und daſs er darin als letztes und höchstes Produkt sich bewähre, daſs er die Bedingungen der gesammten Natur, jede als Totalität ausspricht. Da diese Wahrheit, obgleich sie jedes Zeitalter der Erkenntniſs historisch durch die That bezeuget, demjenigen fremd scheinen mufs, der, von der Einen Seite des Zeitalters ergriffen, sich nicht zu dem absolut freien und deshalb negativen und subjektiven, das ist, zum philosophischen Standpunkt, der eben durch seine Freiheit, Negativität und Subjektivität, allem Objektiven entgegengesetzt ist, erheben kann; sondern diese seine subjektive Freiheit, mit demjenigen objektiven Standpunkt, zu dem ihn seine Individualität hindränget, unbewufst amalgamiret, und mit dieser Selbsttäuschung seiner Einseitigkeit die objektive Einheit und Einzigkeit erschleichet, die ihn, unter dem Scheine des Princips der Natur, die andern, obwohl er sie alle für sich braucht, als falsch verwerfen läfst: so mufs sie, wenn ihre Anwendung auf unsern besondern Gegenstand fest gegründet seyn soll, zuvor als allgemein gültig bewähret werden.

Das ewige Gesetz der Offenbarung spricht den absoluten Gegensatz als Möglichkeit der Natur, ihre Wirklichkeit als Produkt und ihre Nothwendigkeit als Form aus. Alles Wirkliche ist Produkt, bedingt durch absoluten Gegensatz und als sein Wesen darstellend eine Form: der erkennende Geist ist ein wirklicher, er ist also Produkt, bedingt durch absoluten Gegensatz und darstellend eine Form als sein Wesen.

Das Produkt knüpft Möglichkeit und Nothwendigkeit zur Einheit, ist die Realisirung der Natur. Durch die Aufnahme des Gegensatzes in das Produkt, wird dieses ein bedingtes, durch die Form, welche es darstellt, ein unbedingtes oder totales: jedes Produkt ist ein Entstandenes, aber mit ihm entsteht die ganze Natur.

Die Bedingungen, welche mit dem Gegensatz in das Produkt eingehen, geben ihm die Form als Produkt, welche Form unterschieden werden muſs von der realen Form, welche das Produkt darstellt; es sind folglich formale Bedingungen, und haben folgenden Charakter. Das Produkt nimmt den absoluten Gegensatz in sich auf, bringt ihn zur Erscheinung, jedes Produkt wurzelt folglich in dem Centrum des Realen, und dieſs ist seine erste Bedingung, und es wurzelt im Centrum des Idealen, und dieſs ist seine zweite Bedingung, mit der ersten zugleich gegeben. Die unmittelbare Folge (nur für das durch die Zeit bedingte Denken Folge, in der Anschauung der Construction mit der Aufnahme zugleich gegeben) dieser Aufnahme, ist die Anschlieſsung des Produkts an ein früheres, und die Eröffnung des Produkts für ein folgendes: das Produkt wächst nicht aus den Centris unbedingt hervor, sondern der Gegensatz des Realen und Idealen durchschneidet sich in seinen Kreisen in dem Entstehen des Produkts — es geht folglich das Produkt aus früherer Bildung hervor, und dieſs ist seine dritte Bedingung; der Gegensatz geht aber eben so wieder im Durchschnitt aus dem Produkt hervor zum neuen Produkt, und diefs ist seine vierte Bedingung. Das Produkt ist durch die dritte Bedingung ein nothwendiges, durch die vierte ein freies, und wenn die wirkliche Natur nach den beiden letzten Bedingungen ein ewiger Produktenkreis ist, so ist sie nach den beiden ersten in jedem Produkt die ganze Natur, doch unterschieden, als strebend aus dem Nothwendigen zum Freien, durch den Grad der Freiheit, das ist, durch den Grad der Vollkommenheit der Form, welche sie in den Produkten, damit zugleich ihr Wesen darstellt.

Das Produkt mufs folglich auch ganz frey werden, und als frey die Form in ihrer Vollkommenheit, das ist, rein und befreiet von der Materie, die das Streben aus dem Nothwendigen in das Freie bezeuget, darstellen. Die Erscheinung der Freiheit des Produkts ist das Denken, die Natur wird Geist, die von der Materie befreite, vollkommene Form ist die Erkenntnifs.

Erkenntnifs ist das Totalprodukt der Natur, und obgleich der erkennende Geist zugleich Handlung — als solche, Quelle der Geschichte ist, obgleich ferner die Richtung auf die Vergangenheit in der Erkenntnifs, und die Richtung auf die Zukunft in der Handlung, in der richtungslosen Gegenwart der Kunst, welche die Erkenntnifs individualisiret und die Handlung idealisiret, sich einigen: so mufs doch da, wo von Naturerkenntnifs die Rede ist, eben so von der Kunst, wie von der Geschichte abstrahiret werden. In wie fern die Natur als Erkenntnifs, die Kunst als Individualisirung und Idealisirung, und die Handlung als Realisirung des Menschen, die Eine Offenbarung der ewigen Wesenheit sind — diese Erkenntnifs giebt nur der philosophische Standpunkt, der nicht ein wissenschaftlicher und nothwendiger, sondern der absolut freie ist, zu dem nur das Göttliche im Menschen, der Glaube zwingen kann, so dafs auch die philosophische Erkenntnifs zwar in sich die höchste Nothwendigkeit hat, aber doch zugleich als Erkenntnifs so absolut frey ist, dafs der Mensch sich selbst dazu bestimmen mufs. Wer den Glauben verläugnen will, der kann in der Naturwissenschaft die Totalität finden, denn sie liegt in ihr, indem er sich diese Erkenntnifs durch Anschauung giebt, so hat er mit dem Objekt, oder der Natur, zugleich die Handlung als Subjekt und als Identität beider das Kunstwerk der Erkenntnifs. Er kann eben so in der Kunst die Totalität finden, denn die ganze Natur giebt sich in ihr in höherer Anschauung, und so auch das Göttliche der Handlung als Ideal. Er findet endlich auch die Totalität in der Moral, wie es Fichte bewiesen hat. Aber Gott findet nur der, welcher aus dem dreifach Objektiven mit Freiheit herausgeht und in ihm die ewige Offenbarung des Einen erkennet — dieses Herausgehen ist der Akt des Glaubens*).

Als die Natur erkennend ist der Geist eben nur die Darstellung des ewigen Produktenkreises der Natur in idealer Einheit, das ist, als Totalprodukt und die Materie dieser Darstellung ist das Zeichen oder die Sprache in allgemeinster Bedeutung. Das Centrum des Realen und das Centrum des Idealen, der nothwendige Anknüpfungspunkt an ein Vorausgehendes, und der freie an ein Folgendes — diese vier Bedingungen des Produkts geben sich demnach im Geist, wie in jedem andern Produkt der Natur; doch nicht, wie in diesen, in einer mannigfaltigen, stufenweisen Darstellung, sondern in der Einheit und Vollendung. Wie die Erkenntniſs das Totalprodukt der Natur ist: so spricht der erkennende Geist die Bedingungen jedes Produkts in der Totalität aus. Das Centrum des Realen, als Totalität der Bedingung im erkennenden Geist, ist der Realismus, der sich in dem Princip ausspricht: es ist eine Ma-

*) Auch die philosophische Erkenntniſs ist, als solche, wieder Produkt, und nur die Gesinnung, zu der durch sie der Glaube sich bildet, ist das Freie und Göttliche, das aber nicht ihr Resultat ist, wenn der Glaube als theoretisches Princip angesehen wird.

terie. Das Centrum des Idealen, als Totalität der Bedingung im erkennenden Geist, ist der Idealismus, der sich in dem Princip ausspricht: es ist ein Geist (Kraft). Da beide Bedingungen zugleich im erkennenden Geist, als Produkt, da sind, so kann nur durch das absolut Freie oder Subjektive unbewufst die eine als die erste, oder als Princip gesetzt, und so mufs die andere zugleich als das Zweite untergeordnet werden.

Der Durchschnittspunkt der Nothwendigkeit, als Totalität der Bedingung im erkennenden Geist ist die Identität, die sich in dem Princip ausspricht: es ist der Geist Eins mit der (realen) Natur. Der Durchschnittspunkt der Freiheit, als Totalität der Bedingung im erkennenden Geist, ist der Dualismus, der sich in dem Princip ausspricht: es ist der Geist getrennt von der Natur, ihr entgegengesetzt im Princip, mit ihr verbunden durch Wechselwirkung. Da auch diese beiden Bedingungen zugleich im erkennenden Geist, als Produkt, da sind, so kann wieder nur das subjektiv Freie unbewufst die eine als das Erste und die andere ihr untergeordnet setzen.

Doch für das Bewufstseyn des absolut Freien und Subjektiven sind die vier Bedingungen in ihrer Totalität nicht allein zugleich, sondern auch mit gleicher Würde im erkennenden Geist da, indem er nur in diesen vier Bedingungen wahres, die ganze Natur in der Einheit darstellendes Produkt ist. So entsteht ihm ein vierfache Wissenschaft der Natur, deren jede für sich absolut ist, die aber nur in ihrer Gesammtheit die Natur von allen Seiten erkennen lassen.

Die erste ist die reine Naturwissenschaft mit dem Standpunkte der Identität. Sie ist als Construction allgemeine, als wissenschaftliche Naturgeschichte besondere Doktrin. Die zweite mit dem Standpunkte der Materie ist die Physik als Atomistik, die dritte mit dem Standpunkte der Kraft die Physik als Dynamik, jede wieder eine allgemeine und besondere. Die vierte ist als Dualismus zweitheilig, mit dem Standpunkte der lebendigen oder organischen Natur, unter Voraussetzung des Geistes, ist sie Physiologie; mit dem Standpunkte des Geistes unter Voraussetzung des Organismus, Psychologie. Jede ist wieder eine allgemeine und besondere, aber keine ist für sich absolut, sondern sie sind nur beide die Eine absolute Wissenschaft.

Jede dieser vier Wissenschaften ist für sich absolut, weil sie die ganze Natur unter einer Totalbedingung giebt; aber eben deswegen, weil die Natur in ihrer Wahrheit vier Bedingungen hat, kann keine dieser Wissenschaften die Natur geben, welche die andere giebt: doch ist durch alle viere die allseitige Erkenntnifs der Natur möglich. Wir können sie also, ohne ihre eigenthümliche Absolutheit aufzuheben, durch besondere Bezeichnungen unterscheiden. Die reine Naturwissenschaft ist die nothwendige, doch erkennen wir in ihr nur das allgemeine und ewige Gesetz der Natur, rein als Construction, und in seiner durchgeführten Anwendung, als Naturgeschichte. Die Atomistik ist die reale Wissenschaft, umfafst als solche die ganze Natur, läfst uns aber nur ihre materiellen Verhältnisse erkennen, während die Dynamik, als ideale Wissenschaft die Verhältnisse der Kräfte darstellt. Die Physiologie und Psychologie sind in ihrer Duplicität die freie Wissenschaft, und verlieren sich, als solche in dem unendlich Besonderen. Auch sie umfassen zusammen die ganze Natur, denn der Mensch ist Mikrokosmus; doch geben sie die Natur nur in empirischen Verhältnissen, ihr Charakter ist Beobachtung, und in ihnen schliefst sich die Wissenschaft an das Leben an, wird Kunst.

Die reine Naturwissenschaft hat ihre Vollendung, denn sie ist die nothwendige, das Gesetz als Construction und in der Anwendung, ist in sich selbst geschlossen. Die Atomistik und Dynamik haben jede ihre Vollendung, denn Materie ist eben so, wie Kraft, Totalbegriff der Natur, und so sind auch die Verhältnisse der Materie, wie die Verhältnisse der Kraft in sich selbst geschlossen. Aber Physiologie und Psychologie haben keine Vollendung, weil sie nur zusammen die totale Natur geben, und doch in der Beobachtung nie in Eine Wissenschaft verwachsen können. Darum heißen sie mit Recht die freie Wissenschaft, und sind als solche unendliche Aufgabe der Beobachtung.

Der Geist, dessen Individualität in die Identität fällt, muſs das Bewuſstseyn seines Standpunktes haben, um von ihm aus nicht mehr, als das Gesetz der Natur und seine Anwendung, um nicht zugleich die Verhältnisse der Materie und Kräfte bestimmen, und endlich auch noch die Beobachtung anticipiren zu wollen.

Der Geist, dessen Individualität in den Realismus, und der, dessen Individualität in den Idealismus fällt, bedürfen des Bewuſstseyns ihres Standpunktes, um nicht die atomistischen und dynamischen Verhältnisse der Natur in ihre ewige Gesetzgebung, und sie eben so wenig in die Beobachtung einzumischen. Der Physiologe und Psychologe bedürfen, als Beobachter, nicht des Bewuſstseyns ihres Standpunkts, und dieſs ist der Grund der gerechten Achtung, die uns jeder wahre Beobachter abnöthiget. Eben, weil das Bewuſstseyn alles und jeden Standpunkts im Beobachter nicht da ist, ist der Geist gegen Einseitigkeit gesichert, sein Nichtbewuſstseyn nennen wir Unbefangenheit, in welcher Stimmung der Geist immer als totales Produkt der Natur, als ihr ächtes Kind thätig ist. Doch ein anderes ist es, wenn der Beobachter auch Theorist seyn will; denn da fordern wir von ihm mit Recht, das Bewuſstseyn seines Standpunktes *).

Die individuelle Mischung dieser Standpunkte ist vielfältig. Gehen wir von der Trennung aus, wie sie sich im Leben findet, so ist der Physiologe in der Theorie desto consequenter, je mehr seine Physik Atomistik ist, der Psychologe hingegen in diesem Fall desto inconsequenter.

Geht man von der reinen Wissenschaft aus, so ist es der Geist selbst, der sich in der ganzen Natur, in jedem ihrer Produkte wiederfindet; aber er sieht auch in der Atomistik und Dynamik die nothwendigen Bedingungen seiner Erscheinung in

*) So ist uns Gall als Beobachter so achtungswürdig; aber seiner Theorie fehlt alles Bewuſstseyn, und will man sie dazu erheben, so zerfällt sie in Inconsequenzen und Widersprüche. Seine Physiologie ist eine psychologisirte, und seine Psychologie eine atomistische; Physiologie und Psychologie vermischen sich in seiner Theorie in einer Anatomie, die auf der atomistischen Physik ruhet.

besonderer Form als Individualität, und in der Physiologie und Psychologie, die er nicht wesentlich, sondern nur formell trennt, die Geschichte der individuellen Entstehung des Geistes. Die Individualität des Geistes ist der Schlufspunkt seiner Ansicht.

Soll nun ein besonderer Gegenstand der Natur zum Wissen gebracht werden, so ist es die erste Frage, welcher sein eigenthümlicher Standpunkt sey; die zweite, in welcher Form er auf den andern Standpunkten erscheine; die dritte, in wie fern die ganze Natur in ihm sich ausspreche, denn nur in dieser Totalität vollendet sich alles Wissen eines Gegenstandes, das Wissen wird in dieser Vollendung Kunstprodukt und als solches in dem erkennenden Geist ein handelndes.

Diefs angewendet auf unsern Gegenstand, die psychische Krankheit, so zeigt sich als sein heimischer Standpunkt das freie Wissen der Beobachtung, er giebt sich im Menschen als That, hat aber das Eigenthümliche, dafs er weder der Physiologie noch der Psychologie ausschliefslich untergeordnet werden kann, so dafs schon seine äufsere Erscheinung einen grofsen Aufschlufs der Natur von dem Wissen desselben erwarten läfst.

Hieraus folgt schon, was auch die Erfahrung beweiset, dafs die Beobachtung, die ihren Gegenstand immer auf einem bestimmten Substanziellen,

die-

dieses sey nun Materie oder Kraft, Organisation oder Geist, ruhen lassen muſs, in dem Gebiete dieses Gegenstandes ohne Leitung eines höhern Wissens im Finstern tappet, so daſs der Forscher den Standpunkt des freien Wissens, der ihm bloſs den Gegenstand als Thatsache giebt, sogleich verlassen und einen höhern, festen Standpunkt suchen muſs.

Man kann den ganzen Menschen als Organismus physiologisch bestimmen, und seine psychischen Erscheinungen dahin gestellt seyn lassen; eben so wenig bedarf die Psychologie physiologischer Untersuchungen, und die Kantische beweiset es, daſs sie sich recht wohl ohne solche durchführen lasse. Aber schon die physische Krankheit setzt eine psychische Einwirkung der Aussenwelt auf den Organismus durch die Sinne voraus, und nicht weniger bedeutend ist die Einwirkung der innern Geisteswelt auf den kranken oder gesunden Zustand des Organismus. Doch noch weniger läſst es sich begreifen, wie der Geist aus sich selbst, aus seiner nothwendigen Natur krank werden, und eben so wenig, wie die Geisteskrankheit nichts als das Resultat eines zerrütteten Organismus seyn könne. Es scheint daher die physische und noch mehr die psychische Krankheit von der Natur als das Problem aufgestellt zu seyn, das sie selbst nicht mehr lösen kann, das folglich nur aus der Oekonomie der gesammten Natur zu begreifen ist.

Die Standpunkte, die sich zunächst für die Untersuchung dieses Gegenstandes darbieten, und auf deren jedem die Natur als die ganze gefaſst wird, sind der realistische der atomistischen, und der idealistische der dynamischen Physik. In der Ansicht des ersten ist die Materie das Princip, die Form kommt als das Zweite hinzu, in der innigsten Vereinigung der Materie mit der Form besteht das Seyn und Leben der Natur, doch behält die Materie, als Princip, überall das Uebergewicht. Dieses Uebergewicht der Materie ist dem Atomistiker die erste Ursache der Krankheit, die folglich zunächst als physische erscheinen muſs. In der Ansicht des zweiten Standpunktes ist die Kraft das Princip, die Materie kommt als das Zweite hinzu, und die Natur ist und lebt durch die Aufnahme der Materie in die Form, aber die Kraft strebt über jede Bildung hinaus. Es sey nun, daſs die Kraft ursprünglich objektiv als nothwendige Naturkraft, oder ursprünglich subjektiv, als freie Geistesthätigkeit aufgefaſst wird: so erscheint sie im ersten Falle da, wo sie aus der Materie als freie Kraft, als Denkkraft heraustritt, und im zweiten Falle da, wo sie aus der freien Thätigkeit in die nothwendige Erscheinung eintritt, als ermangelnd der ihr angemessenen Materie — hier geht die passive Thätigkeit, als Nichtich vom absoluten Ich beherrscht, in aktive Thätigkeit der Natur über, es wirft sich dem Ich eine für es zufällige Aussenwelt entgegen, es erleidet das Ich eine fremde Beschränkung, es wird krank, die ganze Natur wird mit dem Ich krank, und dieses wird ein Streben, sich und die Natur zur moralischen Gesundheit zu erheben: dort tritt die Denkkraft als passive Thätigkeit, als eine Thätigkeit ohne Materie, ohne Objekt, in die Erscheinung ein, die Natur wird Mensch; die Denkkraft ergreift Objekte, die, ihr fremd, zufällig gegeben werden, und wenn sie beim Erwachen des Selbstbewufstseyns, wo sie mit Freiheit thätig, aktive Thätigkeit wird, sich selbst das Objekt zu geben strebt, so liegt ihr das Chaos von fremden Objekten als Hindernifs vor — das Ich wird hier theoretisch wie dort praktisch krank, es strebt als theoretisch krank, in Irrthum und Schein verstrickt, nach der theoretischen Gesundheit in wahrer Erkenntnifs. Die erste Ursache der Krankheit ist in der dynamischen Ansicht der Natur das Uebergewicht der Kraft, und die Krankheit erscheint zunächst als psychische.

Nach demselben Princip wird in der dynamischen Ansicht die physische Krankheit begriffen. Das Uebergewicht der Kraft nimmt den Stoff von der Aussenwelt, dadurch wird aber die in der

Materie verschlossene Kraft, die doch mit der hervorstrebenden eine und dieselbe ist, auf entgegengesetzte Art gereitzt: ihre Assimilationsfähigkeit wird entweder überspannt — so assimiliret sie mehr Stoff, als sie bewahren kann, und sie selbst wird für ihre gewöhnliche Funktionen geschwächt; oder sie wird unterdrückt, und so wird durch diesen Druck nicht allein die Assimilation des gegebenen Stoffes gehindert, sondern die Kraft geht auch, wie die gedrückte und wieder losgelassene Feder, in ihren gewöhnlichen Funktionen über das Maafs hinaus, und hat Schwächung der Organe zur Folge.

In der atomistischen Ansicht wird auch die psychische Krankheit aus dem Uebergewicht der Materie begriffen. Dieses Uebergewicht läfst nemlich den Organismus als Ursache, das Denken als Wirkung erscheinen, und so wie der Organismus, nach demselben Princip, von der Aussenwelt bestimmt wird, weil in ihm Form und Materie nicht gleich gesetzt sind, sondern auch in ihm die Materie, als das passive, das Uebergewicht hat: so wird auch das Denken, vermittelst des Organismus, von der Aussenwelt bestimmt. Da nun diese Bestimmung eine zufällige ist, so kann auch das Denken kein nothwendiges Objekt haben, sondern die Reflexe des Spieles des durch die Aussenwelt bestimmten Organismus sind seine stets wechselnde Realität. Diefs nennen wir aber Krankheit des Geistes, weil unter solchen Bestimmungen weder Gewifsheit, noch Klarheit, noch Gleichheit des Denkens möglich ist.

Beide Ansichten der psychischen Krankheit, die dynamische und atomistische, bewähren sich in ihr als That. Es wird die freie Thätigkeit des Geistes blind gehemmt durch die Aussenwelt, zu der auch der Organismus gehört; es ist aber auch gewöhnlich die Realität des Denkens, oder sein Objekt, nichts als Reflex des durch die Aussenwelt bestimmten Organismus. Beide Standpunkte machen daher das wirkliche Entstehen irgend einer in der Erfahrung gegebenen psychischen Krankheit begreiflich, jede Geisteskrankheit entsteht dadurch, dafs die Freiheit des Geistes mehr oder weniger gehemmt wurde, und dafs sich der Geist als Passivität durch das Spiel der Aussenwelt bestimmen liefse und der blofse Reflex einer blinden Einwirkung wurde. Es kann demnach die Geschichte der psychischen Krankheiten nur nach diesen beiden Standpunkten gegeben und durchgeführt werden.

Allein jeder gründlichen und in allen ihren Veränderungen klaren Geschichte mufs ein bestimmter, klarer und nothwendiger Begriff des Gegenstandes derselben zum Grunde liegen, und dieser kann von den bezeichneten Standpunkten aus schon deswegen nicht gegeben werden, weil sie entgegengesetzt sind, folglich jeder von einem, dem andern entgegengesetzten Begriff des Gegenstandes ausgeht.

Diesen Begriff kann nur der Standpunkt der Identität geben, so wie er in dem ewigen Gesetz der Natur den nothwendigen Begriff der Natur überhaupt, und hiemit zugleich den nothwendigen Begriff jedes besondern Produkts giebt.

Es ist aber von diesem Standpunkte auch nur der nothwendige Begriff der Krankheit überhaupt, als dem Wesen nach Einer, und sein Gegensatz der Form nach, als Begriff der physischen und psychischen Krankheit zu erwarten; und so ist das Wissen auf diesem Standpunkte nur das Licht, das die Sphäre dieses Gegenstandes erleuchtet, und wenn er einmal gegeben ist, seine Geschichte mit Klarheit, Bestimmtheit und Nothwendigkeit verfolgt, so daſs man in jeder Veränderung derselben das Ganze klar vor Augen hat. Aber das Entstehen der wirklichen Krankheit und ihre erfolgenden Veränderungen kann nach diesem Begriff so wenig bestimmt werden, wie gewiſs der Begriff ein nothwendiger, sich gleicher, der Natur angehöriger ist, das Entstehen hingegen und die Veränderungen ein zufälliges sind.

Auf dem Standpunkte der Identität wird, für den Begriff der Natur überhaupt und so für den Begriff jedes besondern Produkts, das atomistische

Princip, die Materie, und das dynamische Princip, die Kraft oder absolut freie Thätigkeit, aufgehoben, und nur der Gegensatz überhaupt, als der absolute, durch welchen Ausdruck eben die Differenz der Principe aufgehoben gedacht werden soll, als das Erste aufgefafst, und dieses nach jener Nothwendigkeit, die dem Geist in seiner Richtung auf die Natur ursprünglich beiwohnet, der er auch auf jedem andern Standpunkte unbewufst gehorcht, die aber auf dem Standpunkte der Identität durch unbedingte Anschauung zum Bewufstseyn erhoben wird.

Da nun der absolute Gegensatz, als Basis des ewigen Gesetzes der Natur und das erste Element ihres Begriffes, wie das Gesetz und der Begriff, in jedem Produkt sich wiedergiebt: so kommt es nur darauf an, in der totalen, eben nach dem ewigen Gesetz bestimmten Ansicht der gesammten Natur, die nothwendige Stelle zu finden, auf welcher der in der Erfahrung gegebene Gegenstand steht, auf dieser Stelle den absoluten Gegensatz, der totalen Ansicht gemäfs aufzufassen, und durch angemessene Bezeichnung klar zu machen.

Nach Aufhebung der Materie und der absoluten Thätigkeit steht die Natur vor dem Geist als unmittelbare Erscheinung, oder Offenbarung, und sie wird nur Produkt genannt, in wie fern sie in besondern Wesen, deren jedes aber in dem ewigen und nothwendigen Begriff seine Wahrheit hat, sich offenbaret.

Da jedes Produkt nur in seinem nothwendigen Begriff fest stehet, so dafs dieser als sein Substanzielles anzusehen ist, alle besondere Begriffe aber wieder in dem einen Begriff oder Gesetz der Natur ihre Wurzel haben: so kann nicht gefragt werden, was die Natur auf dieser oder jener Stufe gebe, sondern es ist nur die Frage, als was sie sich, als die ganze gebe.

Wir fragen demnach: als was oder wie giebt sich die Natur auf der Stelle, wo die Krankheit erscheint, oder was dasselbe ist: wie ist die Krankheit in dem ewigen Gesetz der Natur gegeben?

So gewifs die Natur ursprünglich Gegensatz ist, was sich auf allen möglichen Standpunkten des Denkens von selbst beweiset, so gewifs müssen auch alle ihre Erscheinungen dahin streben, diesen Gegensatz darzustellen — diefs ist das Erste zur Beantwortung.

Zweitens. Das Gesetz stellt drey Bedingungen der Erscheinung auf. Die erste ist die entgegengesetzte Richtung, von dem absoluten Gegensatz darin unterschieden, dafs dieser nur als Idee aufgefafst wird, die Richtung aber das Objektive des Gegensatzes für die Erscheinung ist, so dafs der Naturforscher, auch des absoluten Gegensatzes in der Idee sich nicht bewufst, dennoch auf die entgegengesetzte Richtung hingeführet wird. Die zweite Bedingung ist die Einigung der Richtung, während sie selbst fort bestehet, zum Produkt. Die dritte ist die Form, welche mit dem Produkt eben so innig, wie dieses mit der entgegengesetzten Richtung sich giebt. Daher ist auch die dreifache Bedingung in dem Einen Akt der Offenbarung und als Ein Gesetz gegeben.

Drittens. Der ursprüngliche Gegensatz kann aber nur da in die Erscheinung treten, wo die dreifache Bedingung vollkommen geoffenbaret ist. Diese Vollkommenheit, oder vollendete Offenbarung des Gesetzes als dreifacher Bedingung, finden wir in dem Produkt, das wir den menschlichen Geist, oder das Denken nennen. Denn in ihm ist die entgegengesetzte Richtung absolut geworden — Denken überhaupt besteht in dem Gegensatz des Anschauens und Denkens im engern Sinne, und eben durch die Absolutheit der entgegengesetzten Richtung ist die Idee des absoluten Gegensatzes, in welchem Denken und Anschauen, jedes als das ganze gedacht wird, möglich. So ist auch das Produkt ein vollendetes, und beweiset sich als solches dadurch, daſs die vier Bedingungen eines jeden Produkts, nicht wie in den frühern Produkten, die Natur nur im Einzelnen und bedingt durch andere Produkte, sondern in jeder Bedingung als die ganze und ideal, folglich unbedingt durch andere Produkte geben; auch wird es nur durch diese Vollendung des Produkts möglich, die Natur als ein Ganzes zu denken, so wie die vierfache Form, in der sich das Ganze dem Geist giebt, beweiset, daſs der Geist, zwar vollendetes, aber doch Produkt der Natur ist. Endlich beweiset sich die Form, die in jedem niederen Produkte als eine besondere in die Erscheinung tritt, im menschlichen Geist darin als vollendet geoffenbaret, daſs sie in jedem besondern Geist zugleich als die allgemeine sich darstellt — und dieſs ist der Begriff der Erkenntniſs, der theoretischen Vernunft, so daſs jeder Mensch nicht allein es einräumt, sondern als vernünftiger Mensch auch fest darauf bestehet, daſs jede Erkenntniſs, die in ihm als besonderem Wesen da ist, in jedem andern Menschen als dieselbe sich geben müsse, wo fern sie wahr, das ist, eine vernünftige ist.

Viertens. Der ursprüngliche Gegensatz, der hiemit zur Erscheinung kommt, ist der der realen oder materiellen und der idealen oder geistigen Natur; daſs es aber der ursprüngliche absolute Gegensatz ist, der hier zur Erscheinung kommt, ist schon daraus gewiſs, daſs wir eben so wenig der realen Natur, die sich unsern Sinnen giebt, als der idealen, die wir, als denkend, in der Erkenntniſs haben, eine Grenze setzen können; ferner daraus, daſs wir den Geist in allen seinen Erscheinungen aus der materiellen Natur, und diese in allen ihren Erscheinungen aus dem Geist ableiten können.

Fünftens. Doch ist der Gegensatz, obgleich der höchste und letzte, als Erscheinung, durch die Zeit bedingt, es mufs das Ideale aus dem Realen hervorgehen. So wie nemlich jedes Produkt der realen Natur eine freie Seite hat, durch die es in das folgende übergeht: so hat auch die ganze reale Natur eine freie Seite, durch die sie mit der idealen Natur zusammenhängt. Diese Freiheit, die sich durch das ganze Reich der realen Natur als Uebergang, folglich als das Hervortreten der Zeit finden läfst, ist der Akt der Endlichkeit, der zwar in jedem Produkt der realen Natur wieder untergeht, und nur von unserm Denken als Uebergang gefunden wird, aber da, selbst als Produkt sich darstellt, wo er als Akt von der Materie sich löset, und als Denkakt erscheinet. Der Uebergang vom realen Seyn der Natur zum idealen Denken, die Geburt des Denkakts, des menschlichen Geistes, ist die Stelle, auf welcher die Krankheit erscheint, und sie ist eben so gewifs nothwendiges Produkt der Natur, als die Natur sich nothwendig in der Zeit offenbaren mufs, und das Gesetz nur die Bedingungen dieser Offenbarung oder der Erscheinung ausspricht.

Sechstens. Da der Geist, als ein besonderer, aus der Materie, das Ideale aus dem Realen geboren wird, und da er als dieser geborene Geist nur in der Materie, als seinem Organ leben kann: so müssen wir auch die Bedingungen der Krankheit in dieser Geburtsstätte des Geistes aufsuchen. Diese aber ist in der Natur als Thier bezeichnet.

Siebentens. Die Bedingungen der Krankheit sind die einer jeden Erscheinung, aber sie erhalten durch die Stelle, auf welcher das Produkt erscheint, ihre besondere und reale Bestimmung. Die Krankheit erscheint da, wo die reale Natur in die ideale übergeht, jene ist also für sich geschlossen, und doch ist zugleich diese geöffnet; die Form der Natur, die man auch Qualität nennen kann, ist also mit der Materie innigst verbunden, und doch zugleich von ihr getrennt. Der Gegensatz als Grund des Produkts und seine Möglichkeit, ist demnach auf dieser Stelle der Gegensatz der in der Materie gebundenen und der freien Qualität. Die Qualität ist im Thiere gebunden, in wie fern es vegetativ ist, und sie ist frey, in wie fern das Thier sensibel oder Sinn ist. Da es nun die eine und selbe Form oder Qualität ist, und da sie doch einmal gebunden, die reale Natur als solche zur Vollendung schliefst, und dann wieder im Sinne frey, zur Identität, zum Geist hinstrebt: so entsteht daraus ein in so fern widernatürlicher Kampf, als das Reale und Ideale in zwey entgegengesetzten Sphären liegen; es ist also dieser Gegensatz als der Grund, die innere Ursache der Krankheit anzusehen. Die Möglichkeit der Krankheit wird Wirklichkeit, der Gegensatz kommt zur Einheit dadurch, dafs sich das vegetative und animalische Leben im Thiere in bestimmten Heerden concentriret, und so der thierische Organismus in bestimmte, differente Züge oder allgemeine Verhältnisse und Sympathieen der Organe zusammenstimmet, die in den Zeitepochen der Entwickelung des thierischen Organismus eben so, wie in den räumlichen Differenzen, die man Temperamente nennt, besonders stark hervortreten. Diese Differenzen der Verhältnisse sind folglich als die ursprünglichen Krankheiten, als ihre Gattungen zu begreifen, und wer es versuchen will, die Formen der zufälligen und mannigfaltigen Krankheiten auf die sie begleitenden allgemeinen Erscheinungen im Organismus zurück zu führen, der wird von allen Seiten die Annäherung ihrer Formen zu jenen ursprünglichen Differenzen finden. Man kann daher auch im Gegentheil schliefsen, dafs die Formen der zufälligen Krankheiten desto richtiger werden erkannt werden, je gewisser und klarer die physiologische

Erkenntnifs der ursprünglich differenten Verhältnisse des innern Organismus werden wird. Zur Wahrheit und Nothwendigkeit des Produkts wird auch noch erfordert, dafs es die Form der Natur in sich darstelle. Diese nothwendige Form kann aber in der Krankheit weder als eine reale noch als eine ideale erscheinen, aus dem Grunde, weil die Krankheit der Uebergang aus dem Realen in das Ideale ist. Die Krankheit ist also kein wahres und nothwendiges Produkt der Natur, sie stellt nicht die ganze Natur, sondern nur ihren Bruch dar, und wird besser als das Problem der realen Natur bezeichnet, dessen Lösung in die ideale Natur fällt. Die gesuchte Form ist das, was wir Gesundheit nennen, und obgleich die reale Natur die Krankheit in Gesundheit umwandelt, so gilt das doch nur von den Zufälligkeiten der Krankheit, die ursprünglichen Differenzen bleiben zurück, und ihre Aufhebung giebt den nothwendigen Begriff der Gesundheit, dessen Realität eine ideale ist, und die Heilkunst oder Geisteshülfe möglich macht.

Der thierische Organismus ist im Menschen zugleich das Organ der freien Form, und so müssen sich jene Züge und Heerde des Organismus auch im Idealen reflektiren: die organischen Krankheitsanlagen sind zugleich psychische Krankheitsanlagen*). Diese Anlagen äufsern sich in bewufstloser Empfindung als natürlicher Hang zu gewissen Vorstellungs- und Handlungsweisen, deren Formen die Theorie der Temperamente aufzustellen hat.

Man kann diese ursprünglichen Differenzen, in welchen die Identität des Idealen und Realen schon dem ersten Blicke des Beobachters sich giebt, als die aus der Natur in eine andere Welt (der Kunst) rankenden, freien Strahlen ansehen, die sich zwar unendlich mannigfaltig und zufällig zur menschlichen Individualität knüpfen, aber in der Kunst sich wieder auflösen, und verherrlicht als jene Dämonien hervorgehen, welche die alten Weisen zwischen Gott und den Menschen stellten, die neuern Philosophen hingegen, nach der herrschenden Verschmelzungssucht zur Einheit, zusammt der Gottheit in die Natur eintragen, und aus der Einen Idee des Absoluten als Urtypen geboren werden lassen, obgleich die Natur überall nichts als

*) Gall geht die Temperamente vorüber, so wie überhaupt alles Animalische in der Vegetation des Thieres, nicht achtend des besondern Lebens, wodurch sich diese von der Vegetation der Pflanze, die nur ein allgemeines Leben hat, wesentlich unterscheidet. Ich übergehe die Schädeltheorie, weil sie ganz aufser dem Wege liegt, den ich hier gehe. In einer Semiotik der ursprünglich organischen Differenzen des Geistes, als Krankheitsanlagen, findet sie vielleicht einst ihre Stelle.

die Ahndung dieser höhern Welt verräth und sich zu ihr verhält, wie die Möglichkeit zur Wirklichkeit.

Mit dem unendlich Mannigfaltigen und Zufälligen der Verknüpfung hebt die geschichtliche Ansicht der Krankheiten an, und mit dieser gehen wir zugleich auf den dynamischen und atomistischen Standpunkt der Natur über, welchen letzten der Verfasser der Rhapsodieen, als Physiologe und Realist behauptet.

S. 54 u. f. Das Wesen des Bewufstseyns scheint vorzüglich darin zu bestehen, dafs es das Mannigfaltige zur Einheit knüpft, und sich das Vorgestellte als Eigenthum anmaafst. Diese Einheit nennen wir Selbstbewufstseyn.

Diesen Begriff finden wir im Organismus realisiret: das Nervensystem ist die Einheit der mannigfaltigen Organe, die Einheit des Nervensystems das Gehirn, und so ist dieses nicht allein das Organ, sondern auch die Ursache des Selbstbewufstseyns.

Ist das Selbstbewufstseyn einmal thätig geworden, so gehen Subjekt und Objekt, Raum und Zeit, als Formen, jene des Denkens, diese des Anschauens, von selbst in seine Funktionen ein.

Die-

Diese Gegensätze sind nicht im Gleichgewicht da, und so entstehen differente Zustände.

1) Die Vorstellung ist klar oder dunkel.

2) Uebergewicht des Objekts in der Anschauung.

3) Uebergewicht des Subjekts im Denken.

4) Die Anschauungen Raum und Zeit sind wahr in der Anwendung, wenn das Seyn nach Ort und Zeit mit dem Denken desselben übereinstimmt.

5) Wir haben ein Bewufstseyn der Vergangenheit, dadurch, dafs wir das Ich der Gegenwart, als knüpfende Einheit, in alle Zeiten zurücksetzen, und diese Folge, diesen Zusammenhang als unser Eigenthum ansehen. Allein dieses Uebertragen der Vergangenheit in die Gegenwart ist nur Schein, weil die knüpfende Einheit aufser dem Augenblick der Bestimmung durch das Organ, nur eine formale seyn kann; doch unterhält dieser Schein das Bewufstseyn und wir wären ohne dasselbe unbedeutende Ephemeren des Augenblicks, und so gewährt er den Glauben an Persönlichkeit. Das Wahre ist ewiger Wechsel des Stoffs und das die Organe dynamisch zu Einem Zweck knüpfende Nervengebäude.

So wie nun schon der normale Zustand des Bewufstseyns auf dieser organischen Verknüpfung zur Einheit ruht, so noch mehr der abnorme Zustand oder die Krankheit des Bewufstseyns auf der Störung jener Verknüpfung.

Das Nervensystem hat seine eigenen Heerde (Knoten, Geflechte), die eigene Kreise bilden, welche nicht nothwendig mit dem Gehirn zusammenhängen, denn es giebt Thiere, in denen sie isolirt da sind. Die Verbindung ist nur eine dynamische, und so kann sie durch Krankheiten aufgehoben werden. So entsteht

1) Ein fehlerhaftes Bewufstseyn der Objektivität; denn jeder Sinn ist ein eigener Heerd, ein eigenes Nervengeflechte, und so kann seine Funktion von dem Gehirn sich lösen.

2) Ein fehlerhaftes Bewufstseyn der Subjektivität und der eigenen Persönlichkeit. Das Seelenorgan löset sich von der Einheit des Selbstbewufstseyns — es entsteht das Bewufstseyn einer doppelten Persönlichkeit, das Organ mit dieser seiner, der normalen entgegengesetzten Richtung, nimmt eine fremde Persönlichkeit, fremde Qualitäten und Zustände an.

3) Die Einheit des Bewufstseyns der Vergangenheit löset sich auf, und es erscheint eine zweifache Reihe in der Zeitfolge der Persönlichkeit.

4) Oft kann auch das Bewufstseyn Zeit und Ort nicht festhalten.

Schlaf und Traum sind den Krankheiten des Bewufstseyns analog. Wahrscheinlich schläft nur das Nervensystem und die übrige Organisation, in wie weit sie von ihm abhängig ist. Das scheint der partielle Schlaf, so wie das successive Einschlafen und Erwachen zu beweisen.

Traum ist Produkt eines partiellen Wachens des Nervensystems. Im Wahnsinn träumt die Seele, ohne dafs der Körper schläft.

S. 98 u. f. Das Selbstbewufstseyn geht durch zwey Grade, als Besonnenheit und Aufmerksamkeit, in den Organismus zurück, und verbindet sich in diesen Funktionen, durch den Organismus, mit der Aussenwelt.

Besonnenheit ist Fortdauer des Wahrnehmungsvermögens der Seele, während ihrer Anstrengungen, und gründet sich (unterschieden vom Selbstbewufstseyn) auf eine Irritabilität für fremde Eindrücke, die dem innern und äufsern Sinn noch zur Zeit übrig ist, wo er auf ganz andere Dinge haftet. Diese Irritabilität ist der Grund der scheinbaren Spontaneität der Seele in dem Gebrauche ihrer Kräfte nach den Forderungen der Vernunft.

Die Besonnenheit unterscheidet die innere Welt der Reproduktionen von der äufsern der Impressionen, doch hält sie beide in beständiger Wechselwirkung zu gewissen Zwecken zusammen.

Sie ist anfangs unwillkührlich und vom Zufall abhängig, ehe noch das Bewuſstseyn des Zwecks, mit ihm der Vorsatz hinzukommt.

Ihre Gröſse wird durch das Verhältniſs der Reitzbarkeit der Seele zur Stärke der Reitze bestimmt.

Die Besonnenheit weicht von der Norm ab, wenn die Reitzbarkeit des Seelenorgans zu stumpf oder zu zart ist; oft läſst ein fehlerhafter Mechanismus des Nervengebäudes nur weniges von äuſserer oder weniges von innerer Besonnenheit erscheinen, und so kann auch eine mangelhafte oder falsche Cultur der Seelenvermögen die gleichmäſsige Wechselwirkung beider hindern.

So erscheint Zerstreuung, wenn das Uebergewicht in das Aeuſsere, und Vertiefung, wenn es in das Innere fällt; immer aber ist die anomale Besonnenheit bloſses Symptom einer Krankheit der Organisation.

Aufmerksamkeit ist das Vermögen der Seele, ihre Kraft willkührlich an den Gegenstand zu fesseln, der durch die Besonnenheit angemerkt und aus der Menge zum klaren Bewuſstseyn ausgehoben ist.

S. 111 u. f. Gesetze, die sich auf die Funktionen des Selbstbewuſstseyns, der Besonnenheit und Aufmerksamkeit beziehen.

1) Der Zustand des Selbstbewufstseyns und der Besonnenheit ist abhängig von dem Zustande des Nervensystems.

(Der Verfasser giebt hier eine totale Ansicht des Nervensystems als des feinern Organs in dem gröberen, in welchem aber ein noch feineres, gleichsam als Seele — animalischer Lebensstrom — lebt.)

2) Das Nervensystem hat nur dann, wenn es wirklich handelt, Kräfte zum Handeln.

Schlafende Kräfte sind Metaphern (nicht auch wachende Materien?). Es hat also blofs das Vermögen, in jedem Moment Kräfte zum Wirken zu schaffen. Diefs geschieht wahrscheinlich durch den allgemeinen Schöpfungsprocefs der **Vegetation**, die entweder **permanent** oder **einstweilig** ist Jene erhält die thierische Masse als solche und ihre Fähigkeit zum thierischen Wirken, die wir mit der schnellen Zündbarkeit eines Brennmaterials vergleichen können. Diese einstweilige ist stärker, schafft die momentane Kraft zum Wirken, die ein Wirken und hier ein Vorstellen zur Folge hat*). Dunkle Vorstellungen ohne Bewufstseyn

*) Ich habe diese Stelle ausgehoben, weil sie in ein wesentliches Verhältnifs des Organismus, das von den Physiologen oft nur sehr leicht aufgenommen wird, oder in tieferer Beachtung in entgegengesetzte Hypothesen zerfällt, ein Licht wirft, das mir zur Lösung des

sind Chimären. Zwar äufsert sich die Thätigkeit der Seele in Vorstellungen; aber diese sind es nicht mehr, wenn ihnen das Bewufstseyn mangelt, und hat die Seele keine Vorstellungen, so ist sie nicht thätig, ist sie dieses nicht, so ist sie nicht Seele. Sie wird und vergeht in jedem Moment, wie der Körper wird und vergeht und doch derselbe bleibt. Aufser diesem Werden ist nur das Vermögen da, die Kraft vorzustellen schnell in uns zu schaffen.

3) Sofern die Seelenkräfte nicht permanent sind, sondern erst durch die Vegetation geschaffen werden, läfst es sich begreifen, warum dazu eine Weile erfordert werde, wenn ein Gegenstand vermittelst der Besonnenheit zum klaren Bewufstseyn gelangen, und durch die Aufmerksamkeit gehalten werden soll.

4) Eine Handlung in einem Theil des Nervensystems wirkt als Erregungsmittel auf einen andern. Diese successive Erregung im Seelenorgan ist Association.

Problems sehr nahe zu führen scheint. Es ist der Uebergang aus dem allgemeinen vegetativen in das besondere sensitive Leben. Von Gall wird dieses Verhältnifs gänzlich übersehen; ja, was mehr ist, Gall mufs es läugnen, wenn seine Organenlehre nur als Hypothese stehen soll.

5) Die Kraft des Nervengebäudes ist, wie überhaupt die Lebenskraft des gesammten Organismus, beschränkt. Dieses Gesetz motiviret die Abstraction und Reflexion.

6) Ist auch die Kraft auf einen Gegenstand verwendet, so bleibt doch noch von ihr so viel Irritabilität übrig, daſs jedem andern der Eingang offen ist. Die Grade dieser Irritabilität finden wir als Gewandheit, Gegenwart und Gröſse des Geistes bezeichnet. Auf diesem Gesetz des Nervensystems ruht auch die Besonnenheit und Aufmerksamkeit.

7) Die Richtung der Kraft auf einen Punkt muſs im gesunden Zustande eine gewisse Ausdauer haben. Ein gewisser Turgor, der, als Symptom des alle Funktionen begleitenden Vegetationsprocesses, in den Sinnorganen sich zeigt, wenn sie wirken, ist wahrscheinlich auch im Gehirn da, auf dem Punkte, wo es thätig ist. So erscheint Flatterhaftigkeit des Geistes im Gegensatz der Ausdauer.

S. 123 und 124. Die meisten Seelenkrankheiten sind Zusammensetzungen. In diesen Gruppen und Zügen ist bloſs die Art erkennbar, nicht die Regeln ihrer Construction. Die aufgefundenen Arten werden vorerst noch, so lange uns die Natur der dynamischen Seelenkrankheiten an sich unbekannt ist, auf die Grundvermögen der Seele bezogen und nach ihrem Einfluſs auf das Selbstbewuſstseyn, die Besonnenheit und Aufmerksamkeit charakterisiret. Dann sucht man die Gesetze, nach welchen sich die Arten folgen und zusammenhäufen, in der Natur der Seele und ihres Organs auf, wodurch man zugleich zur Erkenntniſs der Caussalverknüpfung gelangt, die sie in den Compositionen unter sich haben."

Vernunft, Verstand, Sinnlichkeit, sind bekannte Bezeichnungen verschiedenartiger Vermögen des menschlichen Geistes; auſser ihnen ist noch die in der Zeit fortgehende wirkliche Erscheinung, die im Einzelnen immer aus Sinnlichkeit und Verstand zusammengesetzt ist, aber im Ganzen auf der Vernunft ruht, wodurch sie das wird, was man Erfahrung nennt.

Die Critik der reinen Vernunft ruht auf dieser, dem gemeinen Bewuſstseyn eben so verständlichen, so wie philosophisch bewährten Ansicht des erkennenden Geistes. Da aber Kant in der, durch den entgegenstehenden Dogmatismus motivirten transcendentalen Richtung seines philosophischen Denkens, die Erkenntniſs als isolirt von der Natur auffaſste: so konnte er auch diesen vier Seiten des erkennenden Geistes nur formale Bestimmungen geben. Die Vernunft ist, nach ihm, zwar das Vermögen der Einheit und die Totalität der Erkenntnifs, aber nicht der nothwendige Begriff der Natur und Ausdruck ihres ewigen Gesetzes; Sinnlichkeit ist das Vermögen der Anschauung, aber diese Anschauung ist eine reine, das ist, formale, der Raum ist kein gefüllter, ist nicht Materie, die Zeit ist keine Geschichte der materiellen Natur, der Verstand ist das Vermögen der Formen oder Gesetze, aber er ist nicht Naturkraft und in den Formen ist kein dynamisches Leben; die Erscheinung endlich ist ihm zwar Erfahrung, aber nicht Natur, er hat weder Psychologie noch Physiologie.

Ich habe oben die objektive, reale Bedeutung der vier Bedingungen des erkennenden Geistes, als des totalen Naturprodukts, aufgestellt, und so kann ich mich, um über eine dieser Bedingungen in der Anwendung auf einen gegebenen Gegenstand, nemlich über den atomistischen Standpunkt für die Untersuchung der Natur der Geisteskrankheiten, das zu sagen, was mir das Wahre zu seyn scheint, der aus der Critik verständlichen formalen Bezeichnungen bedienen, ohne Gefahr zu gehen, aus der objektiven Natur in einen subjektiven Formalismus zu fallen.

Der atomistische Standpunkt ist demnach der Standpunkt der Sinnlichkeit, unterschieden von dem Standpunkte der Erscheinung darin, dafs er nicht das Einzelne und Concrete als Synthesis der Zeit; von dem des Verstandes, dafs er nicht die nothwendigen Formen und Gesetze der Erscheinung; und von dem der Vernunft, dafs er nicht die Einheit oder den nothwendigen Begriff aller Erscheinung zum Objekt hat. Sein Objekt ist also die Materie, als das der Erscheinung zum Grunde liegende, als Träger der Verstandesformen und als Realisirung des nothwendigen Begriffs oder des ewigen Gesetzes. Es kann sonach auf diesem Standpunkte weder das innere Wesen der Natur, sondern nur seine Realisirung, noch die Formen ihres Seyns als Ursachen, sondern nur als Wirkungen erkannt, und so kann endlich die einzelne Erscheinung aus ihm nicht erklärt, sondern nur an ihm, das ist, in der Materie nachgewiesen werden.

Wer mit dem Bewufstseyn dieser nothwendigen Beschränkung des atomistischen, oder des Standpunktes der Sinnlichkeit, den Gang des Raisonnements unsers Verfassers verfolgt, dem wird die Energie und Consequenz, mit der er sich auf seinem Standpunkte hält, auch da noch, und vorzüglich da ein herrliches Schauspiel seyn, wo der forschende Geist, von der Sehnsucht nach totaler Wahrheit auf einen andern Standpunkt fortgerissen, im Kampfe seines eigenthümlichen gegen den fremden, eher einen Widerspruch zur Seite als eine Inconsequenz vor sich duldet. Diese Catastrophe des atomistischen Standpunktes, mit der er in Materialismus übergeht, tritt besonders stark in derjenigen Reflexion des Verfassers hervor, die ihn auf den Begriff der Kraft, als einer nur im Zeitmoment des Wirkens realen führt; denn mit diesem Begriff wird ihm die Kraft selbst eine gewirkte, und der Verfasser mufs für sie ein schaffendes Vermögen, unter welchem Worte doch nichts anders zu denken ist, als eine schlafende oder ruhende, aber freilich allgemeine Kraft, annehmen. Wenn er sodann diese allgemeine ruhende Kraft in den Schöpfungsprocefs der Vegetation verlegt, so mufs er auch diese wieder in eine permanente und einstweilige unterscheiden, und wenn er die letztere als die stärkere, die momentane Kraft zum Wirken schaffende bezeichnet: so erhalten wir nicht allein eine allgemeine, sondern zugleich eine besondere ruhende Kraft oder Vermögen, und die momentan wirkende ist nichts als die Bewegung, die in dem Nervensystem als Wirkung der Kräfte erscheint. So, wenn der Verfasser im Folgenden die vorstellende Seele mit dem Körper jeden Augenblick werden und vergehen läfst, bleibt ihm doch wieder, aufser diesem Werden, das Vermögen zurück, die Kraft vorzustellen schnell in uns zu schaffen. Der

Verfasser kämpft nur gegen die dogmatische Hypothese, daſs im menschlichen Organismus eine substanzielle Seele wohne; aber dieser Kampf führt ihn zugleich so weit, daſs er alle rein idealen Verhältnisse im Organismus läugnet, obgleich sie durch jedes consequente Läugnen, und so auch hier, durch das Läugnen selbst bewiesen werden.

Die dynamische und atomistische Ansicht durchkreuzen sich in der wirklichen Zeit, die Materie wird Empfindung, und die Kraft wird Erregbarkeit, Reitzbarkeit, Sensibilität, welche Ausdrücke hier dasselbe, nemlich die in den Organen ruhende, und durch einen Reitz zu weckende Kraft bezeichnen; in der Zeit selbst, das ist in der Handlung des Organismus sind Kraft und Empfindung identisch, und man verwickelt sich erst dann in unauflösliche Schwierigkeiten, wenn man diese Identität nicht als aus einem Gegensatz entstanden, sondern als das unmittelbar sich gebende Eine ansieht, und in der darauf folgenden, zum Zweck der Untersuchung gemachten Trennung, wie natürlich, die Standpunkte verwechselt, die Empfindung, welche noch dem atomistischen Standpunkt angehört, als Vorstellung in die dynamische Ansicht, und die dem dynamischen Standpunkt angehörige Sensibilität des Organismus, als materielle That in die atomistische überträgt. Diese Verwechselung scheint auch den Schwierigkeiten zum Grunde zu liegen, welche der Verfasser in dieser Untersuchung findet, und die ihn endlich wieder auf den Zeitmoment zurückdrängen, von dem er ausgegangen war.

Das Selbstbewuſstseyn, das nur auf dem dynamischen Standpunkte begriffen wird, sucht der Verfasser atomistisch zu bestimmen; aber die Consequenz läſst ihn auch nur solche Merkmale aufstellen, welche die in der Zeit fortgehende Empfindung bezeichnen, und nur als solche kann das Selbstbewuſstseyn für die Basis der Besonnenheit angesehen werden, da die in der Zeit unbestimmt schwimmende Empfindung durch die Aussenwelt zur Besonnenheit bestimmt wird, so wie die Aufmerksamkeit, die allgemeine unbestimmte aber durch die Aussenwelt zur Besonnenheit bestimmte Empfindung, für den einzelnen Gegenstand determiniret. In der dynamischen Ansicht ist die Aufmerksamkeit das Tiefste, sie fesselt den Geist an das Einzelne; die Besonnenheit ist das Höhere, sie macht das Mannigfaltige klar; das Selbstbewuſstseyn das Höchste, sie ist die Klarheit selbst.

Auch ist die Aeuſserung S. 124., daſs die Seelenkrankheiten nicht nach den R e g e l n ihrer Construction, oder nach ihren d y n a m i s c h e n Verhältnissen, sondern nur als, aus einfachen Zuständen zusammengesetzte A r t e n erkannt werden können, — ein sich auszeichnender Beweis der

Consequenz, mit welcher der Verfasser seinen Standpunkt hält. Wenn aber gleich darauf von den Grundvermögen der Seele, auf welche jene erkannten Arten bezogen, und von Gesetzen der Aufeinanderfolge dieser Arten, die Rede ist, welche Gesetze in der Natur der Seele und ihres Organs aufgesucht werden sollen; ferner von einer Erkenntnifs der Caussal-Verknüpfung, die sie in den Compositionen unter sich haben: so wird zur Möglichkeit solcher Erkenntnisse die Erkenntnifs der dynamischen Verhältnisse des Geistes vorausgesetzt; und so ist mit diesen Forderungen mehr das Bedürfnifs anderer Standpunkte der Erkenntnifs, als die Aufgabe für den atomistischen ausgesprochen.

Für die Sinnlichkeit ist die Vernunft oder das Selbstbewufstseyn nur die Einheit der Zeit, der Verstand oder die Form des Bewufstseyns nur Resultat der materiellen Mischung und organischen Form, die Erscheinung endlich nichts als momentane Wirkung. Wahr ist diese Ansicht der menschlichen Natur, wenn vorausgesetzt wird, dafs Vernunft, Verstand und Erscheinung auch noch etwas anderes seyen, das heifst, wenn sie das Bewufstseyn der andern Standpunkte der Natur nicht ausschliefst; dieses Bewufstseyn mufs sich aber in der Wortbezeichnung ausdrücken. So ist die höchste Einheit der menschlichen Natur auf dem Standpunkte der Sinnlichkeit weder als Vernunft noch als Selbstbewufstseyn, weder als Seele, noch als Organismus, sondern als Empfindung; das dynamische Verhältnifs weder als Verstand noch als Form des Bewufstseyns, weder als Vermögen noch als Gesetz des Organismus, sondern als Sensibilität; die Erscheinung endlich nicht als Vorstellung, sondern als Leben schlechthin zu bezeichnen. So hat jeder andere Standpunkt seine eigene Bezeichnung, welche die ihm eigenthümliche Sphäre charakterisiret, und nicht neu erfunden werden darf, sondern im Sprachgebrauch des gemeinen Bewufstseyns, nur gemischt, schon gegeben ist. Ich will es versuchen, die atomistische Ansicht der menschlichen Natur, zuerst in ihrem normalen Zustande mit Rücksicht auf die übrigen Standpunkte, das heifst, mit bewufster Beschränkung auf den gewählten, zu geben, und schmeichle mir, dafs sie nicht im Wesentlichen, sondern nur im Sprachgebrauch von der unsers Verfassers, den ich übrigens auf diesem Gebiete als meinen Lehrer erkenne, abweichend befunden werden wird. Die Natur ist mein Leitfaden und ich sorge nur für richtige Bezeichnung.

Ich versetze mich mit dem Verfasser unmittelbar in die organische Natur, in wie fern sie meinen Sinnen als Materie gegeben ist. Das Erste, was sich mir giebt, ist die Pflanze, als ein in sich selbst lebendes, als ein Wesen, das sich selbst Ursache und Wirkung, Mittel und Zweck ist. Durch diesen Charakter ist sie von der allgemeinen Natur, obgleich in ihr stehend und durch sie bestehend, wesentlich unterschieden. Die allgemeine Natur ist die Summe der Wirkungen, deren Ursache uns verborgen ist, alles ist in ihr Mittel, aber wir kennen nicht ihren Zweck obgleich wir ihn eben so nothwendig wie die Ursache denken müssen. Die Lebenskraft oder die Ursache des Lebens der Pflanze, können wir zwar auch nicht unmittelbar sinnlich anschauen, aber sie ist doch in der Pflanze da, und diese ist ein besonderes, in sich selbst beschränktes Wesen: so wissen wir mit sinnlicher Gewifsheit, dafs die Lebenskraft in ihr da ist, und trennen aus diesem Grunde die Ursache nicht von der Wirkung; sondern sagen mit Recht, dafs beide in der Pflanze als die Eine anschauliche That der Natur angesehen werden müssen. So finden wir auch jedes Erzeugnifs in der Pflanze als Mittel, in wie fern es die höhere Bildung vorbereitet, aber es ist uns zugleich Zweck, indem alle Stufen der Ausbildung der Pflanze im Wesentlichen sich gleich sind, im Keime schon die ganze Pflanze gegeben ist. Das organische Leben ist folglich zunächst die Darstellung einer in sich selbst zum Besonderen geschlossenen Natur.

Die

Die Atomen der Materie, welche die allgemeine Natur nur zu einem allgemeinen Leben verknüpft, werden in der Organisation in sich geschlossene Systeme, sie werden nicht mehr allein von Aussen angezogen und abgestoſsen, sondern sie haben ein inneres Leben der Contraction und Expansion, sie liegen nicht mehr todt in der Schwere, sondern sie leben aus sich selbst, indem sie sich aus der Schwere zum Licht oder in den freien Raum erheben.

Aber das organische Leben ist nicht bloſs Eine Pflanze, auch nicht bloſs eine Stufenleiter der Pflanzen, sondern es giebt sich in unendlich vielen einzelnen Wesen, es giebt sich als Reproduction. Hier tritt die innere Identität der Ursache und Wirkung, des Mittels und Zweckes nach Aussen, und zerfällt in Gegensatz, eine Pflanze ist Ursache, die andere Wirkung, die eine Mittel, die andere Zweck; doch hat diese Trennung keine innere Nothwendigkeit, sondern sie gehört der Zeit an, und so ist sie nur relativ, die Pflanze B, die auf A folgt, folgt ihr nur zufällig, so wie sie nur zufällig der Pflanze C vorausgeht. Allein in dieser äuſsern Erscheinung geht das im Innern besondere Leben der Pflanze in ein allgemeines über, die organische Ansicht wird eine mechanische, die Wurzel trägt den Stamm, dieser Zweige, Blätter und Blüthe, die Blüthe bringt die Frucht hervor, diese oder die Wurzel wieder eine Pflanze. In dieser Ordnung entstehen und vergehen die einzelnen Theile der Pflanze, jeder ist nur für den andern da, und wenn wir diese Ansicht auf das ganze Pflanzenreich ausdehnen, so hat die Pflanze überhaupt kein in sich vollendetes Leben, sie geht nach Aussen in die Allgemeinheit der Natur über.

Wir sehen das innere Leben der Pflanze in sich selbst mit Nothwendigkeit geschlossen, sehen es aber zugleich nach Aussen sich auflösen, ohne daſs es als inneres aufgehoben werde. Wir sehen darin einen in diesem Reiche nirgends entschiedenen Kampf, und so suchen wir seine Entscheidung, wir suchen eine Vereinigung des äuſsern und innern Lebens in höhern Sphären des organischen Lebens.

Das innere Leben der Pflanze zerflieſst in das Aeuſsere und giebt sich nur im neuen Produkt als inneres wieder, das aber dasselbe Schicksal hat. Soll und muſs ein höheres Leben erscheinen, so muſs das Aeuſsere in einem und demselben Produkt in das Innere zurückkehren, oder, was dasselbe ist, das Innere des Ganzen muſs ein Aeuſseres in den Theilen werden; was die Pflanze nur im neuen Produkt wieder erhält, das muſs das höhere Leben in seine Theile aufnehmen, so daſs, wenn in der nach Aussen gekehrten Pflanze jeder Theil für den andern, und alle Theile für das neue Produkt, in dem höhern Leben jeder Theil nicht bloſs nach Aussen für einen andern und alle für das neue Produkt da sind, sondern daſs zugleich jeder Theil wieder ein inneres Leben für sich habe. So wäre auch das Aeuſsere wieder in das Innere aufgenommen, und dieses nach Aussen gekehret, es wäre in dem nach Aussen allgemeinen organischen Leben wieder ein besonderes, es wäre ein Organismus in dem Organismus.

Diesen Charakter trägt die erste thierische Erscheinung. Das Eine Leben des Organismus geht in seine Theile über, und wird *sichtbar*, es lebt nicht bloſs der Organismus, sondern auch das *Organ*.

Das lebendige Organ ist noch nicht Thier, aber es ist schon mehr als Pflanze, es ist ein von der Pflanze wesentlich getrenntes höheres, doch noch nicht thierisches Leben, es ist der, in der Natur, die in der atomistischen Ansicht keinen Sprung macht, *mittlere* Uebergang aus dem Pflanzenreich in das Thierreich, dergestallt in einer besondern Produktenart, in den *Zoophyten*.

Da wir aus dem innern Leben der Organisation, dessen Bezeichnung uns bloſs als Grenzbestimmung der unorganischen und organischen Natur nöthig war, der atomistischen Ansicht gemäſs in das äuſsere Leben übergegangen sind: so können wir auch dieses höhere Leben, das Leben der Organe, als das besondere in dem allgemeinen bestimmen, ohne dafs es nöthig ist, gegen die Verwechselung dieses besondern Lebens mit dem innern Leben des Organismus überhaupt Cautelen aufzustellen.

Die Pflanzentheile sind, in Ermangelung des eigenen Lebens, nur als Canäle des allgemeinen Lebens anzusehen; doch ist in ihnen schon die Anlage sichtbar, einst Organe zu werden und als solche zu leben, und ihre Struktur nähert sich stufenweise der Struktur der thierischen Organe. Doch ist diese Annäherung nicht so zu denken, dafs die Pflanze, deren Theile die vollkommenste Bildung haben, dem thierischen Leben zunächst stehe. Die Stetigkeit der Natur ist nicht eine linienförmige, sondern sie geht in Kreisen fort, die in ihren Centris in einander greifen. So ist die vollkommenste Pflanze von dem einfachsten thierischen Leben eben so weit entfernt, wie von dem einfachsten Pflanzenleben, die Pflanzen gehen eben so wieder auf das Einfachste, nur in entgegengesetzter Richtung, zurück, wie sie aus ihm sich hervorgebildet haben und die Conferve ist dem thierischen Leben näher als die Palme. Die erste thierische Erscheinung zeigt uns demnach wieder die einfachste Struktur, die Theile des Wesens sind gleichartig und das ganze Thier ist nur Ein lebendiges Organ. Diese nähere Bestimmung der zweiten Stufe des organischen Lebens führt uns zur dritten über.

Das Leben des Einen Organs oder das Eine Leben des Organs zergliedert sich in mehrere und es bildet sich ein Centrum des vielfachen Lebens. Das Centrum liegt nicht in diesem oder jenem Organ, denn so würden die übrigen ihr besonderes Leben verlieren, sondern aufser allen Organen, und eben dadurch ist die dritte Stufe des Lebens von der zweiten wesentlich verschieden: es erscheint ein neues und höheres Organ, ein höherer Organismus, und diese Erscheinung ist der Nerv, der alle Organe concentriret, und als Sensibilität sie reitzbar macht. Das reitzbare Organ nennen wir Muskel, aber der Grund seiner Reitzbarkeit ist der Nerv. Das Eine Leben des Organs auf der zweiten Stufe ist Bewegung, die noch eine mechanische zu seyn, dem Gesetze der Anziehung und Zurückstofsung zu folgen scheint, von der mechanischen Bewegung der Aussenwelt nur darin unterschieden, dafs die Schwerkraft in das organische Leben aufgenommen ist, die Bewegung folglich aus diesem Leben entspringt. Auf der dritten Stufe wird die Bewegung dadurch eine organische, dafs das im Organismus in Thätigkeit und Leben versetzte, und auf der zweiten Stufe in Bewegung nach Aussen sich offenbarende Princip der Schwere, selbst als Princip in die Erscheinung tritt, Sensibilität wird. Die Organe bewegen sich nicht von Aussen gezogen oder gestoſsen, sondern gereitzt vom Nerv, sie ist willkührliche Bewegung, und obgleich wir in höhern Organismen von unwillkührlicher Muskelbewegung sprechen, so gilt dieſs doch nur im Gegensatz einer höhern Willkühr: in abnormen Zuständen beweiset sich im Menschen die Bewegung aller Muskeln als willkührlich.

Diese Stufe des Lebens scheint die Natur vorzüglich und am bestimmtesten in den Würmern darzustellen.

Der Nerv ist Sensibilität (das Reitzende), das ist, das hervorgetretene Princip des Lebens und der organischen Bewegung, damit noch nicht sensitiv oder empfindend. Das Leben auf der dritten Stufe ist ein besonderes der Organe, es muſs sich zum allgemeinen erheben und so den Kreis schlieſsen. Dieses allgemeine Leben aller Organe ist die vierte und letzte Stufe, auf welcher das Thier als vollendet hervortritt. Die zweite Stufe bezeichnet das Heraustreten der Kraft aus dem Pflanzenleben, die dritte ihr Eintreten in das Thierleben; aber Pflanze und Thier sind die Pole des organischen Lebens überhaupt.

Die Nerven knüpfen sich in Knoten oder Geflechte, die den Momenten der Muskeln und ihrer Bewegung zu entsprechen scheinen; diese Knoten sind zugleich die Anlagen zum allgemeinen thierischen Leben, zum Leben der Empfindung, und sie dürften vielleicht nicht unschicklich als das Sensitive der Nerven, oder als die Organe der Sensitivität bezeichnet werden.

Auch diese Knoten suchen ihr Centrum, das aber nicht aufser ihnen, sondern in sie fällt, weil die Nerven zum allgemeinen Leben sich hinaufbilden. Dadurch, dafs das Centrum der Nervengeflechte in sie selbst fällt, wird die Sympathie der Nerven und durch diese aller Organe im thierischen Körper begründet, und eben diese Sympathie ist das allgemeine Leben, ohne Aufhebung des besonderen, die allgemeine Empfindung im Selbstgefühl mit unendlichen Differenzen der besondern Organe.

Wir finden daher auf der vierten Stufe des Lebens ein herrschendes Ganglion als Sitz der Empfindung und ihre Quelle. Die Natur bezeichnet diese Stufe in der Bildung des Kopfes: mit ihm bilden sich die Nerven zum System, zu einem mannigfaltigen von Empfindungsheerden in der Einheit des Hauptheerdes im grofsen Gehirn, das eben deswegen, weil es der Hauptheerd, Quelle und Sitz aller Empfindung ist, nicht das Organ oder der Heerd besonderer Empfindungen seyn kann, sondern nichts als die Einheit aller Empfindungen, das gemeinschaftliche Organ der Empfindung überhaupt und ihr höchster Sammelplatz. Dieſs beweiset auch seine Struktur, die nicht, wie z. B. die in den Sinnen sich knüpfenden Nerven, eine bestimmte ist und sich nach Aussen öffnet, auch nicht jene mechanische Bildung des Aeuſsern vorfindet, die in den Sinnen einer bestimmten Art von Empfindung angemessen ist. Sobald die Nerven in den Kopf eintreten, scheinen sie mit der höchsten Acceleration der Kraft der Unbestimmtheit zuzueilen: wie verstärkt, folglich als Nerv wie viel weniger bestimmt, treten die kleinen Pyramidalen aus der Varolsbrücke als Gehirnschenkel hervor, mit welcher Ausbreitung strömen diese zum noch Unbestimmteren in die groſsen Ganglien ein, und zerflieſsen endlich, diese Ganglien äuſserlich umschlieſsend, in Eine Totalmasse in sich rundender Form, welche allein schon den Charakter der Unbestimmtheit verkündiget. So öffnet sich auch das groſse Gehirn nicht wieder in künstlichen Maschinen, sondern wird fest verschlossen durch Häutung, die bis zum todten Knochen sich verhärtet. Es mögen Reste der Differenzen einer frühern vegetativen Bildung, aus welcher das Gehirn wie die Nerven hervorgehen, auch im Gehirn wie im ganzen übrigen Organismus, sich zeigen: so erscheinen sie doch nur quantitativ und haben mit dem Qualitativen der Empfindung durchaus nichts gemein.

Diesen in vier Phasen sich schliessenden Kreis des organischen Lebens sehen wir im menschlichen Organismus in Eine Gestalt gebildet, und zwar zu der höchsten Allgemeinheit der Empfindung, so dass er mit Nothwendigkeit in das Ideale oder zum Bewusstseyn sich wendet. Das physische Leben des Menschen ist demnach nach seiner sinnlichen Existenz durch vier Grundverhältnisse bestimmt: 1) durch allgemeine Vegetation, 2) durch besonderes Leben der Organe, 3) durch Sensibilität, 4) durch allgemeine Empfindung. Auf dem ersten Verhältnisse ruht der ununterbrochene Wechsel von Leben und Tod; auf dem zweiten die Stufen des Alters; auf dem dritten die gegenseitige Beziehung der Organe durch Centrifikation und Reitzbarkeit; auf dem vierten die Gleichheit des Lebens im Selbstgefühl, welches im Denkakt zum Bewusstseyn sich wendet und Ich wird. Im Bewusstseyn geben sich dieselben Verhältnisse wieder, und zwar im theoretischen: die allgemeine Sinnlichkeit, als ununterbrochener Wechsel; die Einbildungskraft, als Zeitmesser der Sinnlichkeit; der Verstand als das Princip der Erkenntniss des Besonderen, dem aber dieses als Gegenstand gegeben seyn muſs; die Vernunft als das Vermögen des Allgemeinen und Gleichen der Erkenntniſs. Im praktischen, der Trieb, die Neigung, die Handlung und der Wille.

Die atomistischen Grundverhältnisse des menschlichen Organismus zeigen uns ihn als die Maschine des Geistes in der innigsten Verbindung mit der gesammten Natur, und sie selbst sehen wir entstehen durch die stufenweise Hervorbildung der Natur zum Geist. Die Natur spricht sich aber nicht allein in stehenden Produkten niederer Ordnung, sondern auch in zufälliger Mehrheit derselben aus; und so steht auch der menschliche Organismus getrennt von der Natur in zufälliger Mehrheit da, zum Beweis, daſs die reale Darstellung der Natur, ihrem Wesen nach unvollkommen sey. Diese Aussenseite des menschlichen Organismus ist der Grund der zufälligen Einwirkung der Aussenwelt auf ihn, und obgleich die Struktur seiner Organe, in der sich die innere Geschichte der organischen Natur in der höchsten und Totalform giebt, eine nothwendige ist, obgleich ferner die Sensibilität der Nerven die allgemeine Naturkraft im nothwendigen Gegensatz ihrer Wirksamkeit zur Erscheinung bringt, obgleich endlich das Organ der allgemeinen Empfindung (Nervengeist, animalischer Lebensstrom, Gehirnsubstanz oder in anderer Bezeichnung) an sich selbst indifferent ist, und indem es seine erscheinenden Differenzen von der Thätigkeit des Organismus als Modification aufnimmt, die Vollendung, den Schluſs der realen Natur bezeuget: so reicht doch zugleich die Aussenseite des Organismus so weit, als er Materie ist, und so ist selbst das Organ der allgemeinen Empfindung, das erste Objekt der Geschichte der psychischen Krankheit und ihre Grundlage, der zufälligen Einwirkung der Aussenwelt unterworfen, und es bildet sich durch diese Einwirkung zugleich eine zufällige innere Welt der Empfindung. Eine Geschichte der psychischen Krankheit, vom atomistischen Standpunkte ausgeführet, muſs folglich mit physiologisch pathologischen Untersuchungen eröffnet werden, die ich, nach meiner gegebenen Ansicht der atomistischen Grundverhältnisse des Organismus, nach folgenden Fragen ordnen würde, wenn mich eine reiche Erfahrung zu den Untersuchungen selbst in Stand setzte *).

*) Ich darf hoffen, daſs der Herr O. B. Rath Reil dieses Gebiet nach seinen Ansichten, neben welchen, wie ich gezeigt zu haben denke, der von mir aufgestellte Typus recht wohl bestehen kann, für das Magazin bearbeiten werde. Welcher Gewinn für die Wissenschaft von dem scharfen Beobachtungsgeist, der auch das Einzelne und Kleinste mit einem allgemeinen Blick zu vergeistigen weiſs, zu erwarten sey, das bedarf nicht meiner Bemerkung, aber ich sage es, um meine

1) Nach welchen Erfahrungsgesetzen wird die allgemeine Empfindung durch die Aussenwelt modificiret, und auf welchem Punkte wird diese Modification Krankheit der Empfindung?

2) Nach welchen Erfahrungsgesetzen wird die Empfindung durch die kranken Funktionen der Organe modificiret und selbst krank? Gruppiren sich vielleicht die kranken Empfindungen nach der Analogie der Sympathie der Organe zu Geisteskrankheiten?

3) Welchen Einfluſs hat der Grad der Sensibilität der Nerven auf den Stand der Empfindung überhaupt?

Diesen physiologisch pathologischen Fragen entsprechen die psychologisch pathologischen, und zwar für das theoretische und praktische Bewuſstseyn.

Für das theoretische:

1) Welche Modificationen erleidet die Vernunft, als Einheit der Zeit, durch die passiven Bestimmungen der Sinnlichkeit, und auf welchem Punkte der Einwirkung ist die Vernunft krank zu nennen?

2) Welchen Einfluſs hat die Einbildungskraft auf die Zeiteinheit der Vernunft?

Sehnsucht nach dieser Belehrung, welche gewiſs meine Leser mit mir theilen, auszudrücken.

3) In wie fern kann durch Stärke oder Schwäche des Verstandes das zeitige Gleichgewicht der Vernunft gestört oder aufgehoben werden?

Für das praktische:

1) Nach welchen Erfahrungsgesetzen wird der Wille, als Allgemeinheit, Gleichheit und Harmonie der Thätigkeiten, durch die in der Erfahrung unendliche Besonderheit der Triebe bestimmt und auf welchem Punkte dieser Bestimmung ist der Wille, nicht böse, sondern krank zu nennen?

2) Welchen Einfluſs haben die in Neigungen gruppirten Gegenstände des Triebes auf den Willen, und wie organisiren die Neigungen die Krankheit des Willens?

3) In wie fern wird der Wille durch den zu hohen oder zu niedrigen Grad der Intensität der Handlung aus dem Gleichgewicht gerissen, welche Macht übt die Gewohnheit über den Willen aus u. s. f.?

Für die dynamische Ansicht des Organismus und der Psyche, ist der Akt des Selbstbewuſstseyns das Regulativ, und der Standpunkt der dynamischen Naturgeschichte der Geisteskrankheit ist der idealistische mit dem Princip der freien Selbstthätigkeit für das Psychische und mit dem

Princip der Naturkraft für das Organische. Für das letzte dürfte das galvanische Experiment dasselbe seyn, was der Akt des Selbstbewuſstseyns für das erste.

Nachschrift.

Platner sagt zu Dufour über die Krankheiten des Verstandes: „Wenn ein wissenschaftlicher Gegenstand noch wenig bearbeitet ist, so sind uns auch die unvollkommensten Versuche, die zu seiner Bearbeitung eingereicht werden, willkommen; und im Grunde sind sie auch mehr werth, als die gröſsten Meisterstücke, da wo die Materie längst erschöpft ist."

Möchte meinen bisherigen Versuchen nur die erste Hälfte dieses allgemeinen Urtheils entgegenkommen! Die andere Hälfte würde ich so ersetzen: und auch die spekulativen Versuche sind da am wenigsten zu verschmähen, wo die Empirie selbst gesteht, daſs sie den Gegenstand, obgleich er als Thatsache sich giebt, nicht erreiche und ihn hypothetisch auffassen muſs, um wenigstens einige seiner mannigfaltigen Erscheinungen auf irgend eine Weise zu erklären. Wer über den Gegenstand, dessen wissenschaftliche Bearbeitung ich zum Hauptzweck meines Lebens gemacht habe, nur einmal ernstlich nachdenkt, muſs finden, daſs er mehr, als jeder andere, dazu geeignet ist, die Spekulation zu wecken; ob aber die Spekulation, die ich in dem vorliegenden Hefte gebe, dem Gegenstand angemessen ist, ob sie nicht den Gegenstand, anstatt ihn aufzuhellen, noch tiefer ins Dunkle zieht, ob mir vielleicht die Spekulation nicht Mittel sondern Zweck ist? Wie jetzt die Sache der Philosophie beim gröſsern Publikum steht, muſs ich fürchten, daſs so mancher Leser im ersten Aufschlagen des Buches von diesem, wenn auch nur dunkel gefühlten Vorurtheil ergriffen und vom Lesen abgeschreckt werde. Ich denke mir aber zwey Gattungen solcher Leser oder anfänglich Beschauer meines Buches.

Die einen wollen nichts von Spekulation wissen, ihr Geist spricht sich in einer Maxime aus, die einst ein Volksschriftsteller, dessen philosophische Ueberzeugung sich durch mannigfaltige Geschichtlesung und Verbrauch des Gelesenen zur angenehmen Unterhaltung gebildet hatte, dessen höchste Wahrheit folglich der ewige Wechsel der Dinge war, meinen nicht geführten sondern nur angezeigten Beweisen für die ewige Abkunft und das gleiche Wesen der Vernunft, mit einer Bestimmtheit und einem Ernst entgegenstellte, die, so persönlich und individuell ausgesprochen, mein ganzes Wesen erschütterte und eine traurige Gemüthsstimmung zurücklieſs. Die Maxime ist fol-

gen-

gende: wäre es auch möglich, dafs ihr uns bis zur völligen Gewifsheit überzeugtet, dafs euren Gründen nichts entgegengestellt werden könnte, so protestiren wir voraus gegen diese Ueberzeugung, wir wollen sie nicht. Der Himmel verzeihe ihnen diese Sünde gegen den heiligen Geist! Als mir das Studium der Transcendental-Philosophie anfangs den Glauben an Gott, und Unsterblichkeit zu erschüttern schien, beruhigte mich immer der Gedanke: und wenn dieser Glaube blofse Täuschung wäre, so ist es deiner würdig, die Hülle abzustreifen, die erkannte Wahrheit mufs dir mehr seyn, als was du jetzt durch den Glauben erhältst. Müfste man nicht selbst den Teufel vor Gericht hören, wenn er sich stellte, müfste die Vernunfu es nicht für möglich halten, dafs auch er einmal gegen schwache Menschen Recht habe? Doch genug von solchen, welche den Grund auf der Oberfläche suchen, für sie schreibt der, welcher ihn in der Tiefe forscht, kein Buch, keine Vorschrift und keine Nachschrift. Aber die andere Gattung von Lesern, welche nur die Tiefe als blofse Tiefe scheuen, weil sie in reiner Beschauung ihre Befriedigung nicht finden, doch sie lieben, wenn sie nur den Zusammenhang mit dem an sich Offenbaren erkennen, führt vielleicht mein guter Genius, ehe sie das Buch aus der Hand legen, zu dieser Nachschrift, und für sie steht sie da.

Selbsterkenntnifs, wodurch ihre Bedingtheit auf keine Weise aufgehoben wird, da sie nur in so fern Selbsterkenntnifs ist, in wie fern sie sich, als das Eine, in das Doppelte hineinbildet. Durch diesen wesentlichen Charakter der Selbsterkenntnifs der Vernunft, welchem die Erfahrungswahrheit, dafs der Mensch sich als Wendepunkt der Natur und Geschichte findet, so ganz entspricht, wird die wahre Richtung*) der philosophi-

*) Recensenten meiner frühern Schriften haben mich nicht in der Richtung gefafst, die ich für die wahre halte, und die ich nie verläugnen kann; sie mufsten ihnen folglich als ein willkührlicher Blumenstraufs aus Schellings Garten erscheinen, sie mufsten das negative Ich gänzlich übersehen, oder in ihm einen Widerspruch finden. Von Recensenten sollte man freilich erwarten können, dafs sie auf jede Richtung des Geistes gefafst seyen, und dafs sie es ihre erste Sorge seyn lassen, sie herauszufinden, um doch selbst über den Irrthum, als wahrhaft erkannten, ein nützliches Wort zu sagen; anstatt dessen ist es Mode geworden, durch ein — Ich verstehe es nicht — das Verwerfungsurtheil auszusprechen, und einige ausgerissene Stellen, nicht etwa als Probe des Styls, denn das wäre sehr zweckmäfsig, sondern des philosophischen Denkens, zum Besten zu geben. Uebrigens konnte ich nur für solche Leser schreiben, die in demselben Falle sind, in welchem ich war, die den Geist der Transc. Philosophie unbefangen aufgefafst haben, in ihm nicht Befriedigung finden, und verlegen sind, wie sie aus

schen Erkenntnifs bestimmt, deren Geist und Wesen nicht das richtungslose Ewige, sondern die Richtung der Zeit auf das Ewige ist, in welcher

seinem Kreise herauskommen können, ohne ihn willkührlich zu durchbrechen, und so das Wahre mit dem Irrigen zu verwerfen. Von einem Höhersteigen kann, wie ich die Sache sehe, nicht die Rede seyn, denn Schelling hat in der Identität des absoluten Alls (Form), und des absoluten Nichts (Wesen) der Erkenntnifs, das Höchste ausgesprochen; die Schöpfungsperiode der Systeme scheint ihr Ende erreicht zu haben, und es wird nun wohl klar werden, dafs jede, auch an sich wahre Erkenntnifs, dadurch, dafs sie die Form des Systems annimmt, eine mittelbare werde, folglich aufhöre, eine philosophische zu seyn. So wird die Schelling'sche Erkenntnifsweise für die empirische Naturerkenntnifs, die Fichte'sche für die Wissenschaft der Kunst verarbeitet werden, von der Kantischen aber hat sich schon jetzt nur die Anwendung auf die Moral geltend gemacht. Ich suche das eigenthümliche Gebiet der philosophischen Erkenntnifs, historisch in jener Lücke, welche Kants zu starker, der Philosophie nicht günstiger Witz, der sich nur in Gegensätzen gefällt, zwischen dem Dogmatismus und Criticismus gelassen hat, und so, denke ich, bedarf die Transc. Philosophie der Auflösung bis auf jenen Grund, in welchem sie sich in keiner ihrer Phasen orientiret hat. Aus ihm werden sich die Grundbegriffe der Natur, Kunst und Moral, als die wahre Philosophie, wie ich hoffe, mit Evidenz hervorbilden lassen.

Richtung die wahre Form der Offenbarung des Ewigen als menschliche Vernunft erkannt wird.

Dieses in der Vernunft Eine Universum ist, als Form der Offenbarung, das Objekt der philosophischen Erkenntniſs. Der Typus des Naturgesetzes, der sich im nothwendigen Zeichen der Mathematik unbewuſst ausspricht, wird in dem historischen Zeichen, in der Sprache, ein freier und bewuſster, der in der sinnlichen Anschauung gefesselte Naturgeist wird freier Geist des allgemeinen Denkens, in ihm offenbaret sich die ganze Natur als die Eine Möglichkeit, als die Allgemeinheit des individuellen menschlichen Geistes, als sein Grund, seine Vergangenheit, die der Geist sodann in jedem Produkt der Natur und endlich im eigenen Körper, als seinem Organ, und in so fern Grund seines Daseyns wieder findet. Die Natur ist, im Denken, das allgemeine Seyn des individuellen Geistes — der allgemeine Geist, in der Anschauung, das individuelle Seyn der Natur; das erste Seyn nennen wir Wissenschaft, das zweite Empirismus.

Das Gesetz ist Nothwendigkeit, und wenn auch die mathematische Erkenntniſs allein diese Nothwendigkeit zum Objekt hat, so muſs doch die philosophische, als Selbsterkenntniſs der Vernunft zugleich das Freie erkennen. Das Freie ist Geschichte, die philosophische Erkenntniſs der Natur ist folglich nicht blofs constructiv, sondern auch eine historische, ihr Objekt ist die Natur, als darstellend ihr Gesetz in Produkten, die zwar durch das Gesetz die nothwendige Form haben, deren Entwickelung aber durch die Zeit und in der Zeit, als Stufenreihe frey, so wie ihre mannigfaltige Darstellung im Raume eine zufällige ist. Jedes Produkt ist da frey, wo es in ein höheres übergeht, aber die Freiheit tritt nicht hervor, sondern läfst nur ihre Spur zurück, in der unvollkommenen Form. Die Natur schliefst ihre Produktenreihe im menschlichen Organismus; aber auch dieser ist krank und stirbt, er ist nicht vollkommene Form, Krankheit ist seine Unvollkommenheit, die Spur der Freiheit. Es ist kein höheres Produkt, die Freiheit mufs in die Erscheinung treten, sie erscheint als Denkakt, und enthüllt als solcher das grofse Geheimnifs der Natur, dafs ihre vollkommene Form keine reale, sondern eine ideale, dafs sie Erkenntnifs sey.

Wenn also Freiheit und Nothwendigkeit in der Idee den Begriff der Vernunft, als ihre Bedingung, constituiren: so findet die Vernunft, als suchendes Subjekt, in ihrer Richtung auf die Natur, ihre erste Realität, sie findet die objektive Freiheit und objektive Nothwendigkeit in ihrem ersten oder Naturcharakter — Naturfreiheit und Naturnothwendigkeit, jene im Denkekt, diese im Wissen. Das Denken ist Resultat des Organismus, gleichsam die überschwengliche That der Natur, die sich nicht mehr zum höhern realen Produkt organisiren kann, weil sie im menschlichen Organismus das höchste gegeben hat, die von der Materie befreite Naturkraft, an sich leere und negative Thätigkeit, in welcher die Natur den Menschen, doch nur als Anlage giebt. Die Natur wird also frey im Menschen, aber die Naturfreiheit ist als menschlicher Charakter, zwar sein Erstes, die Basis, gleichsam das Substanzielle seines Geistes, doch nur ein Passives, Negatives, das man sonst mit dem Begriff der Einfachheit bezeichnete.

Das Denken wird ein reales im Wissen, die freie Naturkraft organisiret sich zur nothwendigen Form im nothwendigen Wissen, und in diesem giebt der Mensch die Natur, wie sie sich selbst, als real, nicht geben kann, als vollkommene und Totalform, er wird in diesem Wissen wahrer Naturgeist, und die Organisation der freien Anlage zur nothwendigen Form läßt die Natur als menschlichen Geist erscheinen.

In wie fern das Denken Anlage der Natur, ein Negatives ist, ist auch das nothwendige Wissen, folglich der erkennende Geist das ideale Produkt der Natur zu nennen, in welchem sich Freiheit und Nothwendigkeit vollkommen durchdringen, und da diese Durchdringung der Charakter der Vernunft ist, so ist das nothwendige Wissen die erste Offenbarung der ewigen Vernunft in der menschlichen. Ihr wesentliches Kennzeichen ist das Gegebenseyn, die Objektivität, das Wissen ist Produkt, und ruht als solches auf der ganzen realen Natur als seiner Vergangenheit, seinem Grunde, seiner Bedingung.

Der Beweis, den ich in den vorstehenden Abhandlungen für diese zwiefache Wahrheit, daſs die Naturfreiheit des Menschen ein Negatives und Passives, und daſs sein Wissen, als Nothwendigkeit, Naturprodukt sey, mag nicht befriedigend seyn; es war aber auch nicht mein Zweck, den vollständigen Beweis zu dem mehr erfordert wird, zu geben. Ich wollte nur zeigen, daſs sie bewiesen werden können, und daſs selbst die Transc. Philosophie, die den Menschen ganz aus sich selbst zu schaffen scheint, in ihrer Consequenz zu diesem Resultate führe. Wem es nur um die Wahrheit und ihre Benutzung zu thun ist, der möge es mir glauben, daſs ich sie nicht nur so, wie ich gethan habe, sondern auch noch weiter beweisen könne, und mir in der Anwendung derselben auf den Gegenstand dieses Magazins folgen.

Auf gleiche Weise findet die Vernunft, als das suchende Subjekt, in der Richtung auf sich selbst, das ist, in der Richtung auf das Bewuſstseyn, als objektives Wissen, in der Sehnsucht, für sich selbst zu seyn, sich zur eigenen höhern Natur selbst zu bilden, und in dieser, als Kunstwerk, selbst geschaffenen höhern Natur, ihre zweite Realität, sie findet den Charakter der Kunstfreiheit und Kunstnothwendigkeit, mit ihnen die zweite Offenbarung der ewigen Vernunft in der menschlichen.

Allein so wie die Vernunft über das Wissen hinausstrebt, weil sie, auch in dem nothwendigen, nur die allgemeine Form der Möglichkeit findet: so strebt sie auch noch über die Kunst, die ihr nur die besondere Form der Wirklichkeit giebt, hinaus, sie strebt nach eigener Nothwendigkeit, die ewige Vernunft muſs sich in ihr auch als Wesen offenbaren. Diese dritte Realität, die wesentliche Vereinigung der Freiheit und Nothwendigkeit, mit ihr zugleich ihr eigenes Wesen, findet die suchende Vernunft in dem Glauben, in der Religion; ihr Streben und Suchen wird hier vollendet, denn es wird befriediget, die Vernunft als Subjekt, fällt mit ihrem Objekt in Eins zusammen, der Glaube ist das höchste Wahre, in ihm einiget sich Wissenschaft und Kunst zum Einen göttlichen Leben, er ist das Ziel der spekulirenden oder forschenden Vernunft, sie kehrt mit ihm in das Leben zurück, von dem sie sich, um die ewige Wahrheit zu erforschen, getrennt hatte.

Eine kurze Betrachtung soll auf die Fruchtbarkeit dieser Wahrheiten der menschlichen Natur, in ihrer Anwendung auf die psychische Medicin aufmerksam machen.

Wir sehen den Wahnsinnigen von einer blinden, uns unbekannten Macht beherrscht, wir sehen aber zugleich in ihm Spuren von Freiheit; die Einheit der Nothwendigkeit und Freiheit, die wir Vernunft, auch Selbstbewufstseyn nennen, scheint in ihm aufgelöst, die Nothwendigkeit ein Spiel des Zufalls, die Freiheit ein Spiel der Willkühr geworden zu seyn, und beide Arten des Spiels erscheinen so gemischt, dafs sie oft ihre Rollen verwechseln. Wie ist eine solche Zerrüttung möglich?

Damit, dafs man sagt, die Einheit der Vernunft sey aufgehoben, ist nichts erklärt, denn eben das will ich begreifen, wie eine solche Aufhebung möglich sey. Analysire ich aber diese Einheit, löse ich sie in ihre dreifache Realität auf, so eröffnet sich mir ein Weg zur Erklärung. Die Vernunft ist, als Naturfreiheit, Passivität und Resultat des Organismus, wird die Ordnung des Organismus zerrüttet, so wird auch die Vernunft als Naturfreiheit Spiel. Sie ist als Wissen, Naturprodukt, alles Wissen ist nur das Abbild des Organismus und Geist der Natur: so wie nun der Organismus dem Zufall unterworfen ist, so auch das Wissen, es entstehet Irrthum aus dem Organismus und durch ihn. Doch der Irrthum wird von der Wahrheit getragen, so lange die Freiheit noch lautere Passivität ist; ist aber diese, als Naturfreiheit, als Denken, ein positives, ist sie spielende Willkühr geworden, so wird auch die Wahrheit aus ihrer Naturbahn gerissen und in das subjektive Spiel gekehret, der Mensch verliert die Nothwendigkeit, alles Objektive wird ihm Spiel, es entsteht Verirrung, Verrückung, die Einheit geht unter in der Zerrüttung und Versetzung ihrer Faktoren, der Freiheit und Nothwendigkeit.

Aber noch kann sich der Mensch, wie man zu sagen pflegt, bey gesunder Vernunft erhalten, wenn er auch das Steuerruder seiner Empfindungen und seines Wissens verloren hat: zwar wird er von den Wellen der Zeit hin und her getrieben und er fühlt es, daſs seinem Körper die feste Haltung, der Zusammenhang, seiner Seele die Einheit als Basis fehlt, er ist im Zustande der Hypochondrie. Aber es lebt in ihm noch die Sehnsucht und das schaffende Vermögen, seine Vernunft ist noch ein unruhiges Streben, sich aus dem Chaos herauszuarbeiten, und eine feste Gestalt des Lebens zu bilden. Mit dieser Sehnsucht und dem schaffenden Vermögen steht der Mensch im Gegensatz mit der Natur, als Trieb, Neigung und Leidenschaft, und mit der ganzen Aussenwelt der Cultur, die auf dem Triebe ruhet. Hat diese durch zufällige falsche Kunst die Ordnung der Triebe, Neigungen und Leidenschaften zerrüttet, so lebt die schaffende Kraft in einem verdorbenen Organ, es liegt ihr ein faules Material vor, und da sie ohne das Organ und ohne Material nicht thätig seyn kann, so wird sie mit diesem zerrüttet; und die Sehnsucht stirbt ab, wie die Blüthe vom Hauche des Nordens: der Mensch verliert den menschlichen Sinn; Trieb, Neigung und Leidenschaft, vom menschlichen Sinn losgebunden, wirken wie die aus Vulkanen hervorbrechende Naturkraft ohne Zweck und zerstörend, es erscheinet der Wahnsinn.

Doch der Mensch ist nicht bloſs Form, sondern auch Wesen, er ist als Wesen moralisch, göttlich, sein Wesen kann durch solche Zerrüttungen nicht angegriffen werden, eben weil es nicht Form ist, weil es aus der Zeit zu dem Ewigen strebt: auch der Wahnsinn ist psychisch heilbar, er kann überwunden werden durch das Wesen der Vernunft, der Mensch verliert selbst im Wahnsinn nicht seine ewige göttliche Haltung und Bestimmung. Wie ist psychische Heilung möglich?

Vor allem muſs im psychischen Arzt das Wesen der Vernunft, der Glaube, das Göttliche leben, er muſs diesem Göttlichen innigst vertrauen, und so wird seine bloſse schweigende Erscheinung im Wahnsinnigen das erste dunkle Gefühl der Gesundheit, sie wird unbewuſste Scheu, Ehrfurcht,

Vertrauen in ihm wecken; denn das Göttliche im Menschen ist unüberwindlich, wie die ewige Naturkraft, es schlummert nur im Wahnsinn.

Das erste Kunstgeschäft des psychischen Arztes ist, das Freie, dessen Spuren im Wahnsinnigen, obgleich nur als Spiel der Willkühr erscheinen, auf Naturfreiheit, das ist, auf absolute Negativität und Passivität zu reduciren. Dieſs wird ihm gelingen durch die geweckte Scheu und Vertrauen, denn dieses Gefühl ist ja schon die wieder aufkeimende Einheit der Vernunft. Mit dieser Passivität giebt sich zugleich die Nothwendigkeit, und so keimt auch der Gegensatz des Subjekts und Objekts wieder auf. Der Arzt sorge nur dafür, daſs dieses Gefühl der Nothwendigkeit, nach Erziehungsgrundsätzen zweckmäſsig fortschreitend bekleidet werde, und daſs die Passivität, die sich zuerst nur momentan und dumpf äuſsert, zu immer dauernderer Ruhe fortschreite. Wird dieses Erziehungsgeschäft durch zweckmäſsige Pflege des Körpers, durch Einwirkung gesunder Luft, durch Bewegung, gesunde und heitere Umgebungen, durch stärkende Arzneien unterstützt, so wird der lichte Punkt von selbst, wie ein elektrischer Funke hervorspringen.

Sein zweites Kunstgeschäft, das er mit dem ersten verbinden muſs, ist die Erweckung der Sehnsucht, mit ihr der schaffenden Kraft. Eine Menge von Mitteln, dem ersten Strahl der Hoffnung Raum zu schaffen, bieten sich ihm dar, aber er muſs als der weiseste Erzieher davon Gebrauch machen, das zu früh und zu viel, überhaupt jede Spur einer Absichtlichkeit, für welche die Geisteskranken ein so feines Gefühl haben, kann weit zurücksetzen, ja der Arzt ist bey jedem verfehlten Griff in Gefahr, das Heft seiner Kunst, das Vertrauen des Kranken, zu verlieren. Die Cur kann als vollendet angesehen werden, wenn in der Theilnahme die erste Spur der Liebe erscheint, denn in Liebe verkündiget sich die schaffende Kraft zugleich mit der Sehnsucht.

Diese allgemeinen, auf philosophischer Erkenntniſs der menschlichen Natur ruhenden Grundsätze, halte ich, nebst dem philosophischen Begriff der Krankheit überhaupt, den ich im ersten Heft aufgestellt habe und zu rechtfertigen bemüht gewesen bin, für hinreichend, um meinen besondern, empirisch historischen Untersuchungen über die psychischen Krankheiten und ihre Heilung, jenes allgemeine Licht geben zu können, ohne welches man immer auf der Oberfläche bleibt, wenn nicht ein zufällig glücklicher Gedanke das Tiefere auf einer Seite öffnet. Weitere spekulative Untersuchungen werde ich in diesem Magazin nicht geben, sie mögen für eine Anthropologie reifen, wenn das Zeitalter sie braucht, und meine Kraft sie geben kann. Daſs ich so unklug war, das Spekulative vorausgehen zu lassen, das ist eine Schuld der Natur, die gewöhnlich so weit vorspringt, daſs sie nicht wieder zurückkann, wenn die Rücksichten der Klugheit eintreten; das Merkantilische aber findet noch schwerer Eingang, denn dagegen strebt noch ein positives Gefühl. Doch ich schmeichle mir, meine empirischen und his orischen Untersuchungen werden einen Theil des Publikums diesen Fehlgriff vergessen lassen, und vielleicht gewinnt auch noch meine Spekulation seinen Beifall, wenn es mir gelingt, ihren innigen Zusammenhang mit dem praktischen Leben, und besonders ihre Anwendung auf einzelne Krankheitsfälle klar zu zeigen.

Zunächst werde ich die geschichtliche Entstehung und Fortbildung der Geisteskrankheit, von dem atomistisch psychologischen Standpunkt aus, nach Anleitung der am Schluſs der letzten Abhandlung aufgestellten Fragen entwerfen, und vielleicht setzt mich einer meiner Freunde, der zugleich ein Gelehrter ist, durch Beschreibung einer selbsterfahrenen Geisteskrankheit, in den Stand, meinen theoretischen Entwurf der Geschichte der Geisteskrankheit, sogleich an der Erfahrung zu bewähren und zu erläutern.

Magazin

für die

psychische Heilkunde

herausgegeben

von den Professoren

Reil und Kayssler.

Ersten Bandes Drittes Heft.

Berlin 1806

bey Gottlieb August Lange.

Medicin und Pädagogik; vom Professor Reil.

Si l'espèce humaine peut être perfectionnée, c'est dans la Medicine, qu'il faut en chercher les Moyens. Decartes.

Erziehen heifst die vollkommenste Selbstentwickelung des Menschen zur Humanität, durch eine kunstmäfsig bewirkte Gemeinschaft zwischen seinem Aeufseren und Inneren vermitteln. Es ist nämlich Eigenschaft aller realen Organismen, dafs sie sich während ihres Lebenslaufs metamorphosiren, dies durch das nemliche Princip, durch welches sie überhaupt sind, dem Ideal entsprechend oder ihm widersprechend. Diese Metamorphose wird durch das Aeufsere erregt, und zum Theil auch durch dasselbe, wenigstens bis auf einen gewissen Grad, bestimmt. Die Erziehung kömmt also durch eine Wechselwirkung zwischen Aeufseren und Inneren zu Stande, die ein Objekt der Naturlehre der Organismen ist, in welcher daher auch die Erziehungskunde, und zwar da ihr Princip finden muſs, wo die Theorie alles äuſseren Einflusses auf die Organisation überhaupt gegeben seyn sollte. Von einer rationellen Erkenntniſs des Inneren und Aeuſseren resultirt nämlich zugleich alle Gemeinschaft, die zwischen beide möglich ist, also auch jede pädagogische Methode, die zu bestimmten Zwecken führt. Denn es giebt nur ein oberstes Gesetz aller Metamorphose und des Einflusses alles Aeuſseren überhaupt auf dieselbe, nach welchem die Organismen gebildet, entwickelt, zur Action erregt werden, nach welchem die Nahrungs-Mittel, Arzneien, Krankheits-Ursachen und Gifte sie umwandeln, die Sinnenwelt zu ihnen gelangt, sie unter sich in Wechselwirkung treten, und nach welchem endlich ihre Bildung zur Thierheit, Kunst, Intellektualität und Moralität bewirkt wird. Eins dieser Verhältnisse ist nicht ohne das andere verständlich, und wer das eine derselben wahrhaft begriffen hat, hat sie alle begriffen. Gymnastik, Hygieine, Heilkunde, Pädagogik u. s. w. haben also alle in jenem Allgemeinen ihr oberstes und gemeinschaftliches Princip. Doch soll deswegen keine dieser Doktrinen in die Sphäre einer andern hinüberspringen, und der Pädagoge es sich anmaſsen, von der besten Methode der Zeugung, von der Pflege des Kindes und seiner physischen Erziehung zu sprechen. Denn wenn gleich alle diese Doktrinen einerley, Physik der Organismen, sind, so sind sie doch nicht reine, sondern angewandte Physik, und haben jede innerhalb derselben bloſs ihr besonderes Domicil, dessen Grenze durch ihren Zweck, aber keineswegs durch das Princip der Wissenschaft an sich, abgepflöckt wird.

Nun fehlt es aber in der Naturlehre der Organismen an einer systematischen und allgemeinen Ansicht des Einflusses alles Aeuſseren auf das Innere überhaupt. In jeder besondern Doctrin, in der Diätetik, Pathematologie, Heilmittellehre, Toxicologie, Nosologie, Pädagogik u. s. w. ist theils nur ein Stück dieses Feldes, theils dasselbe überall nach einer individuellen Regel umgewühlt, aber nirgends im Zusammenhang bearbeitet. Daher ist auch vorjetzt keine systematische und scientifische, sondern eine bloſs fragmentarische und empirische Pädagogik möglich.

Ich will gegenwärtig einen Versuch machen, die Erziehungskunde hie und da an die empirische Psychologie anzuknüpfen. Wie unvollkommen derselbe auch ausfallen mag, so kann er doch jene einladen, sich mit dieser näher zu befreunden, als es bis jetzt geschehen ist, und uns zugleich überzeugen, daſs die Medicin noch andere und höhere Zwecke habe, als es die Säugammen ihrer Aftergeburt ahnden, die sie bloſs auf die gewissenhafte Besorgung der Zahnpulver und Milchpflaster einschränken. Ich gehe, freilich gegen den Geist dieser Schrift, vom breiten Ende der Wissenschaft aus, und stelle den abgestumpften Kegel auf seinen Fuſs. Mein College mag ihn zuspitzen und auf den Kopf stellen.

Das Mögliche tritt als Besonderes hervor, wenn es wirklich wird, und das unendliche Handlen der absoluten Produktivität im allgemeinen Naturleben, schafft alles, was es schafft, endlich und individuell. Mit dem individuellen Leben entsteht der Gegensatz des Inneren und Aeuſseren; das Individuum und das, was es nicht ist. Die Individuen sind selbständig, sofern sie getrennt; und abhängig, sofern sie noch in einer allgemeinen und gegenseitigen Wechselwirkung unter sich geblieben sind. Das Innere tritt immer weiter zurück und setzt dadurch unmittelbar in den Individuen einen Kampf entgegengesetzter Kräfte, durch welchen sich ihr Leben offenbahrt, aber mit jedem Akt im Gleichgewicht erlöscht. Soll daher ein Lebensproceſs an den andern ranken, und derselbe, nach den Zwecken des Menschen, an unzählige Punkte seiner Organisation zugleich angesponnen werden, so muſs jener ursprüngliche Zwiespalt der Kräfte immer von neuem reproducirt werden. Dieser innere Vorgang offenbahrt sich im Aeuſseren durch Zersetzung des thierischen Stoffs und Wiederersatz des Zersetzten. — So ist in den Organismen die Idee einer sich selbst reproducirenden Thätigkeit real gegeben, die sich in einer Richtung als Bildendes äuſsert und das Product fixirt, in der andern als Bewegendes über dasselbe hinausgeht und in beiden Richtungen sich gegenseitig in vollkommenster Parallele bedingt.

Der Organismus ist Productivität und zugleich sein eignes Product. Das Aeuſsere tritt nie unmittelbar in ihn ein, sondern erregt bloſs seine Thätigkeit und wird erst durch dieselbe ihm assimilirt. Doch müssen alle seine Productionen innerhalb einer bestimmten Breite fallen, deren absolute Grenze durch den Begriff seiner Art gegeben ist, weil er sich sonst selbst, als Art, aufheben würde. Aber innerhalb dieser Sphäre kann das erregende Aeuſsere seine Thätigkeit modificiren und eine groſse Mannigfaltigkeit von Früchten aus einem Stamm hervortreiben. Es setzt daher Erkenntniſs des organischen Inneren und des Aeuſseren voraus, wenn der Vorgang einer bestimmten Selbstentwickelung begriffen werden soll, die wir durch die Erziehung zu veranlassen suchen.

Was ist Anlage, im weitsten Sinn des Worts? Ich überlasse es den philosophischen Wörterbüchern, sie zu definiren, und begnüge mich damit, dieselbe auf eine Art kenntlich zu machen, wie es meinem Zwecke angemessen ist. Nur dem, was organisch ist, sich in der Zeit auf eine bestimmte Art entfaltet und mit jeder gegenwärtigen Entfaltung den Grund zum Künftigen legt, legen wir das Prädikat der Anlage bey. Jeder reale Organismus ist eine dynamisch-materielle Selbstentwickelung, die mit dem Moment beginnt, wo sein erster Keim wirklich wird und mit seinem natürlichen Tode endet. Die möglichen Entfaltungen, über welche die wirklichen nicht hinausgehen können, sind durch die Receptivität bestimmt. Die Receptivität ist durch den Begriff der Art begrenzt. Eben dadurch wird die Art fixirt und zugleich die absolute Grenze für die Erziehung gegeben. Diese Sphäre möglicher menschlicher Entwickelungen kennen wir aber nicht aus der Natur, sondern aus der Geschichte des Menschengeschlechts. Innerhalb dieser Grenze giebt es eine relative Breite, die durch die Individualität und die äufsern Einflüsse bestimmt wird. Daher die höchst mannichfaltigen und zu verschiedenen Stufen der Vollkommenheit potenziirten Entwickelungen, die wir in den Individuen der nämlichen Gattung realisirt sehen. Jede gegenwärtige Entwickelung ist ein Richtungspunkt für die künftigen; die Mitte durch den Anfang, das Ende durch die Mitte bedingt. Die Anlagen sind real, in den Eingeweiden, Muskeln und Nerven für das vegetative, animalische und intellektuelle Leben gegeben, welche Organe ursprünglich der Art gebauet sind, dafs sie durch das Aeufsere zu Thätigkeiten bestimmt, durch die erregten Thätigkeiten metamorphosirt werden. In der einen Menschengattung entfaltet sich alles, was in allen Gattungen der ganzen Thierreiche vereinzelt vorkömmt. Jede gegenwärtige Bildungsstufe ist die Anlage (Bedingung der Möglichkeit) der künftigen und so fort. Daher die bestimmte Succession, die sich durch die Epochen des Alters ausspricht. In dem ersten trüben Keim des Menschen, einem Schleimtropfen, von dem aus sich alle seine physischen und psychischen Kräfte und Vermögen entfalten, ist ursprünglich nichts, als ein Bildungsprocefs thätig, der Eingeweide, Muskeln, Sinnorgane und Gehirn, als die materiellen Bedingungen des künftigen vegetativen, sinnlichen und thierischen Menschen hervorbringt. Der Mensch entfaltet sich bis zu einer gewissen Höhe und geht dann von derselben wieder rückwärts. Der Progrefs ist die Anlage zum Regrefs, die Gebilde die

Anlage zum Vermögen, die Vermögen die Anlage zur Kraftäufserung. So ist jeder Paroxismus einer intermittirenden Krankheit und jede willkührliche und unwillkührliche Handlung, vor dem Moment ihrer Existenz, nur in der Anlage *(potentia)* da.

Sofern also das Aeufsere den Menschen nie unmittelbar metamorphosirt, sondern immer nur seine eigene Thätigkeit erregt, durch welche er sich selbst entfaltet, kann die Erziehung nicht Mittheilung sondern blofse Veranlassung zur Selbstentwickelung dessen seyn, was als Anlage schon in ihm ist. Er mufs sich von Stufe zu Stufe heben, durch sein eigenes Handeln, wozu ihn Beyspiel und Vorbild bestimmen.

Wozu soll er erzogen werden? Die absolute Grenze ist durch die Gattung, die relative durch die inneren und äufseren Bestimmungen des Individuums gesetzt. Innerhalb dieser setze man das Innere zum Zweck, den Menschen als Endzweck, und rufe das aus ihm hervor, was sein Begriff von ihm aussagt. Dadurch bekömmt die Gattung, bey den mannigfaltigsten Entwickelungen der Individuen, dennoch einerley Tendenz. Zugleich mufs die materielle Seite des Organismus der Art gebildet und der Intelligenz unterworfen werden, dafs diese frey auf jene einwirken und durch sie ohne Zwang ins öffentliche Leben übergehen kann. Dies sey der Zweck und das Ziel der allgemeinen Erziehung.

Der Organismus entwickelt sich in doppelter Richtung, als Subjectivität und Objectivität, und bedingt sich in beiden Richtungen gegenseitig aufs genaueste. Alles Innere hat im Aeufsern seinen Ausdruck. Ohne Organe ist die Anlage ein leerer Begriff, kein Gladiator ohne Muskeln, kein Philosoph ohne Gehirn möglich. Der Organismus eignet sich das substantielle Aeufsere durch seine organischen Kräfte an, verwandelt die Nahrung in Blut, das Blut in Muskel und Nerve und reproducirt wieder mit Muskel und Nerve seine organischen Kräfte. Die Kräfte werden durch das Aeufsere erregt und durch die Erregungen sofern metamorphosirt, als sie die Organe metamorphosiren, in welchen sie sind. Keine Action ist ohne Vegetation; keine Bewegung ohne Bildung; das Innere nicht erkennbar noch bestimmbar, als durch das Aeufsere. Sofern also der Einflufs auf die Subjectivität durch die Objectivität vermittelt wird, mufs sich die Erziehung nahe an die Gesetze des Körperlichen halten. Sie mufs dem zurückgetretenen Organ durch Uebung nachhelfen, damit kein Mifsverhältnifs entstehe und das hervorgetriebene vorzüglich durch den besonderen Unterricht in

Anspruch nehmen, damit der Zögling da seine Stärke bekomme, wo die Natur sie ihm zugestanden hat.

Dem Dynamischen im Organismus steht die Aufsenwelt als Absolut-Aeufseres und seine eigne Objectivität als Relativ-Aeufseres entgegen. Er ist daher abhängig von dem Aeufseren, wiefern er sich durch dasselbe bestimmen läfst, aber auch unabhängig von demselben, wiefern er es nie unmittelbar in sich aufnimmt, sondern sich durch sich selbst reproducirt. Er fügt sich in dem Maafse und so lang dem Aeufseren und stellt sich dadurch mit demselben in Gleichgewicht, als dasselbe in Harmonie mit seinem Inneren, die Begriffe aus ihm hervorzurufen sucht, die die Natur, bewufstlos in ihm gelegt hat. Seiner Naturbestimmung widersprechend läfst er sich nicht von demselben bestimmen, denn er würde dadurch aufhören Organismus zu seyn. Die Erziehung mufs daher blofs ein solches Aeufsere auf das Innere zulassen, das dazu geeignet ist, dies, seinem Begriff entsprechend, zur Selbstentwickelung zu nöthigen. Nur unter dieser Bedingung kann die Bildung einzelner Menschen und ganzer Nationen gelingen. Mit der Prüfung des Terrains mufs also, wenigstens der besondere Unterricht, beginnen. Die Natur individualisirt in kleinere und gröfsere

Kreise; schafft Einzelwesen, Völkerstämme und Geschlechter und spaltet durch den letzten Gegensatz die ganze belebte Natur in zwey Hämisphären. Das Weib ist in der polarischen Trennung auf die negative Seite gelegt, hat mehr Hydrogen, empfindlichere Nerven und engere Respirations-Organe, und muſs also seiner vorwaltenden Receptivität gemäſs erzogen werden. National-Bildung kann nicht von den zufälligen Grenzen des Reichs, sondern muſs von der Einheit in den Anlagen des Völkerstamms ausgehen. Was nicht Nation werden kann, bleibt Provinz. Der Versuch, aus Kosaken, Lappen, Esthen und Samojeden, eine Nation zu machen, wird miſslingen und ein Zerrbild geben. Es reicht daher zur National-Bildung keineswegs zu, das Aeuſsere unter sich auszugleichen, und etwan alle Provinzen mit einerley *Abc* Büchern zu versehen, sondern es muſs auch mit dem Inneren in Harmonie gebracht werden. Erst dadurch, daſs auf dem Völkerstamm, der gleichsam eine psychologische Individualität ist, eine solche politische Verfassung aufgetragen wird, der die Entwickelung seiner eigenthümlichen Talente den freysten Spielraum verstattet, kann ihm eine gleichförmige Richtung und eine durch die ganze Masse durchgreifende Cultur mitgetheilt werden.

Die allgemeine Erziehung soll auf Entwickelung der Totalität hinwirken; jede analoge Gruppe vom Organen, die Muskeln durch gymnastische Uebungen, jeden besondern Sinn durch Anschauungen, das Gedächtniſs, die Immagination, die Urtheilskraft, kurz die Vernunft ausbilden, ihr den objectiven Organismus unterwerfen und denselben zu ihrem freyen Gebrauch geschickt machen; hingegen soll die besondere Erziehung einzelne und solche Vermögen des Zöglings in Anspruch nehmen, deren Cultur die reichste Ausbeute verspricht. Allein durchgehends bestimmt das Aeuſsere die künftige Sphäre des Menschen, obgleich die Bestimmung derselben durch das entgegengesetzte Innere zu brauchbaren Menschen verhelfen würde. Wir hüten uns wohl, den Bock zu melken, aber nehmen den Menschen nicht dazu, wozu er gut ist, sondern wozu ihm seine äuſseren Verhältnisse hindrängen.

Die wahre Methode der Erziehung und des Unterrichts ist diejenige, durch welche das ganze Innere des Menschen erregt und lebendig gemacht wird. Sie muſs den äuſseren Stoff nicht bloſs in dem Organismus hineinlegen, sondern es vermitteln, daſs dieser jenen sich selbstthätig, als sein Eigenthum, aneigne und die fremde Kraft in seine Form auflöse, wie er sich im Objectiven die Nahrung zu specifisch eigenthümlicher Qualität assimilirt. Der Lehrer soll nicht bloſs durch Worte, sondern durch Beyspiel und Vorbild auf den Zögling wirken, ihn durch Objecte, in zweckmäſsigen Verhältnissen, Stoff zu eigenen Gefühlen und Begriffen vorlegen und durch sein Handlen demselben seine innere geistige Thätigkeit gleichsam im Bilde anschauen lassen. Erst dadurch tritt das Erlernte wahrhaft in die Dienste des Zöglings; wird abhängig von ihm und er unabhängig von demselben. Er bekömmt ein lebendiges Bewuſstseyn seiner Persönlichkeit, in welcher Wissen und Handlen in Eins verschmolzen und die Bestandstücke seiner geistigen Natur zu einer Selbständigkeit organisirt sind, die sich überall durch Energie und Originalität der Handlungen offenbaren muſs.

Wir unterscheiden eine vegetative und animalische Sphäre, eine dynamische und materielle Seite am Menschen. Wie soll dies verstanden werden?

Die organische Productivität ist zwar an sich nur eine, aber für die Erscheinung als Bildendes und Bewegendes verschieden. Nirgends ist das Eine ohne das Andere, sondern überall geht das dynamische und materielle Princip aller Existenz, in sich verschlungen, aber in unendlichen Abstufungen einer quantitativer Differenz, durch das ganze Individuum hindurch. Das Subjective erscheint als Spontaneität und Receptivität, das Objective als Mischung und Form. In der Trennung tritt jenes als Erregung für den inneren, dies als Wechsel des Stoffs für den äufseren Sinn hervor.

Vegetative und animalische Sphäre unterscheiden sich weder durch die Heterogenität ihrer Principien, noch durch die Art der Thätigkeit, die in ihnen herrscht. Denn in beiden Sphären ist Bildendes und Bewegendes, Subjectives und Objectives unzertrennlich vereinet. Das Dynamische und Materielle geht vom Indifferenz-Punct aus, mit zunehmender Differenz gegen die Pole, so dafs in alle Puncte der Organisation, in der animalischen und vegetativen Sphäre, beides zugleich ist. Beide Sphären unterscheiden sich also, nicht durch die Differenz der Lebensgesetze, die in beiden einerley sind, sondern durch die Zwecke, die sie durch die Thätigkeit ihrer Organe erreichen. Die vegetative Sphäre ist unabhängig von der Willkühr, räumlich durch das Gangliensystem abgepflöckt und die Producte ihrer Thätigkeit bedingen das bildende Princip durch die ganze Organisation. Beide Sphären vegetiren, zersetzen den Stoff und reproduciren ihn wieder. Sofern sind sie vollkommen gleich. Die Seele bedarf eines Communications-Werkzeuges; Sinnorgane, durch welche die Welt Zugang zu

ihr

ihr hat, und Bewegungsorgane, durch welche sie auf die Welt zurückwirkt. Diese zusammen machen die animalische Sphäre aus, allein damit diese seyn und fortdauren könne, ist eine vegetative nothwendig, die jener zur Grundlage dient, ein Inbegriff von Organen, der bloſs für die Erhaltung des bildenden Lebens wirksam ist, welches erst den empirischen und objectiven Organismus im Weltall fixirt, damit derselbe Träger des geistigen Menschen seyn könne. Die animalische Sphäre zersetzt den homogenen thierischen Stoff im Lebensproceſs und stöſst das zersetzte von sich; die vegetative muſs also neuen Stoff von der Auſsenwelt anziehen, ihn zur Homogenität verarbeiten, und in jene zur anderweitigen Zersetzung hinübertragen, damit in dieser Wechselwirkung zwischen beiden die Fortdauer des Lebens erhalten werde. Jede Organisation setzt daher zuförderst eine vegetative Sphäre voraus, die die Fortdauer des Products sichert. Auf derselben wird die animalische, in verschiedenen Abstufungen der Vollkommenheit, gleichsam als auf ihrer Wurzel, gepfropft. In der animalischen Sphäre liegen die willkührlichen Muskeln, die Sinnorgane und das Gehirn; in der vegetativen das Herz, die Blut- und Wassergefäſse, alle Eingeweide der Bauchhöhle, die weichen Nerven des Intercostal-Systems, Drüsen und die zahllosen Ab- und Aussonderungs-Organe.

Hingegen sind, nach dem Vorschlagen des Thätigen oder des Materiellen, zwey Seiten, eine psychische und eine physische im Organismus, die mit quantitativer Differenz durch alle Systeme gehen. Von dem Gehirn, das man als den sichtbaren Pol des überwiegenden Subjektiven ansehen kann, geht die Stufenleiter mit allmähliger Abnahme des sich selbst bestimmenden Subjectiven zum entgegengesetzten Extrem, dem körperlichsten Organ in der vegetativen Sphäre fort, so daſs in dieser intensiven Gröſse keine räumliche, sondern eine bloſs dynamische Scheidung, der Pole und ihres Indifferenzpunkts, gedenkbar ist. Auf jener Seite schlagen die Operationen des Geistes, auf dieser die Metamorphosen des Stoffs, beide Functionen der nämlichen organischen Kraft, vor. In dem Alter der Frucht bildet diese eine Kraft, und erschöpft sich in beide Sphären durch die Erzeugung des Produkts, so daſs nirgends ein wahrer animalischer Proceſs durch Zersetzung zu Stande kömmt. Allein in der Folge tritt sie zugleich als Freythätiges in der animalischen Sphäre hervor, ja sie kann sogar die Funktionen dieser Sphäre auf die vegetative übertragen, in der magnetischen Somnambüle in die Gegend des Magens alle Sinnorgane versammlen, daſs dieselbe durch diese Gegend fühlen, hören, ja sogar Schriften lesen kann, die auf diese Gegend gelegt werden. Der ganze objektive Organismus, selbst seine körperlichste Seite, wird gleichsam durchsichtig für das Anschauende in ihm. (Reils Archiv für Physiologie 6. B 225 — 263 S.)

Weder das bildende Princip, noch die Organe der vegetativen Sphäre bedürfen einer eigentlichen Erziehung. Das bildende Princip wirkt ursprünglich und bewufstlos vollkommen, wenn ihm nur die Bedingungen gegeben sind, die zur Aeufserung seiner Thätigkeit erfordert werden und die Organe der vegetativen Sphäre produciren, wie die Kunsttriebe der Thiere, lauter Meisterstücke ohne Meister, und verrichten mit einer Bestimmtheit, Ausdauer und Energie ihre Geschäfte, die uns in Erstaunen setzen. In der animalischen Sphäre soll der Geist immer mehr von den Fesseln des Beschränkenden entbunden, zur Freiheit und zu seiner Selbst-Beschauung erhoben und die Körperlichkeit der Art durch zweckmäfsige Uebungen vervollkommnet werden, dafs sie sich der Idee unterwirft und mit ihr in eine freie Gemeinschaft tritt. Hingegen liegt es in der Bestimmung der vegetativen Sphäre, ohne allen Einflufs des Willens, nach blofser Natur-Nothwendigkeit, zu handlen. In der animalischen Sphäre steigt durch wiederholtes

Handlen die Vollkommenheit, sinkt aber dadurch im umgekehrten Verhältnifs in der vegetativen Sphäre, bis diese, auf ihrem Nullpunct, jene zugleich mit sich aufhebt. Denn die vegetative Sphäre wirkt in ihrem Entstehen am vollkommensten und immer weniger vollkommen, als sie sich weiter von diesem Moment entfernt. Das Aeufsere hat ein anderes Verhältnifs zum bildenden, ein anderes Verhältnifs zum bewegenden Princip. Von jenem wird es als Stoff in dessen organische Form aufgenommen und zur Sicherung des Products verwandt; bey diesem erregt es blofs die Action und wandelt dadurch zwar die Fähigkeiten des Substrats in Fertigkeiten um, sofern keine Action ohne Vegetation ist, aber durch blofse Modification, keineswegs durch Reproduction desselben. Doch giebt es einige äufsere Einflüsse, z. B. die Contagien, welche die organische Productivität in jeder Richtung auf eine so bestimmte Art abändern, dafs sie nicht allein als Bildendes, sondern auch als Bewegendes abweicht, in den Pocken, Afterorganisationen und in der Hundswuth, Trieb zum sinnlosen Handlen erregt. In dieser Beziehung ist also nur die eine Hälfte des Menschen, nemlich derselbe in der animalischen Sphäre erziehbar. Die vegetative Sphäre und das bildende Princip durch normale Einflüsse zu erhalten und sie mit ihren Umgebungen in ein zweckmäſsiges Gleichgewicht zu stellen, ist eine Vernunft-Maxime, die in die Moral gehört und in der Hygieine ihre Principien findet, aber mit der Pädagogik nichts zu schaffen hat. Die äuſsere Vernunft hat auf diesem Gebiete nichts zu schaffen, als der Natur zu lassen, was ihr an sich schon gehört. Sie würde aufhören, Vernunft zu seyn, sobald es ihr einfiele, hier irgend etwas meistern zu wollen. In diesem Sinne giebt es also keine physische Erziehung, sondern eine Hygieine, und diese hat nicht etwan mit dem Jünglingsalter ihr Ziel, sondern besteht so lange, als das Leben besteht.

Der physische Mensch ist also ganz Product der bildenden Natur, und würde sicher zum Krüppel werden, wäre er fremden Händen anvertrauet. Aber den geistigen Menschen soll der Mensch selbst organisiren, der bis jetzt noch, weder über den Begriff, noch über den Zweck und die Methode der Erziehung mit sich eins ist. Alles, was in die animalische Sphäre gelegt ist, das willkührliche Bewegungsvermögen, die Sinnlichkeit und die Anlage zur Vernunft, die im Aeuſseren durch das Muskelsystem, die Sinnenorgane und das Gehirn objectivirt sind, müssen durch Vorbild und Uebung gebildet werden. Vor der Erziehung steht jedes Organ, gleichsam als Ding für sich, und das Ganze als bandlose Mannigfaltigkeit von Muskeln und Nerven da. Erst durch Wiederholung ähnlicher Handlungen verketten sich die Organe der Art unter einander zur Maschinen-Einrichtung (mechanischen Fertigkeit), daſs sie in der Folge gern und mit Leichtigkeit in den nämlichen Zügen und Gruppen wieder wirken. Durch Actionen, die die Materialität sofern modificiren, als sie nie ohne Vegetation sind, associiren sich Bewegungen und Vorstellungen durch einander, d. h. sie einigen das Einzelne und Mannichfaltige zur Einheit. So sucht das electrische Princip immer die nemliche Straſse, die es sich einmal durch das Beschränkende der Materie gebahnt hat. Das neugebohrne Kind ist nicht einmal Thier, und noch weniger Vernunftwesen, sondern bloſses Terrain, auf welchem beides gezogen werden kann. Seine Muskeln spielen zwar, aber ganz automatisch und ohne Zweck. Es ist nicht im Stande, irgend eine bestimmte Handlung des Stehens, Gehens, Greifens oder Sprechens zu Stande zu bringen. Es sieht und hört nicht das Besondere, sondern nimmt bloſs das Allgemeine, Licht und Schall, wahr; erkennt bloſs das verworrene Bild der Gruppe, ohne die Einzelheiten zu unterscheiden, aus welchen sie besteht. Den höhern Kräften fehlt es nicht nur an Stoff, sondern auch ihren Organen an Ründung und Fertigkeit, ihn zu formen. Das Thier wird also erst in einer stäten Progression, nachdem es längst geboren ist, und geht in dem nämlichen Regreſs, mit dem Alter, stückweise wieder verloren, ehe es gestorben ist. Eine Muskelgruppe kündigt nach der andern dem Greise den Dienst auf, ein Sinnorgan schleicht sich nach dem andern davon, das Gedächtniſs erlischt, und die göttliche Vernunft zehrt sich zu einem Schatten ab, den wir Albernheit des Alters nennen, bis am Ende von dem Menschen kaum noch etwas anderes übrig bleibt, als der ausgesogene und absolut unfruchtbare Boden, auf den er ehemals gepflanzt ward. Zuletzt kehrt auch das System, was die Vegetation erhält, in das Chaos zurück. Sofern der Mensch im Besitz einer animalischen Sphäre und einer vorschlagenden Subjectivität ist, durch welche das Gefühlsvermögen von der Intellectualitat abhängig gemacht werden kann, hat er Erziehungsfähigkeit, eine Qualität, die neben ihm nur wenige Thiere, und nur in einem geringen Grade besitzen. Was bloſs vegetirt, kann zwar gesund erhalten, aber nicht erzogen werden, Object der Hygieine, aber nicht Object der Pädagogik seyn.

Die Organe müssen in der Zeitfolge, als die Natur sie zur physischen Reife bringt, die Sinne und Muskeln in dem Knabenalter, dann das Gedächtniſs, und zuletzt der Verstand gebildet werden. Erst muſs das Bildende sein Werk vollendet haben, ehe in seinen Producten das Bewegende beginnen soll. Unreife Anlagen sind gleich unreifen Organen, deren zu frühe Anstrengung ihre Vollendung beeinträchtiget, sie verkrüppelt, statt sie zu vervollkommnen.

Jedes Individuum hat eine abgemessene Summe von Kraft zu leben, die durch die Vollkommenheit der Gebilde überhaupt und dem Verhältniſs der vegetativen Sphäre zur animalischen insbesondere bestimmt wird. Mit derselben kann es nach Willkühr wirthschaften, sie entweder in einem Herd sammeln, oder auf viele Puncte zerstreuen. Allein mit zunehmender Extensität nimmt im umgekehrten Verhältniſs die Intensität ab, wie die Flammen der Thermolampe sich in dem Maaſse verkleinern, als ihr mehrere Berührungspuncte mit der Luft gegeben werden. Wirkt die vegetative Sphäre, so feiert die animalische und umgekehrt. Der Kopf ist hell nach vollendeter Verdauung; hingegen umnebelt, wenn der Magen nach einem fetten Schmause alle Kraft an sich ziehen muſs, um die in ihn hineingelegte Aufgabe zu lösen. Die Productivität ist im Wachen in der animalischen, im Schlafe in der vegetativen Sphäre im Uebergewicht. So übernachtet das Leben hier, und taget dort, und die Sonne bescheint nach einerley Alternative den Microcosmus wie den Macrocosmus, bald auf dieser, bald auf jener Hälfte. Ein Theil wächst am Menschen, wenn der andere vollendet ist; eine Krankheit löset sich in eine andere auf; das Ohr wird schärfer, wenn das Auge fehlt; die Stimme verschönert sich auf Unkosten des Zeugungsvermögens, und das Colorit der innern Anschauungen wird in dem Grade lebendiger im Traume und der Entzückung, als die äufseren Sinne und das Muskelsystem feiern. Nach diesem Naturgesetz errege man die animalische Sphäre immer nur theilweise, damit die ganze Summe der Kraft in den erregten Organen concentrirt werde. Man cultivire eine Gruppe nach der andern, beschränke sich, besonders im Unterricht, auf einzelne und homogene Vermögen, und baue selbst diese nicht auf einmal, sondern in einer gehörigen Zeitfolge an. Der Vielseitigkeit der Bildung, die nur in seltenen Genies realisirt werden kann, steht die Flachheit, der Einseitigkeit, die Tiefe zur Seite. Ich fand neulich in dem Lectionsverzeichnifs einer Elementarschule Geschichte, Naturgeschichte, Länder- und Völkerkunde, Verstandsübungen, Religion und Technologie. Ich zuckte die Achseln, aber der Verfasser desselben behauptete, dafs es dem Publikum aus der Seele geschrieben sey. Mag der Stubengelehrte sich durch den soliden Fond seiner Ideen die

Achtung der halben Welt errungen haben; so verspielt er auf der Redoute. Hingegen ist der Tanzmeister todt, wenn man an seinen Kopf anklopft, wird aber augenblicklich lebendig, wenn man ihn umkehrt und auf die Füſse stellt. Stückwerk soll in den Individuen, Vollkommenheit in der Gattung, Mannichfaltigkeit in dem Einzelnen, aber Einheit in der ganzen Haushaltung seyn. So liegt es in dem Plane der Natur.

Der Pädagoge wirkt immer nur auf einen unbedeutenden Theil der Masse, und nur der kleinste Theil des Aeuſseren ist durch seine Willkühr für die Zwecke der Erziehung von ihm bestimmbar. Gerade diejenigen äuſseren Einflüsse, die durch ihre Intensität und Extensität eine allgemeine, durch die ganze Nation durchgreifende Bildung bewirken können, sind von ihm unabhängig. Die Sonne zieht die Pflanzen ohne Gartenkunst, aber die Gartenkunst keine ohne Sonne. Seine Declamationen über Muth und Vaterlandsliebe, oder Nelson vor Abukir; Friedrich der Groſse in der Schlacht bey Leuthen, und Decius Mus, der sich im Angesicht des ganzen Heers den Untergöttern weihete, als sein Vaterland in Gefahr war; was von beiden dringt durch und wirkt auf die Masse? Und eine Kraft, die sich Achtung verschaffen will, muſs in der

Masse, nicht in dem Einzelwesen seyn. Nicht der Franzose, sondern die Franzosen sind furchtbar. Also das unbestimmbare Aeufsere, in Harmonie mit der Einheit in den Anlagen der Völkerstämme, und nie die Bureaus des öffentlichen Unterrichts werden Nationen bilden. Ein glückliches Klima, das Lebendige in der Geschichte, Einheit der Staatsverwaltung, eine Gesetzgebung, die der Gattung die öffentliche Freiheit garantirt und das hohe und hehre Vorbild einer energischen Nation, dies sind die wahren und mächtigen Hebel, durch welche wahre Kultur Gemeingut werden kann. Daher wird auch der eine und allgemeine Geist so lange nicht aus Deutschlands Einwohnern hervortreten: als sie unter so verschiedenen Staatsauctoritäten stehen.

Endlich mufs noch die Bildung des Herzens der Erziehung das Siegel der Vollendung aufdrücken. Wie entsteht das Herz neben dem Erkenntnifsvermögen, dessen Bestandstücke Bewufstseyn, Verstand und Vernunft, rein geistig sind? Wie bringt es Zwist in den geistigen Menschen, in dem Wissen und Handlen in Harmonie sind? Jenes Bewufstseyn nimmt nicht nur die geistige Natur des Menschen, sondern auch die Körperlichkeit desselben, diese mit den Gefühlen der Lust oder Unlust, in sich auf. Und eben diese Gefühle und ihre Erzeugnisse, die Affecten und Leidenschaften, die eben sowohl als Gründe, zum Handlen treiben, gestalten sich, in ihrer Wechselbestimmung mit der Vernunft, zum Gemüth. Der Wille ist das schlechthin Bestimmbare; Gründe oder Gefühle, oder beides zugleich bestimmen ihn.

Sind jene Principien unseres Handelns homogen oder heterogen? Sind die Gefühle und ihre Producte dem Menschen wesentlich, oder unlautere Früchte auf fremden Boden? Wie kommt es, dafs sie eine so schwere Aufgabe für das Erziehungsgeschäft und die moralische Bildung sind? Der Mensch soll seiner selbst Meister seyn, seine Gefühle und Affecten zähmen, damit sie nicht in Leidenschaften ausarten, die Vernunft unterjochen und die Freiheit beeinträchtigen, das moralische Gesetz in ihre Maximen aufzunehmen. Es ist Thatsache, dafs wir über den Gebrauch unserer Glieder, der Sinne und alles dessen, was in der animalischen Sphäre liegt, mit unbeschränkter Willkühr gebieten. Aber unserer Leidenschaften sind wir nicht Herr, sie treten sogar oft der Bestimmbarkeit unserer Willkühr durch Grundsätze queer in den Weg. Der Gegensatz ist offenbar! wo sein Grund anders als in der Construction des Organismus und in dem Verhältnifs des Subjectiven und Objectiven in ihm?

Ich komme hier auf das zurück, was ich oben über die dynamische und materielle Seite und über animalische und vegetative Sphäre im Organismus gesagt habe, und will es zu beweisen suchen, daſs alle Gefühle und ihre Producte, in Beziehung auf ihren Ursprung, ganz körperlich sind. Die Sinne führen zwar zum Theil die Gegenstände zu, durch welche die Gefühle erregt werden, sie werden nach den Gesetzen des Gemeingefühls, als körperliche Zustände, in das Bewuſstseyn aufgenommen, damit sie Bestimmungs-Gründe unserer freien Handlungen werden können, und der Verstand tritt gezwungen in ihre Dienste, setzt die Zwecke, zu welchen sie treiben, und erfindet die Mittel zur Erreichung derselben. Allein dies sind bloſs die Berührungspuncte des Bewuſstlosen mit dem Bewuſsten. Die Seele ist gleichsam nur der Hohlspiegel, in welchen die Strahlen von allen Puncten der Objectivität aufgesammlet und mit ihren eigenthümlichen Farben zum Bewuſstseyn gebracht werden, und sofern das Gehirn ihr Symbol ist, wiederholen sich auch in ihm körperlich alle Organe, der Mordlust, des Geschlechtstriebes u. s. w. die in der ganzen Objectivität zerstreut liegen. Ihr reales Daseyn haben die Gefühle höchst wahrscheinlich, theils in der Objectivität des Organismus überhaupt, theils in der vegetativen Sphäre desselben besonders.

Durch alle Systeme des Organismus geht mit quantitativer Differenz das subjective und objective Princip; die Objectivität bestimmt mittelst des Gemeingefühls die Gefühle des Menschen. An den subjectiven Pol liegt die Intelligenz, in reiner Allgemeinheit, von da aus folgen mit immer abnehmender Subjectivität die inneren, theoretischen, ästhetischen, moralischen; die äuſseren rein thierischen Gefühle, nebst allem, was davon abhängig ist, Affecten, Leidenschaften, thierische Gelüste, Triebe, Instincte und Kunsttriebe, die gleichsam die ersten dunklen Regungen der von der Objectivität sich losreiſsenden Intelligenz sind, bis endlich am entgegengesetzten Endpunct alle Animalität in reiner Körperlichkeit, und alle Willkühr in unbedingter Natur-Nothwendigkeit erlischt. Man kann sich dies unter dem Bilde eines Magnets versinnlichen, in welchem zwar in jedem Punct ein Südpol und ein Nordpol ist, aber doch vom Mittelpunct aus der eine Pol auf dieser, der andere auf jener Seite vorschlägt. In dem Verhältnisse, als die Gefühle sich von dem subjectiven Pol entfernen und dem objectiven sich nähern, vom Gehirn durch die Sinnorgane und Muskeln der animalischen Sphäre immer tiefer in die vegetative hinabsteigen, verlieren sie an geistiger Natur, werden immer individueller, an Idiosynkrasien kränker und enden endlich in bloſs körperliche Gefühle und thierische Gelüste. Sie werden zwar alle, sowohl diese als jene, durch die Materialität, aber jene durch die Materialität des zärteren Gehirnbaues, der Sinnorgane und des Muskelsystems; hingegen diese durch die fast reine Körperlichkeit der Eingeweide in der vegetativen Sphäre bestimmt. Je näher sie auf der subjectiven Seite zur Intelligenz hinaufrücken, desto verwandter sind sie ihr, desto weniger beeinträchtigen sie dieselbe, und umgekehrt. Daher die Verschiedenheit der ästhetischen und moralischen Gefühle vom Hunger, Durst, Geschlechtstrieb, Mordlust und deren Producten, die dem objectiven Pol nahe liegen. Was in den Thiergattungen vereinzelt ist, ist zusammen in der einen Menschengattung. Es verlohnte sich wohl der Mühe, Behufs der Theorie des Gefühlsvermögens, die Skale der Gefühle von den edelsten bis zu den rein thierischen mit einer ähnlichen zu parallelisiren, die von den potentiirtesten Organen bis zu den rein körperlichen durch den sichtbaren Organismus gezogen wäre.

Die niedrigsten Gefühle und die bloſs thierischen Gelüste und ihre Erzeugnisse, Affecten und Leidenschaften gelangen, eben durch ihr Fortrücken gegen den objectiven Pol, ganz in die vegetative Sphäre. Sie sind in und durch eine Modification dieser Sphäre, als Anlage eine eigene Temperatur, als Wirklichkeit eigene Erregungen derselben. Denn wir sehen, daſs eben jene Gelüste und die Erregungen dieser Sphäre sich von Moment zu Moment gegenseitig bestimmen, Modificationen dieser, Modificationen jener hervorrufen. Im Zorn sind Herz und Gallensystem, in der Freude die Ausdünstung und der Kreislauf thätiger. Schmerz raubt uns die Luft; Schreck öffnet die Schlieſser des Darmkanals und der Harnwege; Furcht unterdrückt die Transspiration und den Forttrieb der Säfte. Die Milch erboster Ammen ist krank, der Speichel erzürnter Thiere kann Hundswuth machen. Magenschmerz, Aufstoſsen, Appetitlosigkeit, Erbrechen, Hysterie, Zusammenschnürungen der epigastrischen Gegend, Gelbsucht, Gallenfieber und Thränenflüsse, die gewöhnlichen Begleiter der Leidenschaften, sind Erscheinungen, die offenbar in die vegetative Sphäre fallen. Mit jeder Veränderung dieser Sphäre tritt eine andere Geneigtheit zu Leidenschaften ein. Asthenien des Pfortadersystems bringen Neid, Haſs, Aerger und Zanksucht hervor. Leidenschaften grenzen an die thierischen Gelüste, Hunger, Durst und Geschlechtstrieb und an deren Krankheiten Spechtshunger, Antipathie, Tollheit und Nymphomanie, die offenbar Pro-

ducte

ducte der vegetativen Sphäre sind. Die Zeugungstheile sind endlich der sprechendste Beweis für meinen Satz; mit ihnen entstehen und vergehen, steigen, fallen und metamorphosiren sich eine grosse Mannigfaltigkeit von Gefühlen, Trieben und Leidenschaften, die also in ihnen ihre ursprüngliche Niederlage haben.

Nach diesen Thatsachen sind die äusseren Gefühle, die thierischen Gelüste und die Anlage über Kleinigkeiten in Affect zu gerathen in einer Sphäre, in deren Bestimmung es liegt, dass der freie Wille keinen Einfluss auf sie haben soll. Die Principien unserer moralischen Thätigkeit, Intelligenz und Gelüste sind in entgegengesetzte Sphären objectivirt; ihre Grösse sich nirgends proportionell. Steigt der eine Arm des Hebels, so sinkt der andere und in der Mitte zwischen beiden liegt ein Mittelding von Wollen und Sollen, dass der vorschlagenden Potenz gezwungen folgen muss. Das Schiff treibt, wenn der Wind aus entgegengesetzten Ecken bläst, in der Diagonale, mit südlicher oder nördlicher Declination, nach dem Uebergewicht des einen oder des andern. Daher die Mythe von dem Widerstande eines guten und bösen Geistes im Menschen. Naturnothwendigkeit dieser, mit Freiheit jener Sphäre; die moralische Schwere der Leidenschaften, mit dem Lichte der Vernunft, sind in ihm in einem ewigen Kampfe begriffen. Das Thier ist zum Theil, der Mensch mehr von der Naturnothwendigkeit losgerissen, aber beide noch durch Gelüste und Leidenschaften an die Objectivität gefesselt.

Die Intelligenz mufs nach einer allgemeinen und unbedingten Gesetzgebung wirken, von der sie selbst der Grund ist; und ist dadurch nothwendig bestimmt. In ihr kann also keine Willkühr, nicht einmal die Idee kann in ihr seyn, das Erkennen vom Handlen zu trennen. Das nämliche gilt von der bewufstlosen Natur. Auf Seiten der Intelligenz unwandelbare Vernunft-, auf Seiten der Objectivität unabänderliche Natur-Gesetze. Zwischen beiden liegt das sich bewufste Ich, als schlechthin leerer Wendepunkt in der Mitte; und auf diesen Stand, von dem es auf der einen Seite auf Grundsätze, auf der andern auf Gefühle hinschauet, entsteht ihm erst, wie Buridans Esel, das Vermögen zu zweifeln und zu wählen. Auf beiden Seiten ist absolute Nothwendigkeit, im Indifferenzpunkt Schein der Willkühr. Denn das Ueberwiegende bestimmt. Es ist ein von beiden Polen entlehntes Differentes, ein Gemisch von Grundsätzen und Gefühlen, was zum Handlen bestimmt. Die Grundsätze sind kalt, die Gefühle warm; jene müssen durch diese erst lebendig werden. Die Gefühle bestimmen, dafs gehandelt, das Ueberwiegen des Intelligenten oder des Objectiven, wie gehandelt werden soll. Ueber beide schwebt als Genius des Universums das Unbedingte, in welchem Subjectives und Objectives Eins sind, spaltet sich in Bewuſstes und Bewuſstloses, damit Willkühr möglich werde, und vermittelt wieder beides, das sich selbst bestimmende Subjective in uns mit den beschränkenden Objectiven auſser uns, zur Einheit der moralischen Persönlichkeit. Je mehr die Handlung Product des sich selbst bestimmenden Subjectiven ist, desto mehr nähert sie sich dem Intelligenten; hingegen wird sie immer brutaler, je mehr das Objective im Uebergewicht ist, bis sie endlich im Absolut-Natur-Nothwendigen endet. Von der Masse schwankt ein Theil diesem, der andere jenem Pol zu, und in der Wechselwirkung zwischen beiden muſste eine Rechtsverfassung entstehn, die dem Ganzen die Freiheit sichert.

Die Gefühle, in deren Anlagen das T e m p e r a m e n t ist, und deren Wechselbestimmung mit der Vernunft den C h a r a k t e r des Menschen giebt, sind also in ihrem Inbegriff der moralische Contrapunkt der Intelligenz. Und diese Gefühle sind dem p o s i t i v e n und d i r e c t e n Einfluſs der Erziehung und moralischen Verbesserungskunst entzogen. Man versucht es, durch die Cultur der Vernunft, die animalische Sphäre vor der vegetativen zu potenziiren, giebt dem Menschen, wie den Janusköpfen zwey Gesichter, und kehrt das vördere der moralischen Weltordnung, das hintere einem arithmetischen Verhältniſs zwischen momentaner Lust und bitteren Folgen leidenschaftlicher Handlungen zu und wiederholt endlich noch dies Moralprincip, in einer faſslichen Form für den gemeinen Haufen, dem man es als Himmel und Hölle, im Helldunkel der Mystik, schauen läſst. Allein früher oder später läuft doch einmal die Leidenschaft mit dem Verstande und der Religion davon und das Gesetz muſs dem schwankenden Gleichgewicht mit Rad und Galgen zu Hülfe kommen. Die Strafe entzieht, durch Unlust, von der Summe der Lust und verschaft dadurch dem Verstande das Uebergewicht. Man versucht es endlich, durch die Medicin den Körper und besonders die vegetative Sphäre desselben anders zu modificiren und dadurch dem Gefühlsvermögen und seinen Producten einen anderen Inhalt zu verschaffen. Die Methode dazu muſs aus der Hygieine entlehnt werden; und hier ist abermals ein Punct, wo diese und die Pädagogik sich berühren. Allein theils läſst sich jeder individuelle Organismus nur bis auf einen gewissen Grad umändern; theils sind die stärksten Einflüsse auf ihn, Lebensart, Clima, Nahrungsmittel und

Staatsverfassung ein Aeufseres, das durch unsere Willkühr unbestimmbar ist. Man kann nicht entnaturen, den bökelnden Geschlechtstrieb und die Mordsucht des Tiegers der Vernunft nicht unterwürfig machen. Ich zweifle an der Perfectibilität der Gattung; das Individuum ist ein Lump in Bezug auf sie. Nach der Gattung und dem, was die Natur wirklich thut, mufs ihre Tendenz beurtheilt werden, aber nicht nach dem, was sie nach unserem Dafürhalten thun sollte. Will man nicht der älteren Geschichte in die Augen schlagen und den neuen Weltumseglern allen Glauben versagen; so ist Glück, Tugend und Vernunft nirgends auf dem ganzen Rund der Erde Gemeingut, sondern eine so sporadische Erscheinung, dafs sie als Null in den Abgrund des selbstsüchtigen Hanges, der Immoralität, Roheit, Mordsucht und Brutalität der Masse verschlungen wird. Wo gehört Tugend und Vernunft zu Hause, in Afrika oder America? Bey den rohen Athapusko-Indianern oder den *Elegants* von Londen und Paris? Hätte die Natur jene geträumte Ideale vor Augen gehabt und wäre doch in ihren Werken so weit hinter dieselben zurückgeblieben, so wäre sie die gröfseste Pfuscherin, die je existirt hat. So lang die Welt auf den grofsen Rädern fährt, auf welchen sie bis jetzt gefahren ist, greifen die Pygmeen umsonst in ihre Speichen und der philosophische und theologische Chiliasmus, nämlich die Hoffnung des ewigen Friedens und der vollendeten moralischen Besserung sind Chimären, mit welchen sich die unerfahrne Gutmüthigkeit täuscht.

A. Naturform der Psyche.

III.

Historische Entwickelung der Psyche als Naturwesen, oder Naturgeschichte der Psyche. Vom Professor Kayſsler.

Der von uns aufgestellten Ansicht der Seele in der Totalität des Universums, als ursprünglicher und nothwendiger Triplicität, steht die idealistisch skeptische auf der einen und die idealistisch dogmatische auf der andern Seite entgegen. Nach jener ist das Universum an sich die unerkennbare Duplicität des Subjekts und Objekts, die Triplicität aber nur die dreifache Beziehung des an sich unerkennbaren Subjekts auf das an sich unerkennbare Objekt. Und zwar giebt die erste Beziehung die Erkenntniſs der Welt als Erscheinung, nach Formen, die im Subjekt schlechthin gegeben sind, doch nur für die Erscheinungswelt, folglich ohne das innere Wesen des Subjekts oder

Objekts zu offenbaren (Kritik der reinen Vernunft). Das Subjekt tritt in dieser Beziehung als reine Zeit hervor, das Objektive, oder die Erscheinung selbst, ist ein schlechthin Nothwendiges, in welchem das Subjekt, als reine Zeit, seine Realität findet. Die zweite Beziehung giebt dieselbe Erscheinungswelt und nach denselben Formen, nur in entgegengesetzter Richtung. Das Objektive ist nicht ein Nothwendiges sondern ein Freies, das Subjekt tritt nicht als reine Zeit hervor, die, als Erkenntnifsvermögen, in der Erkenntnifs als dem Objektiven ihre Realität findet, sondern als reale Zeit oder Einbildungskraft, die der freien, das ist, der umgekehrten nothwendigen Erscheinungswelt die Realität giebt. Kürzer: die zweite Beziehung giebt die Erscheinungswelt, nicht wie die erste, als Wahrheit, die im Objektiven als dem Nothwendigen, sondern als Schönheit, die im Subjektiven als dem Nothwendigen ruhet (Kritik der Urtheilskraft). Die dritte Beziehung giebt das Objektive, als das Nothwendige, in dem Subjekt, die Erkenntnifs als praktisch (Moral-Gesetz) und das Subjekt, als das Freie, in dem Objektiven (Achtung gegen das Gesetz, Gefühl der Würde); das Subjekt tritt als objektive Handlung hervor, diese aber, die Wesenheit des Subjekts als Freiheit voraussetzend, als Postulat des Objekts, als einer Welt an sich (Gottheit und Unsterblichkeit) in die Erscheinung ein (Critik der praktischen Vernunft).

Die idealistisch dogmatische Ansicht steht in derselben Duplicität des Subjekts und Objekts; indem sie aber entweder das Subjekt oder das Objekt als an sich erkennbar setzt, hebt sie scheinbar die Duplicität auf, und giebt, dort unter der Form des Subjekts die Erkenntniſs des Objekts, hier unter der Form des Objekts die Erkenntniſs des Subjekts. Das Subjekt als an sich erkennbar gesetzt, ist das absolute Ich als Thathandlung, die aber vom Objekt die Bestimmung ihrer Realität erhält und zwar zuerst im Wissen durch das Nichtich als sinnlichen Anstoſs. Wahrheit ist die sich selbst erzeugende, aber die bestimmte Realität empfangende Vorstellung. Zweitens im äuſseren Leben durch den Rechtsstand, der nach einem Gesetz realisiret wird, welches die nothwendige Vereinigung des, durch das Nichtich, in unendliche Individuen zerfallenen Ichs ausspricht: Schönheit ist die vollkommene Freiheit des Individuums in der allgemeinen Nothwendigkeit der Verfassung oder das zur absoluten Vorstellung im Ich erhobene Nichtich. Drittens im innern Leben durch die Idee des Zwecks, in welcher das absolute Ich als Objekt, die Vorstellung aber, als Individualität des Ichs, als Subjekt oder praktisch gesetzt wird.

Tugend ist das unendliche Streben zur Realisirung des absoluten Ichs, als solchen. (Fichte)

Das Objekt, als erkennbar gesetzt, ist die absolute Natur, die aber nur in der absoluten Erkenntnifs wahre Natur ist. Die absolute Erkenntnifs ist das Subjekt unter der Form des Objekts, das Universum ist die ewige Subjekt-Objektivirung. Die Erscheinungswelt ist folglich, als solche, eben so wenig real, als sie es nicht werden kann, sondern sie ist der ewige nothwendige Schein, den das verschlossene Innere nach aussen wirft: das Wahre ist eben das verschlossene Innere oder Subjektive, das nur durch die absolute Erkenntnifsweise aufgeschlossen wird. Die absolute Erkenntnifsweise ist in sich geschlossene Triplicität — Identität, Differenz und Indifferenz: die Natur ist wahr, in wiefern sie auf sich selbst ruht; sie ist schön, in wiefern sie im Besondern sich darstellt, und sie ist vollkommen, das höchste Gut, in der Selbsterkenntnifs, oder als Vernunft. Dies ist die Form der absoluten Erkenntnifs, welche die Vernunft sich selbst giebt, wenn sie zur absoluten Anschauung sich erhebt. Aber was ist Wahrheit an sich, Schönheit an sich, Gut an sich? Wahrheit an sich ist die Vernunft als Philosophie oder Erkenntnifs, nach der herrschenden Form der Identität — die erste Form des Einen Wesens der Vernunft. Ihr entgegen steht die zweite, das Gute an sich, oder die Vernunft als Religion, nach der herrschenden Indifferenz — der Empirismus der Erkenntnifs. In der dritten Form einigen sich wieder die ersten beiden, Wahrheit und Gott, Wisssenschaft und Empirismus, durchdringen sich in der lebendigen Erkenntnifs, im Kunstwerk — die Kunst ist die Totalität der Vernunft, doch, wenn die Consequenz gehalten wird, nach der herrschenden Differenz *).

*) Es ist interessant zu sehen, wie Schelling, in seiner neuesten Darstellung (Jahrb. d. Med. Abh. I.), sich von seiner frühern Inconsequenz loszuwinden strebt. Sonst bezeichnete dieser Philosoph die Kunst im Genie als die Indifferenz der Vernunft, wonach es denn nur Ein Kunstwerk der Philosophie geben könnte; jetzt ist ihm die unendliche Bildung der Philosophie als Kunstwerk in den Künstlern, folglich die Kunst, als Differenz, eine, der moralischen des früheren Philosophen entsprechende, spekulative Weltordnung, das Höchste. Dafs in dem, der Abhandlung beigelegten Schema, die Kunstidee objektiv als Gott an die Spitze gestellt wird, das wirft uns entweder aus der absoluten Erkenntnifs heraus, oder es liegt darin Schellings Bekenntnifs, dafs seine Ansicht nur die Subjektivität in der Form des Objekts gebe, und die Anregung des wieder hervorzurufenden absoluten Gegensatzes des Subjekts und Objekts, als Idee der Offenbarung.

In der kritischen Auffassung des Universums, als Objekts der Philosophie, unterliegt die Vernunft in ihrer Triplicität der Erscheinung, und gelangt in ihrer höchsten Potenz als moralische Handlung, nur zur Ahndung ihrer ewigen Selbständigkeit; allein in eben dieser Ahndung und Hoffnung spricht sich die formlose Identität der Vernunft rein aus, es ruhet das Göttliche im Schatten der Erscheinung, und wird, obgleich für die Erkenntnifs nichts als nothwendige Voraussetzung einer Realität, durch den Gegensatz des Subjekts und Objekts nicht aufgehoben, weil dieser nur negativ und skeptisch bestimmt wird. Mit dem Bewufstseyn der Beschränkung auf den einen und ersten Charakter der Vernunft verbunden, ist diese Ansicht die erste Periode der historischen Entwickelung der in Totalität sich gebenden Philosophie, die noch erscheinen soll.

Der subjektiv-idealistische Dogmatismus hebt, so wie der objektive, mit der nothwendigen Voraussetzung der Realität, zugleich die Identität der Vernunft auf, und beide Ansichten führen die Philosophie in die Differenz, welche nothwendig eine zweifache Form hat. Wird das Subjekt als absolut gesetzt, so mufs es das Objekt aufnehmen, um bestimmtes Subjekt zu werden; so mufs aber von dem absoluten Subjekt immer ein unbestimmtes zurückbleiben, die Differenz ist eine unendliche am Objekt sich offenbarende Subjektivität, das ist, ins Unendliche differente Moralität. Wird das Objekt als absolut gesetzt, so muſs das Subjekt in das Objekt sich bilden, es bleibt überall ein unbestimmtes Objektives zurück, und die Differenz ist eine unendliche, am Subjekt sich offenbarende Objektivität, das ist, ins Unendliche differente Kunstbildung.

Wer kann es übersehen, daſs die Doppelform der Moral und Kunst die nothwendigen und allgemeinen Differenzen des Lebens aussprechen? Sie streben sich zu einigen im Staate, aber es bleibt beim Streben, sie fallen immer wieder in feindlichen Gegensatz und erhalten sich nur durch den Wechsel der Herrschaft: es gründet die Kunst im Genie den Staat, aber die Sitten bringen ihn ins Grab, es steigt ein frischer Kunstgenius aus dem Grabe hervor, der eben so in den Sitten untergeht. Es ist das Leben ein endloses Streben im Wechsel der Herrschaft des Objektiven und Subjektiven. Wird daher der Janus des idealistischen Dogmatismus mit der bewuſsten Beschränkung auf das Leben in der Zeit, auf die Enthüllung des Geheimnisses der Zeit gefaſst, so bezeichnet er die zweite Periode der historischen Entwickelung der Philosophie in der Totalität. Zur Vollendung kann diese aber erst alsdann hervortreten, wenn sie nicht allein in ihrem wahren Gebiete steht, auf welches sie von Kant zurückgeleitet wurde, und im Organ der Anschauung sich ausspricht, welches für das Gehör des Geistes musikalisch von Fichte, und für das Sehen des Geistes plastisch von Schelling gebildet wurde, sondern auch ihren wahren Standpunkt oder ihre wahre Richtung hat.

Der ursprüngliche Charakter der Vernunft ist die Indifferenz, diese folglich der wahre Standpunkt der Philosophie. Indifferenz ist zuerst Aufhebung der Differenz; die freie That der Vernunft vernichtet die Erscheinungswelt, so wird ihr das absolute Nichts, und dieses ist die auf sich zurückkehrende freie That, oder die That der Vernunft in ihrer Nothwendigkeit. Indifferenz ist aber auch Aufhebung der Identität, denn nur mit der Differenz steht diese; die Vernunft vernichtet mit der Erscheinungswelt zugleich ihren Grund, als den todten, unbekannten: so erstehet in dem Nichts der Vernunft die Idee der Offenbarung, der todte Grund der Erscheinungswelt wird lebendig, er ist nicht mehr dieser Grund, sondern Gott leuchtet unmittelbar in das freie Nichts und befruchtet es mit seiner ewigen Nothwendigkeit, die Erscheinungswelt ist nicht der Mittler zwischen Gott und der Vernunft, sondern das Kind der sich gebenden Gottheit und der empfangenden Vernunft. Die sich gebende Nothwendigkeit ist das absolute Objekt, das All; die empfangende Freiheit ist das absolute Subjekt, das Nichts, und es ist das Geschäft der Philosophie, das Nothwendige unmittelbar an dem Freien zu offenbaren, und das Freye unmittelbar an dem Nothwendigen zu realisiren. Jenes ist theoretische Philosophie, die das ewige Schicksal des Universums enthüllet; dieses die praktische Philosophie, welche die Erziehung des absoluten Subjekts oder der Freiheit zur göttlichen Individualität, dem ewigen Schicksal entsprechend vorzeichnet (Geschichte).

Es ist von selbst klar, daſs die bezeichnete Art zu philosophiren, in der Richtung derjenigen gerade entgegengesetzt ist, die seit Kant herrschend geworden ist. Und so muſs es kommen, da die Geschichte überall das als das letzte sucht, was an sich das erste ist.

Wenn der absolute Gegensatz des Subjekts und Objekts, der Gegensatz des absolut freien und absolut Nothwendigen *), das ist, die Indifferenz der erste und Grundcharakter der Vernunft ist: so hat die Philosophie auf diesem Standpunkte zuerst die gegenseitige Durchdringung des Objekts

*) Die Anerkennung des eigenen Nichts der Vernunft mit dem belebenden Glauben an das höchste Wesen — in allen Formen entgegengesetzte Richtung, die auf dem Standpunkte der Indifferenz zugleich gehalten wird.

und Subjekts zu demonstriren. Diese Demonstration läſst die Natur in ihrer innern Wahrheit, das ist, *a priori* und ideal als nothwendige Construktion finden; sie ist die Wissenschaft der Natur, die, wenn sie vollendet werden könnte, der Vernunft absolute Realität des Wiſsens geben, den absoluten Gegensatz der Indifferenz, in absolute Einheit auflösen würde. Diese Vollendung ist aber nicht möglich, weil die Vernunft als Offenbarung des Ewigen einen dreifachen Charakter hat, folglich aus der Indifferenz in die Differenz übergehen muſs, um zur Identität, die den Kreis der Offenbarung schlieſst, zu gelangen.

Das Wissen der Vernunft geht daher, so wie sein realer Reflex, die Natur, in einen Bruch aus, und nur durch diesen Bruch geht die reale Erscheinung in die ideale über. Die Krankheit und die Kultur, oder die aus ihrer geschlossenen Thäthigkeit zur freien Erscheinung der Zeit hervortretende Naturkraft, bezeugen diesen Bruch, in welchem die nothwendige Natur zwar der Nenner, aber der Zähler überall der Zufall ist.

Die Differenz der Vernunft ist das Bewuſstseyn und das Leben in der Zeit; ihr Princip, die aus dem Gegensatz als Zeit hervortretende Freiheit, die Gegenwart, die sich aus dem Nichts zur Besonderheit und Selbstheit gestaltet, die isolirte Subjektivität, für welche die Natur und das Wis-

sen

sen die Vergangenheit ist, auf welcher sie unbewuſst ruhet, und die Identität mit dem Objekt die Zukunft, in welcher sie die bewuſste Ruhe suchet. Die Philosophie hat in dieser Sphäre die nothwendige Selbstgestaltung der Freiheit zum Bewuſstseyn und zum Leben zu demonstriren, das ist, ein Bewuſstseyn zu konstruiren, welches die im besondern Organismus real vollendete Natur, und ein Leben, welches die reale allgemeine Natur noch einmal ideal giebt. Das Bewuſstseyn ist besonderes, das Leben, der Staat, allgemeines Kunstwerk; der zweite Charakter der Vernunft offenbaret sich also als Kunst, und es ist die Philosophie der Kunst, welche die zweite Sphäre der Vernunft, als Einbildung der Freiheit in die Nothwendigkeit demonstriret.

Die Einbildung der Freiheit in die Nothwendigkeit kann nie eine vollkommene seyn, weil das Einbildende selbst die Freiheit ist, diese bleibt also überall zurück als Streben in die Zukunft, und soll dieses kein eitles seyn, so muſs die Vernunft die Zukunft unmittelbar in sich auffassen. So findet sie die Nothwendigkeit, welche sich in der Indifferenz als bewuſstlose Natur oder reale Objektivität, in die freie Subjektivität, als das All des Wissens in das bewuſste Nichts (Denkakt) einbildete, als Nothwendigkeit an sich, als unmittelbare göttliche That, der in der Indifferenz vorgefafste Glaube an eine nothwendige Realität, der im Wissen unterging, und aus der Kunst nur in einer Vielheit, als das Reich der Genien, als Mythologie wieder hervorgeht, tritt hier als jene Gewifsheit hervor, die kein Wissen geben kann, denn er ist die nur in dieser dritten Sphäre mögliche Vollendung des gebrochenen Wissens — und als die Realität, welche keine Kunst offenbaret, weil diese nicht aus der Beschränkung der Besonderheit herauskann. Es ist ein Gott, denn ich bin ursprünglich die göttliche That der Offenbarung, so spricht sich die Identität der Vernunft aus. Die Philosophie der Religion demonstriret die dritte Sphäre der Vernunft, ihren dritten Charakter, und sie ist hier historische Construction, denn das Princip ist die Individualität, nicht in wiefern die Natur in ihr als Geist geschlossen wird, sondern als göttliche That der ewigen Schöpfung.

So giebt die Philosophie in der Triplicität der Vernunft, als Offenbarung des ewigen Wesens, das Universum in der Totalität, welches in Natur und Wissenschaft aufgehet, in der Kunst kulminiret, und in Religion und Geschichte in sich selbst zurückkehret.

Das Princip der Naturwissenschaft ist der absolute Gegensatz des Subjekts und Objekts, der ursprüngliche Charakter der Vernunft ist zugleich der ursprüngliche Charakter der Natur, so wie sie beide in der Wissenschaft das Eine sind. Der in der Naturwissenschaft herrschende und reale Grundsatz ist: Alles, was ist, ist in Allem. Da aber die Vernunft oder das Universum in keiner Sphäre getheilt ist, sondern in jeder das Ganze darstellt: so hat auch die Natur ihre Kunst und ihre Religion, folglich die Wissenschaft der Natur noch zwey, den ersten untergeordnete Grundsätze. Der zweite Grundsatz ist: Alles was ist, ist in sich selbst; der dritte: Alles, was ist, ist in Allem und in sich selbst zugleich. Der erste ist der Grundsatz der Möglichkeit, nach ihm wird das Allgemeine der Natur, als ihre Wahrheit, oder das ewige Gesetz der Offenbarung erkannt. Diese Erkenntniſs ist mathematische Construktion, das ist, die Einbildung des Objekts in das Subjekt und reine Naturwissenschaft, die Natur ist folglich in ihrer Wahrheit und Realität zwar die ganze Vernunft, doch nur in der allgemeinen Form der Möglichkeit.

Der zweite ist der Grundsatz der Wirklichkeit, und spricht die Subsumtion der Kunst unter das Wissen aus. Nach ihm wird das Besondere der Natur als das Herausgehen aus ihrer Wahrheit in die unendliche Veränderung, folglich als Differenz und Anlage zur Kunst erkannt. Diese Erkenntniſs ist ein freies Auffassen der Natur in ihren besondern Gestalten, die Zurückbildung des

Subjekts in das Objekt oder Empirismus, der, wenn er nicht fragmentarische Kunstbildung des Bewuſstseyns, das ist, hypothetische Erkenntniſs bleiben soll, in das mit Nothwendigkeit erkannte Gesetz aufgenommen werden muſs, so daſs er überall die Anwendung des Gesetzes giebt. Die wirkliche und besondere Natur ist folglich nicht die wahre Natur an sich, sondern ihre Kunstgestaltung, als Anlage zur wahren Kunst, die eine ideale ist Daher ist die wirkliche Natur im ewigen Flusse, und man kann von keiner Materie sagen, daſs sie in einem Augenblick wahrhaft sey, daſs sie eine Gegenwart habe.

Der dritte ist der Grundsatz der Nothwendigkeit und spricht die Subsumtion der Religion unter das Wissen aus. Nach ihm wird das Besondere der Natur im Allgemeinen, das Allgemeine im Besondern erkannt, das heiſst, nach ihm finden wir selbst den erkennenden Geist als die Identität der Natur, oder ihre absolute Individualität, und es ist die wahre Natur des erkennenden Geistes, das Allgemeine im Besondern, das Besondere im Allgemeinen zu seyn. Allein die wahre Natur des erkennenden Geistes, ist noch nicht die Erkenntniſs der wahren Natur; das Allgemeine in der Besonderheit des Geistes wird erst Erkenntniſs, wenn es sich von der Besonderheit löset und die Richtung auf die Objektivität nimmt, so daſs die Erkenntniſs der wahren Natur die Aufhebung der Idendität des Geistes voraussetzt. Eben so muſs sich, im Empirismus, das Besondere des Geistes von seiner Allgemeinheit lösen, und die Richtung auf das Subjektive nehmen, so daſs auch von der andern Seite die Identität des erkennenden Geistes aufgehoben werden muſs, wenn angewendete Erkenntniſs möglich werden soll. Die Identität des erkennenden Geistes, als absolute Individualität der Natur, ist also bloſs der Schluſs der Natur, und man kehrt die Wahrheit der Natur in Täuschung und Irrthum um, wenn man sie ihr zum Grunde legt. Darum kann auch der erkennende Geist nur schlechthin als That sich selbst fassen; dieses Sichselbstfassen (intellektuelle Anschauung) ist aber ein nothwendiges, wenn die Individualität als bewuſstlose Naturthat, die einzige in die Erscheinung tretende That der Natur (Genie) objektiv, und ein freies, wenn sie als Selbstthat, Thathandlung (Zweckbegriff), subjektiv genommen wird. In welcher dieser beiden Formen sie aber auch genommen wird, so ist sie immer die Eine untheilbare That der Erkenntniſs, als solche der Reflex der ewigen göttlichen That der Schöpfung, folglich die Religion der Natur. Die Natur ist demnach an sich auch nicht die reale Nothwendigkeit, sondern ihre Nothwendigkeit ist nur, als Individualität oder erkennender

Geist, ihr nothwendiger Schlufs, durch welchen und in welchem sie als die reale Möglichkeit des Universums, oder als das Universum in der Form der Allgemeinheit und Möglichkeit gefafst wird, und so gefafst, die erste Sphäre der Vernunft realisiret. Die absolute Individualität der Natur, als erkennender Geist, ist die Anlage ihrer Göttlichkeit, die aber erst in der Geschichte realisiret wird.

Die absolute Individualität der Natur oder der erkennende Geist, ist die Psyche als Naturwesen, deren historische Entwickelung nach ihren Hauptmomenten hier gegeben werden soll.

Die Entwickelung der Psyche als Naturwesen, ist eine doppelte, eine reale und eine ideale. Jene ist selbst die Geschichte der Natur unter dem Gesichtspunkte der Individualität, und eine andere Geschichte der Natur giebt es nicht. Es müfste hier gezeigt werden, in welchem Grade die Natur auf den verschiedenen Stufen ihrer Produkte sich individualisiret, das heifst, in welchem Grade Subjekt und Objekt sich durchdringen, und es müfste von dem realen Produkt, in welchem die Psyche in die Erscheinung tritt, bewiesen werden, dafs in ihm das Subjektive und Objektive sich vollkommen durchdringen, dafs es folglich die wahre Individualität der Natur sey, die nun auch als solche, das ist, als Geist oder Identität, so gewiſs erscheinen muſs, als die Natur auf allen niedern Stufen die Differenz, das ist, Form und Materie in bestimmten Verhältnissen erscheinen läſst. Eine solche Entwickelungsgeschichte der Psyche soll hier nicht gegeben werden, so wie sie wohl überhaupt kaum jetzt schon gegeben werden kann — sie wird von dem Physiologen gesucht.

In der realen Entwickelung ist das Objektive das Vorherrschende, das Subjekt bildet sich in das Objekt; diese Einbildung ist nicht möglich ohne Zurückbildung des Objekts in das Subjekt, doch ist diese Zurückbildung überall nur die negative Seite der Bildung. Diese Idee hat den gröſsten Einfluſs auf die Naturforschung, denn aus ihr sind jene Hemmungen der Bildung zu erklären, die im Gegensatz der nothwendigen Beschränkungen als zufällige erscheinen. Je vollkommener die Einbildung des Subjekts in das Objekt ist, desto einfacher erscheint die Form, aber desto bedeutender und mannigfaltiger tritt zugleich die Zurückbildung des Objekts in das Subjekt hervor, und endlich wird das Subjektive das Vorherrschende, das Objekt bildet sich in das Subjekt, und die Negation dieser Einbildung ist die Zurückbildung des Subjekts in das Objekt. Dieser Wechsel der Herrschaft der Richtung der bildenden Kraft, fällt wohl in das Gehirn und Nervensystem.

Hier wäre der Punkt, von dem die Darstellung der idealen Entwickelung der Psyche ausgehen müſste, wenn nur erst die reale dargestellt wäre. Die Psychologie greift in die Mitte der Physiologie ein, und kann folglich nur mit dieser zugleich realisiret werden. Indessen treten die psychischen Erscheinungen auf einer gewissen Stufe bestimmt hervor, und um diese in ihrer Naturordnung zu begreifen, ist es hinreichend, den Anknüpfungspunkt der Psychologie in der Naturgeschichte formell, das ist, die Wendung der bildenden Natur aus der Objekt-Subjektivirung in die Subjekt-Objektivirung im Allgemeinen zu bezeichnen. Ehe wir aber zur Darstellung selbst übergehen, ist es nöthig, die in dem zweiten Heft aufgestellten Bedingungen, unter welchen die Psyche überhaupt erscheinen kann, an ihre historische Entwickelung anzuschlieſsen, um gleich beim Anfange der Darstellung ihr Ziel, und somit den richtigen Weg zu diesem Ziele zu sehen.

Wir haben diese Bedingungen als Naturfreiheit und Naturnothwendigkeit ausgesprochen, und jene als das absolut Negative, diese als das absolute oder Totalprodukt der Natur bestimmt.

Diese Bedingungen sind die Bestände der absoluten Individualität, der in die Erscheinung tretende, und als Erscheinung die reale Natur schlieſsende, ursprüngliche Gegensatz der Vernunft oder des Universums. Die Naturfreiheit der Psyche die wahre Besonderheit, die Naturnothwendigkeit der Psyche die wahre Allgemeinheit der Natur. Da nun in der absoluten Individualität die Besonderheit und Allgemeinheit sich ganz durchdringen: so ist es die Aufgabe einer Darstellung der historischen Entwickelung der Psyche, die Momente dieser Durchdringung historisch nachzuweisen und ihre nothwendige Folge zu beweisen. Die Psyche erscheint nämlich nicht unmittelbar als Totalprodukt, folglich als die wahre Allgemeinheit und Nothwendigkeit der Natur; sondern die Freiheit, als Passivität und Negativität, beschränkt das Produkt mannigfaltig, welche Mannigfaltigkeit jedoch ihre bestimmten Momente und Potenzen hat, und so hindert diese Beschränkung gegenseitig die totale Eindringung des Produkts in die Freiheit, der Allgemeinheit in die Besonderheit. Die nothwendigen Momente dieser Beschränkung geben die nothwendigen Epochen der Naturgeschichte der Psyche.

Naturfreiheit und Naturnothwendigkeit sind in der Naturansicht der Psyche dasselbe, was in der idealistisch skeptischen, Einheit der Apperception und Ding an sich; jene die aufgelöste Idee der absoluten Individualität und in sofern Bedingungen der Erkenntniſs ihrer historischen Entwickelung: diese das aufgelöste empirische Bewufstseyn, und in sofern Bedingungen der Erkenntnifs seiner ursprünglichen Formen oder Beziehungen. Diese Formen oder Beziehungen sind von Kant in den Kategorieen aufgestellt worden, und in welcher Ansicht diese auch gefafst werden, so bezeichnen sie immer die nothwendigen Momente der Beschränkung der Nothwendigkeit durch die Freiheit.

Die Naturfreiheit ist die aus der realen Natur, folglich aus ihrer produktiven Thätigkeit, als ideale Zeit hervortretende Kraft, der Denkakt, daher ursprünglich negativ, in Beziehung nämlich auf die Natur. Die Einheit der Apperception ist dieselbe ideale Zeit, aber als eintretend in die ideale Sphäre und ein Bewufstseyn subjektiv begründend. Die Naturnothwendigkeit ist das totale, folglich ideale Produkt der Natur, zunächst die aus der realen Natur hervortretende Objectivität als Raumanschauung. Das Ding an sich ist dieselbe Raumanschauung, aber als constituirend die ideale Sphäre des Bewufstseyns. Wir fassen daher dieselben Bedingungen der Psyche in der Richtung des Naturwissens, Kant in der entgegengesetzten Richtung des abstrakten Wissens. Dasselbe gilt von den Kategorieen. Wir wollen ihre Bedeutung, als Momente der Beschränkung der Psyche als Naturobjekts durch die Psyche als

Natursubjekts in der Natur aufsuchen, da sie Kant in ihrer sekundaren Bedeutung, als Formen des abstrakten Denkens aus der Logik hervorsuchte.

Nachstehendes Schema bestimmt den Gang unserer Darstellung.

Die Naturfreiheit, die ideale Zeit, ist die aus der realen Natur hervorgehende Besonderheit; die Naturnothwendigkeit, der ideale Raum, ist die aus der realen Natur hervorgehende Allgemeinheit, zunächst die Bestände oder realen Bedingungen der absoluten Individualität.

Die Besonderheit in der Allgemeinheit ist Einheit (Daseyn), die Allgemeinheit in der Besonderheit Vielheit (Form), das Produkt beider giebt die erste objektive Beschränkung. Kant nennt das Produkt Allheit (Gegenstand), und die Beschränkung eine quantitative (sinnliche). Sie reflektirt sich im Subjektiven, und hier weckt sie, als qualitativ, oder Zeitform, das Subjekt oder die Freiheit, zur zweiten Beschränkung. Das ideale Naturprodukt in der Sphäre der ersten Beschränkung ist die Sinnlichkeit als äufserer Sinn, der auf das Quantitative oder Materielle gerichtet ist.

Die Besonderheit setzt sich der Allgemeinheit entgegen: so wird die erste Beschränkung des Objekts selbst objektiv. Es ist folglich die zweite

Beschränkung ein Setzen des Daseyns als Qualität, das ist, in der Besonderheit oder Zeit (Position); ein Bestimmen der Form als Qualität (Negation); das Produkt beider aber die zweite Beschränkung, die nun selbst als Beschränkung des Gegenstandes objektiv wird (Limitation). Das ideale Naturprodukt in der Sphäre der zweiten Beschränkung ist die Sprache als innerer Sinn, der auf das Qualitative und Ideelle gerichtet ist. Diese zweite Beschränkung hat wieder ihren Reflex im Subjektiven, welcher die Aufnahme des äufsren Sinnes in die Sprache bestimmt (Bild, Spur, Gedächtnifs) und zugleich die dritte Beschränkung anregt.

Die dritte Beschränkung giebt das Produkt der beiden ersten, die Beschränkung wird mit dem schon beschränkten Gegenstande verbunden, und diese Verbindung ist das dritte Moment des beschränkenden Subjekts oder der Naturfreiheit, worin sie selbst als das beschränkende Princip objektiv wird. Der schon beschränkte Gegenstand wird verbunden als ein daseyender (Substanz), mit der Beschränkung als Position desselben (Accidenz). Der schon beschränkte Gegenstand wird verbunden als ein durch Form unterschiedener, folglich bedingter (Wirkung), mit der Beschränkung als Negation, oder negative Bestimmung der Form (Ursache). Das Produkt dieser doppelten

Verbindung giebt das durchaus begränzte ideale Produkt. Die Verbindung tritt in das Objektive als Zusammenhang, es entsteht der Begriff Natur, das Bewuſstseyn als die von sich selbst getrennte Natur.

Das ideale Naturprodukt in der Sphäre der dritten Beschränkung, ist das Denken, als Synthesis des äuſsren und innern Sinnes.

Sehen wir auf diese drey Momente der Beschränkung und auf ihr letztes Resultat zurück, so finden wir, daſs die Freiheit, als das beschränkende Subjekt, durch die Beschränkung des Objekts, dieses sich vindiciret; das Seyn des Raumes ist in das Denken der Zeit, die Natur in den Begriff übergegangen, es hat sich ein Subjekt, als Reflex eines, an sich noch nicht erkannten Objekts gestaltet. Die Natur giebt und findet sich in diesen Beschränkungen als subjektives Bewuſstseyn, und dieses ist die Gestaltung der Freiheit aus einer durch Begränzung bedingten Nothwendigkeit.

Zur wahren, objektiven Naturnothwendigkeit, hat sich also die Psyche bisher noch nicht hinaufgebildet, und nur die Absonderung von der realen Natur ist durch die Organisation der Besonderheit vollendet; das Allgemeine aber, als der zweite Faktor der absoluten Individualität und ihre Haltung, ist in das Negative gefallen, als welches die Besonderheit ursprünglich aus der realen Natur hervorgeht. Diese Negativität nun des Allgemeinen, oder der Natur an sich (Ding an sich), regt, als die in das Objektive reflektirte Freiheit, den vierten Moment der Beschränkung an, es erwacht das Subjekt als fragender oder forschender Geist. Die bedingte oder subjektive Nothwendigkeit, zu der sich die Freiheit hervorgebildet hat, giebt das Wissen eines Wissens, das ist, die Gewifsheit in den nothwendigen Denkgesetzen; aber das Wissen selbst nicht, der Geist mufs also nach seiner Realitat streben, denn er mufs objektive Naturnothwendigkeit werden, weil er nur als solche das wahre Totalprodukt der Natur ist. Dieses Streben offenbaret sich als Frage, das Wiederaufleben der Freiheit aus der bedingten Nothwendigkeit. Das subjektive Bewufstseyn tritt jetzt zurück, und der Geist, die Freiheit, richtet sich auf die Natur, von der sie sich in der frühern Bildung getrennt hat. So entsteht die vierte und letzte Beschränkung, in welcher die Freiheit als Frage, der objektiven Nothwendigkeit als Antwort sich hingiebt, in einer Richtung, welche seit Kant als die transscendentale bekannt geworden ist.

Der fragende Geist sucht die Realität an sich, als Allgemeinheit durchdrungen von Besonderheit, in der Form der Möglichkeit; als Besonderheit, durchdrungen von Allgemeinheit, in der Form der Wirklichkeit; und das Produkt beider, als das wahre ideale oder Totalprodukt der Natur, in der Form der Nothwendigkeit: das heifst, er sucht seine absolute Individualität, mit der sich die ganze Natur in ihrer Wahrheit giebt, er sucht die absolute Wissenschaft der Natur.

In diesen vier Momenten der Beschränkung, lassen sich die vier Bedingungen eines jeden Produkts der Natur, die wir (Heft I) aus der mathematischen Construktion des ewigen Naturgesetzes entwickelt, und (Heft II Rhapsod.) auf den erkennenden Geist angewendet haben, ohne Zwang wieder erkennen. Es entspricht nämlich der äufsere Sinn, als Raumsinn mit dem Reflex des Zeitsinnes, der realen Chorde mit idealem Bogen; der innere Sinn, oder die Sprache, mit dem Reflex des sinnlichen Bildes oder der Spur, der idealen Chorde mit realem Bogen; das Denken, als Verbindung, dem Durchschnittspunkt der Nothwendigkeit; die Frage, als die wahre Freiheit des erkennenden Geistes und die Anlage zur wahren Erkenntnifs, dem Durchschnittspunkt der Freiheit, in welchen auch in jedem niederen Naturprodukt die Anlage zur höhern Form fällt. Die gesuchte Realität aber, die objektive Naturnothwendigkeit, fällt in den, die Centra der beiden Kreise verbindenden und das gleichseitige Dreieck begründenden Radius und dieser ist das Zeichen der mathematischen Anschauung, in welcher allein die Natur als nothwendiges Wissen, als wahren Geist sich giebt, obgleich das nothwendige Zeichen des Geistes erst mit der freien Kunstsprache und mit empirischer Erkenntniſs seinen Leib erhält.

Nach diesem Entwurf ist die Naturgeschichte der Psyche zu zeichnen und der erste Strich dieser Zeichnung ist jene Stelle in dem realen Produkt, in welchem die Psyche erscheint, das ist, im menschlichen Organismus, auf der die Freiheit als Besonderheit oder ideale Zeit zuerst hervortritt. Wir haben aber schon oben über diese Lücke unserer Erkenntniſs geklagt, und so wird man uns verzeihen, wenn wir im Anfange nur hypothetisch verfahren.

Sinn.

Den Organismus können wir, formell, nur so begreifen, daſs wir die Verhältnisse, die wir in der äuſsern, im mechanischen Zusammenhang erkannten allgemeinen Natur, auseinander gelegt finden, daſs wir Ursache und Wirkung, Mittel und Zweck, diese Gegensätze in ihrer höhern Einheit im Organismus dargestellt denken, demzufolge die Lebensfunktion nicht von der Lebenskraft, das Organ nicht vom Organismus trennen. Jedes

des Organ, und wir haben vorzüglich den menschlichen Organismus im Auge, ist ein Organismus, der seine eigene Naturgeschichte hat, seine eigene Reihe von Bildungen durchgegangen ist, in den folglich nicht erst dann, wenn er als Organ ausgebildet ist, ein Theil einer Lebenskraft, von der man, als der Einen Quelle mannigfaltiger Thätigkeiten nur einen Cirkelbegriff geben kann, einströmt, sondern der mit seiner eigenen bestimmten Form auch seine eigene Kraft oder Funktion aus jener Reihe der Natur mit heraufbringt, die seine Geschichte ausmacht. Der ganze Organismus aber ist, als ganzer, nichts als die Harmonie jener Natur, die seine einzelnen Organe gebildet hat, folglich der menschliche Organismus in seiner Ganzheit, die Harmonie der gesammten Natur, das Centrum, in welchem alle Strahlen der Natur sich einigen, um von ihm als Geist oder Seele, als das Licht auszustrahlen, in welchem jeder einzelne Strahl immer wieder das ganze Licht ist. Die Leibnitzische Monade und die Platonische Harmonie, dieser Gegensatz der Idee in der Einheit ist die absolute Individualität der Natur. Jeder Organismus hat dieses Centrum, in jedem concentriren sich niedere Formen, um in entgegengesetzter Richtung in die Einheit einer höhern Form überzugehen; aber das Centrum und die Harmonie, Besonderheit und Allgemeinheit, liegen unter der Materie beschlossen und das Centrum, die Monade, muſs erst frey werden, wenn die Harmonie als Geist der Natur erscheinen soll.

Diese Befreiung ist möglich, folglich als Erscheinung auch nothwendig, durch den in der ganzen Natur waltenden absoluten Gegensatz, als ihren zureichenden Grund, ihre Haltung, welchem Gegensatz auch der Organismus gehorcht.

Nach ihm erzeugt sich der Organismus ursprünglich in einer doppelten Reihe, als Pflanzenthier und Thierpflanze, so daſs aus der einen Mischung vegetabilischer oder animalischer Substanzen das Infusionsthier, aus der andern der Schimmel, oder auch aus derselben Mischung, aber unter verschiedenen chymischen Bedingungen bald die eine, bald die andere Reihe entsteht. So stehen auch die vollkommene Pflanze und das vollkommene Thier einander entgegen, in jener hat sich das Thier in den Organismus der Pflanze gebunden, in diesem hat sich die Pflanze im Thiere frey gemacht. Beschränken wir uns auf den thierischen Organismus, so ist in ihm das vegetative, oder das gastrische, lymphatische, Blut und Muskelsystem die freigewordene Pflanze, und diese Befreiung ist durch das Nervensystem bewirkt worden, dessen erster Faden wohl schon im Infusionsthiere da seyn muſs, obgleich er in ihm noch nicht entdeckt wurde. Das Thier im thierischen Organismus ist das im Gehirn sich concentrirende, und in den Sinnen ausstrahlende Nervensystem, das aber wieder in dem vegetativen System, mit welchem es zugleich sich erzeugt und aus welchem es sich zum eigenen Centrum erhebt, gebunden ist.

Der thierische Organismus vereinigt also, in der frey gewordenen Pflanze und in dem gebundenen Thier, beide Reihen in sich; aber diese beiden Faktoren sind wieder durch die frühere und niedere Bildung als Grundlage und durch die höhere als Anlage bedingt. Die Pflanze wird im thierischen Organismus nur in sofern frey, in wiefern sie sich in besondere, sich selbst lebende Organe im engern Sinne des Worts, im Muskelsystem zerlegt; während das allgemeine Leben, die Harmonie der Funktionen dieser Organe, in das nothwendige Pflanzenleben zurückfällt, so daſs der ganze thierische Organismus in dieser Nothwendigkeit seine Wurzel hat, und sein Daseyn denselben Bedingungen des Entstehens, der Ausbildung, Abnahme und des Untergehens unterworfen ist. Auf gleiche Weise ist das vegetativ gebundene Thier im thierischen Organismus, oder das Nervensystem durch die höhere, im Gehirn sich offenbarende Anlage bedingt, und es ist wohl das wahrscheinlichste, was in Ermangelung der gewissen Erkenntniſs behauptet werden kann, daſs im Gehirn, das in der Vegetation gebundene Nervensystem frey werde. Es geht der menschliche Organismus im Durchschnittspunkt der Nothwendigkeit aus der Vegetation hervor, breitet sich im Muskelsystem, als dem Realidealen, und im Nervensystem, als dem Idealrealen aus, und geht als Gehirn, im Durchschnittspunkt der Freiheit in das höhere Produkt, in die Erscheinung der Psyche über. So sprechen sich im menschlichen Organismus die nothwendigen Bedingungen des Produkts aus.

Das erste Hervortreten der Besonderheit, als Centralkraft der Natur, die in jedem Organismus, so wie in jedem Organ, als Lebensfunktion sich zeigt und durch seine Bestimmtheit und Geschlossenheit die Harmonie des Gesammtlebens des Organismus möglich macht, in die ideale oder eigene Erscheinung, meinen wir nun in dem Nervensystem, und zwar in seiner Sensibilität zu finden, und es werden mit dieser Annahme zugleich die Foderungen befriediget, welche die Vernunft machen muſs, wenn sie die Erscheinung der Besonderheit, als idealer, begreiflich finden soll. Denn beim ersten Anblick scheint ein Widerspruch darin zu liegen, daſs das Ideale als ein Besonderes, oder das Besondere als ein Ideales erscheine; auch wäre der Widerspruch offenbar, wenn die Erscheinung als Einheit sich darstellen sollte *). Sie tritt aber als Gegensatz hervor, und dieser Gegensatz läſst sich auf die befriedigendste Weise in den Erscheinungen des Muskel- und Nervensystems nachweisen.

Der Muskel ist bestimmtes Organ, theils, wie das Blatt der Pflanze nur Entfaltung im Besonderen, so nur besonderes Organ der allgemeinen Bewegung; theils aber auch, wie die Blüthentheile der Pflanze noch eine besondere Organisation haben — so, ein eigenes System von Bewegungen beherrschendes Organ. Aber dort wie hier ist die Struktur des Organes sowohl, als die ihm entsprechende Bewegung auf das genaueste bestimmt und von andern unterschieden. Der Unterschied der Muskeln, als besonderer Organe bestimmter Bewegungen, ist ein qualitativer. Das Gegentheil finden wir im Nervensystem, die Struktur ist dieselbe, so wie die Sensibilität, Weichheit und Derbheit scheint mehr auf einen Gegensatz im Nervensystem als auf eine besondere Verschiedenheit zu deuten, und so ist der Unterschied der Nerven überhaupt nur ein quantitativer. Der Muskel ist reitzbar, nicht der Nerv und

*) In der absoluten Individualität ist die Psyche Einheit, aber hier ist die Besonderheit auch die absolut freie That der Erkenntniſs, also nicht mehr objektive Erscheinung.

die schwache Contraktion, die wir an ihm bemerken, scheint eine mechanische zu seyn, oder gehört doch nur seiner äufsersten Bedeckung an; aber der Nerv ist die Bedingung der Reitzbarkeit des Muskels. So zerlegt sich die Centralkraft des Organismus in zwey Sphären, und offenbaret sich doch nur in Einer Wirkung. Sie schafft sich in den Muskeln ihr Organ, und in diesem ist sie real thätig, doch nur durch Reitzung: der Muskel ist ihr positiver Pol. Sie tritt im Nerv positiv,, als Sensibilität hervor, aber die Sensibilität erscheint nicht an sich, sondern in der Wirkung, die sie als Reitzung hervorbringt: der Nerv ist nur der negative Pol der Centralkraft des Organismus. So ist der scheinbare Widerspruch gelöst. Die Besonderheit erscheint real in der besondern und unterschiedenen Struktur der Organe, aber sie ist eine ideale in der allgemeinen Reitzbarkeit der Organe; und sie erscheint ideal in der nicht unterschiedenen allgemeinen Sensibilität der Nerven, aber die allgemeine Sensibilität ist, als Bedingung der Reitzbarkeit eine besondere.

Die Besonderheit, die Centralkraft (Monade) wohnt in jedem Element des Nerven, wie in jedem Element des Muskels; aber diese ihre erste ideale Erscheinung ist noch durch den Gegensatz der doppelten Reihe des Organismus bedingt, sie liegt gleichsam noch in zwey Welten. Soll sie einst mit der Allgemeinheit in Identität zusammenfallen, und als allgemeine Natur in der Besonderheit des erkennenden Geistes sich offenbaren: so muſs der Gegensatz ihrer Erscheinung zunächst in die Eine Welt, in das Eine System eintreten, er muſs ein animalischer werden. Diesen Gegensatz meinen wir in dem Nervensystem zu finden, in wiefern es, aus der Vegetation hervorstrebend, sich im Gehirn sammelt und anderer Seits in die äuſsern Sinnorgane sich ausbreitet. In der ersten Richtung ist die Centralkraft Sensibilität des innern, in der andern des äuſsern Sinnes, dort Sensation (Empfindung) der Sensibilität, hier Reitzbarkeit der Sensation. Die Sensibilität der Nerven im Gegensatz der reitzbaren Muskeln ist nicht Empfindung, sondern organische Thätigkeit, und man kann z. B. wohl nicht behaupten, daſs das Infusionsthier, welches sich in die Priestleysche grüne Materie verwandelt, und von ihr wieder zum Leben sich löset, Empfindung habe, obgleich seine Sensibilität in der Bewegung sich offenbaret; aber sie, oder vielmehr die durch sie gereitzten und durch den Reitz in Bewegung gesetzten Organe, werden im Gehirn, vielleicht schon in jedem Ganglion empfunden. Die in die äuſseren Sinne sich ausbreitenden Nerven sind, in den Sinnwerkzeugen, Haut, Ohr, Auge u. f. als dem Gehirn entgegengesetzte Sammelplätze anzusehen, und so fällt die unmittelbare Empfindung des äufseren Sinnes nicht in das Gehirn, sondern in die Sinne selbst, das Auge sieht, das Ohr hört, obgleich die Wahrnehmung, eine durchaus psychische Erscheinung, ins Gehirn fallen mag. Nun sind die äufsern Sinne von dem Organismus gleichsam abgeschnitten, von seinem innern Leben abgewendet, und ihre Nerven stehen der Aussenwelt offen entgegen, und doch zu bestimmten Arten von Empfindungen organisiret. Diese Anlagen erwarten also den Reitz von der Aussenwelt, um zu bestimmten Empfindungen zu erwachen; die eigene Thätigkeit dieser Nerven ist folglich als Reitzbarkeit der Sensation zu bestimmen.

Die Centralkraft, als Sensibiliät, erscheint in realer Wirkung, als Reitzung, und wir erkennen ihre Befreiung oder Idealität nur durch einen nothwendigen Schlufs, indem die zur Willkühr sich erhebende thierische Bewegung aus keinem Grunde der realen Natur abgeleitet werden kann. Im animalischen Gegensatz aber erscheint sie selbst als frey oder ideal, dadurch, dafs sie in die entgegengesetzte Richtung übergeht, nicht mehr blofs auf den Schoofs, aus dem sie hervorging, auf die Vegetation zurückwirkt, sondern aus sich selbst aufsteigt, und das Nervensystem mit einem besondern Organismus mit zwey Polen gestaltet. Der Pol des Gehirns ist der negative, der Pol des

Sinnes der positive, denn in jenem knüpfen sich die Nerven und scheinen endlich in Eine Masse zusammenzufliefsen, in diesem strahlen sie aus. Jeder Nerv ist seiner Struktur nach ein Strahlenbündel, der in der einen Richtung convergiret, in der entgegengesetzten divergiret. Der negative Pol dieses Gegensatzes offenbaret sich in dem ursprünglichen Natur- oder Winterschlaf und Fötusleben, der positive in dem Wachen. Die Sensation der Sensibilität, oder der innere Sinn, tritt erst dann ins Objektive und wird für einen höhern Gegensatz positiver Pol, nachdem der äufsere Sinn sich bis zu einer bestimmten Potenz entwickelt hat. Die erste eigentlich psychische oder objektiv-ideale Erscheinung der Centralkraft, ist demnach der äufsere Sinn, und es ist nöthig, die Natur dieser Erscheinung in ihrer Wurzel bestimmt und klar zu fassen, weil die Psyche den Charakter, den sie hier erhält, durch alle künftige Beschränkungen hindurch trägt, und erst dann ablegt, wenn die Antwort auf ihre wissenschaftliche Frage, das ist, die Wissenschaft, sie in die innere geistige Anschaüung der Natur versetzt, wo sie denn absolute Individualität wird und die Natur im Totalprodukt ausspricht.

Der äufsere Sinn ist ursprünglich Reitzbarkeit der Sensation.

1. In der eigenen Organisation des Nervensystems wendet sich die Centralkraft ab von der Vegetation — dies ist der erste Moment der Menschwerdung der Natur.
2. Sie bildet sich hier in den negativen Pol des Gehirns und in den positiven des äufsern Sinnes — dies ist die Bedingung der Erscheinung des Menschen als Psyche.
3. Im Gehirn concentriret sich die Sensibilität der Centralkraft ideal als Sensation, aber sie selbst ist noch im Zustand des Schlafes. Sie erwacht im äufsern Sinn, tritt aber damit zugleich aus sich heraus, sie ist nicht mehr ideales Centrum, sondern gebrochene Sensation.
4. Im äufsern Sinn ist das Nervensystem ganz nach aussen gekehrt und offen, und schliefst sich erst in der vollendeten Ausbildung des Sinnes zu einem äufsern Ganzen, doch auch wieder nur im Gegensatz und in getrennten Organen (Auge und Ohr).
5. Die Wendung des Nervensystems nach aussen und seine Offenheit, läfst die Centralkraft auf diesem Pole nur als Empfänglichkeit und Reitzbarkeit erscheinen, diese aber ist die aufgelöste oder gebrochene Sensation.
6. Die Sensation ist aber, als die Eine und ganze, auf dem entgegengesetzten negativen

Pol gegebene, und so ist die Kraft auf dem positiven Pol zwar nur Reizbarkeit, doch Reitzbarkeit der Sensation. Das heiſst, die Aussenwelt geht nicht als mechanischer Eindruck durch die Sinne als Kanäle in das Gehirn ein, sondern in der im Gehirn als Sensation schlafenden Centralkraft ist schon die ganze Welt als Sensation gegeben, und es bedarf nur des Wirkens durch einen Reitz, um die Sensation in jener Differenz erscheinen zu machen, das ist, die Welt von jener Seite ideal zu enthüllen, welche durch das bestimmte Organ (Auge oder Ohr) in den Organismus real aufgenommen wurde, so daſs auch das Organ des Sinnes und die Aussenwelt, nach einer vorherbestimmten Harmonie in Eins gebildet sind.

7) Die erste Erscheinung der Psyche ist folglich die Fähigkeit der in das Gehirn heraufgebildeten Natur, sich selbst zu fassen, zu erkennen, das ist, ideal zu erscheinen, und die Reizbarkeit der in die Sinnorgane hervorgebildeten Natur, gegen die entgegengesetzte Aussenwelt, um ihre dem Innern entgegengesetzten Aussenseiten als ihre eigenen Differenzen zu fassen, das ist, sich selbst als idealen Leib (Mannigfaltigkeit des Geistes) zu erkennen.

8. Fähigkeit ist Passivität, und Reitzbarkeit setzt diese voraus; die erste freie oder ideale Erscheinung der Centralkraft hat folglich den Charakter der Passivität. Die Psyche ist ursprünglich Naturfreiheit oder ursprüngliche und absolute Absonderung der Kraft von der Materie, als solche aber Passivität.

Die ursprüngliche Passivität der Psyche ist der Grund ihrer Beschränkungen; aber die Geschichte dieser Beschränkungen ist zugleich die Entwickelungsgeschichte der absoluten Individualität. Es ist nämlich der Begriff der Beschränkung, wie sie in der Natur Statt findet, nicht zu verwechseln mit dem Begriff, der durch ein abstrahirendes Denken gebildet, und in welchem das Beschränkende als eine selbstständige Intelligenz vorausgesetzt wird, welche beschränken könne, ohne selbst durch diese Beschränkung beschränkt zu werden, wie z. B. ein Sitten- oder Staatsgesetz Trieb und Freiheit beschränkt, ohne daſs das Gesetz dadurch von seiner Allgemeinheit etwas verlieret. Sondern die Beschränkung in der Natur ist überall nicht allein eine gegenseitige, sondern auch so vom Gegensatz beherrscht, daſs das ursprünglich Beschränkende zuletzt das Beschränkte wird: dadurch bleibt die Natur, obgleich vom Gegensatz beherrscht, doch immer im Produkt sich selbst gleich. So ist das Beschränkende der Natur in allen ihren Sphären das Subjektive, Freie, Ideale; aber es ist selbst das Subjektive, Freie, Ideale, was zuletzt als das durchaus Beschränkte hervortritt: das Subjekt zerlegt das Objekt in unendliche Besonderheit, aber nur, um es als solche in sich aufzunehmen, und die von der Allgemeinheit ganz durchdrungene Besonderheit zu werden.

Diese Beschränkungen sind wieder der Grund der bedingten Nothwendigkeit, unter welcher die Psyche bis zu dem Punkt liegt, wo sie als absolute Individualität in der Anschauung hervorgeht. Hieraus ist zu sehen, wie die Realität oder der Gegenstand alles Wissens im gemeinen oder subjektiven Bewufstseyn, als ein gegebener nicht nur erscheinen, sondern auch blofs ein solcher seyn müsse, und wie alles dieses Wissen keine objektive Wahrheit haben könne, weil es sich nur in der Geschichte des Strebens zum wahren Wissen bedingt giebt und zugleich jenes Streben beweiset.

Die Beschränkungen, deren Geschichte wir jetzt darstellen wollen, sind also die Bedingungen der Einbildung der Natur als Objekt, in die Natur als Subjekt; sie sind aber selbst subjektiv, und so giebt sich in ihnen nicht das wahre Objekt, sondern alle diese partialen Einbildungen sind nur anzusehen als das Erwecken des wahren Objekts, welches die Natur unbewufst in den menschlichen Organismus eingebildet hat, um es als Wissenschaft zum Bewufstseyn zu bringen, in Einheit zu geben und als ideale Natur zu verherrlichen.

Dafs die Pflanze ponderable Stoffe aus dem Boden ziehe und aus ihnen sich bilde, diese Meinung ist durch entschiedene Experimente widerlegt; sie zieht folglich eben so wenig aus der Atmosphäre Stoff an, sondern erzeugt sich selbst nach Materie und Form, obgleich durch ihr Entstehen und Wachsen im Boden sowohl als in der Atmosphäre, ein chymischer Procefs bewirkt wird, welcher die nothwendige Bedingung ihres Lebens ist. Der Saft der Pflanze kann also nicht blofs aufsteigen, sondern, weil die Pflanze ein in sich geschlossenes Leben hat, dieses aber die entgegengesetzte Richtung der Lebenskraft voraussetzt, so mufs er in jedem Moment des Aufsteigens in sich selbst zurückgehen. Dadurch erstarrt er zur festen Materie, und nur die waltende Form, oder das Streben der Centralkraft zur Darstellung der Form, reifst den in der Materie erstarrten Gegensatz aus seinem Gleichgewicht, um eine neue Differenz der Form darzustellen.

Das augenblickliche Erstarren des Gegensatzes der Kraft, ist der erste Charakter der

Pflanze, welcher sie von dem Thiere unterscheidet. Im Thiere ist derselbe Gegensatz des Nahrungssaftes, aber er steht nicht in der einen und selben Linie, er erstarrt folglich nicht unmittelbar zu fester Materie, sondern bildet ein eigenes System im Organismus, und der Gegensatz geht von einem freien Princip aus und in dasselbe zurück.

Das Thier hat ein Herz mit freiem Pulse, und dieser ist die erste Erscheinung des Thieres, als solchen. Das Herz entsteht aus dem Nahrungssafte als erster Muskel, und empfängt von dem Kreislauf des Gegensatzes seine freie Bewegung, doch nicht ohne die Erregung des mit ihm zugleich entstehenden Nerven. Der chymische Procefs des Bodens scheint hier in das Innere des Organismus sich erhoben zu haben, um mit dem Procefs der Atmosphäre, durch die Respiration, zur abgeschlossenen Einheit des Lebens sich zu verbinden. Durch denselben Kreislauf des Gegensatzes erhalten die übrigen Muskeln, in wiefern sie abgeschlossene Systeme bilden, ihre eigenthümliche Bewegung, die Hülfsmuskeln aber ihre Contraktilität und Expansibilität, überall vermittelt durch den Nerv, als nothwendigen Gegensatz des Muskels. So breiten sich über alle Muskeln nicht allein die Arterien, sondern auch die Venen aus, so wie sie auch das Nervensystem und selbst das Gehirn durchkreuzen, und wahrscheinlich auch den in diesem waltenden Gegensatz vegetativ unterstützen.

Diese, durch den ganzen Organismus verbreitete freie Bewegung ist das Lebensgefühl, das nicht verwechselt werden darf mit der bewufsten Wahrnehmung des Gefühls, sondern wie es hier bezeichnet wird, ist es identisch mit der Bewegung, oder doch nur potentialiter von dieser zu unterscheiden, so wie es im Zustande des Schlafes da ist. Die erste Begrenzung zum Bewufstseyn erhält das Lebensgefühl im äufsern Sinn, und in dieser Erscheinung ist es das erste Erwachen der innern Sensation. Hätte der Organismus keinen äufsern Sinn, so bliebe das Lebensgefühl in der Subjektivität verschlossen, die freie Bewegung wäre die blofse Möglichkeit einer Empfindung. Eine solche Erscheinung widerspricht aber sich selbst, denn die Lösung vom Boden, und das Eintreten der Einheit des Erzeugungs- und Nahrungsstoffes in das Innere des Organismus, ist ein und derselbe Akt der Natur, und so hat der Organismus nothwendig schon eine frey gegebene Aussenwelt, äufsern Sinn.

Der thierische Organismus ist mit einer Haut überzogen, ohne welche die nach Aussen strömenden und offenen Nerven in unmittelbarer Berührung mit der Aussenwelt stünden, und der Organismus

ganismus in einen ätherischen Nimbus gehüllt seyn würde. Die Idee ist absurd, obgleich durch Götterfabeln geheiliget; aber sie soll uns auch nur das Entgegengesetzte bestimmter auffassen machen. Die Haut ist nämlich die erste bestimmte äufsere Abschliefsung des Organismus von der Aussenwelt, folglich das Organ, in welchem die Aussenwelt in der einfachsten, das ist, allgemeinsten Begrenzung dem Organismus sich giebt, blofs und schlechthin als getrenntes Seyn oder Daseyn. Mit dem Anstofs des Organismus gegen die Aussenwelt wird zugleich das innere Lebensgefühl geweckt, und so liegt in der Empfindung des Daseyns immer das Doppelte, die Empfindung des innern Lebens und eines äufsern Seyns, das in sofern nicht lebend, sondern todt ist.

Dieser Gegensatz giebt der im Gehirn schlummernden Sensation die erste Beschränkung, ist folglich die erste Erscheinung der Psyche; die Reitzbarkeit aber des nach aussen gekehrten Nervensystems in dieser ersten Empfängnifs der Aussenwelt, nennen wir Tastsinn.

In dieser, in der Ordnung der Natur, ersten Empfindung, geben sich Raum und Zeit in ihrer ersten Bestimmung, und zwar die Zeit als eingebildet in den Raum, und dieser wieder aufgenommen von der Zeit. In der frey pulsirenden

Bewegung tritt die Zeit real im Organismus hervor, aber die Bewegung ist begrenzt durch das Organ des Tastsinns; die Haut ist nicht contractiv wie der Muskel, nur mechanisch dehnbar, und zwar in hohem Grade, ganz geeignet zur Grenze des starren Seyns und des stets regen Lebens; das Seyn ist bloſs ein allgemein Räumliches, aber durch die Berührung des innern Lebens, vermittelst des Organs des Tastsinnes, wird es ein bestimmt Räumliches. Die Besonderheit der Zeit in der Bewegung wird demnach in dem Anstoſs gegen die Grenze Allgemeinheit und räumlich; die Allgemeinheit des Raumes in dem äuſsern Seyn wird in dem Anstoſs gegen dieselbe Grenze Besonderheit und ein Zeitiges. Der Tastsinn ist der Vermittler, der die Entgegengesetzten zur Einheit der Empfindung Daseyn knüpft, und da er nach aussen gekehrt ist, so fällt die Einheit als Produkt in den Raum, während die räumliche Bestimmung der Bewegung im Bewuſstlosen zurückbleibt und nur in abnormen Zuständen, oder auch im Traume zum räumlichen Bewuſstseyn sich erhebt.

Daſs die Empfindung des Daseyns die erste und einfachste, die wahre ursprüngliche Einheit oder Einfachheit der Psyche, der erste Einschnitt der Zeit in den Raum ist, dies zeigt sich zwar in jeder beliebigen Vorstellung von ihr, doch am reinsten, wenn wir uns auf den Standpunkt des Thieres zurücksetzen, in welchem noch kein anderer höherer Sinn entwickelt zu seyn scheint, wenn wir z. B. ein Kügelchen von der Priestleyschen grünen Materie sich lösen und in der Flüssigkeit sich frey bewegen sehen. Hier ist nur Tastsinn und doch Zeitspiel im Raume, eine Zergliederung des Raumes durch die Bewegung, Empfindung des Daseyns in der Wechselwirkung der Bewegung und des ruhenden Seyns, aber mit der Richtung von Innen nach Aussen, folglich Zeit in den Raum gebildet.

Die Aussenwelt giebt sich schlechthin als solche, als Seyn, im Tastsinn, dieser empfängt sie als ein vom Organismus getrenntes Seyn und damit zugleich das innere Leben, beide in der Einheit der Empfindung des Daseyns. Die nach Aussen strömenden Nerven, die mit allen Punkten der Haut in Verbindung stehen, werden in dieser Wechselwirkung bloſs angestoſsen, und da das Mittel des Anstoſses, das Organ des Tastsinnes, überall ein gleiches ist, so wird nicht die Form der Nerven, sondern nur ihre Sensibilität schlechthin angeregt.

Die Nerven haben an sich keine qualitative Verschiedenheit, sie müssen aber noch vor der Entstehung der Empfindungen eine unterschiedene äuſsere Form annehmen, wenn die Verschiedenheit der Form der Empfindung begreiflich seyn soll. Die Sache aus einem mechanischen Eindruck erklären, damit ist nichts gesagt, denn wie die Speise in den Magen, so geht die Form der Gegenstände in die Nerven nicht ein. Ist aber der Eindruck ein oberflächlicher, so brauchen wir wieder eine Erklärung für die Fortpflanzung, und weder Erschütterung noch Nervengeist helfen hier aus, da für beide, wenn die Fortpflanzung der Eindrücke als verschiedenartiger, und darauf kommt es doch an, erklärt werden soll, eine bestimmte Form des Nerven vorausgesetzt werden muſs; auſserdem würde der Nervengeist, so wie die Erschütterung, im Gehirn nichts weiter verkündigen können, als daſs etwas eingewirkt habe. Woher nun diese äuſsere Form der Nerven?

Für die innere Sensation wäre die Beantwortung dieser Frage weniger schwierig, es lieſse sich sagen, daſs jedes Organ seine Nerven habe, die mit ihm zugleich durch denselben chymischen Proceſs entstehen, und durch diesen die gleiche Form mit den Organen erhalten, die aber in den Nerven eine bloſs äuſsere, das ist, Disposition und Empfänglichkeit sey, weil der Nerv seiner Natur nach in der entgegengesetzten Sphäre liegt und das Gleiche in allen Organen ist. Allein wie kann der eine und selbe Nerv die entsprechende

Disposition zur Aufnahme der Härte oder Weichheit eines äufsern todten Gegenstandes erhalten? Wie diese Frage dasteht, dürfte sie wohl zur Beantwortung nicht geeignet seyn; vielleicht ist aber auf anderem Wege zu finden, was mit solchen Fragen gesucht wird.

Zuerst ist zu sagen, dafs es die Form der Gegenstände ist, welche aus der zweiten Beschränkung der Sensation hervorgeht, und zwar nicht die Form als Einheit und Gleichheit der Gegenstände, sondern als ihre Unterscheidbarkeit. Wir müssen daher vor der gewöhnlichen Verwechselung und Vermischung des Daseyns, als Produkt der ersten Beschränkung, mit der Form der Gegenstände warnen; denn wenn es auch derselbe Gegenstand ist, welcher da ist und dessen Form empfunden wird, so wie die eine Psyche das Daseyn und die Form empfindet: so ist doch hier die Empfindung allein das wahrhaft Objektive, und in ihr ist Daseyn und Form als zweifache und entgegengesetzte Beschränkung unterschieden; es ist also objektiv und historisch eine andere Psyche, welche das Daseyn, und eine andere, welche die Form empfindet, und nur dadurch, dafs niedere Erscheinungen in der Natur stehen bleiben, während höhere sich entwickeln, ist, wenn die Erscheinungen ideale sind, eine unnatürliche Verwechselung und Vermischung möglich. Die Sensation des Daseyns ist aber von der Sensation der Form darin unterschieden und ihr entgegengesetzt, daſs sie aus dem Gegensatz des innern Lebens, der Bewegung, und des äuſsern todten Seyns auf der Grenze beider als Einheit entsteht, die Sensation der Form hingegen diese Einheit in einen Gegensatz auflöst, so zugleich das innere Leben dem äuſsern Seyn wieder entgegensetzt, und das Verhältniſs beider bezeichnet. Die Sensationen der zweiten Beschränkung sprechen daher immer einen Gegensatz aus, und sind lebendige oder todte Sensationen; jene die ursprünglichen, diese die abgeleiteten, reflektirten. In der Lehre vom Gefühlssinn werden die lebendigen Sensationen der Form gänzlich übersehen; der Physiolog hat sie zu bestimmen, ist aber noch nicht so weit herab oder hinauf gekommen; der Anatom betrachtet alle Sinne mechanisch, und so muſs der Psycholog den Grund seiner Wissenschaft in unauflöslichen Schwierigkeiten unsicher schwanken sehen.

Es ist schon oben bemerkt worden, daſs der chymische Proceſs des Bodens, als die eine Bedingung des Pflanzenlebens, in den thierischen Organismus aufgenommen wird und in das Blutsystem fällt, wo er mit dem chymischen Proceſs der Atmosphäre, als zweiter Bedingung, durch die Respiration in freie Wechselwirkung tritt. Ferner, dafs der Gegensatz des Blutsystems, als ernährenden Princips, den ganzen Organismus in so fern beherrscht, als kein Theil desselben ohne Ernährung bestehen kann. Wir setzen hier noch hinzu, dafs auch in dem chymischen Lebensprocefs der Atmosphäre, wie in jedem Procefs, ein Gegensatz walten mufs. Es ist folglich auch gewifs, dafs die Wirkungen des Wechselprocesses der Atmosphäre und des Bluts durch den ganzen Organismus sich verbreiten und an dem Nervensystem, als Sensibilität sich offenbaren. Diese Wirkungen nun geben dem an sich qualitativ nicht unterscheidbaren Nervensystem die äufsere Form, welche vorausgesetzt werden mufs, wenn die zweite Beschränkung des äufsern Sinnes befriedigend eingesehen werden soll.

Eine Skale dieser Wirkungen, wie sehr ihre Erkenntnifs auch zu wünschen ist, fehlt uns noch, nothwendig aber scheint die Forderung zu seyn, dafs diese Wirkungen in dem Nervensystem ein geschlossenes Ganzes von Gegensätzen bilden, in welchem sich die allseitige Form des thierischen Lebens ausspreche. Das Spiel dieser Gegensätze giebt die lebendigen Sensationen der Form als zweite Beschränkung der Sensation überhaupt. Es ist aber die Form eine den Nerven von Aussen gegebene; es treten also auch diese Empfindungen nach Aussen, sind Empfindungen des äußern Sinnes.

Auch treten wohl diese Wirkungen nur da hervor, wo die nach Aussen, nach der Oberfläche des Körpers zerlegten Nerven sich öffnen. Denn, um diese Wirkungen wenigstens in ihrem Reflex zu bezeichnen, wir fühlen ja eine enge und weite Luft, die rauhe und milde, schwere und leichte, harte und weiche, warme und kalte, trockene und feuchte, dichte und lose, bewegte und ruhige — theils in der Respiration, theils auf der Oberfläche des Körpers. Diese lebendigen Empfindungen spiegeln sich sodann an den todten Gegenständen ab, denn obgleich nicht zu zweifeln ist, daſs auch diese die Wirkungen des allgemeinen, Form erzeugenden, chymischen Processes erfahren, folglich auch hier wie überall die entgegengesetzten Sphären in vorherbestimmter Harmonie stehen: so ist doch die Sensation der Form, das, was wir Wärme, Kälte u. s. nennen, so wenig etwas dem Organismus von Aussen mitgetheiltes, daſs vielmehr die äuſsern Gegenstände nur durch Uebertragung der eigenthümlichen Zustände des Organismus, als in gleichen bestimmten Zuständen stehend empfunden werden.

Die zweite Beschränkung der Sensation als äuſseren Sinnes, in welcher das empfundene Daseyn als Einheit, in die Vielheit und Mannigfaltigkeit der Form sich entfaltet, nennen wir Gefühlssinn. Sein Organ sind die nach der Oberfläche gehenden und dort sich öffnenden Nerven, aber sie werden nicht, wie in der ersten Begrenzung, bloſs passiv angestoſsen, sondern es geht das Produkt der Wechselwirkung des äuſsern allgemeinen, und des innern besondern (organischen) Lebens, als Form in sie ein, in dieser breiten sie sich thätig in der Sinnenwelt aus und geben die zweite Synthesis der innern, als Sensation geweckten Centralkraft und der Aussenwelt, die Synthesis der Form.

Dieser zweite Sinn giebt sich in der zweiten Verstandesform, als Einbildung des Raumes in die Zeit und als Aufnahme der Zeit in den Raum. Wurde die Psyche in der ersten Beschränkung selbst ein Objektives, Räumliches, die Zeit in den Raum gesetzt und sich objektiv im Raume als Zeit (Daseyn) empfindend; so wird sie in der zweiten ein Subjektives, Zeitliches, den Raum in die Zeit gesetzt und sich subjektiv in der Zeit als Raum (Form) empfindend. In der ersten Beschränkung geht das äuſsere Seyn, in der zweiten das äuſsere Leben der Natur in die ideale Erscheinung ein; dort findet sich die Centralkraft der Natur als Daseyn, hier als Form und Mannigfaltigkeit, doch beide noch getrennt, und die Sensation ist bisher noch nicht in den Zustand des Wachens eingetreten, sondern ihm nur ganz nahe gekommen. Das Organ des Gefühlssinnes, die nach der Oberfläche gelegten Nerven, sind auch in ihrer mechanischen Ausstrahlung, ganz dazu geeignet, die mannigfaltige Form des äuſsern Lebens darzustellen, so wie ihre Einigung nach Innen die Einbildung des Raumes in die Zeit symbolisiret.

Die zweite Beschränkung ist der ersten entgegengesetzt, die dritte ist die Synthesis beider. Schon die äuſsere Gestalt des Organs des dritten Sinnes beweiset dieſs. Es öffnet sich die Haut und es zeigt sich eine Bedeckung, die zugleich Oeffnnng des Organismus ist — das Auge. Es berührt die Aussenwelt das Organ, aber nicht, wie im Tastsinn, mechanisch durch blinden Stoſs eines todten Seyns, sondern als Anströmung der Quelle des Lebens der Natur; es begegnet der offene, aber in ein kunstreich gebautes Organ, das ein nach Aussen gelegtes Gehirn zu seyn scheint, sich einsenkende Nerv dem Strome, aber nicht in Kraft seiner äuſsern ihm mitgetheilten Form, wie im Gefühlssinne, sondern offenbarend die innere ursprüngliche Form seiner Kraft, die Form der Sensibilität, das innere Licht.

Das innere Sehen und das äuſsere Leuchten des Lichtes bilden einen Gegensatz, der aus dem höchsten Lebensprocesse der Natur in die Erscheinung hervortritt, und, wie jeder Gegensatz der Natur, mit gegenseitiger Durchdringung vorgestellt werden mufs. Dafs das Leuchten in dem Sehen verborgen liege, das beweisen alltägliche Erfahrungen, noch mehr aber, und für die Wissenschaft viel versprechend, die galvanischen Versuche *). Wie das Sehen im Leuchten verborgen sey, oder wie und in welchen Abstufungen die Lichtentwickelung der organischen Natur, allmählig das Auge bilde, diefs sagt uns, jetzt noch wenigstens kein künstlicher Versuch.

Man kann vom erschaffenen Licht nur sagen: Es ward, und so auch von dem Sehen, als dem sich selbst Finden des Lichts: Es findet sich. Das leuchtende und das sehende Licht sind die letzten Pole der sinnlichen Welt, deren Centrum das Uebersinnliche, die Vernunft ist, die dann wieder die übersinnliche Welt als leuchtendes Licht (poetisches Genie) und als sehendes Licht (philosophisches Genie) polarisiret, und in jedem sich als das ganze Universum giebt.

Im Gesichtssinn erst wird uns das Streben der Natur in den niedern Sinnen klar. Die Sensation des Daseyns entsteht im Tastsinn aus dem Gegensatz der lebendigen Bewegung und des todten Seyns; in der Sensation der Form, im Gefühlssinne, wird der Gegensatz selbst objektiv, tritt in die

*) Ritter.

Sensation ein. Dieser Wechsel des Gegensatzes setzt sich im Gesichtssinn gleich, die Centralkraft selbst tritt in der Sensation als Gegensatz hervor mit gegenseitiger Durchdringung der Entgegengesetzten, und so nimmt dieser Sinn die niedern Sinne in sich auf, er ist der wahre äufsere Sinn der Psyche.

Der todte Stoff, der sich in der Sensation des Daseyns durch blinden Stofs, und die lebendige Form, die sich in der Sensation der Form als dem Leben entgegenringender Gegensatz des Processes ankündiget, einigen sich in der dritten Sensation zum geformten Gegenstande, der in ruhiger Form sein Daseyn offenbaret, aber in ihr ein reges Leben verschliefst. So ist die Geschichte der Sensation, objektiv angesehen, die Wiederholung des ewigen Schöpfungswerkes: Es regt sich die Kraft im Chaos als Stofs und Zug, sie sondert sich sodann in die positive und negative Sphäre und wird endlich festes und ruhiges Wirken in der Erzeugung des Gegenstandes nach Stoff und Form in ungetrennter Einheit; sie ist erst Magnetismus, dann Elektricität und endlich Galvanismus, in diesem zugleich wieder Magnetismus und Elektricität.

Die Sensation des Daseyns ist die ursprüngliche Einheit der Psyche, entstanden aus dem Gegensatz des organischen Lebens und einer sich entgegenstellenden Aussenwelt; die Einheit entfaltet sich in der Sensation der Form im Gegensatz, der ins unendlich Mannigfaltige spielt; aber die Psyche erwacht im Sehen und findet hier ihre Einheit in der Unendlichkeit des Gegensatzes, doch auch diese Unendlichkeit wieder in der Einheit des Ganzen, des Alls, in welches das Auge, nur durch den Gegensatz der leuchtenden Welt begrenzt ausstrahlt. So ist die Geschichte der Sensation, subjektiv angesehen, das Vorspiel der Vernunftschöpfung. Die Vernunft giebt sich das Daseyn in der Anschauung, die schlechthin Einheit ist, sie erkennt sich als Form in dem Gegensatz ihres Lebens, Freiheit und Nothwendigkeit, und sie findet endlich die ewige Wahrheit, sie siehet das Objekt in der gegenseitigen Durchdringung der Einheit und des Gegensatzes, und dieses Sehen des Wissens ist nur begrenzt durch die leuchtende Kunstwelt, in welche die erkennende Vernunft einbricht.

Im Auge ist die Sensation selbst die freie Aussenwelt und diese die in der Sensation gebundene, der Raum ist ganz in die Zeit gebunden, die Zeit im Raume befreiet, Raum und Zeit durchdringen sich in der Allheit der Gegenstände und was wir Gegenstand nennen, ist eben so ein Typus der gebundenen Sensation, wie ein Typus der freien Aussenwelt, der Gegenstand ist die erste Totalerscheinung der Psyche als Naturwesen. Durch die kleinste Oeffnung umfaſst das Auge ein Sternenheer: so trägt die Sensation den Keim einer ganzen Welt in sich; in die kleinste Oeffnung strömt das Lichtmeer ein: so ist die Sensation die Oeffnung einer ganzen Welt, und so ist auch jeder Gegenstand die Oeffnung wie der Keim einer ganzen Welt, eine Monade, die nur vorstellend werden darf, um das Ganze in sich zu finden.

Die Sensation des Gesichtssinnes, in wiefern er die Sensation des Tastsinnes und des Gefühlssinnes in sich aufgenommen hat, ist zwar Durchdringung der Zeit und des Raumes, aber der Zeit als räumlichen Daseyns und des Raumes als räumlicher Form; es liegt also der Gesichtssinn unter der Einen Form des Raumes, die im objektiven Sehen freie und im subjektiven gebundene Aussenwelt ist eine räumliche Welt. Das heiſst, die Psyche bildet sich im Gesichtssinn in die Totalität des Raumes, sie wird eigentlich Aussenwelt. Muſs die Sinnlichkeit, als Symbol der Vernunft ein in sich geschlossener Kreis seyn, so muſs sich die Psyche auch in die Totalität der Zeit bilden, die Aussenwelt muſs auch Psyche werden, das ist, in der Zeit sich reflektiren. Die Zurückbeugung der Aussenwelt auf die Zeit giebt sich in der zweiten Reihe der Sinne, welche der ersten durchaus parallel geht, und so eine kürzere Darstellung erlaubt.

Der Geruch ist symbolisch der umgekehrte Tastsinn, der Geschmack das umgekehrte Gefühl und das Gehör das umgekehrte Sehen.

Die Organe des in die Zeit reflektirten Sinnes treten nicht auf die Oberfläche hervor, und verrathen in den Höhlen, welche sie bilden, die passive und empfängliche Natur dieses Sinnes; sie sind eben dadurch dem vegetativen System näher verbunden und leiden früher mit diesem als die Organe des Raumsinnes. Die in ihm geweckten Sensationen geben nicht das Aeufsere der Aussenwelt, sondern ihr aufgelöstes Innere, das wir noch wenig kennen. So zeugen alle Erscheinungen dieses Sinnes dafür, dafs die Aussenwelt in ihm sich als Inneres zu offenbaren und als Psyche in der Zeit darzustellen strebt.

Dafs aber, erstens, der Geruchssinn nur der umgekehrte Tastsinn sey, ist schon daraus zu ersehen, dafs wir die Geruchsempfindungen nicht unter objektive Gattungsbegriffe bringen können. Es entspricht also die Sensation des Geruchs der einfachen Sensation des Daseyns, und giebt dieses noch einmal, nur nicht in Masse durch Stofs, sondern im Zug und Strom des aufgelösten Seyns.

Der Geschmack giebt das aufgelöste Seyn nicht als Atom, in dessen Sensation nur die Ahndung einer Welt hervorsteigt, die einst aus dieser erstarrten sich entwickeln wird, sondern zugleich, in der Unterscheidbarkeit der Sensation nach allgemeinen, obgleich nicht festen Merkmalen, die Ahndung und Sehnsucht der noch verschlossenen Form der schöneren Welt, die der Geist, einstweilen im Idealen zu zeichnen und vorzubilden versucht, aber auch in dieser Idealität den physischen Geschmack als Symbol des Genusses dieser vorstrebenden Form aufgenommen hat. Das Entsprechende des Geschmacks und Gefühlssinnes fällt in die Augen, so wie der Gegensatz des vorherrschenden Raumes in diesem und der vorherrschenden Zeit in jenem. Die Form des Gefühls hat ihren Umfang und ruht, die Form des Geschmacks nur Tiefe und Höhe und fliefst.

Wie die Psyche durch das Auge in den zahllosen Gegenständen des Raums sich beleibet, so vergeistiget sich die Natur im Schalle, der wie der aufgeregte Zeitgeist durch den Raum bebt. Nicht blofs Ahndung eines höheren Daseyns, nicht blofs Ahndung einer neuen Form, sondern die wirkliche Ankündigung einer neuen Welt, spricht der bald schallende Klang, bald klingende Schall aus, er ist die spielende Stimmung der Posaune, die aus dem Grabe der alten eine neue

Welt

Welt hervorrufen wird, der Nachhall des in den Raum sich aushauchenden wie der Vorklang des in die Zeit tönenden ewigen Geistes. Unser Stückwerk von Raum und Zeitbezeichnungen findet hier seine Grenze, und wie der sehende Geist den leuchtenden Raumgeist in einer eigenen, frey nothwendigen Raumsprache (Mathematik) suchen muſs: so der hörende den tönenden Zeitgeist fesseln in einer eigenen nothwendig freien Zeitsprache (Musik).

Im Schall entbindet sich der Naturgeist der Materie, in wiefern nämlich Geist in Materie gebunden seyn kann — räumlich zerflossen und erstarrt: wie im Sehen der Geist sich in die Materie bindet, in wiefern auch dieſs geschehen kann, durch Befestigen der Zeit im Raume; die Psyche sieht sich in der Natur und als Natur, aber die Natur hört sich in der Psyche und als Psyche, und so ist das Hören das umgekehrte Sehen.

Das Daseyn der als Inneres sich gebenden Natur ist ein Atomenmeer, aus dem sich der Aether erhebet; die Form ist Spiel der Contraktion und Expansion, das sich zu nothwendigen freien Schwingungen hinauf bildet; der Gegenstand ist der im schwingenden Aether das nothwendige freie Leben der Zeit im Ewigen verkündigende Ton. Und wir können noch um das Organ bange seyn, in welches der Tod den ewig geschaffenen Geist einführen wird.

S p r a c h e.

Der Sinn, in allen seinen Entwickelungen, liegt unter der Form der Quantität oder des Raumes. Denn obgleich im Zeitsinn das Innere der Natur hervortritt, so entwickelt es sich doch aus dem Räumlichen und selbst der Zeitsinn giebt nur einen ätherischen Raum. Doch da in diesem Sinn die Natur als innere, in den Organismus eben so eingeht, wie der Organismus im Raumsinn in eine Aussenwelt sich ausbreitet: so ist jener die unmittelbare Anregung der qualitativen Erscheinung der Psyche; diese selbst aber giebt sich in der Naturgeschichte der Psyche als S p r a c h e.

Die Natur ist in allen ihren Bildungen an den Gegensatz der Richtung gebunden. Sie objektiviret sich in der einen Richtung und reflektiret sich zugleich in der entgegengesetzten, um auch in dieser sich zu objektiviren und in der ersten zu reflektiren. So objektiviret sie sich als Psyche, zuerst im Raumsinn, und reflektiret sich im Zeitsinn, um als Zeit sich zu objektiviren, und diese Bildung im Raum zu reflektiren. Die Objektivirung der Zeit ist die Sprache im engern Sinn, die Reflexion der Zeit im Raum ist das f r e i e B i l d; beide in Eine verbunden geben die Sprache im weitern Sinn als qualitative Erscheinung der Psyche.

Das Stimmorgan ist die Höhle, durch welche der vegetative Lebensproceſs vermittelt wird. Nicht allein dadurch, sondern auch in seinen Funktionen; die aus den bewegten Bauchmuskeln sich erheben und auch wohl, im Bauchreden, wieder in den Bauch herabgezogen werden können, ist dieses Organ mit dem vegetativen System eng verbunden. Wir sind daher berechtiget, die Stimme als die unmittelbare, folglich subjektive Befreiung des vegetativ gebundenen Thieres anzusehen, so wie der Sinn seine durch die äuſsere Natur als Objekt vermittelte, folglich objektive Befreiung ausspricht.

Jene Unmittelbarkeit der Befreiung giebt der Erscheinung, die jetzt erklärt werden soll, den qualitativen Charakter, während diese Mittelbarkeit die Psyche im Quantitativen zurückhält, obgleich beide Erscheinungen gleich frey oder ideal sind.

Diese doppelte Reihe der Befreiung, die objektive und subjektive zieht sich durch die ganze organische Natur, und wenn sich die Geschichte der objektiven Befreiung durch den Sinn, in der Thierreihe nachweisen läſst *), die sich wieder in

*) Troxler.

der Pflanzenreihe reflektiren muſs: so scheint zu folgen, daſs sich in der letzten die Geschichte der subjektiven Befreiung ursprünglich geben, und in der Thierreihe reflektiren müsse. In dieser Reflexion wären die Abstufungen des Naturtons der Thiere, ferner die Abstufungen ihrer Mimik und endlich ihres Kunsttriebes zu beachten — ein Zweig der Naturgeschichte, dessen Bearbeitung gröſsere Schwierigkeiten hat, als die des entgegengesetzten, weil in dieser das Objekt, als ein unmittelbar freies, nur mit dem Kunstsinn aufgefaſst werden kann, während in jener nur der äuſsere Sinn des Gesichts in Anspruch genommen wird.

Der Nerv ist der reale Ausdruck der freien Natur, in ihn fällt der Akt der Befreiung, die Sensibilität; es giebt sich folglich in der Organisation des Nervensystems die doppelte Reihe wieder. Es wirft sich nach Aussen, den äuſsern, und es knüpft sich im Innern, den innern Sinn bildend.

Von den unendlichen innern Verknüpfungen des Nervensystems, sind nur die Gruppen, Gegenstände unserer Erkenntniſs; aber auch diese kennen wir noch so wenig, als die ihnen entsprechenden Gruppen von Neigungen und Leidenschaften. Sie concentriren sich im Gehirn, in welchem sich die ganze Natur, als eine innere gruppiret und hier bilden sich, wie im Resonanzboden, die angeschlagenen Saiten des Organismus zum Ton, der wieder in die Saiten zurückbebt, wenn nicht neue Anschläge an diese ihn zurückdrängen.

Der Organismus ist nirgends wahrhaft von sich selbst getrennt, sondern in jedem besondern System, in jeder Richtung der ganze, und dieſs zufolge des absoluten Gegensatzes der Natur, dessen produktive Einheit im Organismus sich darstellt. Jede hervortretende Form trägt die entgegengesetzste als Reflex in sich, und so muſs sich auch jede Sphäre in die entgegengesetzte bilden, um das Ganze als Ganzes und die Harmonie des Ganzen zu erhalten. So ist der äuſsere Sinn im vegetativen System reflektirt — der Traum, der magnetische Schlaf und der Somnambulismus beweisen es unwidersprechlich: so reflektirt sich auch die innere Richtung des Nervensystems nach Aussen und die Erscheinung dieses Reflexes geht der Erscheinung der innern Sensation, als solcher, so vorher, wie in der Natur überall die Bezeichnung dem Bezeichneten vorhergeht, oder wie jede niedere Form, als Zeichen der höhern, diese in sich noch verschlieſst.

Diese unmittelbare Bezeichnung der innern Welt des Organismus ist die Bedeutung der qualitativen Erscheinung der Psyche, die wir in der Natur, der Form des äuſseren Sinnes entsprechend, in dreifacher Form ausgedrückt finden, in Ton, Mimik und Kunsttrieb.

Wie der Tastsinn das Daseyn der Aussenwelt, als äuſsere Bestimmung der innern Sensation giebt: so verkündiget der thierische Naturton das Daseyn der Innenwelt, der Sensation und ihre Bestimmung, im freien Organ der Sprache sich zu offenbaren; es ist der Naturton die freie Position des Daseyns oder die Position des freien Daseyns.

Wie der Gefühlssinn der innern Sensation die Form der Aussenwelt, als äuſsere Bestimmung giebt: so verkündiget die Mimik, in welche der Ton eben so, wie der Tastsinn in den Gefühlssinn aufgenommen ist, einen bestimmten Zustand der innern Sensation in der Freiheit. Da in diesem Zustand das innere Daseyn wirklich in die Erscheinung tritt, so wird mit ihm die Differenz des Gegensatzes in die Gesammtform der Aussenwelt gesetzt, jede äuſsere Form erhält eine Beziehung auf den innern Zustand, es steht folglich jeder äuſsern Form, und jedem Moment derselben ein Negatives *(vacuum)* zur Seite, und so ist die Erscheinung des innern Zustandes, als bestimmte reale Zeitform des innern Daseyns, das Negative der äuſsern Form. In der Form treten beide Welten in Verbindung, aber sie werden auch entgegengesetzt gehalten, durch das Princip dieser Verbindung, die Negation.

Die thierische Mimik, und ich bezeichne mit diesem Ausdruck alle psychischen Erscheinungen am Thiere, die doch nichts sind, als freier Ausdruck innerer nothwendiger Bewegungen des Organismus, ist das äuſsere Vorspiel der innern Welt, welche die Natur erst im Menschen eröffnet. Wir setzen gewöhnlich auch im Thiere bestimmte Seelenzustände voraus, zu denen sich der mimische Ausdruck nur wie das Zeichen zum Bezeichneten verhalte; indessen täuschen wir uns hier leicht, wenigstens in sofern, als wir in den Thieren, wie in uns, wirklich erscheinende innere Zustände annehmen, nicht erwägend, daſs die Natur überall das Zeichen, zwar nicht als Zeichen, aber wohl als nothwendig vorbereitende Form dem Bezeichneten vorausgehen läſst. Diese inneren Zustände sind allerdings auch schon im Thiere angelegt, aber auch nur dieses, sie sind nur in der Möglichkeit als Anlagen da; indeſs spielt die Natur in der Mimik unbewuſst alle Rollen, die im Menschen in wirklich psychischen Scenen erscheinen. Unsere innern Zustände werden nur durch bestimmte Spuren, Bilder, materielle Ideen, oder wie man sonst die in das Innere fallende, qualitative Form der Natur bezeichnet, wirklich; die mimischen Spiele werden aber auch gegenseitig nur unter einer Bedingung innere Bilder, die im Thiere nicht gegeben ist, und die wir bald als organischen Charakter des Menschen finden werden. Wenn es erlaubt ist, die zahllosen sichtbaren und unsichtbaren Ganglien im Nervensystem als Atomen des Gehirns anzusehen, so halte ich die mimischen Erscheinungen am Thiere für die freie und bewufstlose Aussprache dieser Atomen, in deren jedem ein ganzes Gehirn angelegt ist, so wie sich aus jedem mimischen Ausdruck eine ganze Psyche erschliefsen läfst.

Wie der Gesichtssinn die innere Sensation als Aussenwelt, als nach Daseyn und Form bestimmten Gegenstand setzt: so verkündiget der thierische Kunsttrieb in seinen Kunstprodukten die Sensation als innern Gegenstand, als Wesen für sich. Wie der Kunsttrieb vorbildend schafft, ohne noch als Psyche im Innern zu leben: so schafft die Centralkraft sich selbst urbildlich im Organ der Sprache als Form für sich, als Selbstheit, als Psyche im engern Sinne des Worts.

Die Produkte des thierischen Kunsttriebes nöthigen uns, einen ordnenden Verstand vorauszusetzen, sie sind folglich materielle Erzeugnisse der Form, das ist, das in der ganzen Natur waltende, beschränkende oder Form-Princip, tritt hier symbolisch hervor, es sind diese Produkte die erste Erscheinung der Beschränkung, während sie in allen niedren Formen der Natur in der Totalität der materiellen Masse liegen und nur das Beschränkte zeigen. Zwar ist die Erzeugung der dem Produciren des Kunsttriebes entgegengesetzte positive Pol; aber es ist hier der materielle Zusammenhang nicht unterbrochen, und eben deswegen, weil der Kunsttrieb den negativen Pol darstellt, erscheint in ihm die Beschränkung.

In Beschränkung erscheint alles Qualitative der Natur, die Erscheinung der Beschränkung selbst ist also eine wahre qualitative Erscheinung, doch im Kunsttriebe nur symbolisch entworfen. Der in äufseren Produkten spielende Kunsttrieb tritt endlich in die Einheit des Organismus zurück, seine Organe sammeln sich zu Einem Centrum, und es erscheint das Totalprodukt des Kunsttriebes als eigenes Organ der erscheinenden Qualität der Natur — das System der Sprachorgane, das organische Merkmal des Menschen, in welchem die andern, aufrechte Stellung, das vorragende Kinn, die Kopflinie, und hiemit alle übrigen Nüancen des äufsern Organismus, als Theile im Ganzen, oder als Wirkungen in der Ursache, doch immer, nach dem Gesetz des Organismus, gleichzeitig enthalten sind.

In dem System der Sprachorgane wird der gemischte thierische Naturton ein bestimmter, gegliederter (Vokal), das im Ton sich frey ankündigende Daseyn, oder die hervorstrebende innere Sensation, erhält im Vokal ihre Tonleiter, als Basis der Harmonie, in welcher sie sich offenbaren muſs. So tritt auch die thierische Mimik in das Innere zurück, die bloſs frey spielenden Bewegungen werden bestimmte Bewegungen der Sprachorgane und als solche, Beschränkungen des freien Vokals (Consonant).

Im Vokal wird die innere Sensation als bestimmte hörbar, im Consonanten als bestimmte sichtbar: die Psyche feiert ihre Geburt im Gesange, und stattet sich aus in Bildnerey; aber die Freigelassene wird sie erst in dem Zeichen, das weder als hörbar noch als sichtbar an sich Bedeutung hat, sondern, mit gänzlicher Umkehrung der bisherigen Ordnung der Natur, erst dann entsteht, nachdem das Bezeichnete vorausgegangen ist. Dieses Bezeichnete ist jener Akt, durch welchen die Psyche, wie durch einen Zauberschlag, ein doppeltes Wesen wird, wenn sie im zweiten Wesen ihrer Art, sich selbst wie im Spiegel sieht. Es ist der Akt des Bewuſstseyns, des Denkens, der groſse Wendepunkt aus der Natur in die Kunst, aus dem Gewordenen der Natur in das Werden der Geschichte, womit zugleich das willkührliche Zeichen, die Sprache im engern Sinn als verständige entsteht.

Das erwachte Ich ist nur das lesende, das Buch ist die noch immer, als innere, verschlossene Sensation; das Ich lieset auf der Oberfläche des idealen Weltglobus und muſs sich erst den Schlüssel anfertigen, um sein eigenes Schicksal in dem Buche des Lebens zu lesen. Hier haben wir nur zu beschreiben, wie die Natur die Rotunde ihres Heiligthums äuſserlich zeichnet und mahlet.

Der Wilde, der in Amerika's unendlichen Wäldern auf Raub lauert oder unter die Pole gedrückt, das Seelige in der Tiefe sucht, dessen Sinne nur dem Mangel und der Nothwendigkeit sich öffnen: er liegt mit seinem Mutterboden in dem noch nicht entschiedenen Kampf der Titanen gegen den Olymp, er ist Naturmensch, aber nicht der freie Erdensohn, der, ein Prometheus, Himmel und Erde in Ein Licht, in Eine Wärme verschmilzt und den Sinn in unendliche Freiheit entfaltet. Richten wir den Blick auf den von schützenden Steinen gefaſsten Venusgürtel des Mittelasiens, wo der Erdgeist im ewigen Frühling vordeutend zeigt, wie er einst seinen Leib gestalten werde, wo Himmel und Erde in verschmelzender Schönheit sich nähern, kein Sturm und kein Schauer eine trennende Oeffnung des schön geschlossenen Ganzen verkündiget, wo nichts zu suchen, weil alles sich giebt, keine Grenze den Genuſs hemmt, weil alles schön und gut ist:

lassen wir hier den Menschen aus der Erde hervorgehen, so strömt der Sinn aus allen Quellen in die unendliche Harmonie ein und frey folgen ihm, der auf keinem Punkte zurück gewiesen wird, die Töne des Gemüths. So kann auch die Ruhe des ungehemmten Genusses nur im Spiele leben, und das Spiel des Bildes giebt der süſse Traum, als Wechsel des Genusses. Doch der Eine Mensch ist Mann und Weib, der Ton findet sich im Gegenbilde und wird Ich, die Gegenbilder fallen in den Einen Ton zusammen und dieser ist Ich: die Liebe schafft das Wort, den durch das Bild begrenzten Ton, das im Ton unendliche Bild, mit ihm den unsterblichen Gedanken. Wird aber die Frucht der Liebe von ihrem Baume gebrochen, zerfällt das Leben in Sinn ohne Ton und in Ton ohne Sinn: so steht das getrennte Bild als schaales Ich zurück, es stirbt das Wort, mit ihm der Gedanke und in entgegengesetzter Richtung steigt der in die Tiefe der Nacht versunkene Ton als Sehnsucht und Ahndung einer Harmonie hervor, die nicht mehr im jugendlichen Raume blühen kann, sondern aus dem Ton selbst in die männliche Zeit sich bilden muſs. Das Gemüth feiert nicht mehr in kindlichen Tönen den göttlichen Genuſs, sondern aus der gebrochenen Hülle der ersten Frucht der Liebe tönen die Geister des Weltalls und ziehen das Gemüth in eine neue Welt; die zerfallene Sinnenwelt erlaubt nicht mehr das freie Spiel, und das todte Bild gestaltet sich in eine Allgemeinheit, die endlich nur in jener innern Welt wieder beseeltes Bild wird.

Die Sprache, als qualitative Erscheinung der Psyche, oder die sich aussprechende Psyche, ist die als Ich, folglich vom Raum gelöst und ihm entgegengesetzt sich offenbarende Zeit. Als solche muſs sie sich im Raum reflektiren, weil sie nur zur höhern Verbindung sich trennt, und dieser Reflex muſs in das Innere fallen, weil die Zeit nach Aussen getreten ist. In diesem Reflex erscheint zuerst das, was die Psychologen den Eindruck der Welt auf die Seele nennen, nichts als der tonlose Anschlag des sprechenden (denkenden) Ichs, an die als Inneres noch verschlossene Sensation: im bewuſstlosen Naturgenusse nehmen wir auch keine Eindrücke wahr, sondern das sprachlose Gefühl der Durchdringung des Geistigen und Leiblichen belebt uns. Doch ist der Eindruck ein wirklicher, sobald das Ich die Natur denkt, denn so führt das Ich die Natur in die Seele. Das Zweite ist das dem äuſseren Gegenstand entsprechende Bild, das auch wieder nur in des Seele da ist, in wiefern das denkende Ich in ihr lieset, folglich nur der Reflex des einmal ausgesprochenen Ichs. Das dritte endlich die Einheit des Eindrucks und des Bildes, des Stoffs und der Form, aus der ein innerer Gegenstand, eine vorgestellte Welt erwächst. So wirft das lesende Ich bey verschlossenem Buche den Schatten der Aussenwelt in sich; es ist das Reich der Täuschung gebildet, denn das Ich kann diesen Schatten für die wahre innere Welt ansehen, in welche es mit Nothwendigkeit strebt.

Vergleichen wir die qualitative Erscheinung der Psyche mit der quantitativen, so finden wir in beiden das eine und selbe Entwickelungsgesetz, aber im verkehrten Verhältniſs. In dieser empfängt sich die Psyche in der Aussenwelt und diese giebt sich im Reflex, als Inneres, in der Psyche: in jener trägt die Psyche als Inneres sich nach Aussen und empfängt sich im Reflex, als Aeuſseres im Innern. Wie Geruch, Geschmack und Gehör das Innere der Aussenwelt im Reflex, so geben Eindruck, Bild und Vorstellung das Aeuſsere der Innenwelt im Reflex; dort beugt sich der Raum in die Zeit, um das Ich als Besonderheit, hier die Zeit in den Raum, um die Natur als Geist der Allgemeinheit zu wecken. Jede Vorstellung ist, als solche, eine Modifikation des Ichs, eigentlicher das modificirte Ich, bestehend aus und durch ein Subjektives — Eindruck, Stoff, (Nichtich als

Thätigkeit) und ein Objektives — Bild, Form (Ich als Thätigkeit); das erscheinende modificirte Ich ist demnach wohl die Synthesis des Subjektiven und Objektiven, aber doch nur der Reflex des absoluten verborgenen Ichs, das eben deſswegen nicht als Thätigkeit, obgleich eben so wenig als Nichtthätigkeit vorgestellt werden oder sich selbst in solcher Anschauung geben kann.

Die Sprache steht in der Mitte zwischen dem sinnlichen Gegenstande und der Vorstellung, ist historisch bedingt durch den ersten und die historische Bedingung der letztern; ihre einstweilige Bestimmung kann daher auch nur seyn, mit Voraussetzung der Sinnlichkeit überhaupt, die Vorstellung mit dem sinnlichen Gegenstande zu vermitteln. So entsteht mit der individuellen Bezeichnung zugleich der individuelle Begriff, wenn das Ich auf den Stoff, mit dem Gattungswort zugleich der Gattungsbegriff, wenn das Ich auf die Form der Vorstellung, und mit dem abstrakten Wort der abstrakte Begriff, wenn das Ich auf sich selbst als Vorstellung reflektirt. Im Zeitwort giebt die Sprache die qualitative Erscheinung der Psyche in ihrem nothwendigen Technicismus: als erscheinende Zeit schlechthin, einen Zustand setzendes Handeln *(intransitivum)*, subjektives und objektives Handeln *(transitivum)*, oder die Zeit der Vorstellung und die Zeit der Sinnlichkeit.

An sich aber und abgesehen von dieser, für sie, zufälligen Bestimmung, die sich zu ihrer wahren Bestimmung wie das Thier zum Menschen verhält, ist die Sprache das freie Organ der innern Welt der Sensation, die sich nur in dem Grade enthüllt, als sich jenes bildet. Sie ist die Wiedervereinigung des Gemüths und der Natur, nur fällt die Einheit nicht mehr in die kindliche Natur, sondern in das männliche Gemüth, sie ist nicht schuldloser Genuſs des Besonderen, sondern errungene Allgemeinheit des Genusses, der Genuſs seiner selbst in der Universalität.

D e n k e n.

Bezeichen wir mit diesem Ausdruck bloſs eine ursprüngliche Thätigkeit, so ist, in diesem weiten Sinn, die ganze Natur ein denkendes Wesen. Auch können wir nicht das Denken als subjektive Thätigkeit der objektiven Naturkraft entgegensetzen, denn diese ist nur in dem Gegensatz subjektiver Begrenzung und objektiver Form, des Freien und Nothwendigen thätig. Bestimmen wir aber das Denken als ideale, als eine zwar in der besondern Erscheinung, doch nicht in der Form durch die Materie bedingte Thätigkeit: so ist es von der Bewegung der Planeten nicht unterschieden, denn diese offenbaret sich in einer Form, durch welche selbst die materielle Erscheinung des Pla-

Planeten bedingt erkannt wird. Oder als willkührliche Thätigkeit, so ist das willkührlich sich bewegende Infusionsthierchen in dieser Bewegung schon denkendes Wesen. Eben so wenig ist das Bewufstseyn das unterscheidende Merkmal der Thätigkeit, welche wir Denken nennen, indem das Thier, sobald es durch ein bestimmtes Sinnorgan die Welt empfindet, auch schon Bewufstseyn hat. Indessen ist doch durch diesen Charakter die Denkthätigkeit der producirenden Naturkraft entgegengesetzt, indem im Bewufstseyn nur das in zweiter Form und Richtung sich findet, was die Natur in erster gegeben hat. Dieser Gegensatz wird uns auch den wahren Begriff des Denkens als historischer Thatsache finden lassen.

In der Natur ist objektive und subjektive Thätigkeit in Form und Materie zum Produkt verknüpft. Im Bewufstseyn erscheint aufgelöst und allgemein, was in der Natur zum Besondern verknüpft ist; die äufsere Form wird frey und innere, die durch Beschränkung nicht im Besonderen zu erzeugende, sondern im Allgemeinen zu weckende Innenwelt; die unter der Form liegende Materie wird frey, sie tritt nach Aussen und erscheint in ihrer wahren Natur allgemein als Beschränkung, schlechthin sich gebende Aussenwelt, als Bedingung der Erscheinung der innern Vernunftwelt. Die Beschränkung ist die allgemeine, sie kann also nicht aus sich heraustreten; die innere Form ist die Eine totale, sie kann folglich keine Beschränkung annehmen. Die Beschränkungen, durch welche die Form als Innenwelt geweckt wird, sind also nur dadurch möglich, daſs die allgemeine Beschränkung, oder die den Sinnen sich gebende und als solche ideale und freie Aussenwelt, in sich selbst in Gegensatz zerfalle, zwey Pole bilde, die ein Centrum, eben nicht geben, aber wohl voraussetzen, das heiſst: die Aussenwelt zerfällt in sich selbst in entgegengesetzte Welten, um jene Oeffnung zu machen, in welcher die innere Form erscheinen kann, welche aber eben so leere Oeffnung bleiben kann. Sie ist das letzte in demjenigen Geist, der die Vernunft nicht als Anschauung in sich trägt, sondern irgend etwas, den positiven und negativen Pol der Aussenwelt (Sinnlichkeit im engern Sinn oder Verstand, der doch auch wieder durch Sinnlichkeit bedingt ist), oder beide zugleich für die Vernunft hält; sie ist ferner diese leere Oeffnung in dem Spiel des Skepticismus, der das Nichts für die Vernunft, oder die Vernunft für Nichts hält, allerdings die wahre Consequenz, wo die Anschauung fehlt.

Das Zerfallen der Aussenwelt in die quantitative und qualitative, haben wir bisher zu zeichnen, und die Beschränkungen, die damit sich geben, als Bedingungen der Offenbarung der innern Form nachzuweisen gesucht. Wir haben zugleich gezeigt, wie der positive Pol (Raum) nur als solcher (Raumsinn) sich setzt, in wie fern er zugleich den negativen (Zeit) im Reflex in sich aufnimmt (Zeitsinn), dasselbe im Gegentheil vom negativen Pol (Zeit, Sprache — Raum, Vorstellung).

Durch den doppelseitigen Reflex ist die Wiedervereinigung der Pole zum bewufsten Ganzen der Aussenwelt vorbereitet, das heifst, sie ist schon da, doch als solche, als Verknüpfung, noch nicht in das Bewufstseyn getreten. Dafs aber eine solche Verknüpfung im Bewufstseyn erscheint, dadurch allein ist es möglich, das Centrum in sich schlafen zu lassen, indem jenes die Stelle dieses vertritt, obgleich der Forscher, sucht er das Wahre, von der Verknüpfung selbst — und dies ist der äufsere Hebel der Wahrheit — auf den einen oder andern Pol geworfen, oder selbst Spiel wird der Verknüpfung.

Diese Verknüpfung, nicht in wiefern sie im Reflex der Pole der psychischen Aussenwelt sich bewufstlos giebt, sondern als Verknüpfung, und nur als Verknüpfung, als das perpetuum mobile des äufseren Bewufstseyns, ist das Denken.

Da das Denken nichts als die erscheinende Verknüpfung ist, so kann es auch nur als Akt sich ankündigen, und zwar als ein Akt ohne Inhalt und Wesen, nur zusammenhaltend das Gegebene, um in dieser Einheit den vorausgegebenen Gegensatz als einen realen aufzulösen, und den denkenden Geist zu der Frage hinzuführen, was das Reale an sich, was das ursprünglich und absolut Wahre sey.

Es ist demnach die dritte Beschränkung der Psyche, die sich im Denken offenbaret, und zwar das Produkt aus den Faktoren der ersten und zweiten Beschränkung, das ist, sie selbst als reine Form, welche die Psyche so von allem scheinbaren Wesen ausleeret, daſs sie nur die der Entstehung der Form entgegengesetzte Richtung nehmen darf, nämlich die vom Subject auf das Objekt, um dieselbe Form als jene Fragen in sich zu finden, von welchen die Philosophie ausgeht. Die Form des Denkens, als dritte Periode der natürlichen Entwickelung der Psyche, ist in den drey Grundsätzen der Identität, des Widerspruchs und des Grundes angedeutet, deren ursprüngliche Form und natürliche Entstehung hier nachgewiesen werden soll.

Die quantitative Beschränkung spricht sich als Daseyn, Form und Gegenstand aus; sie giebt die Aussenwelt als im Raume ruhend, im Raumsinn, mit dem Reflex ihrer innern Qualität im Zeitsinn.

Die qualitative Beschränkung spricht sich als Position (Setzen schlechthin), Negation (Setzen der Form), und Beschränkung (Setzen des Gegenstandes) aus; sie giebt die Aussenwelt als in der Zeit sich bewegend in der Sprache, mit dem Reflex der äußern Quantität im Eindruck, Bild und Vorstellung.

Die Verknüpfung beider Beschränkungen ist folglich die Position des Daseyns, die Negation in der Form und die Beschränkung im Gegenstande.

Die erste Verknüpfung hebt das Daseyn aus der Empfindung und setzt es als Form des Subjekts; sie löset die Position von dem Ton (die erste Verkündigung des Ichs), in welchen sie ursprünglich gebunden ist, und setzt sie in der Form des Prädikats. Ich bin Ich, Baum ist Baum. Erstes Gesetz der Verknüpfung: Identität des Seyns. Im Reflex steht der sinnliche Glaube an das Ansich des sinnlichen Daseyns in der Form des Subjekts und der Eindruck in der Form des Prädikats.

Die zweite Verknüpfung hebt die Form aus der sinnlichen Empfindung und setzt sie in der Form des Prädikats; sie löset die Negation (das Nichtich) von dem bildlichen Ausdruck am Organismus *), und setzt sie schlechthin als Nichtich in der Form des Subjekts. Das Subjekt ist hier das allgemeine Seyn (Etwas), das Prädikat Seyn und Nichtseyn in der Einheit der Zeit sich gegenseitig begrenzend. Zweites Gesetz der Verknüpfung — Differenz der Form.

Im Reflex steht das Bild, als ein in sich gleiches (das Bild des Baumes verändert sich nicht in der Seele) in der Form des Subjekts, und der, zwischen Empfindung und Begriff schwebende und schwimmende Glaube an die ununterbrochene Veränderung der wirklichen Form, in der Form des Prädikats.

Diese Gesetze stehen nicht allein in der Form, sondern auch in ihrer Wirkung auf die Psyche, sich entgegen. Das Seyn im Subjekt des ersten wird aufgelöst durch den Gegensatz des Seyns im Prädikat des zweiten; die Form des

*) Auch nachdem in uns das Bewufstseyn schon zur Reife gekommen ist, meinen wir immer noch, mit dem Ton ganz eigentlich die Seele als Wesen auszusprechen, in den stummen mimischen Gebehrden aber nur ihr nachahmendes Bild in einer bestimmten Form zu zeichnen. Diese Erscheinung hat ihren Grund in dem dunkel gefühlten Gegensatz des Ich und Nichtich in dem Einen Wesen, deren erstes mit dem Daseyn, folglich der Seele selbst, das zweite mit der Form, das ist mit dem Leibe, zusammenfällt.

Seyns als Seyns, das ist, das in das Ich aufgelöste Seyn im Prädikat des ersten, wird ein Nichtich oder Seyn des Ichs im Subjekt des zweiten. Dies ist der Gegensatz der Form des ersten und zweiten Gesetzes. Sie sind aber auch in der Wirkung entgegengesetzt. Im Reflex des ersten steht als Subjekt der sinnliche Glaube an ein Ansich des Seyns, und dieser wird im Prädikat des Reflexes des zweiten Gesetzes, durch den Glauben an steten Wechsel und Veränderung der Form aufgehoben. Dort steht als Prädikat der Eindruck, das Veränderliche an dem unveränderten Seyn, hier das Bild als Subjekt, das Unveränderliche in dem Wechsel des Seyns und Nichtseyns.

Wir sehen hieraus, daſs sich das erste Gesetz an den positiven Pol der Aussenwelt, die Sinnlichkeit anlegt, eine sinnlich gedachte Substanz zur Basis hat, das Denken selbst aber als negativen Pol, als Accidenz in die Sphäre der Sinnlichkeit herüberzieht, es ist der sinnliche Verstand, der Verstand im Seyn, welcher sich hier ausspricht: auf diesem Punkte entsteht der Psyche die ideale oder unendliche Anschauung des Raumes. Auf gleiche Weise legt sich das zweite Gesetz an den negativen Pol der Aussenwelt, an das Qualitative, die Thätigkeit, die sich im Wechsel ankündiget. Die Basis dieses Gesetzes ist daher die Thätigkeit als Denken, oder das sich offenbarende

Princip der Caussalität, die Zeit, und die hier gedachte Aussenwelt ist eine ewig fortfließsende Wirkung, deren Ursache sich als Zeit offenbaret, es ist der sich selbst denkende Verstand, der Verstand im Denken, der sich hier ausspricht: auf diesem Punkte entsteht der Psyche die ideale oder unendliche Anschauung der Zeit. Aber beide Stüszen des einseitigen Denkens werden niedergerissen in dem dritten Gesetz der Indifferenz, welches Substanz und Ursache, Natur und Ich in Eine unendliche Oeffnung verwandelt.

Die dritte Verknüpfung hebt den Gegenstand (die sichbare Natur) aus der Sphäre der Sinnlichkeit, und setzt ihn nach Daseyn und Form als gedachtes Subjekt, und sie löset die Beschränkung (die erste Erscheinung des Ichs) von dem willkührlichen Zeichen, mit dem sie sich zugleich gab, und setzt sie als gedachtes, folglich objektives Ich in der Form des Prädikats: J e d e s D i n g h a t s e i n e n G r u n d, Bedingung seiner Erscheinung. Das Gesetz der Identität wird in der Form wiederholt, aber durch Umkehrung das vermeinte Wesen aufgehoben, indem das Subjekt (Ding) in dieser Umkehrung nur den Werth des Accidenz, das Substanzielle (Grund) hingegen nur die Form des Prädikats hat; diese eine Seite der dritten Verknüpfung hebt demnach das Daseyn als ein

Seyn an sich auf, und vernichtet die vermeinte Wesenheit des positiven Pols der Aussenwelt.

Die dritte Verknüpfung hebt auch den Gegenstand aus der Sphäre des Denkens, wo er, der Form nach, als Wirkung der Zeit steht (Veränderung der Natur), und setzt ihn in der Form des Subjekts; sie löset die Beschränkung (Nichtich, Etwas) von der subjektiven Bezeichnung, die sie durch das Wort erhalten (Ichnicht), und setzt die Negation als rein objektive Zeit in der Form des Prädikats: Alle Veränderungen setzen als Wirkungen, ein Unveränderliches, als erste Ursache voraus. So wird auch das Gesetz der Differenz umgekehrt, Seyn und Nichtseyn (Veränderung) werden Subjekt, die Zeit (Etwas zugleich) wird Prädikat (erste Ursache); das Widersprechende (Seyn und Nichtseyn) wird nicht mehr von der subjektiven Zeit als ein blofs Differentes gehalten und getragen, sondern der Widerspruch tritt als solcher in die subjektive Zeit, wird Subjekt (Veränderung der Natur), und im Prädikat (erste Ursache) wird selbst die Zeit negirt, so dafs auch die vermeintlich objektive Form (Wechsel des Seyns und Nichtseyns), die im zweiten Gesetz ausgesprochen, im dritten aufgehoben wird; indem mit der Zeit auch der Wechsel negirt, so wie der Wechsel kein wahrer ist, wenn er auf subjektiver Zeit ruhet.

Indem also die dritte Verknüpfung die Substanz als Grund, und zwar im Prädikat setzt, wird in der That die Substanz aufgehoben, und indem sie die Ursache als erste objektiv setzt, wird in der That die Zeit, als Träger des Wechsels, der ursprüngliche Begriff Ursache, aufgehoben. Das subjektive Gesetz des Grundes tilgt das Objekt (Substanz, Natur), das objektive Gesetz des Grundes tilgt das Subjekt (Ursache, Ich), hiemit zugleich die Natur als Ursache und das Ich als Substanz, es spricht die unendliche objektive Freiheit alles Denkens aus. Da es aber doch die in den negativen und positiven Pol zerlegte Aussenwelt schliefst und verknüpft: so beweiset es zugleich, dafs in dieser Welt sich nicht die wahre gebe.

Frage.

Wo und was ist die wahre Welt? Was ist Realität an sich, Wahrheit? Diese Frage ist das Einzige, was der Psyche aus den früheren Bildungen als real zurücksteht, die Beschränkung, durch welche der Geist des Menschen wird, hat ihren höchsten Punkt erreicht, und es ist die erste Bedingung des philosophischen Geistes, sich in dieser höchsten Beschränkung nur als Frage zu erkennen. In ihr findet der Geist das ewige Nichts, als seine Mutter, die ihm den Charakter der Endlichkeit aufdrückt, aber in ihr zugleich die nothwendige Richtung auf das Ewige, die ihn den Vater suchen läfst, von dem er den Charakter der Unendlichkeit erhält.

Im Denken wird die Subjektivität des Grundes durch seine Objektivität und diese durch jene, das Seyn durch das Denken, das Denken durch das Seyn aufgehoben; der subjektive Grund geht selbst in die Zeitreihe der Veränderungen, der objektive Grund als zeitlose Ursache in Substanz über. In der vierten Beschränkung gestaltet sich das Subjekt zur Frage, und so hebt es sich selbst als ein dogmatisch gegebenes Subjekt, hiemit zugleich das diesem Subjekt entgegenstehende Objekt als ein dogmatisch gegebenes auf; es ist die Frage die wahre That des Subjekts, und diese That ist das wahre Subjekt, ein Nichts der Realität, denn es ist Frage und ein ideelles, potenzielles All, denn es ist Frage: die Frage ist Nichts, aber es kann alles aus ihr werden.

Das Subjekt und Objekt der Verstandes-Sphäre gehen also in die Vernunftfrage als Subjekt über, als Vernunftfrage deswegen zu bezeichnen, weil in der Frage die Anerkennung der Täuschung jener Sphäre in Beziehung auf objektive Wahrheit ausgesprochen wird. Die Vernunftfrage wird aber historisch angeregt durch den Reflex des höchsten Denkgesetzes oder der dritten Verknüpfung. In diesem Reflex giebt sich nämlich die Vorstellung als das Gleiche des Ichs und der Natur, und so findet in ihr das unendlich leere Denken seine Haltung, obgleich keine Realität, da Vorstellung nichts ist denn Thätigkeit als Produkt der Thätigkeit (Fichte), folglich nichts als Haltung des leeren Denkens, um sich zur Form der Frage zu gestalten. Diese Form offenbaret sich auch in der Selbstproduktion der Thätigkeit zur eigenen Bestimmtheit in der Vorstellung, und sie wird ausgesprochen in dem absoluten Setzen, absoluten Entgegensetzen und absoluten Gleichsetzen. Dies ist Schöpfung aus Nichts, doch ist das Geschaffene nur eine dreifach gestaltete, in sich selbst zurückkehrende Frage. Der fragende Geist ist Foderung der Erkenntniſs des absoluten Grundes = dem absoluten Setzen = der Möglichkeit = der Vergangenheit = der Natur, die ihn selbst als Frage gab; er fodert folglich das ursprünglich Gesetzte, das ewige Gesetz der Natur. Er ist Foderung der Erkenntniſs des absoluten Gegengrundes, des absoluten Gegensatzes des Grundes = dem absoluten Entgegensetzen = der Wirklichkeit = Gegenwart = Kunst, die ihn, den Geist, sich selbst als Antwort giebt; er fodert folglich das ursprünglich sich selbst Setzende, das Kunstgesetz der Zeit.

Er ist Foderung der Erkenntniſs der absoluten Harmonie, Totalität, Gleichheit des ewig gesetzten und in der Zeit sich selbst setzenden Grundes = dem absoluten Gleichsetzen = der Nothwendigkeit = Zukunft = Religion, die eine endliche Frage und unendliche Antwort zur ewigen Realität individualisiret, ihn sich selbst als göttliche Individualität finden läſst, die ihm aus Natur und Kunst als die wahre Harmonie und Gleichheit widerstrahlet.

Wir sehen, daſs der fragende Geist schon durch die Construktion der Frage Antwort wird. Allein diese Antwort ist nur eine vorläufige, sie bringt nur den Geist aus der Subjektivität der Frage heraus, und macht ihm diese, so wie die Antwort und das Gleiche beider objektiv; es ist diese Construction die formale Selbsterkenntniſs des Geistes, welche die Grenze macht der Beschränkungen der Psyche und der Psyche, als Totalprodukts der Natur. Er fragt nicht mehr unbestimmt und schlechthin, sondern mit Bestimmung des Objekts nach der Möglichkeit, als dem absoluten Grunde; nach der Wirklichkeit, die er nicht auſser, sondern in sich zu suchen hat, denn die Antwort ist der absolute Grund, in wiefern er es sich selbst ist; nach der Nothwendigkeit, in welcher beide gleich stehen, die nicht mehr in ihm seyn kann, sondern die er selbst seyn muſs, um Frage und Antwort in sich zu tragen. Die Frage wird so beantwortlich, indem sie selbst in die Antwort aufgenommen wird, die Antwort ist Antwort auf die Frage, indem sie selbst in Frage übergeht, und diese Zauberkreise löset endlich die göttliche That im Menschen, ohne welche weder die Antwort die Mühe der Frage lohnte, noch ein fragender Geist seyn würde.

Die Frage ist die höchste Offenbarung der Zeit aus dem Ewigen, die Antwort die Offenbarung des Ewigen in der Zeit; die ewige Zeit selbst — die verzeitigte Ewigkeit und die verewigte Zeit — ist das endliche Vernunft-Wesen, die göttliche Individualität. Die Natur ist die Offenbarung aus dem Ewigen, und sie geht endlich in eine Frage aus; die Kunst geht von der Frage aus und ist Einbildung in das Ewige, also die Umbeugung der Offenbarung, wodurch die Eine und selbe Offenbarung es für den fragenden Geist wird; die Religion ist weder das Eine, noch das Andere, weder der herausgehende, noch der zurückkehrende Kreis, aber der göttliche Radius, der die Centra beider Kreise in eine Linie, und beide Kreise in eine Ellipse verschmilzt, in welcher dann derselbe und gleiche Radius den Diameter macht.

Um die ursprünglichen Verhältnisse des fragenden oder forschenden Geistes bequemer darstellen zu können, bezeichnen wir den absoluten Grund schlechthin als absolute Identität, den absoluten Gegengrund oder Sichselbstgrund als absolute Differenz, und den absoluten Finalgrund oder Gleichheit und Harmonie als absolute Indifferenz.

Wir wollen die Bezeichnung in dem arithmetischen Zeichen 3 deutlich machen. Das Zeichen ist eine Zahlform, deren Wesen, wie jeder andern Zahlform die Einheit ist, die wieder die Form 1 hat, in wiefern sie nämlich nicht als die Einheit aller Zahlen, sondern als Einheit an sich, das ist als das Wesen angesehen wird. Diese Form 1 ist zugleich die erste Form jeder Zahl, wenn ich sie zähle, und so spreche ich in der ersten Form jeder Zahl zugleich ihr Wesen aus, es ist absolute Zahl, die zwar Wesen und Form ist, folglich im nothwendigen Gegensatz steht, aber doch Form und Wesen als das Einfache und in sich Gleiche ausspricht. Das nennen wir absolute Identität. Ich zähle weiter, um zur 3 zu kommen, 2. Dieses Zeichen spricht nur die zweite Form der 3 aus, denn wäre sie zugleich Wesen, so hätte ich mit der 2 schon die 3, denn 1 und 2 giebt 3; ich bezeichne folglich mit der 2, indem ich zähle, nichts weiter, als daſs die 1 noch einmal gesetzt ist: es ist die zweite 1 der 3, folglich Form unterschieden von dem Wesen, es giebt die 2 nur die sich selbst entgegengesetzte 1;

aber sie giebt doch wieder nur die 1 sich in der Form und für die Form entgegengesetzt, die 2 ist folglich zwar nur Form, doch wesentliche, absolute Form, so daſs eine andere Form der Wesenheit als solcher nicht denkbar ist. Dies nennen wir absolute Differenz. Ich komme zur 3, und indem ich sie als das dritte zähle, spreche ich bloſs ihre Form aus; aber ich finde sie als solche nur, in wiefern ich die Form 2 nicht bloſs als Gegensatz, folglich absolute Form des Wesens, 1 und 1, sondern diesen Gegensatz zugleich mit der ersten Form 1 aufnehme, folglich die Form als Form des Wesens, dem Wesen als Form entgegensetze und beide in der höhern Form 3 als die Eine Zahlform setze. Das Wesen in der Form wird mit der Form des Wesens in der Form als die Eine gleiche Form gesetzt. Diese Gleichheit der Identität und Differenz in der dritten Form nennen wir Indifferenz und sie ist absolut, weil ich weder aus der Wesenheit der 1, noch aus der Form der 2 herausgehe; relativ wäre sie, wenn ich in die 3 die 2 und 1 aufnähme und durch Addition die Form 6 erhielte.

Zählend setze ich die 3 dreimal, aber ich würde nicht sie, sondern die Form 9 setzen, wenn ich sie als Form 3 dreimal setzte, und ich würde wieder nicht sie, sondern die Form 6 setzen, wenn ich die zählenden Formen 1, 2, 3, als

als wesentlich verschiedene setzte. Ich setze folglich nur die 1 dreimal, aber in drey unterschiedenen Formen.

Stellen wir uns die Aufgabe, die Zahlform 3, und dasselbe gilt von jeder andern, zur absoluten Form zu erheben, das heifst, in sie selbst das Wesen zu bilden, da durch die nachgewiesene Zählung nur das Wesen als Form des Wesens, und die Form nur als Form zur Gleichheit in sie gebildet worden: so ist nur eine einzige Lösung möglich. Die 3 muſs, sammt der dreifachen Form, in der sie sich giebt, sich selbst multipliciren, nur im Quadrat ist die Zahlform absolut und nur als Wurzel ist die Zahl wahre Zahl, so wie das Quadrat die wahre Form der Wurzel. Das Selbstmultipliciren der 3 ist nur dadurch möglich, daſs die 3, nicht wie im Zählen, aus der Einheit in der Form der Einheit und Zweiheit in die Form der Dreiheit hervorgehe, sondern als Dreiheit in die Einheit als Wesen dreimal zurückgehe = 3mal 3 in 1 giebt 9; die Verschiedenheit der Form, hier in dem Mal ausgesprochen, ein Mal zwey Mal drey Mal, fällt in das zurück bildende Subjektive, aber das Wesen steht im Objekt als nicht unterscheidbare Einheit zugleich mit der Form als nicht unterscheidbare Dreiheit. So steht in der Quadratirung Identität, Differenz und Indifferenz ganz im Subjektiven; aber das Objekt ist 1 in 3 und 3 in 1, das ist das Quadrat, dessen Wurzel die Eins in der Drey, und dessen Exponent (Multiplicator) die Drey in der Eins ist.

In diesem mathematischen Symbol haben wir die Natur der Frage im Gegensatz der Antwort, und selbst diesen Gegensatz der Sphären deutlich machen wollen. Es ist der fragende Geist der Zähler des Universums, das Subjekt, welches in der Form der Identität, Differenz und Indifferenz nur das Heraustreten des Universums als Offenbarung aus dem ewig in sich verschlossenen Wesen ausspricht, und in wiefern es den Geist in dieser Form bewegt, immer das Heraustretende und Frage bleibt. So ist die ganze Natur als Hervorbildung, nichts als die unendliche aus dem Ewigen sich gebende Frage (Möglichkeit), und ihre Identität ist nur die Wesenheit oder Möglichkeit der Möglichkeit, also das Quadrat oder die Realisirung der Frag-Möglichkeit; ihre Differenz nur die bestimmte Form, oder Wirklichkeit der Möglichkeit. Die Addition der mit sich selbst multiplicirten Eins, und ihre Indifferenz nur die Nothwendigkeit der Möglichkeit, das ist, Gleichheit und Einheit der Möglichkeit und Wirklichkeit in der Möglichkeit, die sich als ewiges Gesetz der Natur ausspricht, und als die nicht in das Ewige, sondern nur in die Antwort eingebildete Frage anzusehen ist, welche Antwort das in sich selbst gebildete Subjekt des Universums oder die Wissenschaft ist — die absolute Nothwendigkeit der aus dem Ewigen zur Offenbarung desselben hervorgehenden Zeit der ewigen That Gottes.

Die Zeit, das Subjekt, der fragende Geist, wird in der nothwendigen Construktion des ewigen Gesetzes, in der Wissenschaft, Wurzel, die sich durch Quadratirung in das Ewige zurück bildet, das heiſst, das Ewige in sich als Zeit aufnimmt und darstellt. Diese Zurückbildung ist die Kunst, die Eine und selbe Offenbarung des Ewigen, aber erst hier wirkliche Offenbarung; denn als Natur giebt sie nur die Möglichkeit, den fragenden Geist, so daſs uns die Kunst zwar sagt, daſs auch die Natur dieselbe Offenbarung sey, die Natur an sich aber für uns nicht wirkliche Offenbarung seyn kann, indem wir selbst durch sie erst werden. Die Antwort muſs erst in das Subjekt eingehen, wenn dieses der Zurückbildung in das Ewige fähig werden soll, und jene Richtung des Universums ist in der mathematischen Construktion als Gewiſsheit, Evidenz, Nothwendigkeit, als das kalte Licht ohne lebendige Gestaltung ausgesprochen, und sie wiederholt sich in allem Wissen, das in seiner Wahrheit überall nur Möglichkeit, nur Antwort ohne Objekt, nur reale Subjektivität und subjektive Realität ist.

Als wirklich geoffenbaret, verherrlichet sich das Ewige in der Kunst, und sie ist die Antwort, welche dem Subjekt zugleich das Objekt giebt.

Die Kunst ist Leben, und so ist die lebendige Natur, als Wirklichkeit in der Möglichkeit, das Symbol der Kunst, das nur durch Quadratirung oder Idealisirung zu den Urformen des Ewigen, als den ewigen Kunstgenien sich erhebt. Das Culturleben ist diese Idealisirung, erscheint aber nur als ein endloser Versuch, und obgleich das Symbol in Ideen sich verherrlicht, so sehen wir doch das Objekt selbst, als Kunstganzes des Lebens, nicht hervortreten. Die Kunst ist folglich wohl die Wirklichkeit der Offenbarung und die wirkliche Offenbarung; allein so wie sie auf der Natur, als ihrer Möglichkeit ruhet: so findet sie ihren Schluſs, ihre Vollendung nur in der Nothwendigkeit der Offenbarung, die sich weder als Natur noch als Kunst, also auch nicht in der Natur und Kunst giebt, (denn die Nothwendigkeit der Kunst ist eben so eine Nothwendigkeit der Wirklichkeit, wie die der Natur die Nothwendigkeit der Möglichkeit); sondern im verborgenen individuellen Geist der Geschichte, als unmittelbar göttliche That, die in der Natur durch die Möglichkeit (Gesetz) und in der Kunst durch die Wirklichkeit (Darstellung) vermittelt ist, also als Nothwendigkeit der Nothwendigkeit, als absolute Nothwendigkeit, als Religion sich offenbaret. Der in der Kunst antwortende Geist fällt, in dieser Nothwendigkeit, mit dem aus der Natur fragenden wieder in Eins zusammen — und so ist er das Eine in dem Dreifachen, und das Dreifache in Einem: die Wissenschaft ist die Möglichkeit, das allgemeine Organ, gleichsam die Aussenwelt der Vernunft, oder die Vernunft als allgemeines Organ; die Kunst ist die Wirklichkeit, das besondere Organ, gleichsam der Organismus der Vernunft oder die Vernunft als besonderer Organismus; aber die Religion, der ewige individuelle Geist der Geschichte ist das Wesen der Vernunft oder die Vernunft als Wesen, das unmittelbar Göttliche, das eben deſswegen als unmittelbar göttliche That, als Geschichte sich geben muſs, weil es sich in der Natur nur als allgemeines und in der Kunst nur als besonderes Organ geben kann, weil es über Natur und Kunst erhaben ist und sich unmittelbar an das ewige Wesen, an Gott, als seine ewige That anschlieſst.

Dieſs ist die Natur der Antwort, im Gegensatz der Frage. Diese drey Sphären, Wissenschaft, Kunst und Religion sind die Offenbarung des Ewigen in der Zeit, so wie die Frage die Offenbarung der Zeit in dem Ewigen ist. In der absolut freien, das ist, philosophischen Erkenntniſs, giebt sich weder Subjekt noch Objekt und doch beides, es giebt sich nämlich in ihr der Gegensatz der Frage und Antwort in gegenseitiger Durchdringung und so ist sie nur die Offenbarung des großen Triebwerks der Offenbarung, eine Offenbarung der Offenbarung, die den nicht vielfach, sondern allseitig gewandten Menschen wie eine Lichtwolke umschwebt, weil er weder die Nacht, in die er gewurzelt ist, noch die Sonne, zu welcher er strebt, sehen kann, ohne in sich selbst zu vergehen. Wer in dieser Wolke nach den Farben hascht, lebt in der Täuschung, wer sie als das Reale greifen, wer in ihr wie in der Sonne leben will, der greift in das Nichts, und er verliert die wahre Sonne im Glauben, indem er die Lichtwolke für das Urlicht ansieht.

Nachstehende Verkettung der Frage und Antwort in ihrem Gegensatz mag hier ihre Stelle finden, als Beleg zu der ausgesprochenen Wahrheit, daſs die Philosophie zwar Licht, aber nur Wolkenlicht, zwar Nebel, aber ein von der Sonne verklärter Tag sey, und immer das Höchste der Menschheit.

Ich will mit absoluter Freiheit — die Erkenntniſs. Dieser Wille ist Alles und Nichts, das All in der Möglichkeit, das Nichts in der That, denn ich würde die Erkenntniſs nicht w o l l e n, wenn ich sie schon hätte. Ich frage, und die Frage stammt aus dem Nichts: ich finde, und die Antwort kommt aus dem All, das sich mir vielleicht in einem unendlich gebrochenen Stückwerk von Form, doch immer als All giebt.

Ich strebe zur Vollendung der Form: dieses Streben ist wieder das Nichts in der That, aber es hat schon eine negative Realität, gleichsam einen Hinterhalt in der negativen Erkenntniſs des früheren Stückwerks, das ist in der Erkenntniſs der Negativität meiner früheren stückweisen Form.

Die Frage gestaltet sich in die nothwendige Form. Die That ist Nichts, aber das Nichts ist auch freie That, als That stöſst das Nichts an das All und wird auf sich zurückgeworfen; es geht wieder als That hervor und so hat es schon die hervorstrebende und zurückgeworfene That in sich, es kann ausgleichen und bildet sich eine geschlossene Sphäre. So entsteht im Nichts durch die freie, aber aus dem All herausgeworfene That ein Bewuſstseyn — allerdings des Nichts, aber doch ein Bewuſstseyn, das ist, Form der Frage, und zwar nothwendige Form, weil sie durch nichts bedingt ist, als durch das Nichts selbst, das immer ein anderes ist, als das Adverb n i c h t s, die ausgesetzte That, das philosophische oder Vernunft-Nichts. Das Nichts in seiner nothwendigen Thatform ist nicht absolute Finsterniſs, sondern der Nachtschatten, der durch den Tag der entgegengesetzten Halbkugel gebildet wird, die auf den Schatten aufgetragene Grundzeichnung des Alls, in dessen ewigem Licht keine Zeichnung zu unterscheiden ist, weil es selbst nur lebt.

Ich stelle mich in das objektive Licht der Anschauung und fühle die unendliche Klarheit und Fülle des Objekts; aber ich suche die nothwendige Lichtzeichnung und Schatten. Ich stehe im Schatten der Freiheit und fühle in der Freiheit die kalte Nothwendigkeit der Zeichnung; aber ich befruchte die todte Zeichnung in dem ewigen Lichtmeer. So sehe ich nur die Frage, wenn ich in der Antwort stehe und die Frage zerfließt in der Antwort, wenn sie mein Standpunkt ist. Daß ich aber beides kann, mit dem Gefühl der Freiheit Licht schöpfen und mit dem Gefühl der Nothwendigkeit die Zeichnung entwerfen, das macht die Selbsterkenntniß der Vernunft als objektiver Realität in der Freiheit, und die Realisirung der Freiheit in der Nothwendigkeit möglich.

Die Freiheit in der nothwendigen Construktion der Frage ist demnach die Bedingung der höchsten Erkenntniß, und diese kann nur in sofern die absolute heißen, als die Freiheit, selbst absolut, in das Objekt nichts einmischt, sondern es rein und ganz auffaßt; daß sie aber selbst das Absolute, Höchste, Eine sey, das kann nur der meinen, der in der Einheit der Kunst und der Erkenntniſs den nothwendigen Gegensatz beider nicht sieht. Im Gegentheil ist die Realisirung der Freiheit (Geschichte) durch die Erkenntniſs bedingt, obgleich auch hier die Absolutheit der Freiheit der Geschichte so wenig aufgehoben, daſs es jedem, der in die Geheimnisse der Philosophie nicht eingeweiht ist, scheinen muſs, sie enthülle sich ganz unabhängig von jener Nothwendigkeit, die in der Erkenntniſs ausgesprochen wird.

Die absolute Freiheit läſst das Eine ewige Wesen, das erst am Schlusse der Erkenntniſs als solches hervortritt und den Keim der Erkenntniſs in dem Stamme der Wissenschaft, in der Blüthe der Kunst und in der Frucht der Religion als Geschichte wieder finden läſst, unmittelbar in der, schon vielseitig bezeichneten Triplicität der Offenbarung finden, als Idee der Natur, Idee der Kunst und Idee der Religion. Die Triplicität selbst ist der Rückschlag des Freien (der ewigen That Gottes) in das Nothwendige, aber dieses bewähret sich als Objekt, als Offenbarung des Ewigen dadurch, daſs es in jeder Idee sich wieder als das dreifache, folglich die Einheit in der Form der Dreiheit, und die Form der Dreiheit in der Einheit giebt. Dieſs ist der Geist der Totalität, der sich durch das ganze Universum ziehet und auch im Einzelsten sich wieder giebt. Doch das

Freie trägt das Nothwendige nur als Form in sich und so steht die Totalität der ersten Idee (Natur) unter der Form der Identität, die der zweiten Idee (Kunst) unter der Form der Differenz, und die der dritten (Religion) unter der Form der Indifferenz.

Dieſs ist die formelle Bedingtheit aller Erkenntniſs, mit welcher sie selbst fällt, nicht mehr Erkenntniſs, sondern lebendige Geschichte ist; dieſs der Charakter der Endlichkeit der Vernunſt, ihre Zeit, durch welche allein sie Vernunft ist.

Ich will die Natur erkennen: so stehe ich unter der Form der Identität, des Seyns an sich, denn Natur ist mir das Ansichseyn. Aber ich kann sie nicht erkennen, ohne in mir selbst zu seyn (Kunst) — nur in der Anschauung der Vernunſt läſst sich die Natur erkennen. Ich muſs endlich das gefundene Ansichseyn (Gesetz) in dem Besonderen der Natur (Insichseyn, Kunst) wieder finden (Empirismus) und endlich das Ansich und Insichseyn wieder zur Idee der Natur verknüpfen, oder vielmehr beide in Einem erkennen (erkennender Geist, absolute Individualität der Natur, Religion der Natur).

Ich will die Kunst erkennen: so stehe ich unter der Form der Differenz, des Insichselbstseyns, das nur im und als Gegensatz begriffen wird. Damit wird mir die Vernunftanschauung objektiv; aber ich muſs vor Allem die Natur in ihrer Besonderheit, in ihrem Leben, als das Subjektive in mir tragen (Natur der Kunst) und diese Besonderheit mit dem Kunstideal in Eines verschmelzen, um das göttliche Kunstwerk in seiner Göttlichkeit, als Religion der Kunst zu erkennen.

Ich will die Religion erkennen: so stehe ich unter der Form der Indifferenz des Gleichhaltens der Nothwendigkeit und Freiheit, der Identität und Differenz, der lebendigen Durchdringung des Allgemeinen und Besondern, der ewigen Harmonie und Gleichheit. Aber wie ich auch diese absolute Einheit bezeichnen mag, sie bleibt mir als Form stehen, und weckt nur in mir den Glauben an das Eine ewige Wesen, läſst nicht Gott selbst anschauen, wohl aber die unmittelbar göttliche That in mir, als seine Individualität fühlen; sie regt das Streben an, nach dem ewigen Leben, nach der ewigen Ruhe in Gott, läſst mich aber diese Ruhe nur als Ahndung finden; sie führt mich endlich in die Geschichte, um die göttliche That in ihrer lebendigen Darstellung zu sehen. Doch dieser Glaube ist ein leerer und blinder ohne das göttliche Organ der Kunst und ein grundloser ohne die heilige Nothwendigkeit der aus der Natur hervorgehenden und in Kunst sich gestaltenden Erkenntniſs. Die Religion ist die

That, die sich nur in der Kunst ausspricht, und von der Natur ihre Kraft erhält.

Die philosophische Erkenntniſs führt mich durch die Lichtkreise der ewigen Offenbarung, aber der Schatten des Glaubens bedeckt sie, wenn ich nach dem Einen Centrum mich richte und in diesem Schatten ruht selbst meine Erkenntniſs sicher gegen Verblendung.

Wahrheit und Täuschung.

Die Täuschung ist wie die Wahrheit eine absolute und relative. Der Mensch lebt in absoluter Täuschung, wenn er die Absolutheit der Wahrheit läugnet, und in relativer Täuschung, wenn er die relative Wahrheit für die absolute nimmt; denn hier bleibt ihm doch die Absolutheit der Wahrheit, wenn er auch die absolute Wahrheit selbst nicht erkennt. Im Fall der relativen Täuschung ist der religiöse Mensch, in welchem die Absolutheit der Wahrheit als Glaube an Gott lebt und mit diesem hat er die Realität, welche der Philosoph hat, wenn ihm die Erkenntniſs geschlossen ist, nur auf andere Weise. Im Fall der absoluten Täuschung ist der theoretische Grübler *(raisonneur)* und der praktische Egoist, der Gottesläugner ist, wenn er auch ein Idol auf den Knieen anbetet.

Der Mensch lebt in absoluter Wahrheit, wenn seine Vernunft sich selbst erkennt; hiemit wird zugleich die absolute Täuschung so wie die relative Wahrheit und Täuschung erkannt — und in relativer Wahrheit, wenn die Vernunft sich nur in den Formen des Verstandes und der Sinnlichkeit erkennt.

Das Schaalthier, das sich kaum vom Boden gelöset hat, spricht in seinem Lebensgefühl die Natur in relativer Wahrheit aus — so auch der sinnliche Mensch in dem sinnlichen auf dem körperlichen Gefühl ruhenden Glauben an das Daseyn der Körperwelt. So haben das Gefühl der Verschiedenheit der Form der Aussenwelt, so wie der im Licht gesehene Gegenstand, die Empfindung des Geruchs und Geschmacks so wie der gehörte Schall ihre relative Wahrheit, deren jede auf irgend einer Stufe der Entwickelung der Natur die höchste ist.

Schon der Verstand kann den Ausspruch der Sinnlichkeit als Täuschung erkennen; aber er erhält von der Sinnlichkeit denselben Reflex, weil auch er nur relative Wahrheit hat: die im Verstande aufgelöste Sinnlichkeit ist eine wahrhaft aufgelöste, aber die Sinnlichkeit ist auch wahrhaft die Mutter und Ernährerin des Verstandes, von deren Vormundschaft er nie los kommt.

Die fragende Vernunft deckt die Täuschung der Sinnlichkeit und des Verstandes auf: aber sie wird selbst das System der Täuschung (Skepticismus), wenn sie in sich selbst stehen bleibt, sie hat nur negative Wahrheit, folglich selbst die Relativität der Wahrheit, und dadurch ist sie zugleich Anregung der Absolutheit. Die negative Vernunft muſs in die positive überschlagen, und diese erhebt alle Relativitäten zur Einen Absolutheit, doch nur in sich selbst, das ist, als Selbsterkenntniſs.

Naturanlage zu psychischen Krankheiten.
Vom Professor Kayſsler.

§. 1.

Begriff der Naturanlage überhaupt.

Anlage und Endlichkeit sind sich, wie Positives und Negatives in der Einen Gröſse, entgegengesetzt: Anlage ist die Möglichkeit in der Wirklichkeit, Endlichkeit die Wirklichkeit in der Möglichkeit. Die Kräfte binden sich, so wird etwas, das nicht war und einst nicht seyn wird, ein Endliches, eine zwischen zwey Möglichkeiten schwebende Wirklichkeit: die Kräfte lösen sich, so wird etwas angelegt; aber sie lösen sich nur, in wiefern sie gebunden sind, die Anlage wird also nur im Wirklichen zu einem Wirklichen gemacht — sie ist eine zwischen zwey Wirklichkeiten schwebende Möglichkeit.

Dieser Gegensatz durchgreift so die ganze Natur, daſs wir in ihr weder eine wahre Wirklichkeit, noch eine reine Möglichkeit, aber auch nicht die Eine Gröſse finden, wenn wir uns nicht über die sinnliche Anschauung und das bloſse Denken der Natur erheben, Diese Erhebung entrückt uns freilich vorerst die Natur, der forschende Geist kehrt in sich selbst zurück, er wird Selbsterkenntniſs der Vernunft; aber das ist auch der einzige Weg, das Allgemeine an sich zu erkennen, ohne welche Erkenntniſs unsere Naturforschung keinen Boden hat und der Füllung des danaidischen Faſses zu vergleichen ist, nur daſs unser Kunstsinn die unendlichen Poren neben unendlichen Atomen mit jenen freien Sprachgestalten, die wir Hypothesen nennen, bedeckt und uns so die Höllenquaal eines nicht wissenden Wissens oder eines nicht seyenden Seyns ersparet *).

In der Allgemeinheit an sich erkennen wir die reine Möglichkeit, folglich in der Besonderheit an sich die wahre Wirklichkeit. Die Besonderheit an sich giebt die Kunst, die Natur ist also nur in der wissenschaftlichen Erkenntniſs reine Mög-

*) Um den Gegensatz durchzuführen, will ich für Einige noch eine Frage, für Andere eine Antwort als Note anhängen. Sollte nicht die wahre Seeligkeit der Vernunft in dem Sokratischen Wissen des Nichtwissens bestehen? Nur müſste man in unserer idealistischen Zeit den Sokratischen Ausspruch in objektiver und realer Form fassen: das wahre Seyn ist das Nichtseyn.

Möglichkeit und nur in der Kunstauffassung wahre Wirklichkeit, der Gegensatz ist derselbe, aber er ist aus der Mischung des Wechsels im Einzelnen heraus gehoben und absolut, Gegensatz der Vernunft geworden. Da nun die Natur in der Kunstauffassung nur Symbol des Kunstideals ist, so fällt die Wahrheit der Natur in ihre Allgemeinheit, in jene Möglichkeit zurück, die als Geist einen symbolischen Leib trägt, um durch ihn als Kunstgeist verklärter hervorzugehen. In der Totalvernunft, das ist, in der objektiven Vernunft als Offenbarung des Ewigen im Universum, ist daher die Natur die erste Sphäre der Offenbarung, die Möglichkeit des Ewigen in der Zeit, und in sofern die Anlage zur zweiten Sphäre, die das Ewige als Wirklichkeit in der Zeit, als Kunst offenbaret.

In dem in der Vernunft gefaſsten Gegensatz giebt sich in jedem Gliede zugleich die Eine Gröſse. Die Natur ist die wahre Möglichkeit, aber als Symbol der Kunst zugleich die gesammte Wirklichkeit, folglich absolute Anlage in der Totalität der Endlichkeit; die Kunst ist die wahre Wirklichkeit, aber sie offenbaret zugleich in jeder Darstellung der Wirklichkeit die gesammte Möglichkeit, sie ist folglich die absolute Endlichkeit in der Totalität der Anlagen. Durch die Eine Möglichkeit (Gesetz) der Natur ist jedes Einzelne bedingt und jede besondere Kunstdarstellung trägt alle möglichen Bedingungen in sich.

Die Begriffe verhalten sich zu ihren Objekten immer nur negativ, die Ideen sprechen das Objekt in Identität mit sich aus; die Idee muſs folglich der herrschende Geist in jeder Untersuchung seyn, der Begriff kann nur als Leitfaden für das *detail* gebraucht werden. Wir müssen also von der Idee der Anlage ausgehen, um mit ihrem Begriff jene Stelle und Bestimmung zu finden, auf und durch welche sie Anlage zur psychischen Krankheit wird.

Anlage ist nach ihrem Begriff die zwischen zwey Wirklichkeiten schwebende Möglichkeit. Ziehen wir die Idee der Natur unter diesen Begriff, so ist ihre erste Wirklichkeit die reale oder erzeugende Kraft, ihre zweite Wirklichkeit die wiedererzeugende, das heiſst, bloſs bildende Form, die wir in ihrer höchsten Erscheinung im Menschen, ideale oder Geisteskraft, bestimmter, den Geist, die in sich selbst geschlossene Form nennen. Denn Kraft kann an sich nur die erste Wirklichkeit seyn, und so entlehnen wir nur die reale Naturkraft für die Bezeichnung der Totalität, wenn wir von Geistes**kraft** sprechen.

Die Kraft wird dadurch Anlage, daſs sie mit sich selbst in Gegensatz tritt, und die Form bleibt so lange Anlage, als sie noch nicht in sich selbst geschlossen ist.

Die Form knüpft den Gegensatz der Kraft zur Einheit des Produkts, und das Produkt stellt eine bestimmte Form, das ist, die Form in einem bestimmten Grade der Geschlossenheit dar.

Das Produkt ist die Endlichkeit der Natur, und diese Endlichkeit geht aus dem Gegensatz der Kraft und der Bestimmung zur geschlossenen Form, als ihrer Anlage hervor: die Natur ist da.

Die Verknüpfung des Gegensatzes ist sein Durchgangspunkt in der Form, und die Form, die auf diesem Punkte dargestellt wird, steht im Wechsel des Gegensatzes: doch nicht der Gegensatz, sondern die Form findet in der Verknüpfung des Gegensatzes zur Einheit des Produkts Haltung, und nicht die Form selbst wechselt, sondern der Gegensatz in ihr.

Das Produkt ist auch Anlage der Natur, und diese Anlage ist die Einheit der Form in der Kraft, und der Gegensatz der Kraft in der Form. Es muſs folglich jedes Produkt, so wie es aus einer Anlage hervorgeht, wieder in eine Anlage übergehen, und zwischen diesen beiden Möglichkeiten liegt keine Wirklichkeit in der Mitte: die Natur ist Veränderung.

Der Gegensatz, bezwungen von der zur Geschlossenheit fortschreitenden Form, knüpft sich in höherer Einheit — wohl nur in einer zweiten, die aber eben deſswegen, weil sie die zweite ist und die erste zugleich mit aufnimmt, die höhere Form giebt — es erscheint ein neues Produkt, eine neue Anlage.

Wenn die erzeugende Natur zugleich vernichtete, so wäre sie ein Widerspruch, nicht das aus dem Ewigen leuchtende Licht, sondern ein Blitz aus der Nacht. Das Erzeugte bleibt, aber die Erzeugung schreitet fort: so ist die Natur, als erzeugende, zwar überall nur Anlage, aber sie zerfällt, im Gegensatz des Erzeugten und des Erzeugenden, in relative Anlagen und relative Wirklichkeiten.

Alles Erzeugte ist Materie, aber es ist nur Erzeugtes, in wiefern der Gegensatz der Kraft in die Form gebunden wird. Diese Gebundenheit ist das Nothwendige im Erzeugten, wodurch es ein Wirkliches ist; aber diese Bindung wäre Vernichtung der Kraft, wenn sich nicht der Gegensatz zugleich wieder von der Form lösete zur neuen Erzeugung. Der von der Form gelöste Gegensatz der Kraft ist das Freie im Erzeugten — die Anlage in bestimmter Form.

Der Ausdruck Naturanlage hat demnach einen dreifachen Sinn. Sie ist die ewige Grundzeichnung der Nothwendigkeit (Gesetz) oder die Natur in ihrer Totalität als Anlage zur Kunst (Bewuſstseyn). Dieſs ist die Vernunftidee. Sie ist ferner der unendliche Kreis der erzeugenden Natur (Veränderung). Dieſs ist der unendliche Begriff. Und sie ist die freie Seite in jedem Erzeugten (Produkt). Dieſs ist der endliche Begriff, der uns in der Erfahrung zunächst liegt.

§. 2.
Gegensatz in der Anlage, oder Anlage zur Krankheit überhaupt.

Jedes Produkt ist eine zur bestimmten Form gebundene Materie; aber in dieser ist zugleich ein Gegensatz von Kräften thätig, welcher die Form ununterbrochen verändert, und im künstlich chymischen Proceſs besonders stark in die Erscheinung tritt. In der unorganischen Natur ist dieser Gegensatz das Vorwaltende; die Form ist eine allgemeine, todte und ihre Veränderungen hängen von den allgemeinen Bedingungen des chymischen Processes der Natur ab.

Im Organismus macht die Natur die Wendung aus dem Allgemeinen in das Besondere, die Form erhält das Uebergewicht, sie wird eine zur Besonderheit geschlossene, in sich selbst lebende Form; der Gegensatz allgemeiner mechanischer Kräfte, von der Form bezwungen, wird Gegensatz besonderer Lebenskräfte und das Produkt ist zwar, wie überall, eine zur bestimmten Form gebundene, aber zugleich sich selbst erzeugende Materie, das heiſst, die Form ist das Erste (Lebensprincip, Lebenskraft), die Materie das Zweite.

Der in die Besonderheit des Lebens gebundene Gegensatz muſs das Leben in doppelter Reihe offenbaren. Denn Form ist nicht Kraft, sondern das der Kraft Entgegengesetzte (Urtypus, Idee), das Leben des Organismus ist aber ein Besonderes, in sich selbst Ruhendes, folglich Einheit und so muſs der Gegensatz der Kraft nothwendig als *A* in *B* und als *B* in *A* erscheinen.

Wählen wir für den Gegensatz der Kraft irgend eine allgemeine Bezeichnung — denn es ist hier gar nicht um das Entgegengesetzte, sondern nur um das Entgegensetzen zu thun — z. B. positiv und negativ oder nothwendig und frey: so muſs sich in der einen Reihe die Lebenskraft als frey zur Nothwendigkeit in der Form, in der andern als nothwendig zur Freiheit in der Form darstellen. Die erste Reihe giebt sich in dem Pflanzen-Organismus, die zweite in dem thierischen.

In der Pflanze ist also der Gegensatz der Lebenskräfte ein gebundener, das Freie im Nothwendigen, im Thiere ein freier, das Nothwendige im Freien. In der Pflanze ruht die begrenzende (bildende) Kraft in der Begrenzung (Bildung); im Thiere geht die begrenzte Kraft (Muskel- und Nervenkraft) in Thätigkeit über (Bewegung und Empfindung).

Die Natur reflektirt sich in allen ihren Erscheinungen und nur so wird sie mit ihrem allherrschenden Gegensatz in der Einheit und zum Ganzen gehalten. So ist die ganze reale, in der Sinnlichkeit sich gebende Natur der Reflex der Vernunft, aber auch die Vernunft, als aus dem Innern der Natur sich hervorbildend, ist der Reflex der ewig in sich lebenden Natur. So tritt in den Thierpflanzen der thierische Reflex der Pflanze, und in den Pflanzenthieren der vegetabilische Reflex des Thieres zur besondren Erscheinung hervor; aber diese Reflexe gehen auch durch die ganze Pflanzen- und Thierreihe.

Das Freie kann, dem zufolge, in der Pflanze nicht in das Nothwendige sich bilden, ohne daſs das Nothwendige im Freien sich reflektire, und so im Gegentheil in dem Thiere das Nothwendige nicht in das Freie ohne den Reflex des Freien in dem Nothwendigen.

Das Nothwendige der Pflanze ist das Beschränkte, die Bildung; das Freie, das Beschränkende, das Bildende: die Bildung reflektirt sich in dem Bildenden, so wird sie frey, ist Grund der Naturspiele, der Erziehbarkeit und Veredelung und so auch die Möglichkeit der Krankheiten der Pflanze, in welchen das Thierische der Pflanze vorzüglich hervortritt.

Das Freie des Thieres ist das Beschränkte (Bewegung, Empfindung, Sinn), das Nothwendige das Beschränkende (Muskel- und Nervenkraft): jene reflektiren sich in dieser, so werden sie nothwendig, das Thierische erscheint im Vegetativen, und dieser Reflex ist der Grund des Traumes, der Erziehbarkeit und Veredelung des Thierischen (selbst der Vernunft) durch Einwirkung auf das Vegetative, aber auch die innere Möglichkeit der thierischen Krankheit.

Das Muskel- und Nervensystem nimmt nämlich den Reflex des Freien gleich in seiner Bildung in sich auf, so wie mit ihm das Freie zugleich sich hervorbildet und so kann die thierische Vegetation nur mit einer Differenz des Freien sich hervorbilden, ihre Funktionen sind nicht durchaus nothwendig, sondern durchaus vom Reflex des Freien begleitet.

Das Thierische ist folglich im Vegetativen eben so gebunden, wie das Vegetative in dem Thierischen frey: so werden vier abnorme Zustände möglich, der Reflex des thierisch Freien in der Vegetation stört unmittelbar die nothwendigen Funktionen der letztern — physische Krankheit mit physischer Ursache. Das freie Thier (Sinn etc.) stört mittelbar durch den Reflex die nothwendigen Funktionen der Vegetation — physische Krankheit mit psychischer Ursache. Die Vegetation in dem freien Thiere stört, richtiger, verdunkelt, mittelbar durch den Reflex, die Funktionen des Sinnes etc. versetzt irgend eine oder alle Seiten des wachen Zustandes in den Zustand des Traumes — psychische Krankheit mit physischer Ursache, oder es fällt das freie Thier unmittelbar in die Vegetation zurück und dieſs ist nur da möglich, wo das freie Thier sein Centrum (Vernunft) offenbaret: es entsteht psychische Krankheit mit psychischer Ursache.

Diese nothwendige Differenz des Gegensatzes der Anlage in der Erscheinung des Organismus, erklärt auch die Einwirkung der Aussenwelt auf den Organismus, durch den Reflex des Freien in der Vegetation wirkt sie auf diese, durch den Reflex des Nothwendigen im Thiere, wirkt sie auf die Animalität ein.

Da das vollendete Produkt der Natur der Mensch ist, so läſst sich nur von ihm der Gegensatz der Anlage in seiner Allgemeinheit aussagen: der Organismus ist an sich real nothwendig, aber ideal frey in seinem Reflex; die Vernunft ist an sich ideal nothwendig, aber real frey in ihrem Reflex. Der Reflex des Organismus bedingt das ganze Reich der Vernunft, der Reflex der Vernunft den gesammten Organismus. Das ideal Freie des Organismus ist folglich die eine, das real Freie der Vernunft die andere Quelle aller physischen und psychischen Krankheiten.

Man kann den Gegensatz in der Anlage noch allgemeiner also bezeichnen. Die ganze Natur ist Wechseleinbildung des Subjekts und Objekts: das Objekt bildet sich in das Subjekt ein und so reflektirt sich das Subjekt im Objekt; das Subjekt bildet sich in das Objekt ein und so reflektirt sich das Objekt im Subjekt. Das Produkt der Einbildung ist immer das durch eine bestimmte Form Nothwendige, das sich selbst in der höchsten Bildung, in der Vernunft, bewufstlos giebt; der Reflex der Einbildung ist das der nothwendigen Form entgegengesetzte Freie, das auch in der niedrigsten Bildung den Keim des Bewufstseyns trägt. Der durch die ganze Natur gehende Reflex des Subjektiven im Objektiven ist die erste Anlage zu physischen, und der durch die ganze Natur gehende Reflex des Objektiven im Subjektiven, die erste Anlage zu psychischen Krankheiten.

§. 3.

Form in der Anlage, oder die objektiven Einheiten, ursprüngliche Charaktere.

Die Tonleiter kann nach dem Verhältniſs der Zahl der Schwingungen, die Farbenleiter nach dem Raum oder dem Winkel der Strahlenbrechung bestimmt werden. Aber wer kann die Abstufungen von dem Ton *c* auf *d* bestimmen? wer die unendliche Mischung der Töne und Farben? die Vernunft findet sich erst dann wieder, wenn die Töne durch Kunst zur Harmonie der Zeit und die Farben durch Kunst zur Harmonie des Raumes hinaufgebildet werden, und hier treten dieselben Grundtöne, dieselben Grundfarben, aber als Töne und Gestalten des Geistes, wieder hervor: es können die Gemüthsstimmungen, welche eine genialische Harmonie hervorbringt, mit Grundfarben, und der in einem genialischen Gemälde herrschende Geist mit Grundtönen bezeichnet werden.

So sind auch in der Natur die objektiven Verknüpfungen des Gegensatzes zur Form unendlich mannigfaltig; aber sie ruhen auf Grundtönen und Grundfarben und bilden sich wieder zu bestimmten Charakteren der Harmonie oder der Seele hinauf. In wiefern die Natur in der unendlichen Mannigfaltigkeit ihrer Bildungen, auf ursprünglichen Einheiten ruhend zu denken sey, soll das Folgende klar machen.

Die Idee zerfällt in Gegensatz zum unendlichen Werden in endlicher Erscheinung; aber die Idee ist ewig und so muſs das Endliche in die Idee sich zurückbilden.

Die ursprüngliche Einbildung des Ewigen in die Zeit wird nach einem Gesetz erkannt, in welchem sich das Ewige als Idee der Natur offenbaret, das ist als die aus dem Ewigen in die Zeit eintretende Idee.

Dieses Gesetz spricht den absoluten Gegensatz, die Erzeugung des Produkts nach seinen vier Bedingungen und die absolute Form, die sich im Produkt offenbaret, um als endlicher Geist das Endliche, mit ihm die Zeit, in das Ewige zurückzubilden, als den Einen an sich untheilbaren nothwendigen Akt der Natur aus.

Der Erkenntniſsakt ist die ideale Nachahmung des Akts der Natur, dem Wesen nach mit ihm Eines, aber in der Form dadurch ihm entgegengesetzt, daſs in der Bezeichnung sich trennet, was im realen Akt der Natur untrennbar ist, daſs folglich der Akt der Erkenntniſs in der Form, den Reflex des ewigen Akts der Natur macht.

Daher kann, in der Trennung der Erkenntnifs, der absolute Gegensatz als die nothwendige Form des Seyns — die vierfache Bedingung des Produkts als die nothwendige Form des Daseyns — und die Form in ihrer Triplicität als die nothwendige Form der Form oder des Geistes der Natur bezeichnet werden; an sich aber ist diese dreifache Form der Eine Akt der Natur, das Eine Gesetz, der Eine sich offenbarende und geoffenbarte Geist.

Durch dieselbe ideale Trennung, welche übrigens den sich selbst anschauenden Geist nicht aus der Einheit und Totalität heraussetzt, kann eben sowohl der die ganze Natur beherrschende absolute Gegensatz durch alle Produkte und durch alle Stufen der Offenbarung der Form wie die Quadruplicität des Produkts durch alle Gegensätze und Formen, und die in sich geschlossene Triplicität der Form durch alle Gegensätze und Produkte verfolgt werden, und es mufs aus jeder dieser Betrachtungsweisen die Eine Natur in ihrer Totalität hervorgehen.

Wir haben hier den Gesichtspunkt der Form als die Offenbarung des Einen Geistes der Natur in unendlicher Mannigfaltigkeit; es wird folglich der Gegensatz sowohl der Natur überhaupt, als die Quadruplicität des Produkts unter die Form subsumiret. Wir wollen ferner die Punkte erkennen, in welchen sich die Form in die Zeit knüpft und eine Stufen- oder Tonleiter bildet, die zwischen dem unbestimmbaren und aufserwesentlichen Endlichen und dem unbestimmbaren ewigen Wesen, als das wahrhaft Unendliche, oder das ewige in der Zeit und die Zeit in dem Ewigen, in sich selbst kreiset; wir müssen folglich den Gegensatz betrachten, wie er sich im Produkt zur Form knüpft. Es ist aber die Form selbst, die im Gegensatz zerfällt, und im Produkt sich knüpft; denn es ist nur Eine Natur, Eine Wesenheit, so wie nur Ein ewiges Gesetz.

Der Gegensatz ist der des Positiven und Negativen, Nothwendigen und Freien, Objekts und Subjekts, des Beschränkbaren und Beschränkenden, der Realität und der Negation, Materie und Intelligenz. Jede dieser Bezeichnungen spricht die Absolutheit des Gegensatzes aus, und nur diese ist zu fassen, um die Verknüpfung nicht als eine zufällige oder als eine durch frühere Auflösung bedingte, sondern wieder als ursprüngliche und absolute Verknüpfung zu denken.

Die negative, freie, subjektive, beschränkende Intelligenz, steht der positiven, nothwendigen, objektiven, beschränkbaren (chaotischen) Realität oder Materie gegenüber, und ihre ursprüngliche Einheit in der ewigen Idee bestimmt sie zur gegenseitigen Durchdringung, in welcher das Objekt Subjekt, das Subjekt Objekt (diese Bezeichnung gelte für alle übrigen) wird.

Diese gegenseitige Durchdringung ist der erste Zeitmoment, denn das Zerfallen der Idee in Gegensatz begründet nur die Zeiterscheinung. Es ist aber doch das ursprüngliche Objekt, welches im ersten Zeitmoment Subjekt, und das ursprüngliche Subjekt, welches im ersten Zeitmoment Objekt wird; es ist folglich schon in dem ersten untheilbaren Zeitmoment. und so in jedem folgenden, nicht allein ein Gegensatz als zwey, sondern auch das Quadrat des Gegensatzes als Vier gegeben. Dies beweiset das ursprüngliche Nichts der Zeit als Zeit, wovon ein Jeder überzeugt seyn muſs, der, von irgend einem beliebigen oder zufälligen Standpunkt aus, die Zeit sich zum Gegenstand seines Denkens gemacht hat.

Allein es entsteht aus dieser ersten Durchdringung und in dem ersten Moment ein Wirkliches, das man freilich nur auf ganz verkehrte, ja widersprechende Weise wieder in die Zeit zurücktragen und in sie begründen kann, das vielmehr das Nichts der Zeit zum Organ (ein Wunder, dessen Geheimniſs sich allerdings nur dem sich selbst erkennenden Geist enthüllet, aber doch für jeden andern Geist als Wunder Realität hat) der Offenbarung des der Zeit entgegengesetzten Ewigen macht.

Das entstandene Wirkliche ist Subjekt-Objekt und Objekt-Subjekt in einer Durchdringung, aber mit zwey differenten und sich entgegengesetzten Seiten, das Subjekt hat sich in das beschränkbare (Substanzielles) Objekt als Beschränkendes (Accidenz), und das Objekt in das beschränkende (Causselles) Subjekt als Beschränktes (Effektuelles) eingebildet; das ursprüngliche Objekt mit dem beschränkenden Subjekt nennen wir das Reale im Gegensatz des Idealen, das ursprüngliche Subjekt mit dem beschränkten Objekt (z. B. der menschliche Geist mit seinem Organ) das Ideale im Gegensatz des Realen.

In demselben untheilbaren Moment bildet sich das Subjekt in das Objekt, dieses in jenes ein, und doch ist nur Ein Subjekt, Ein Objekt, es ist die entgegengesetzte Strömung der Einen Kraft, die in der Einheit der Kraft sich aufheben würde, wenn nicht das Subjekt dem Objekt und dieses jenem entgegenströmte. Der Gegensatz ist also nur totale Hemmung, Retardation um das Ganze, und denken wir uns Subjekt und Objekt im Zeichen des Kreises, so geht der Kreis SO in der ersten Durchdringung bis in das Centrum des Kreises OS, und der Kreis OS gegenseitig nur bis in das Centrum des Kreises SO. Es scheidet sich schon in der ersten Bildung der Tag von der Nacht, die bildenden Kräfte sammeln sich in

einen

einen Heerd und lassen das Uebrige frey, als läge es in einer ganz andern Welt. Es ist folglich das Subjekt-Objekt ein Reales, in welches das Ideale auf der einen Seite bis in das Centrum gebildet ist, und das Objekt-Subjekt ein Ideales, in welches das Reale auf der entgegengesetzten, das ist, dem Ideal-Realen zugekehrten Seite bis in das Centrum gebildet ist. Die Lichtseiten entsprechen sich und ziehen sich gegenseitig in das Ganze zusammen, aber die Schatten des nicht geweckten Subjekts fallen wie Träume in das Unendliche der Ahndung, der Anlage zu künftigen Entwickelungen, und die Riesen des nicht beschränkten Objekts bestürmen aus der Nacht hervor den Himmel, — sind aber nur die zu künftigen Verbrauch bestimmten rohen Kräfte, die einstweilen spielen, aber auch nur spielen, wie furchtbar ihre Angriffe auch scheinen mögen. Denn weder das Objekt noch das Subjekt sind theilbar, die Bildung ist immer eine totale, im Traume des Vermögens wie im Spiele der Kraft ist Regel; aber, es läfst sich kaum anders bezeichnen, es fehlet beiden der Tag, und so beweiset die scheinbare Partialität, die nur etwas als gebildet, ein anderes als blofs angelegt erscheinen läfst, nur soviel, dafs die Natur, wie nicht in der ersten, so in keiner folgenden Produktion aus ihrem ursprünglichen Gegensatz herauskommt.

Hiemit geben sich zugleich die zwey andern Seiten des entstehenden Wirklichen. Der Kreis SO durchschneidet das Centrum von OS, und der Kreis OS das Centrum von SO: so bilden sich zwey Durchschnittspunkte, die wir mit *c* und *d* bezeichnen wollen. Der Kreis SO geht vom Centrum von OS, und der Kreis OS vom Centrum von SO bis zu *c* convergirend: hier schlieſsen sie sich und knüpfen die Nothwendigkeit des gleichseitigen Dreiecks (man sehe in der ganzen Darstellung die Figur des *H.* 1.); jenseits *c* divergiren sie in das Unendliche, und kommen auf der entgegengesetzten Seite der Kreisung convergirend im Durchscfinittspunkt *d* zusammen, um divergirend wieder die entgegengesetzten Centra zu schneiden. Dieser Durchschnittspunkt würde wieder das gleichseitige Dreieck knüpfen, wenn es nicht schon geknüpft wäre, das heiſst wenn die Curven nicht divergirten, sondern convergirten; es ist folglich auf dieser Seite nur Anlage, was auch die divergirenden Curven beweisen: es tritt in *d* die Freiheit wie in *c* die Nothwendigkeit in die Erscheinung, mit jener die Anlage in der Form, mit dieser die Form in der Anlage. Die Anlage in der Form ist eine knüpfende Auflösung, z. B. der chymische Proceſs in der Gährung, lauter Verknüpfung und doch spielende Auflösung; die Form in der Anlage ist absolute Verknüpfung,

z. B. das Infusionsthier, das in der Gährung sich erzeugt.

Das Wirkliche in seiner Entstehung ist also nicht bloſs ein Idealreales, Form in der Materie und ein Realideales, Materie in der Form; sondern zugleich die nothwendige Verknüpfung beider zu Einer Form, und die verknüpfende Auflösung beider in der Einen Form.

Die nothwendige Verknüpfung zur Form ist das Element der objektiven Einheit, von welcher in diesem § die Rede ist: ihr steht als Reflex gegenüber die verknüpfende Auflösung, als die in jeder wirklichen Form gegebene Anlage zur höhern Form. Und da sie beide in dem Einen sind, so daſs selbst in der zerlegenden Zeit die Form ununterbrochen in der Anlage untergeht, die Anlage ununterbrochen an der untergehenden Form sich heraufbildet: so können diese zwey Seiten des Produkts nur als Anlage in der Form und Form in der Anlage bezeichnet werden.

Auf diese Art wird nicht allein die Möglichkeit der fortschreitenden Bildung der Natur, sondern auch ihre Nothwendigkeit aus dem Begriff des Produkts oder des Wirklichen erkannt.

Die nothwendige Verknüpfung des Idealrealen und Realidealen zur Einen Form ist die wahre objektive Realität der Zeit; da aber nebst dem sich knüpfenden Gegensatz die Verknüpfung selbst, als das Positive im Gegensatz der freien Verknüpfung (verknüpfenden Auflösung) als des Negativen, in die Erscheinung tritt: so ist überall das Quadrat der Zeit ihre Realität. Diese Realität ist hier unser Gegenstand, aber wir fassen das Quadrat, im Gegensatz mit seiner Wurzel, in dem Exponenten, und dieser ist die nothwendige Verknüpfung.

Nur durch die oben nachgewiesene Hemmung der entgegengesetzten Strömung ist die Verknüpfung zur Form möglich, denn ohne sie würde die Natur in dem Einen Akt auch wieder erlöschen, folglich nur der erscheinende Widerspruch des Ewigen seyn, welcher Gedanke selbst das Unwesen des Widerspruchs ausspricht. Durch diese Hemmung wird aber jenseits der Centra im Subjekt und Objekt ein Ungehemmtes, das ist, Unendliches zurückgelassen, und so erscheint die nothwendige Verknüpfung, obgleich an sich absolut, doch als endliche in dem Unendlichen des Nichtverknüpften, das erst dadurch verknüpfbar wird, daſs es als Anlage in die Form tritt.

Der Gegensatz der Verknüpfung als endlicher und des unendlichen Nichtverknüpften begründet die Succession der Zeit, und wir kommen nun aus der Einheit des Moments in die Mehrheit heraus.

Wäre die Verknüpfung eine schlechthin endliche, so fiele sie in die leere Zeit zurück, die Natur würde zwar nicht in dem Einen Akt erlöschen, aber sie wäre auch nichts als ein sich stets wiederholender Akt, sie würde in jedem Augenblick zu werden anfangen, aber nie werden, sie wäre nicht Natur, sondern endloser Ansatz, die Kraft käme nicht zur Gestaltung, die Natur wäre nicht Form, sondern nur eine ewig blitzende Kraft.

Wird die Verknüpfung als bloſs in der Zeitreihe fortgehend gedacht, so ist sie schlechthin endlich; denken wir sie aus dieser Reihe in Linien hervorstrahlend, so ist sie schlechthin unendlich, das unendliche Nichtverknüpfte mit ihm selbst die Verknüpfung wird aufgehoben; lassen wir sie im Schema des gleichseitigen Dreiecks aus der Zeitreihe hervor und auf sich selbst zurückgehen und ruhen, so ist sie selbst die Form, sie ist aber nur die Verknüpfung zur Form. Rationell kann folglich die Verknüpfung nur im Schema des Kreiſes gedacht werden: so steht sie in der Zeit und ist endlich, aber sie fällt nicht mit ihr zusammen, denn das Schema der Zeit ist die Linie. Das Licht denken wir, nach Newton, in der Linie sich bewegend, den Schall in Kreisen — ein solches Verhältniſs denken wir zwischen Zeit und Verknüpfung.

Der Kreis der Verknüpfung offenbaret in jedem Moment das ganze Ewige, aber im Gegensatz eines unendlichen Nichtverknüpften. Wir wollen den Kreis der Verknüpfung, wenn auch nur vergleichungsweise mit den Grundtönen *c d e f g a h* bezeichnen. Die erste Verknüpfung schlägt den Ton *c* an, aber mit ihm zugleich die übrigen sechs, weil ohne dieses der Ton *c* ins Unendliche wiederhallen würde. Es liegt folglich in der ersten Verknüpfung die reale Möglichkeit aller. So wird auch das unendliche Nichtverknüpfte mit der ersten Verknüpfung ein durchaus Verknüpftes, allein wie alle Töne nur in *c* tönen, so wird auch das unendliche Nichtverknüpfte nur zu dem Ton *c* verknüpft. Wie alle Töne in *c* tönen, so muſs auch *c*, um sich ganz zu entfalten, in allen Tönen sich offenbaren, und so wird das unendliche Nichtverknüpfte nicht allein zu *c*, sondern zugleich zu *d e f g a h* in *c* verknüpft.

Bleiben wir in dieser Vergleichung, so hat der Kreis der Verknüpfung sieben Knoten oder Töne, und es sind damit zugleich sieben Epochen der Verknüpfung angelegt. *c* offenbaret sich in *d*, und so eröffnet sich der zweite Kreis der Verknüpfung; *c* offenbaret sich in *e*, hiemit zugleich *d* in *e* und der dritte Kreis der Verknüpfung, die dritte Epoche offenbaret sich im Grundton *e* und so fort, so daſs jeder Ton durch seinen Kreis wie durch eine eigene Welt geht, aber alle Kreise in der Gleichheit der Töne, die Eine geschlossene Harmonie geben, welche wir Natur nennen.

Hat *c* sich in allen Tönen ausgesprochen, so fällt es in die Oktave, es ist derselbe Grundton, aber mit entgegengesetzter Form, und nur die Oktave schliefst den Ton in sich selbst, ist als sein Bewufstseyn anzusehen. Dasselbe gilt von den übrigen Tönen, und so kann die Harmonie der Natur nur in einem Bewufstseyn, als Geist hervortreten.

Wie viele Kreise der Verknüpfung, so viele verschiedene Anlagen zur Form sind in der Natur, und da jeder Kreis eine bestimmte Form, einen Grundton hat, eben so viele Formen in der Anlage: *c* die Form in der ersten, *d* die Form in der zweiten Anlage u. s. f., aber in jeder Anlage giebt sich die ganze Natur mit einer bestimmten Differenz.

Wie jede Verknüfung ihren Kreis durch das Ganze zieht und in sich selbst sich schliefst, so gehen auch alle Kreise der Verknüpfung in sich selbst zurück und geben das grofse Ganze in der totalen Harmonie.

Das Fortschreiten der Bildung der Form ist nach dem Typus des ewigen Gesetzes also vorzustellen. *c* geht als *c* im Durchschnittspunkt der Nothwendigkeit in das unendliche Nichtverknüpfte ein und kommt in der entgegengesetzten Sphäre im Durchschnittspunkt der Freiheit auf sich zurück. Hier ist er die Anlage zur zweiten Verknüpfung in *d*, es eröffnet sich ein neuer Kreis, eine zweite Reihe von Wesen beginnt; aber *c* schreitet zugleich fort, es giebt sich in *d*. Im zweiten Kreise der Verknüpfung geht *d* im Durchschnittspunkt der Nothwendigkeit in das unendliche Nichtverknüpfte ein und kommt in der entgegengesetzten Sphäre im Durchschnittspunkt der Freiheit auf sich zurück und ist Anlage zu *e*. Mit *e* eröffnet sich der dritte Kreis, aber es tönt zugleich *d* in *e* und *c* in *e* u. s. f.

Mit jedem Grundtone beginnt eine Reihe von Wesen, die in ihrem Kreise die ganze Natur in einer besondern Form geben, und wie viele Kreise der Verknüpfung, so viele Reihen von Wesen.

Im menschlichen Geist wiederholt sich die Natur in entgegengesetzter Form, sie kommt zum Bewuſstseyn; das Bewuſstseyn hat demnach eben so viele Grundtöne, als die Natur Kreise von Verknüpfungen hat, und es schlummern in ihm alle die Formen, welche in jeder Wesenreihe in bestimmten Tönen sich geben. Da aber nur die gesammte Menschheit in ihrer totalen Entwickelung nach Raum und Zeit den Geist der Natur in seiner Totalität offenbaret: so müssen sich auch in dem Geisterreich die Grundtöne in ihren Differenzen darstellen, und zwar im Raume in den

Menschenracen und in der Zeit in den Epochen der Geschichte. Es dürfte daher wohl erst nach dem Ablauf der Geschichte eine vollständige reale Erkenntniſs der ursprünglichen Differenzen, der objektiven Einheiten der Natur, des in Dämonien sich offenbarenden Ewigen möglich seyn.

Doch können wir Zeichnungen zu diesem Gemälde erhalten von der Naturgeschichte, nachdem sie erst mit der Idee begonnen hat, von der Völkerkunde, wenn Philosophen reisen werden, von Autobiographieen philosophischer Köpfe und Genies, von der Analysis ächter Kunstwerke der Dichtung, und endlich auch von philosophischer Beobachtung der Wahnsinnigen, und diese Zeichnung giebt vielleicht die schärfsten Umrisse, da in den Wahnsinnigen der ewige Traum des Bewuſstseyns in den wachen Zustand übergeht. Aber die vollendetste Zeichnung wird uns die Philosophie in den Philosophen als Künstlern geben, wenn die Anschauung nicht mehr bloſs von dem Einen oder Andern ausstrahlend an den Geist der Schüler anfliegt, sondern erst die Wahrheit anerkannt ist, daſs nur jene Anschauung die wahre sey, in welcher der Geist sich selbst sich giebt, und daſst die Philosophie zwar das Eine groſse Kunstwerk der Welt sey, aber nur in differenten Gestalten sich darstellen könne. So allein ist ein Olymp der neuen Welt zu hoffen.

Hiemit habe ich die ursprünglichen Charaktere der Psyche als Anlagen wenigstens bezeichnen wollen. Ich sehe wohl, daſs ich nur eine Aufgabe gestellt habe, deren Lösung ich für so schwer, aber auch für so wichtig halte, daſs es mir viel gethan scheint, wenn nur die Aufgabe tiefer und voller gefaſst, und damit die Lösung um etwas näher gerückt wird.

§. 4.

Die Form der ursprünglichen Charaktere, in wiefern sie als Produkte erscheinen, oder die Temperamente.

Der unendliche Geist der Natur kreiset im Durchschnittspunkt der Nothwendigkeit in absoluten Bahnen, sich dadurch verendlichend und in objektiven Einheiten darstellend, daſs er in entgegengesetzten Kreisen aus sich heraus geht und Form bildet, und in entgegengesetzter Richtung im Durchschnittspunkt der Freiheit auf sich zurückkehret, und als Anlage die Form begrenzt, ohne ihre Unendlichkeit aufzuheben, indem diese in die Anlage fällt.

Durch diese geschlossene Thätigkeit des Naturgeistes wird die in ihrer Wurzel leere Zeit zu ihrem Quadrat erhoben, welches die in der Form stehende Einheit einschlieſst und die unendliche

Mannigfaltigkeit des Spiels der Form immer wieder zur Einheit bindet.

Die Bedingungen, welche mit der Produktion des Geistes oder der Kraft zur Form sich geben, sein ursprünglicher Gegensatz des Subjektobjekts und Objektsubjekts, der Durchschnittspunkt der Nothwendigkeit und der Durchschnittspunkt der Freiheit, geben als stehende Bedingungen des Produkts das Quadrat der Zeit, und dieses ist die reale objektive Zeitform, in welches alles Endliche aufgenommen und in die Unendlichkeit des Geistes gebildet ist; so daſs das Quadrat der Zeit den Bedingungen der Selbstbildung der Kraft nur wie Produkt der Produktion entgegengesetzt ist.

Es ist das Quadrat der Zeit das, was wir in der Bewegung der Planeten als Aphelien und Perihelien, als Weltgegenden, Jahr- und Tag-Zeiten, als Epochen des Alters, als magnetische und elektrische Polarität, ferner in den psychischen Erscheinungen als theoretische und praktische Vermögen, kennen. Es fehlt uns aber noch die Skala der objektiv realen Zeit, und so ziehen wir die einzelnen groſsen Erscheinungen derselben, weil wir ihren nothwendigen Zusammenhang noch nicht erkennen, in die subjektive Zeit des Denkens herab, ohne ihre objektive Bedeutung zu fassen.

Dasselbe Quadrat der Zeit stellt sich in dem äuſseren sowohl als inneren Organismus dar und zwar mit der Produktion inniger verbunden, als in der allgemeinen Natur; wir sehen es hier in der subjektiven Zeitform, als Folge, und als stehende Zeitbedingungen im Raum erscheinen. In der ersten Periode des Lebens, in der frühesten Kindheit, concentriret sich der ganze Organismus in das gastrische und überhaupt vegetative System, die Vegetation schreitet mächtig vor, der Sinn tappt noch ungewiſs, der Schlaf überwiegt das Wachen. In der folgenden Periode scheint die Bildung des Gehirns das Centrum der organischen Thätigkeit zu seyn und ihre Richtung eben so auf das Nervensystem, wie in der ersten Periode auf das Muskelsystem, zu nehmen. Die Sinne werden scharf und bestimmt, die Muskeln bewegen sich mit Leichtigkeit und Behendigkeit, so daſs diese Periode die eigentliche Zeit des Abrichtens und gymnastischer Erziehung ist; die Nerven werden sehr sensibel, doch wechseln die Erscheinungen der Sensibilität schnell und leicht, der Schlaf geht in das Minus über und schwebt in lebhaften Träumen, der Geist erscheint in Neugierde, Wiſsbegierde und Geschäftigkeit, obgleich nur spielend. In der dritten Periode zeigt sich die Brust, das Blut- und Lungen-System, der Proceſs der Respiration, als das Centrum der organischen Thätigkeit. Das Herz schlägt in stärkern Pulsen, die Respiration hebt sich in tieferen und längeren Zügen, die lebhaftere Thätigkeit des Bluts verkündiget sich in häufigen Nasebluten, die lebhaftere Lungenthätigkeit in dem Triebe zur Bewegung in größere, ja wohl unendliche Entfernung, zum Auswandern, in schwärmerischen Entwürfen, Hoffnungen, Aussichten. In der vierten Periode erwacht der Geschlechtstrieb, und alle Thätigkeiten nehmen ihre Richtung auf dieses Centrum. Es zeigt sich hier das letzte und höchste Ausströmen der organischen Thätigkeit; sie sucht das Du und findet das Ich, und war der Verstand zuvor nur ein erborgter oder aufgedrungener, so wird er jetzt ein selbstthätiger; mag das Bedürfniſs überhaupt die Mutter der Erfindungen heissen, so ist doch die Liebe die Mutter des Sichselbstfindens, der erste Anschlag der Selbstthätigkeit des Geistes *).

Es lassen sich in dieser geschichtlichen Entfaltung des menschlichen Organismus, die Bedingungen des Produkts in der von uns aufgestellten Bezeichnung, ohne Zwang, nur in die subjektive Zeit zerlegt, wieder erkennen, das Objektsubjekt in der ersten, das Subjektobjekt in der zweiten,

*) Man vergleiche Roose. Cabanis u. a.

das allgemeine Nothwendige in der dritten, das besondere Freie in der vierten Periode.

Sie stellen sich aber auch im Raume dar, denn der Organismus ist immer ein Ganzes und woher sollten auch die Entwickelungen der zweiten, dritten und vierten Periode kommen, wenn ihr Keim nicht schon in der ersten gegeben wäre, woher auch in diese die menschliche Entwickelung überhaupt, wenn nicht in jedem Organismus, ja in der ursprünglichen Thätigkeit, aus welcher der Organismus hervorgeht, das Vierfache schon gegeben wäre. Jede räumliche Erscheinung des Organismus ist folglich vierfach bedingt, nur treten diese Bedingungen desto bedeutender hervor, je vollkommener der Organismus ist.

Den Organismus sehen wir aus einem Tropfen Flüſsigkeit entstehen, der, wie es scheint, ein unbedeutendes Reales ist und doch unendliche Kräfte in sich verschlieſst, auch schon einen bestimmten Ton von dem ihn bereitenden Proceſs erhalten hat und den Keim zu den unendlichen organischen Formen in sich trägt, die sich in dem ausgebildeten Organismus zu Einem harmonischen Ganzen bilden.

Der Tropfen entfaltet sich, es treten die Kräfte hervor, es bilden sich bestimmte Organe und diese sind harmonisch thätig. Das Reale geht ununterbrochen fort, aber die Kraft hat sich, als das Ideale, in der Form der Organe geoffenbaret; jedes Organ hat seinen bestimmten Ton, aber alle Töne stimmen zu einer Harmonie zusammen, die nie eine vollständige wird, sondern mehr Anlage als Vollendung ausspricht.

Die Materie aller Organe ist durchaus auf ihre Form bezogen, die Form aller Organe auf ihre Stoffe; die wirkliche Funktion jedes Organs auf die Funktionen aller übrigen, die in jenem als Anlagen gegeben sind, und jede mögliche Funktion hat schon ihren Typus in der wirklichen.

Es kann aber die bildende Kraft in dem Tropfen Flüſsigkeit schwächer seyn oder stärker, und der Grund dieser Differenz liegt schon in dem Proceſs, welchem der Tropfen sein Daseyn verdankt: so wird im ersten Falle, die Materie in allen Bildungen das Ueberwiegende seyn, und die Formen werden weniger Thätigkeit haben; im andern Falle wird die bildende Kraft überwiegen und die Materie überall nicht hinzureichen scheinen, die Bildungen werden mächtig vorschreiten und sich stark und bestimmt ausdrücken. Es kann ferner der den Tropfen beseelende Ton ein hoher oder tiefer seyn, und der Grund dieser Differenz liegt wieder in dem vorausgehenden Proceſs. Im ersten Fall concertiren die Funktionen mit Leichtigkeit, geben aber auch nur leichte

Spiele der Harmonie, es werden unendliche Anlagen angeschlagen, aber sie entwickeln sich nicht zum festen Ton; im andern Fall geht die Funktion nicht leicht aus ihrem tiefen und schwerfälligen Gange heraus und tönt nur in den nachbarlichen Anlagen wieder, aber der feste gehaltene Ton ist zugleich die Grundlage einer grofsen, einer Harmonie im grofsen Styl, die jedoch mehr geahndet als ausgeführt wird.

Diese vier Differenzen der Bedingungen der objektiven Zeit in ihrer räumlichen Darstellung, nennen wir Temperamente, und bezeichnen sie in den Gegensätzen des pflegmatischen und cholerischen, des sanguinischen und melancholischen; der erste Gegensatz umfafst die bildende Kraft in ihrer intensiven Stärke, der zweite den Ton ihrer Extension in den Funktionen.

Wenn nun in jedem Bewufstseyn ein Grundton, in welchem alle Töne der Natur widertönen, die Erscheinung des Lebens trägt: so ist das Temperament die Stimmung des Grundtones, mit ihm aller anderen, welche die Kraft in matten und trägen oder lebhaften und raschen Schwingungen, in engen und häufigen oder weiten und sparsamen Kreisen der Schwingung sich bewegen läfst.

Unendlich mannigfaltige, nicht selten chaotische Mischungen der Naturtöne geben die einzel-

nen

nen Abdrücke des Bewufstseyns, besonders in einem Stande der Cultur, der nicht aus der Natur hervorging, sondern einer neuen Form der Natur entgegengeht. So erscheinen auch die mannigfaltigsten Mischungen der Differenzen der Stimmung, welche der ursprüngliche Charakter von der vereinzelnden Zeit annehmen mufs, obgleich auch hier, wie überall, die Zeit von der Form besiegt wird.

Die im Subjektiven erscheinende unendliche Mannigfaltigkeit objektiviret sich eben so in der Geschichte, wie sie aus dem ursprünglichen Objekt der Natur hervorging. Es erhebt sich die Kunst über das Subjektive, führt die von der Natur angelegten Grundrisse in lebendigen Gemälden aus und die Geschichte realisiret die Kunstideale zu einer Totalität der Menschheit, wie wenig auch diese Realisirung bisher noch bemerkt, oder bemerkbar seyn mag. Auf gleiche Weise treten die Temperamentsformen aus der subjektiven Mischung in die objektive Allgemeinheit, wo sie in reiner Sonderung erscheinen. Doch bilden sie nur gleichsam die Einfassung des idealen Kunstwerks und der realen Geschichte, sind die nothwendigen Differenzen der Kunst und Geschichte, in wiefern beide als Produkte nach Aussen treten.

Was man in der Kunst den Land- und Zeit-Geschmack, und in der Geschichte die Land- und Zeit-Sitte, im philosophischen Sinne des Worts, nennt, darin objektiviren sich die ursprünglichen Charaktere, wie die Temperamente; man müſste aber vor allem die Temperamentsformen, als Differenzen der Zeit, von den Grundtönen absondern, um den wahren Charakter eines Landes, einer Nation, einer Zeit zu finden. Bedeutender aber, oder wenigstens bestimmter treten die Temperamentsformen in den Ständen hervor, und da diese, Formen des Staates sind, so ist diese Objektivirung eine der Kunst und Geschichte gemeinschaftliche Erscheinung und muſs schon deſswegen die Differenzen der im Raum sich gebenden Zeit in höherer Allgemeinheit aussprechen.

In den natürlichen geselligen Verbindungen, welche das gemeinschaftliche Bedürfniſs, die Lage des Landes, Beschaffenheit des Bodens und des Klimas knüpft, ist nur Ein herrschender Stand, es ist ein Hirten- Jäger- Fischer- handelndes - vegetirendes - oder Räuber-Volk. Die ursprünglichen Charaktere und die Temperamentsformen drücken sich in diesen Naturmassen auch natürlich und stark aus. Durch Policirung wird das Naturgepräge verwischt, es entstehen künstliche Bedorinisse, Beschäftigungen, Sitten und Gewohnheiten; es dringt aber auch hier Charakter und Form wieder hervor, doch gelöset von dem Menschen und seiner Kraft, schwebt Charakter und Form als Gepräge der Cultur im Allgemeinen und Idealen der Sitte und Gewohnheit, die sich in die Gesetzgebung verwebt. Es bildet sich nicht mehr die Natur aus dem Menschen hervor, sondern der Mensch in eine objektive Form ein, die jedoch in ihrer Allgemeinheit wieder ein Abkömmling der Natur ist. Es schlummert zwar im Menschen der Naturcharakter und er hat seine natürliche Temperaments-Mischung; aber er nimmt den allgemeinen Charakter der Gewohnheit und Sitte an, und erwirbt sich ein bestimmtes Temperament durch die Standes- und Berufswahl.

Es bildet sich ein Handarbeitender, ein militairischer, ein Handels- und Gelehrten-Stand. Die Gewohnheit des ersten ist Uebergewicht der Materie (Broderwerb); des zweiten, Uebergewicht der Form (Ehre und Subordination); die des dritten ein Detail des Verstandes (Klugheit); die des letzten das Ganze des Verstandes und der Vernunft (Wissenschaft, Kunst, Religion). Der Mensch, die Natur möge ihm diese oder jene Mischung gegeben haben, er nimmt die Gewohnheit des Standes an, in den ihn gewöhnlich der Zufall wirft. Es ist aber leicht, die phlegmatische und cholerische Temperamentsform in den beiden ersten, die sanguinische und melancholische in den letztern wieder zu erkennen. Nur ist zu bemerken, daſs in den Handelsstand nicht allein der Geld- und Waaren-Handel, sondern auch die Ideenberechnung fällt, und daſs folglich der Staatsmann, Weltmann, der bloſs genieſsende Theil, der Geschäftsmann, in der philosophischen Betrachtung, in dieser Sphäre steht.

Auch ganze Staaten nehmen wieder diese Formen an. So ein Erwerbstaat (z. B. die Schweitz), ein militairischer Staat (das alte Rom), ein Handelsstaat (England), ein wissenschaftlicher (Preussen), ein Kunststaat (das alte Griechenland), ein religiöser oder Priesterstaat (Indien, Aegypten, Judäa u. a.)

§. 5.

Ausstrahlung des ursprünglichen Charakters in die Zeit, oder seine Entfaltung im Leben.

Bewuſst- und zeitlos liegt der Charakter, als vollendete Natureinheit und Anlage zur Kunstwelt, in den Tiefen des menschlichen Gemüths und läſst sich nur in dunklen Gefühlen und Ahndungen vernehmen. Aber er hat sich nur zugleich mit seinem Organ hervorgebildet und es spielen seine Kräfte in den unendlichen Richtungen und Verhältnissen des Organismus. Er findet ferner seine geordnete Aussenwelt in den Sinnen und nimmt sie in der Sprache in sich auf; er löset die sinnlichen Bande im Denken und sucht seinen Ursprung in der wahren Erkenntnifs der Natur.

Doch seine eigenthümliche Gestaltung giebt ihm die Aussenwelt des Wissens nicht; ja er veräufsert sich selbst an das Wissen und geht unter in der Allgemeinheit, und noch mehr in dem zufälligen Stückwerk des Wissens als Relativität.

In der dem Wissen entgegengesetzten Richtung eröffnet sich in dem Innern des Menschen eine praktische oder Kunstwelt, in welche selbst das Wissen als Spiel übergeht. Das Wesen des Wissens ist das ewige Gesetz, das sich in der Triplicität der Form offenbaret, und da diese die absolute Gleichheit selbst ist, so kann auch das Wissen nur in allem und jedem Besondern das Gleiche und Allgemeine geben: das Wissen ist in seiner Wahrheit Gewifsheit, das Insichselbstbestehen des Seyns im erkennenden Geist.

So strebt die Natur überall dem Allgemeinen entgegen und läfst das Besondere zurück, scheint es sogar zu vernachlässigen; aber sie verarbeitet das Allgemeine immer wieder zum Besonderen, sie concentriret z. B. alle Pflanzenkräfte in der einfachen Blüthe, doch nur, um wieder eine Pflanze zu erzeugen, die das Spiel der Mannigfaltigkeit neu beginnt.

Das Besondere bildet demnach eine eigene, dem Allgemeinen entgegengesetzte Reihe in der Natur, und so legt sich im menschlichen Organismus das Allgemeine nach Aussen, in Sinn- und Sprach-Organen, und zieht auch den verborgenen Charakter zur Allgemeinheit des Denkens und Erkennens hervor, während das Besondere im Innern in unendlich mannigfaltigen Regungen spielt, die den schlummernden Charakter zur freien Selbstgestaltung aufzurufen und ihm das Material darzubieten scheinen.

Die innern Anregungen zur Offenbarung des Charakters im Kunstwerk des Lebens sind die Triebe. In ihnen liegt der Keim der Einbildungskraft, welche die in den Sinnen geschlossene Welt auflöset, nicht wie das Denken in die Allgemeinheit des Nichts und das Nichts der Allgemeinheit, sondern in freie und besondre Bilder. Durch die Triebe angeregt, gestaltet sich der Charakter in dem freien Felde der Einbildungskraft zuerst als Neigung, die den Grundton in ein mannigfaltiges und freies Spiel setzt. Aus der Mannigfaltigkeit des Spiels der Neigung strebt der Charakter zur Einheit hervor und tritt in diesem Streben als Bildungsvermögen in die Erscheinung. Das Bildungsvermögen ist der Einbildungskraft wie die Einheit der Mannigfaltigkeit entgegengesetzt, ein und dieselbe Kraft, aber hier spielende Kraft ohne Selbstheit, dort schaffende Kraft. Das Bildungsvermögen ist noch subjektiv und hat in dem Bilderreich der Einbildungskraft noch ein gegebenes Objekt; es schafft folglich nur Formen und seine Thätigkeit ist Leidenschaft. Auch auf dieser Stufe der Entfaltung findet sich noch nicht der Grundton, um die Harmonie aller Töne in sich zu geben, sondern wenn die Neigung nur einzelne Töne anschlägt, so giebt die Leidenschaft nur Accorde. Die Einheit der Leidenschaften ist der Enthusiasmus, und in ihm giebt sich zugleich die Einheit der Neigungen als Liebe. In dieser Dyas erscheint das Genie, der Grundton wird objektiv, mit ihm die Gesammtheit der Töne, und es kann nun auch der wahre Charakter objektiv erscheinen, wenn aus der dritten Sphäre der Vernunft das Eine formlose Wesen hervorstrahlt und die Harmonie anschlägt.

§. 6.

Der Naturreitz zur Entfaltung des Charakters, oder der Trieb.

Der Trieb ist zuerst eine Kraft, denn was treiben soll, mufs kräftig seyn; zweitens eine Kraft in der Kraft, denn was getrieben werden soll, mufs Kraft haben. Der Trieb im Organismus ist folglich als der innere Reitz der Kraft zu bezeichnen, der nur in organischen Wesen erscheinen kann, da nur diese ein besonderes Leben haben und dieses sich selbst durch ihre Kraft geben. Eine Kraft kann aber nur in soweit sich zu einem Lebendigen bilden, in wie weit sie sich von sich selbst löset und so mit sich selbst in Gegensatz und Wechselwirkung tritt, und nur in so weit zu einem besondern lebendigen Wesen sich bilden, in wie weit sie von sich selbst gelöset, mit andern Kräften und Wesen, oder mit der Aussenwelt in Gegensatz und Wechselwirkung tritt.

Die von sich selbst gelöste Kraft ist der Trieb, oder innere Reitz, durch welchen der Reitz der Aussenwelt auf die Kraft vermittelt wird. Die Kraft erzeugt, aber der Trieb zieht den erzeugenden Strahl hervor, und weckt damit oder empfängt doch die Reitze anderer Wesen, welche als äufsere nicht auf die einwohnende, sondern auf eine fremde Kraft gerichtet, folglich nicht Triebe, sondern nur Reitze sind.

Wir unterscheiden die animalischen Triebe von den Lebenstrieben überhaupt, und zwar als nicht schlechthin nothwendige, sondern, wie es scheint, zufällige Bedingung des Lebens; das Thier könnte ja auch mit der geschlossenen Nothwendigkeit der Pflanze leben.

Die Wiederholung des Lebenstriebes, denn das Thier hat auch diesen in seiner Vegetation, als animalischen, deutet auf eine Innenwelt hin, welche dieser Trieb mit der Lebenskraft, und umgekehrt diese mit jener zu vermitteln hat. Der animalische Trieb ist ferner, im Gegensatz des vegetativen Lebenstriebes, ein freier und nur in sofern kann er für das Leben selbst als zufällig erscheinen.

Der animalische Trieb ist die Mutter der Sensation, die wir in der historischen Entwickelung der theoretischen Psyche als verschlossen annehmen mufsten, um die Beschränkungen oder Bestimmungen rein zu erkennen, welche sie durch die, in den Sinnen nach Aussen gelegte Animalität erhält, und die ihr die Richtung auf eine Vergangenheit, oder ein von ihrer eigenen Thätigkeit unabhängiges Seyn an sich geben.

Auch der vegetative Lebenstrieb ist, als die von sich selbst gelöste Kraft, frey, das heifst, es wird in dem Triebe die Freiheit der Kraft nothwendig gedacht; aber diese Freiheit geht unter in dem Produkt der Wechselwirkung mit den Reitzen der Aussenwelt, in dem vegetativen Leben. Im animalischen Triebe erscheint die Kraft selbst als frey thätig und spricht sich in der Sensibilität der Nerven bestimmt als solche aus.

Wie gewifs die Natur nirgends wahrhaftig getrennt, das ist, wie gewifs nur Eine Natur ist; so gewifs wird in der Sensibilität nicht diese oder jene, sondern die eine und ganze Naturkraft frey. Doch hat die Befreiung oder ideale Offenbarung der

Natur eben so ihre Stufen, wie sich die Eine Kraft in bestimmte sich folgende reale Formen bindet.

Auf der höchsten Stufe der Befreiung muſs folglich die Eine und ganze Naturkraft frey erscheinen, und diese fällt in das Nervensystem des menschlichen Organismus, in wiefern es sich im Gehirn concentriret. In diese letzte reale Erscheinung der Natur fällt demnach auch die Sensation, als Ausdruck der totalen Befreiung der Naturkraft, oder der totalen Lösung von sich selbst.

In dieser Einheit und Totalität bildet die Sensation, als bloſser Ausdruck der totalen Befreiung, einen Gegensatz mit den sensiblen Nerven, welche die Befreiung nur theilweise, das heiſst, noch nicht vollendet, sondern vollendend aussprechen: die sensiblen Nerven verhalten sich zu dem sensitiven Gehirn als unendlich mannigfaltige und freie Reitze zu der durchaus freien Kraft, die durch sie geweckt werden, und geweckt das Innere der Natur, als das Producirende und Producirte, als wahres Leben offenbaren soll.

In der Sensation, als der Einen und totalen (Gefühl), schlummert der ursprüngliche Charakter mit dem Grundton, mit welchem und in welchem er sich aus der Natur heraufgebildet hat. Sein unmittelbares Organ ist das Gehirn, aber das durch den ganzen Organismus vertheilte Nervensystem, ist als unendlich mannigfaltiger Reitz die Bedingung seiner Erscheinung.

Die Reitzbarkeit der Sensation ist mit ihr selbst gegeben, denn sie ist nur die Einheit und Totalität aller Reitze, so wie das Gehirn nur die Einheit und Totalität des Nervensystems. Doch ist hiemit die Reitzung selbst, als wirkliche That, noch nicht begriffen. Diese That ist in dem Galvanismus der organischen Thätigkeit zu suchen.

In dem allgemeinen Gegensatz des Muskel- und Nervensystems fällt der Hydrogenpol in das letztere; aber der Nerv kann nicht eigenes Organ seyn, ohne zugleich seine eigene Polarität zu haben, und die Knoten der aus dem Vegetativen hervorstehenden Nervenfäden deuten wohl bestimmt diese Polarität an. Der Nerv ist positiv, Reitz und Trieb in seinen unendlichen Fäden — und er ist negativ, reitzbar gegen seine eigene Sensibilität — in seinen Knoten oder Ganglion. Wie nun die Pole des Galvanismus zugleich im nothwendigen Gegensatz und in nothwendiger Einheit spielen: so muſs auch jeder Reitz, jeder Trieb, als der positive Pol der frey organischen Thätigkeit in seinen entsprechenden Knoten und so fort in dem Gehirn, als der Summe und dem Centrum aller Ganglien, die dem Reitze entsprechende Bestimmung der Sensation erscheinen lassen.

Der Trieb ist dem allen zufolge das unendlich freie Spiel der organischen Kraft, das zwar, als Reitz noch ganz in der realen Sphäre liegt, aber vermöge der Polarität der Nerventhätigkeit, in die ideale Sphäre überschlägt, und die dort in dem Gehirn zur Einheit und Totalität in der Freiheit hervorgebildete Naturkraft weckt und zugleich als unendliche und mannigfaltige bestimmt.

Noch ist über die Natur des Triebes, als hieher gehörig, zu sagen, dafs in ihm der Grund des, alle Entwickelungen des ursprünglichen Charakters, begleitenden Gegensatzes des Angenehmen und Unangenehmen gegeben ist; dafs aber auch schon dieser Gegensatz und seine Bezeichnung es beweiset, dafs das Innere des Menschen nicht, wie so manche historische Philosophen meinen, aus den Trieben und physischen Bedürfnissen so hervorgehe, wie die Blüthe der Pflanze aus ihrem Keime. Es ist im Menschen ein ursprünglich Annehmendes, als das personificirte Naturgesetz anzusehen, das, mit und nach innerer Nothwendigkeit, die Reitze und Materialien, die ihm in der entgegengesetzten Richtung aus der realen Sphäre spielend zugeworfen werden, annimmt, wenn sie der eigenen idealen Organisation entsprechen und im entgegengesetzten Fall verwirft. Doch ist diese Wahl nicht eine freie, denn die Freiheit soll sich erst in jener idealen Organisation gestalten, sondern eine ideale Wiederholung der Affinitäten oder Wahlanziehungen der Naturkraft im Realen. Das Gefühl ist angenehm, wenn die Triebe in freier Harmonie spielen, denn so stören sie nicht den idealen Bau, und es ist unangenehm, wenn sie aus der Harmonie fallen, die Aufmerksamkeit des Baumeisters auf den Grund herabziehen und ihn um die Sicherheit des Gebäudes besorgt machen. Es kann das Gemüth auch müssig seyn und den idealen Bau für eine andere Welt versparen — dann schwimmt es behaglich in dem ruhigen Fluſs spielender Wellen, wird aber auch vom Sturm mit fortgerissen, und hat weder Schiff, noch Steuerruder, noch Anker.

§. 7.

Die Auflösung der theoretischen Bande der Aussenwelt, oder des Seyns an sich in den Sinnen, durch den Trieb als Einbildungskraft.

Der Mensch ist Ein Ganzes, und der innere bildet sich nicht allein gleichzeitig mit dem äuſseren, sondern es reflektirt sich auch die äuſsere Bildung in der innern, diese in jener. So beweisen abnorme Zustände, der thierische Magnetismus und der Somnambulismus, den Reflex der Sinne in der Vegetation; so, manche Zustände des Wahnsinns und das Delirium im Fieber den Reflex der Vegetation in den Sinnen, durch sie in der Aussenwelt als empfundener. Im Traume aber sind nur die vegetativen Triebe, und die animalischen unbewuſst, thätig, und doch geben sie die Aussenwelt der Sinne mannigfaltig unter einander geworfen, ohne feste Verhältnisse der Zeit und des Raumes, das ist, ohne objektives Seyn. Es ist ferner gewiſs, daſs der Schlaf alsdann in Traum übergeht, wenn auſser den vegetativen Lebenstrieben auch die animalischen und freien aufgeregt werden, wenn die Empfindung des Hungers oder eines andern Bedürfnisses entsteht, wenn die Verdauung noch nicht vollendet ist, hitzige Getränke die animalischen Triebe in zu groſse Thätigkeit versetzt haben u. s. f.

Da nun die Einbildungskraft ihre wahre Natur am bestimmtesten im Traume offenbaret, so ist man wohl schon erfahrungsmäſsig berechtiget, sie als den Reflex des animalischen Triebes in der äuſsern Sinnlichkeit anzusehen.

Sie ist aber auch im wachen Zustande thätig und in dieser Thätigkeit ist sie die Objektivirung des animalischen Triebes, das Band, welches den innern Menschen mit der Aussenwelt, die Aussenwelt mit dem innern Menschen verbindet. Wenn ich den sinnlichen Gegenstand interesselos anschaue, so ruhet seine Form in seinem Daseyn und der Gegenstand ist ein wirklicher auſser mir, ist aber der Trieb auf ihn gerichtet, so schwindet sein Daseyn für sich, seine Form ist nur gefällig oder mifsfällig, und der Gegenstand ist nicht mehr ein wirklicher, sondern eingebildeter, ein Bild in mir mit angenehmer oder unangenehmer Form; im ersten Fall gebe ich ihm ein Daseyn in mir, im zweiten suche ich das Bild zu entfernen, ich negire das Daseyn, und das ist möglich, weil es nur Bild ist. So geht die Aussenwelt frey in das Innere ein, und beweiset damit die Absolutheit des ursprünglichen Charakters, welcher durch den Trieb geweckt und entfaltet wird. Das Innere geht aber zugleich in die Aussenwelt über; denn die durch den Trieb als Einbildungskraft in Bilder aufgelöste Aussenwelt wird im Innern mannigfaltig verknüpft, es entstehen neue Compositionen zu einer neuen Welt, die allerdings in sofern Täuschung ist, in wiefern sie nach ihrer Materie, den Bildern, eine Aussenwelt ist; da sie doch nur im Innern ihre Wahrheit hat, die sich aber in dem Gebiete des Triebes und der Einbildungskraft nicht enthüllt.

In der Aussenwelt der Einbildungskraft ist der Trieb die Materie, das was in der Aussenwelt der Sinne der Tastsinn ist, schlechthin Daseyn für den Bau einer innern Welt. Die Form ist freies Spiel im Gegensatz des Angenehmen und Unangenehmen. Die Beschränkung durch Combination ist die erste Erscheinung des ursprünglichen Charakters, der hier nach Aussen geworfen, einen Gegenstand sucht, ohne ihn irgendwo zu finden, weil er selbst es ist, was er sucht, und so ist der Gegenstand, das dritte in der Construktion jeder Welt, in der Sphäre der Einbildungskraft ein unbekannter, nur das äufserlich sich offenbarende Streben nach Selbstheit.

§. 8.
Erste Organisation des ursprünglichen Charakters oder die Neigung.

Der Trieb ist die von sich selbst gelöste, freie Nervenkraft, die Neigung ist der von sich selbst gelöste, freie Trieb; der Trieb steht ganz im Realen und strebt in das Ideale; die Neigung ist ganz ideal, entspricht aber dem realen Triebe, ist ihm gleichsam zugekehrt; der Trieb ist der positive, die Neigung der negative Pol des sogenannten Begehrens, das ist, jener Richtung der Naturkraft, die in der Reihe der Besonderheit aus der gesammten Natur in das Innere des menschlichen Organismus sich herauf bildet.

Der ursprüngliche Charakter tritt schon in der Einbildungskraft hervor, doch nur gleichsam als leiblicher, die Seele der Einbildungskraft ist die Neigung, und so finden wir, dafs die Einbildungskraft, wie zufällig sie auch zu spielen scheinen

nen mag, in gröſsern Parthieen des Raumes und der Zeit immer einen Kreis um diese oder jene Neigung beschreibt. Auch haben die Neigungen in aller ihrer Mannigfaltigkeit bestimmte Centra, die nicht zufällig entstehen, sondern aus dem Innern des Menschen hervorgehen, so daſs die eine und selbe Gruppe von Raum und Zeit in verschiedenen Menschen ganz verschiedene Gruppen von Neigungen bildet.

Den ursprünglichen, Natur-Charakter der Neigung bestimmen, heiſst, den ursprünglichen Charakter als Neigung bestimmen. Wie viele Grundtöne, Kreise und Reihen von Wesen, die Natur hat; so viele Gruppen von Neigungen sind im Menschen ursprünglich angelegt, und wie in jedem Grundton alle übrigen tönen, so sind auch in einer Grundneigung alle übrigen gegeben; sie erscheinen aber in ihrer Entwickelung in durchgehender Beziehung auf die herrschende Neigung, die selbst nur selten zum Bewuſstseyn kommt.

Wir kennen die ursprünglichen Neigungen noch nicht, weil uns die Grundtöne der Natur noch unbekannt sind; wir können folglich nur das sagen, daſs diese Grundtöne in den Neigungen zuerst im psychischen Charakter erscheinen, und daſs in ihrer innern Gestaltung und Entwickelung dasselbe Verhältniſs statt findet, welches wir für die Grundtöne der Natur aufgestellt haben. Aber die Stufenform (Potenz) kann und muſs bestimmt werden, in welcher der ursprüngliche Charakter als Neigung psychisch erscheinet.

Die Form des Charakters in der Neigung wird mit der Idee des Eigenthums bezeichnet*). Das Eigenthum ist die erste praktische Idee des Menschen, folglich die erste Erscheinung seiner praktischen oder selbstigen Natur. Der Trieb strebt nach innerem Daseyn (Erhaltung des Lebens u. f.), er beherrscht frey den Tastsinn, er ergreift und hat. Begründet ist mit diesem Akt allerdings das Eigenthum: ob auch berechtiget? die Naturrechtslehrer knüpfen den Begriff des Grundes und des Rechtes in dieser Anwendung unmittelbar an einander, und doch liegt ein ganzes Reich zwischen ihnen, das Reich der Neigungen, man kann sagen, das ganze Reich der Gesellschaft, so daſs mit dem Naturrecht überhaupt, denn jedes andere ruht auf dem des Eigenthums, nicht nur aus Collisionen, sondern selbst aus dem Widerspruch nicht herauszukommen ist, wenn man nicht von dem Idealen aus und noch etwas höher hinauf geht, als Kant ging. Platner geht von der Kraft, als einer freien aus, und so ist ihm die Ausübung der Kraft und das Organ der-

*) Man vergleiche hier und im Folgenden Platners Aphorismen 2 Th. 1800, S. 515 u. f.

selben, der Körper, das erste Eigenthum und der Maafsstab jedes andern. Diese freie Kraft ist das Fundament seines Skepticismus, auf welchem er aus den Materialien der Erfahrung und nach dem Richtstab der Logik, in der Stadt der Menschheit ein Haus nach dem andern bauet, auch von Zeit zu Zeit höher und tiefer und im neuern Styl bauet, ohne dafs irgendwo ein fester Grundrifs, von der Natur entworfen, sichtbar wird, aufser für denjenigen, der sich wieder den Skepticismus selbst zum Objekt macht. Aber er will es nicht anders, weil er meinet, es könne mit Recht und Wahrheit nicht anders seyn und diese Beharrlichkeit ist um so mehr zu schätzen, da er ohne sie nicht als einzig in dieser Art in der philosophischen Literatur dastehen würde.

Wir gehen von derselben freien Kraft aus, aber uns genügt nicht ihre Beziehung auf ein Aeufseres, dessen Wesen doch selbst wieder Kraft ist, sondern wir suchen ihre eigene, und hier ohne Metapher eigenthümliche Organisation.

Der Trieb hat oder hält die Aussenwelt für den innern Menschen, aber er besitzt sie nicht. Nicht ein Besitz der Aussenwelt der Sinne, sondern nur der Aussenwelt der Einbildungskraft ist möglich; in der Sinnenwelt ist der Mensch nichts für sich, sondern das Eigenthum der Aussenwelt und er wird nur dadurch für sich, dafs er im

Trieb von dem Besitztseyn losbricht und das Reich der Einbildungskraft eröffnet, in welches nun die ganze Sinnenwelt fessellos einströmet und so ein Eigenthum des Menschen, gesellige Verhältnisse und Cultur möglich macht.

Der Trieb sucht den Gegenstand, die Einbildungskraft giebt, die Neigung nimmt ihn; es ist die Eine Kraft des innern Menschen, aber sie muſs erst subjektiv seyn und objektiv werden, um für sich zu seyn, und so ist die Neigung das erste Fürsichselbstseyn der Kraft des innern Menschen: der ursprüngliche Charakter erscheint in ihr zuerst und zwar als praktischer Gegenstand.

So finden wir im ganzen Begehrungsvermögen herrschend den Gegensatz des Willens und des Reitzes, durch welchen er zur That bestimmt wird; wir können den Willen, als ursprüngliches Vermögen nur willkührlich voraussetzen, zur That kommt er nur durch den Reitz; aber der Reitz als Reitz scheint hinwiederum zu dieser Voraussetzung zu berechtigen.

Der Wille, als ursprüngliches Vermögen, ist der organische Trieb, als die, in der Reihe der Besonderheit, in das Innere des Organismus sich herauf bildende Naturkraft, und sein Umfang ist durch die Richtung von dem Subjektiven auf das Objektive begrenzt.

Der Reitz wurde, wenn wir auf ganz krasse Vorstellungsweisen keine Rücksicht nehmen, als praktische Vorstellung, mit Recht, gefaſst; nur wuſste man den Uebergang der theoretischen Vorstellung in die praktische nicht genau zu bezeichnen und kam im Cirkel wieder auf den Trieb zurück. Es ist die freie Vorstellung der Einbildungskraft — eben nicht der Reitz des Willens als Triebes, denn der Naturtrieb ist selbst der Reitz, wohl aber der Gegenstand, eigentlicher das Bild, in welchem der Trieb ein bewuſster und so Gegenstand eines Begehrens wird, das man, wenn der Cirkel vermieden werden soll, unmittelbar als Neigung und diese als die erste Organisation des ursprünglichen Charakters fassen muſs. Uebrigens ist die praktische Vorstellung durch die Richtung vom Objektiven auf das Subjektive bestimmt und nach ihrem Umfange begrenzt. Richtiger kann nach diesem Vorausgeschickten die Neigung als der ursprüngliche Wille bestimmt und hiemit von dem organischen Triebe unterschieden werden; dann muſs man ihn aber nicht bloſs als Vermögen, sondern zugleich als Kraft, und nicht bloſs als Kraft, sondern als die nach den Naturtönen des ursprünglichen Charakters schon in sich bestimmte Kraft vorstellen; man muſs ferner die ihm untergeordnete praktische Vorstellung der Einbildungskraft nicht wieder über ihn hinaufsetzen.

Der praktische Gegenstand giebt den subjektiven Trieb, dessen Streben nur inneres Daseyn verkündet, und die objektive Vorstellung oder das Bild der Einbildungskraft, als die Form des Daseyns im Triebe, zu Einem und in Einem verbunden. Eine solche Synthesis nennen wir Zweck und so ist die Neigung das Eine und Gleiche alles dessen, was wir in welcheiner Sphäre als Zweck bezeichnen.

Der ursprüngliche Charakter objektiviret sich demnach in der Neigung als Zweck und in diesem ist immer der Gegensatz einer Form als Objekts (Produkt der Einbildungskraft) und einer Realität als Subjekts (inneres Daseyn, Produkt des Triebes) enthalten.

Wenn die Neigung die Synthesis des Triebes und der Einbildungskraft ist, so mufs sie sich in ihrer eigenen Organisation oder Entwickelung, eben so in der Materie des Triebes wie in der Form der Einbildungskraft, und sie mufs sich endlich in sich selbst als Gegenstand geben.

Die Neigung hat diesem zufolge eine dreifache Sphäre, die der Materie, der Form und des Gegenstandes: in der ersten erscheint sie mit dem Triebe einseitig, in der zweiten mit der Einbildungskraft anderseitig, in der dritten mit beiden zugleich folglich allseitig verbunden und sofort in sich selbst wahr, als totale Neigung, die vollendete Objektivirung des ursprünglichen Charakters in seiner ersten Organisation.

In der ersten Sphäre steht die Neigung oder Liebe zum Besitz, Eigenthum (sinnlicher Egoismus); in der zweiten die Neigung oder Liebe zur Form, Ehre im weitesten Sinne des Worts (geistiger Egoismus); in der dritten die Neigung oder Liebe zum Wesen, die Neigung oder Liebe der Liebe, das ist, die Neigung in ihrer Identität und Wahrheit (Egoismus im Dualismus und umgekehrt).

Wir haben oben behauptet, daſs die Neigung in der Idee des Eigenthums als allgemein sich gebe. Wir fallen auch hier aus dieser Idee nicht heraus, obgleich sie für die besondere Sphäre auf den Begriff des physischen Besitzes (unterschieden vom Besitz des Physischen, der in der ersten, so wie in der zweiten und dritten Sphäre als Theil enthalten ist) beschränkt ist. Die Idee haben wir in dem fremden Ausdruck Egoismus wiederholt, und wir wollen mit ihm den ersten Grad des Insichselbstseyns der Psyche in ihrer innern Erscheinung als ursprünglicher Charakter bezeichnen. Das Charakteristische jeder dieser drey Sphären wollen wir nur im Allgemeinen bemerkbar machen.

Der sinnliche Egoismus ist Trieb, Einbildungskraft und Neigung, auf den Trieb bezogen.

Der Trieb strebt nach innerem Daseyn, ist aber nach Aussen gerichtet; er wird Form im Objektiven der Einbildungskraft und geht als Neigung auf sich selbst zurück. In der Neigung ist er, als Zweck, selbst Gegenstand geworden von sich selbst; er befriediget nicht mehr bloſs bewuſstlos die thierischen Bedürfnisse, sondern er genieſst die Befriedigung als Zweck, und kann, in der Freiheit des Zwecks oder der Neigung und durch das Spiel der Form oder der Einbildungskraft, sich selbst als Gegenstand oder Zweck, hiemit zugleich die Bedürfnisse ins Unendliche vervielfältigen.

Der geistige Egoismus ist Trieb, Einbildungskraft und Neigung, auf die Einbildungskraft oder die Form bezogen. Der Trieb, als materielles Streben, und die Neigung als Zweck, werden in das Spiel der Form gezogen, und obgleich dieses Spiel ein unendliches ist, so wird es doch, weil es Spiel der Form ist, ist nur nicht der sinnliche Egoismus damit verbunden, von dem Zweck unbewuſst bezwungen und gestaltet sich in eine Nothwendigkeit, welche den ursprünglichen Charakter, in dem Gebiete der Neigung, oft auf die herrlichste Weise entfaltet. Man darf sich, um diese Bemerkung richtig zu finden, nur den Charakter eines Mannes von hohem und feinem Ehrgefühl in gewissen entscheidenden Situationen, im Gegensatz des bloſs nach Genuſs strebenden ausmahlen.

Der Egoismus und Dualismus der Liebe in gegenseitiger Durchdringung, ist Trieb, Einbildungskraft und Neigung auf die Neigung oder das Wesen bezogen. Die Materie des Triebes schwebt ganz in der Form der Einbildungskraft, diese ist ganz versinnlichet, personificiret, individualisiret; die Materie des Triebes wird ganz frey in der Form der Einbildungskraft, die Form wird ganz nothwendig in der Einen Person. Eins in Zwey und Zwey in Eins. Die Unendlichkeit des Triebes und die Unendlichkeit der Form ist von Einem Zweck bezwungen, aber dieser zerlegt sich wieder, ohne aus der Einheit zu fallen, in die Unendlichkeit des Spiels der Form und des sinnlichen Genusses. Dieſs ist das Ideal der Liebe, die Kindheit des ursprünglichen Charakters.

Sinnlicher Genuſs, Ehre und Liebe, sind die drey Stufenformen der Neigung oder der Idee des Eigenthums. In jeder ist der Mensch in sich selbst, aber in der ersten als Materie, in der zweiten als Form, in der dritten als Wesen, und so giebt sich nur in der dritten das Ganze in der wahren Zusammenstimmung, die erste Offenbarung des ursprünglichen Charakters als Selbstheit des Menschen. Der sinnliche Egoist mit verbrauchtem Triebe, verbunden mit Ehrlosigkeit und Lieblosigkeit, bezeichnet den tiefsten Verfall der Menschheit.

§. 9.

Die producirende Kraft des ursprünglichen Charakters oder der Trieb als Bildungsvermögen.

In der Neigung, als sich selbst Zweck, das ist als Liebe, wird der Trieb ganz frey, und die Einbildungskraft ganz gebunden. In der Liebe ist subjektiv die höchste Freiheit der Kraft, aber objektiv die tiefste Gebundenheit in den Einen Gegenstand; der Trieb wird folglich ideale Kraft, und zwar nicht bloſs in der Form spielend, wie als Einbildungskraft, sondern die Form beherrschend, das ist, im Gegensatz der Einbildungskraft, sie erzeugend. Diese Kraft ist das Bildungsvermögen oder die frey producirende Kraft.

Die Liebe, als höchste und wahre Neigung, ist von der organischen Erscheinung der Liebe nur durch das Bewuſstseyn, das ist, darin unterschieden, daſs diese die reale, jene die ideale Form frey producirt: beiden Erscheinungen liegt das Eine ursprüngliche Bildnngsvermögen der Natur zum Grunde, das uns aber erst in der idealen Erscheinung erkennbar wird.

In der Form der Neigung erscheint die Liebe nur von ihrer passiven Seite, als Synthesis des

Triebes und der Einbildungskraft in gegenseitiger Durchdringung, und wir müssen sie wieder auf den Trieb zurückführen, um sie als aktiv, als Bildungsvermögen zu finden. Das heißt, mit der in der Liebe vollendeten und wahren Neigung, beginnt eine neue Organisation des ursprünglichen Charakters.

In der ersten Organisation ist der ursprüngliche Charakter objektiv, Gegenstand, Eigenthum von sich selbst, Realität, Zweckvermögen, das sich in der Liebe selbst realisiret; in der zweiten ist er subjektiv, Kraft der Form, ideale Kraft, der Zweck wird aufgehoben und zwecklos producirt die Kraft bloſs Form, das ist, als frey ihre eigene Nothwendigkeit.

Der Einbildungskraft insonders ist das Bildungsvermögen in sofern entgegengesetzt, als jene nur die Aussenwelt, von den sinnlichen Banden gelöset, das freie, convexe und concave Spiegelbild derselben giebt; dieses hingegen eine eigene Welt zu schaffen versucht, deren Materie die schaffende Kraft selbst als Anschauung und die Form eine Nothwendigkeit ist, die allerdings nur in der höhern Organisation mit der Freiheit vermählt erscheint, und diese vorerst noch als Sehnsucht in sich trägt. Es wird mit dem Bildungsvermögen jener Gemüthszustand bezeichnet, in welchem die Kraft ins Unendliche strebt und in diesem Streben eine Form nach der andern schafft, ohne das Ziel, die Ruhe im vollendeten Produkt zu finden, während die spielende Einbildungskraft leicht mit dieser oder jener Form begnügt wird und selbst im Wechsel ihre Ruhe findet, weil die Sinnenwelt, als Materie, diese Form trägt.

§. 10.
Zweite Organisation des ursprünglichen Charakters oder die Leidenschaft.

In dem Gemüthszustande, welchen wir als Leidenschaft kennen, ist der Trieb im höchsten Grade aufgeregt, auf Ein Bild oder Eine Vorstellung gerichtet und alle Zweckvorstellung aufgehoben; der geniefsende und suchende Trieb wird zerstörend, die spielende Einbildungskraft verwirrt, die ruhige Neigung vom Sturm aufgewühlt; die Sinne werden verdunkelt, die Aussenwelt geht unter und im Innern wüthet nächtlich ein Chaos von Kräften.

Die ursprüngliche Gährung der Natur, aus welcher immer und überall das Leben in eigener Form hervorgeht, scheint sich hier ideal zu wiederholen; und so ist die Leidenschaft nicht minder die erste Ankündigung der sich selbst im Idealen lebenden Kraft, wie in der sichtbaren Natur die Gährung, die Regung und Erscheinung der, reale Formen erzeugenden Kraft verkündiget.

Die Leidenschaft in ihrem natürlichen Ausdruck, ist eine Fuge der im Bewufstseyn schlummernden Grundtöne, worin die Accorde verborgen liegen, aber endlich zur vollen Harmonie hervorbrechen.

Das Waltende in der Leidenschaft ist die Form, dargestellt in der Idee der Ehre, die, als Idee, im Gegensatz steht mit der Idee des Eigenthums. Nicht für sich selbst, wie in der Neigung und sich selbst Objekt ist der Mensch in der Leidenschaft, sondern irgend einer Form angehörig giebt er das Schauspiel eines aufgelösten Objekts. Die Leidenschaft kann alles aus dem Menschen machen, nur nichts für ihn selbst, sie trägt oder wirft ihn folglich in ein Reich der Form, deren Wesen in einer höhern Sphäre liegen mufs. Für eine Form aber, die den Menschen aus sich heraussetzt, ohne ihn in höhere Sphären zu versetzen und doch für eine solche sich giebt, haben wir in der Sprache kein entsprechenderes Wort als Ehre. Der Mensch kann nach Ehre streben, um sie als Mittel zu brauchen zu irgend einem Zweck, er kann aber auch nach Ehre streben, blofs weil er in der Ehre sein höchstes Gut findet, und er kann nach ihr streben, weil das Wesen in ihm mit Würde sich aussprechen mufs. Diefs leitet uns zu der Stufenform der Leidenschaft, die nach demselben Typus sich gestaltet, nach welchem wir die Stufenform der Neigung gebildet gefunden haben.

Es fehlt uns ein Wort, welches den Charakter der Leidenschaft so bezeichnete, wie das Wort Egoismus den der Neigung. Die Leidenschaft hat ihre Wurzel im Egoismus, aber sie schlägt in eine Form aus, die man nur durch einseitige Betrachtung wieder unter den Egoismus beugen kann. Die Neigung schliefst sich endlich, in der Liebe, wieder in den Menschen, aber die Leidenschaft setzt den Menschen, auch im Enthusiasmus, aus sich heraus, so dafs sie eigentlich die Differenz des praktischen oder Kunst-Menschen darstellt.

Trieb und Einbildungskraft sind die Organe der Leidenschaft wie der Neigung, der Trieb macht die Leidenschaft zur materiellen, die Einbildungskraft macht sie zur formellen; aber wahre Leidenschaft ist sie erst dann, wenn sie Trieb und Einbildungskraft überwindet und auf sich selbst ruhet.

Trieb, Einbildungskraft und Leidenschaft (die oben bezeichnete bildende Kraft) bezogen auf den Trieb, giebt die gemeine Leidenschaft (Differenz der Materie), die mit dem sinnlichen Egoismus verbunden ist. Hieher gehören alle sinnliche Erscheinungen der Leidenschaft, von denen auch die edlere nicht frey wird; aber der Trieb ist hier untergeordnet und so giebt es geistige Mittel, den sinnlichen Ausbruch der edleren Leidenschaft auf der Stelle zu verhindern oder doch zu hemmen, hingegen kein geistiges Mittel gegen den Ausbruch der gemeinen Leidenschaft.

Trieb, Einbildungskraft und Leidenschaft auf die Einbildungskraft bezogen, giebt die edlere Leidenschaft (Differenz der Form), sie ist mit dem geistigen Egoismus verbunden. Hieher gehören alle Verstandesspiele der Leidenschaft, die besonders glänzend in der Hof- und Toiletten-Koketterie erscheinen. Auch die wahre Leidenschaft nimmt diese Spiele mit auf, doch sie beherrschend und so werden diese sowohl als die sinnlichen Erscheinungen der Leidenschaft in der wahren kunstmäſsig gebildet.

Trieb, Einbildungskraft und Leidenschaft bezogen auf die Leidenschaft, giebt die wahre Leidenschaft oder den Enthusiasmus, immer verbunden mit der Liebe (Differenz des Wesens). Jeder höhere Geist ist von dem Enthusiasmus beseelt: er erhöht die Liebe zur Freundschaft, zum Patriotismus, zur allgemeinen Menschenliebe; er erzeugt den physischen und moralischen Heroismus, er schafft mit der Liebe den Kunst und Wahrheitssinn. Trieb und Einbildungskraft, der sinnliche und geistige Egoismus werden beherrscht vom wahren Enthusiasmus und sind die Maschinen seiner Thätigkeit, die Organe seiner Darstellung.

Die gemeine Leidenschaft ohne Verstand und Enthusiasmus giebt die Erscheinung einer bloſs thierischen Kraft.

§. 11.

Erscheinung des ursprünglichen Charakters im Genie.

Das Genie offenbaret sich nur objektiv in seinem Werke, das immer das Ganze der Menschheit in irgend einer Form umfaſst, den einzelnen Erscheinungen des Lebens aber den Charakter der Ganzheit aufprägt, obgleich diese höhere Beziehung der einzelnen Erscheinung mehr geahndet als ausgesprochen wird. Das Genie greift in die Geschichte ein, seine That giebt ihr den Ton wieder, der in die vereinzelnde subjektive Zeit verhallt, sein Werk ist das Licht der Geschichte, das ihr unendliches Farbengemisch zu ganzen Gemälden ordnet. Der subjektive Gemüthszustand des Genie's ist unendliche Anregung des Triebes, schnelle und kühne Thätigkeit der Einbildungskraft, reiche Strömung der Neigungen in das Meer der Liebe, leicht spielende Thätigkeit des Bildungsvermögens, Heftigkeit der edleren Leidenschaften, doch leicht besänftiget durch Form (feine Schmeicheley, edle Unterwürfigkeit, Huldigung), herrschender Enthusiasmus.

Lie-

Liebe und Enthusiasmus, heifsen die grofsen Kräfte, durch welche das Genie wirkt, beide Eines in dem Ideal der Form, so dafs Kunst-Liebe und Kunst-Enthusiasmus, nicht mehr unterschieden, die Eine Schönheit umschlingen. Die Liebe strebt nach Besitz des Wesens, die Kunst-Liebe besitzt es in dem Ideal; der Enthusiasmus strebt nach Darstellung der Form, der Kunst-Enthusiasmus findet den Urtypus derselben in dem Ideal.

Das Ideal ist die Harmonie der gesammten Naturkräfte in der Einheit eines bestimmten Grundtones. Jedes lebendige Ideal ist als eine in der ganzen Natur geoffenbarte unendliche Vollkommenheit des ewigen Wesens anzusehen, und erst dann, wenn alle Ideale in der Geschichte realisiret sind, ist die Offenbarung Gottes im Geist der Wahrheit vollendet, erst dann kann die Natur im menschlichen Geist als wahre und totale Schönheit leben.

In den Kunstwerken sprechen sich die Ideale nur vorbildlich aus, doch eben diese Vorbilder beherrschen die Geschichte von der Seite ihrer idealen Form, während die praktische That des Genie's in einer ganz andern Ordnung und unerkannt den Endzweck der Geschichte herbeiführt, so dafs in Beziehung auf dieses innere Wesen der Geschichte, das Kunstwerk nur als ihr Abbild anzusehen ist. — Hier ist nur noch die Stufenform des Genie's aufzustellen.

§. 12.

Stufenform des Genie's *).

Trieb, Einbildungskraft und Neigung sind im Genie von der Liebe — Trieb, Einbildungskraft und Leidenschaft von dem Enthusiasmus bezwungen. In der Kunst-Liebe sind alle Triebe in der höchsten, aber zugleich harmonischen Regung, die Bilder der Einbildungskraft ordnen sich selbst in heiterer und leichter Form in gefällige Gruppen, und alle Neigungen lösen sich in Eine Umarmung des verlangenden Gemüths und der reichen Natur, in Liebe auf.

Die Erscheinung der Kunst-Liebe, die in ihrem höchsten Interesse interesselos ist, ist nicht möglich, ohne daſs zugleich die Leidenschaften im Kunst-Enthusiasmus ihre höchste Gewalt, mit ihr die Besänftigung in sich selbst erhalten — und es tritt in beiden das Ideal hervor. Allein es kann das Reich der Neigungen im Licht, das Reich der Leidenschaften im Schatten stehen, es kann folglich das Ideal in der realen Form der Liebe hervortreten. Dies ist die erste Stufenform

*) Zu vergleichen Jean Paul's Vorschule der Aesthetik.

des Genie's, die wir als weibliches Genie bezeichnen.

Tritt die Liebe mit den Neigungen in Schatten und der die Leidenschaften beherrschende Enthusiasmus in das Licht, geht das Ideal im Bewufstseyn eigener Schöpfung, wie in der Liebe im Bewufstseyn der Hingebung an die Natur hervor: so erscheint das Genie auf seiner zweiten Stufe in männlicher Form, es ist die ideale Form des Enthusiasmus.

Stehen beide Formen im gleichen Licht und in Harmonie, so tritt das Ideal in seiner ursprünglichen Nothwendigkeit, mit gegenseitiger Durchdringung des Realen und Idealen in die Erscheinung, der allwaltende Geist der Natur selbst erscheint im Genie.

An den ursprünglichen Charakter schliefsen sich unmittelbar die Temperamentformen an; diese geben daher andere Verzweigungen des Genie's, die wir übergehen und nur das bemerken wollen, dafs das weibliche Genie nähere Verwandtschaft zeige zum sanguinischen, das männliche zum cholerischen, das Totalgenie zum melancholischen Temperament, das pflegmatische dagegen vorzüglich günstig sey dem, dem Kunstgenie entgegengesetzten wissenschaftlichen, in wiefern nämlich dieses auf die Sphäre des Denkens sich beschränkt, und das Reich der Anschauung und Phantasie überall vorbeigeht.

§. 13.
Resultate für die psychische Heilkunde.

Wenn wir die Entwickelungsgeschichte der theoretischen Psyche mit der der praktischen vergleichen, so zeigt sich uns der merkwürdige Gegensatz, dafs die Natur in der ersten, auf jeder Stufe der Entwickelung, in ruhiger Nothwendigkeit als Produkt, in der andern hingegen in freier Thätigkeit als Produktivität erscheint. In der theoretischen Psyche knüpft sich die Produktivität zum Produkt, in der praktischen löst sich das Produkt zur Produktivität; doch löst die Natur hier nach demselben Typus, nach welchem sie dort knüpft, es ist der Eine Mensch, aber lebend in entgegengesetzter Richtung, in jeder als der ganze, aber unter entgegengesetzter Form, als theoretisch, Produkt in der Produktivität (auflösende Verknüpfung), als praktisch, Produktivität im Produkt (verknüpfende Auflösung), als theoretisch unter der Form der Nothwendigkeit, als praktisch unter der Form der Freiheit.

Der Sinn ist Verknüpfung des Aeufsern und Innern im Aeufsern, aber nur dadurch, dafs er die Eine Natur auflöst und in Aeufseres und Inneres zersetzt. Die Sprache ist Verknüpfung des

Aeufsern und Innern, im Innern, aber nur dadurch, dafs sie die Einheit des Sinnes auflöst und in Sinn und Ich zersetzt. Das Denken ist Verknüpfung als reine Verknüpfung oder Akt, aber nur dadurch, dafs es die Einheit des Ich auflöst, und den einen untheilbaren Akt im Ich und Nichtich sich entgegensetzt. Die Frage ist die in das Objektive gewendete Verknüpfung des Denkens, aber nur dadurch, dafs sie die Einheit der Verknüpfung des Denkens auflöst und in Subjekt und Objekt sich entgegensetzt. Die Antwort endlich ist die höchste Verknüpfung des theoretischen Geistes, die Verknüpfung des Objekts und Subjekts zur Identität der Natur in der Erkenntnifs, aber auch nur dadurch, dafs sie sich selbst als Antwort der Frage entgegensetzt: wer nicht fragen kann, kann auch nicht antworten, und Menschen, die nicht Beruf in sich finden zu fragen, leben ohne Antwort, ohne philosophische Erkenntnifs, ihr Geist ist Antwort, aber er hat sie nicht.

Die herrschende Form der theoretischen Psyche ist demnach die Form des Produkts, des Seyns, der Nothwendigkeit; aber sie wird als solche nur erkannt im Gegensatz der Produktivität, und obgleich in der höchsten Genesis des erkennenden Geistes, in seiner Selbsterkenntnifs als Vernunft, die Produktivität (intellektuelle Anschauung) mit dem Produkt in Identität zusammenfällt: so steht doch die Erkenntniſs, als Erkenntniſs der Natur, in ruhiger Nothwendigkeit als Produkt im Geist.

In der praktischen Psyche finden wir das Gegentheil. Der Trieb stammt aus dem Innern des Organismus, als des im Thiere vollendeten realen Produkts der Natur, und geht bewuſstlos in die ideale Sphäre ein; aber seine erste Erscheinung ist Thätigkeit und Produktivität im Gegensatz des Angenehmen und Unangenehmen in materieller Empfindung, doch wird seine Thätigkeit in Gegensatz, in allen ihren Modifikationen, von der Einheit der Nothwendigkeit des realen Produkts, des Organismus gehalten. Kraft der ursprünglichen Einheit, muſs die Thätigkeit des Triebes wieder zur Einheit streben, aber diese erscheint nicht, sondern nur ein höherer Gegensatz der Thätigkeit. Die Einbildungskraft giebt so wenig, wie der Trieb, ein wahres Produkt, aber sie setzt ihn selbst in Gegensatz, der subjektive Gegensatz des Triebes bleibt, doch er wird zugleich ein objektiver der Einbildungskraft, welcher wieder auf der Thätigkeit des Triebes, als auf seiner Einheit ruht, ohne daſs dieser wirklich Einheit ist. Der Gegensatz der Einbildungskraft, der gefälligen und miſsfälligen Form, strebt zur Einheit in der Neigung als Zweckvorstellung; doch auch diese steht nicht als Produkt, sondern zerfällt wieder in den Gegensatz der Neigung zur Materie (sinnlicher Genufs) und der Neigung zur Form, und findet auch dieser endlich seine Einheit in der Liebe, als der wahren Neigung: so zerfällt doch diese Einheit, ohne als solche im Produkt sich zu geben, organisch so wie sychisch in objektive Empfänglichkeit oder weibliche Form und in subjektives Bildungsvermögen oder männliche Form; das Produkt der organischen Liebe ist ein neuer Organismus, das Produkt der psychischen Liebe ein Ideal, das nicht in fester Gestalt ruht und den Liebenden beseeligt, sondern nur als Ahndung den Enthusiasmus weckt, um es zur festen Gestalt zu bilden. Der Enthusiasmus zeigt sich zunächst wieder nur im Gegensatz der Leidenschaft. Auch die gemeine Leidenschaft ist die Kraft der Formbildung, nur ist sie auf die Materie gerichtet, geht auf den subjektiven Trieb zurück; die edlere Leidenschaft ist dieselbe Kraft, aber auf die Form gerichtet, schwebt sie in der freien Einbildungskraft. Der Enthusiasmus als die wahre Leidenschaft in der Identität des Triebes und der Einbildungskraft im Bildungsvermögen, strebt sich selbst in vollkommener Form zu gestalten, mufs jedoch in der Liebe die Natur als Organ aufnehmen, und wenn er kräftig genug ist, um dieses Organ mit Freiheit und Unendlichkeit zu beseelen: so ruht er zwar scheinbar in diesem Produkt, doch wird es nur Produkt, in wiefern er es aus sich heraussetzt, und so bleibt in der praktischen Psyche wieder nur die unendliche Produktivität zurück, um sich in neuen Produkten zu verherrlichen, bis die produktive Kraft selbst erstarrt und endlich verlischt.

In diesem Gegensatze des Theoretischen und Praktischen tritt die Anlage zur psychischen Krankheit in die Erscheinung. Die theoretische Psyche ist krank, wenn die Produktivität im Produkt vorschlägt; die praktische ist krank, wenn die Produktivität zum Produkt erstarrt.

Hiernach läfst sich eine Skala der psychischen Anlagen zu psychischen Krankheiten entwerfen.

Für die theoretische Psyche.

1. Sinn (Quantität).

   a) Produktivität der Vegetation im Sinne. Das Nervensystem ist nicht zur Freiheit ausgebildet und stehet noch unter der Vegetation. Der Blödsinnige.

   b) Produktivität der Qualität im Sinne. Die innere Sprachthätigkeit stört die ruhige Empfängnifs der Aussenwelt in den Sinnen. Der Schwätzer.

   c) *a* und *b* in Mischung. Der Dumme.

2. Sprache (Qualität).

   a) Produktivität der Quantität in dem Produkt

dukt der Qualität — Sinn, thätig in der Sprache. Der wachende Träumer.

b) Produktivität der Relation (leere Verknüpfung) in dem Produkt der Qualität. Die Geschlossenheit der Sprache in den Sinnen wird aufgehoben, es entsteht willkührlicher Sprachgebrauch. Der träumende Denker.

c) a und b in Einem Charakter. Der Dichter in *prosa*.

3. Denken (Relation).

a) Produktivität der Qualität in dem Produkt der Relation. Die Sprache setzt eine täuschende Realität in die an sich leere Verknüpfung des Denkens. Der gemeine Gläubige, oder der zum Vorurtheil und Aberglauben geneigte Halbdenker.

b) Produktivität der Modalität in dem Produkt der Relation. Die thätige Frage geht in die an sich leere Verknüpfung des Denkens ein und sucht in ihr eine Realität. Der gemeine Zweifler, oder der zum Ueberurtheilen und Unglauben geneigte Vieldenker.

c) a und b in der Mischung. Der gemeine Denker ohne Bewufstseyn der Gründe.

4. Frage (Modalität).

a) Produktivität der Relation in dem Produkt der Modalität. Das gemeine Denken mischt sich in das philosophische ein, und so kann die Frage der Vernunft nicht zum klaren Bewuſstseyn kommen. Der Halbphilosoph oder neugierige Forscher.

b) Produktivität der Construktion in dem Produkt der Modalität. Die Antwort oder die nothwendige Wissenschaft, die nothwendige Form des Wissens geht auf den Standpunkt der Frage über, und so kann das Wissen nie Produkt werden, sondern bleibt Produktivität. Der transcendente und transcendentale Philosoph *).

c) *a* und *b* in der Mischung. Der philosophische Schüler.

Für die praktische Psyche.

1. Trieb.

a) Als Produkt in der Produktivität der Vegetation. Der viehische Mensch.

*) Der transcendentale Philosoph unterscheidet sich von den transcendenten nur durch das Bewuſstseyn der Frage.

b) Als Produkt in der Produktivität der Einbildungskraft. Der leichtsinnige, sich herumtreibende und herumgetriebene Mensch.

c) *a* und *b* in der Mischung. Der lockere Bursche.

2. Einbildungskraft.

a) Als Produkt in der Produktivität des Triebes. Der Phantast (Pygmalion).

b) Als Produkt in der Produktivität der Neigung. Der leicht und froh gesinnte Schwärmer.

c) *a* und *b* in Einem Charakter. Der Sonderling.

3. Neigung.

a) Als Produkt in der Produktivität der Einbildungskraft. Der sinnliche Egoist.

b) Als Produkt in der Produktivität des Bildungsvermögens. Der Ehrgeitzige.

c) *a* und *b* in Einem Charakter. Der Geitzige.

d) Als Produkt in eigener Produktivität. Der Verliebte.

4. Leidenschaft.

a) Als Produkt in der Produktivität der Neigung. Der Eigennützige (reiner Eigennutz, z. B. Liebhaberey in Blumen, Pferden u. a.).

b) Als Produkt in der Produktivität des Genie's *). Der Eitle.

c) *a* und *b* in Mischung. Das Weib.

d) Als Produkt in eigener Produktivität. Der formelle Enthusiast, der Theaterheld.

In jedem Menschen sind alle psychische Anlagen zu psychischen Krankheiten gegeben, sie strahlen aber in zwey bestimmte Brennpunkte, einen theoretischen und einen praktischen zusammen. Sie sind Differenzen der Natur, welche erst dann in Krankheiten übergehen, wenn die Reitze der Aussenwelt der Cultur die Differenz der Natur durch Conflikt zur Differenz der Geschichte erheben. Die Krankheit wird aber Verrückung und Wahnsinn, wenn die, geschichtlich objektiv reflektirten Brennpunkte, als solche, mit Uebermacht in das Subjektive zurückfallen. Eine Untersuchung der wirklichen oder der Wirklichkeit der psychischen Krankheiten muſs folglich, als psychologische Pathologie, von der Construktion der Aussenwelt der Cultur ausgehen.

*) In wiefern in jedem Menschen die Anlage zum Genie gegeben ist.

www.ingramcontent.com/pod-product-compliance
Lightning Source LLC
LaVergne TN
LVHW092112300926
849161LV00002B/111